高等职业教育会计专业课程系列教材

Tax Calculated Declaration
and Planning

税费计算申报与筹划

朱 丹 王 荃 主 编
殷慧敏 副主编

东北财经大学出版社
Dongbei University of Finance & Economics Press

大连

图书在版编目（CIP）数据

税费计算申报与筹划 / 朱丹，王荃主编. —大连：东北财经大学出版社，
2016.12

（高等职业教育会计专业课程系列教材）

ISBN 978-7-5654-2633-9

Ⅰ．税…　Ⅱ．①朱…②王…　Ⅲ．①税费-计算-高等职业教育-教材
②纳税-税收管理-中国-高等职业教育-教材③税收筹划-中国-高等职业教育-
教材　Ⅳ．①F810.423②F812.423

中国版本图书馆 CIP 数据核字（2017）第 004059 号

东北财经大学出版社出版

（大连市黑石礁尖山街217号　邮政编码　116025）

网　　址：http://www.dufep.cn

读者信箱：dufep@dufe.edu.cn

大连图腾彩色印刷有限公司印刷　　东北财经大学出版社发行

幅面尺寸：185mm×260mm　字数：496千字　印张：20.75　插页：1

2016年12月第1版　　　　　　　2016年12月第1次印刷

责任编辑：王天华　王　玲　　　　责任校对：国　合

封面设计：冀贵收　　　　　　　　版式设计：钟福建

定价：38.00元

教学支持　售后服务　　联系电话：（0411）84710309

版权所有　侵权必究　　举报电话：（0411）84710523

如有印装质量问题，请联系营销部：（0411）84710711

前　言

本书根据高职院校"培养高技能人才"为主的教学目标，以完成企业涉税业务工作任务为导向，以最新的税收法规政策和企业会计准则为编写依据，在总结税务类课程教学经验的基础上，根据涉税业务处理流程，按涉税工作中需完成的单项工作任务构建教材框架。

在内容处理上，根据高职高专财务会计类专业学生需掌握的涉税业务处理能力，整合了企业涉税业务流程及涉税工作任务，以实用、够用为原则，针对我国现行的12个主要税种，选择涉及面广、具有普遍性的典型工作任务，同时在完成涉税工作任务的基础上培养学生纳税筹划意识与理念。

本书主要包括7个项目的内容，根据每一项目的工作过程，需要完成对各税种的认知、计算、纳税申报等工作内容，在此基础上体现纳税筹划理念，介绍各主体税种的基本筹划方法。具体内容如下：

工作项目	工作过程
项目一：税收与纳税筹划基础知识	认知
项目二：增值税计算申报与筹划	↓
项目三：消费税计算申报与筹划	计算
项目四：关税计算申报与筹划	↓
项目五：企业所得税计算申报与筹划	纳税申报
项目六：个人所得税计算申报与筹划	↓
项目七：其他税种计算申报与筹划	纳税筹划

本书的编写遵循适度、新颖、突出应用性的原则，具有简明实用的特点；注重实务，强调技能训练，理实一体，使用企业办税过程中的真实表单，设置全真实训资料，与实际涉税业务完全接轨。另外，本书在每个任务之前设置了引导案例，旨在让学生明确所学知识在实践业务中的具体应用。任务后附课堂能力训练，项目后附思考与练习，有助于学生学练结合，巩固所学知识。

本书由浙江经济职业技术学院朱丹、王荃主编，殷慧敏参编。具体分工为：朱丹编写项目二、三、四，王荃编写项目一、七，殷慧敏编写项目五、六。朱丹负责全书修改、总纂和定稿。

本书结构清晰、内容简明，具有很强的实用性，适用于高职高专院校财务会计类专业教学，同时也可供企业经济管理人员，尤其是会计人员培训和自学之用。

由于编者理论水平和实践知识有限，书中疏漏之处在所难免，恳请广大读者批评指正。

编　者

2016 年 11 月

目　录

税收与纳税筹划基础知识

▼

【职业能力目标】

1. 掌握税收的基本概念与本质特征
2. 掌握税收制度的基本构成要素
3. 认识我国现行税收体系
4. 了解我国现行税收征收管理体系
5. 了解企业涉税工作基本流程
6. 初步了解纳税筹划的基础知识

【典型工作任务】

1. 按规定办理各类税务登记
2. 根据企业实际情况设置和管理凭证账簿
3. 领购和使用发票
4. 申报和缴纳税款

任务1　学习税收基础知识 ▼

引导案例 ◄

税收收入是国家机构运行和社会经济正常运转的重要保障。国家取得税收收入，同时保障纳税人的合法权益，纳税人则享受政府提供的服务和社会资源，这就是国家税收"取之于民，用之于民"的本质。所以，纳税人应按照税收法律法规的要求，及时足额缴纳税款并承担各项应尽的义务。而纳税人只有了解税收法律法规的基本内容，才能防范税收风险，维护自身合法权益，同时通过纳税筹划降低纳税成本，减轻税收负担。

一、税收的概念和特征

（一）税收的概念

税收是国家为满足社会公共需要，凭借政治权力，按照法律规定，强制地、无偿地参与社会剩余产品分配，以取得财政收入的一种规范形式。税收又称"赋税""租税""捐税"等。

税收是国家实现其职能的物质基础。国家为了行使其职能、满足社会公共需要，必须取得财政收入，而国家自身不创造财富，因此国家就要以向社会成员征税等方式来取得收入。同时，税收还是国家凭借政治权力进行的分配形式，只要在社会上存在私有财产制度，而国家又需要将一部分不属于国家所有或不能直接支配使用的社会产品转变成国家所有的情况下，就有必要采取税收方式。

国家筹集财政收入的方式除税收外，还有发行公债和收取各种规费等，但税收自产生以来，一直是国家取得财政收入的主要形式。与其他财政收入形式相比，税收具有强制性、无偿性和固定性三大本质特征。

（二）税收的特征

1.强制性

强制性是指在税法规定的范围内，任何单位和个人都必须依法纳税，否则就要受到法律的制裁。征税是为了满足社会公共需要，对经济单位和个人而言，由于征税会减少自己的既得利益，其必定会抵制征税。国家就必须运用政治权力进行干涉和约束以保障其征税权利，所以税收具有强制性。

2.无偿性

无偿性是指国家征税不需要对具体纳税人付出任何报酬，也不再直接偿还给纳税人。国家征税时不需要向纳税人付出任何代价或等价物，这体现的是税收的无偿性特征。但就国家与全体纳税人的利益关系而言，税收是有偿还性的，因为国家利用税收为全社会提供了社会秩序、公共安全、公共设施等各种服务，纳税人整体则又享受了这种服务。从这个意义上说，税收对全体纳税人而言是有偿还性的，其具有"取之于民，用之于民"的性质。

3.固定性

固定性是指国家预先通过法律形式规定了纳税人、征税对象和征收比例等，征纳双方都必须遵守，不能随意变动。但税收的固定性也并非一成不变，随着社会经济的发展和政治条件的变化，税收的纳税人、征税对象和征收比例都是会不断改变的，但税收制度的改革和调整必须通过一定的法律程序，以法律法令的形式进行，因而能在一定时间内保持相对稳定。

【提示】税收的"三性"相互联系，不可分离，是不同社会制度下税收所共有的，是税收本质的具体体现，这使其与利润、规费等分配形式有明显的区别，因此税收的"三性"是区别税与非税的根本标志。

区别一种财政收入是税还是非税，不在于它叫什么名称，而主要看它是否同时具备这"三性"，只要同时具备这"三性"，即便不叫税，实质上也是税。

【思考】有些国家开征社会保险税，从本质上看，这种具有对称性返还特点的税种能算税吗？

二、税制构成要素

税制构成要素包括纳税人、征税对象、税率、纳税环节、纳税期限、纳税地点、税收减免、税收加征、违章处理等项目。

（一）纳税人

纳税人是指税法规定直接负有纳税义务的单位和个人，也称纳税主体。

纳税人可以是自然人，也可以是法人。自然人和法人若有税法规定的应税财产、收入和特定行为，就对国家负有纳税义务。

【知识链接】

纳税人、负税人、扣缴义务人的区别

负税人是指税收负担的最终承担者。纳税人与负税人可能一致，也可能不一致。当某一税种的税负可以转嫁时，该税种的纳税人与负税人不一致，该税种为间接税。比如，增值税的纳税人是税法规定的销售货物、进口货物、提供加工修理修配劳务、发生应税行为的单位和个人，但是其负税人却是最终消费者。如果某一税种的纳税人和负税人一致，则说明该税种是不能转嫁的，该税种为直接税。比如，个人所得税的纳税人和负税人都是个人。

扣缴义务人是指按照税法规定负有扣缴税款义务的单位和个人。扣缴义务人不是纳税主体，而是纳税人和税务机关的中介，应按税务机关和税法的要求认真履行扣缴税款义务。扣缴义务人可分为代扣代缴义务人和代收代缴义务人。代扣代缴义务人是指有义务在向纳税人支付款项时扣除应纳税款并代为缴纳的单位或个人。比如，税法规定，单位对于职工取得的工资薪金所得负有代扣代缴义务，因此单位就是扣缴义务人，应在支付职工工资薪金时代扣代缴其个人所得税。代收代缴义务人则是指有义务在向纳税人收取款项时同时收取应纳税款并代为缴纳的单位或个人。比如，委托加工消费税应税消费品时，受托方是税法规定的代收代缴义务人，应在收取加工费时，代收代缴该应税消费品委托方应交的消费税。

【思考】扣缴义务人是纳税人的一种特殊形式吗？

（二）征税对象

征税对象又称课税对象，是征税的目的物，即对什么征税。它是一种税区别于另一种税的主要标志。征税对象决定着不同税种名称的由来以及各税种在性质上的差别。比如，流转税的征税对象是商品流通过程中的流转额，所得税的征税对象则是所得额。

在此，应注意征税对象与计税依据、税目的区别。计税依据是征税对象的数量化，也是应纳税额计算的基础。从价计征的税收，以计税金额为计税依据；从量计征的税收，以征税对象的数量、容积、体积为计税依据；复合计税的税收，则同时以计税金额和计税数量为计税依据。比如，我国现行消费税中，化妆品、鞭炮焰火等是从价计征的，其计税依据为销售额；成品油是从量计征的，其计税依据为销售数量，以"升"为计税单位；卷烟和白酒都是复合计税，既要以销售额为依据计算从价税，又要以销售数量为依据计算从量税，再将两者相加。

税目是征税对象的具体化，反映各税种具体的征税项目，体现每个税种的征税广度。对大多数税种，由于征税对象比较复杂，而且对税种内部不同征税对象又需要采取不同的税率档次进行调节，因此需要对税种的征税对象作进一步划分，做出具体的界限规定，这个规定的界限范围就是税目。比如，消费税按应税消费品种类划分为15个税目。

（三）税率

税率是指应纳税额与计税依据之间的法定比例，是计算应纳税额的尺度，体现了征税的深度。每种税的税率高低，反映国家在一定时期的有关经济政策，直接关系国家财政收入的多少和纳税人税收负担的大小。

按照税率的表现形式，税率可以分为以绝对量形式表示的税率和以百分比形式表示的税率，我国目前主要有以下几种：

1.比例税率

比例税率是指对同一征税对象，不论金额大小都按同一比例纳税，税额与征税对象之间的比例是固定的。比如，增值税的基本税率为17%，企业所得税的基本税率为25%。

比例税率的优点是：对同一征税对象的不同纳税人的税收负担相同，有利于在大体相同的条件下开展竞争，而且计算方便，也便于税收稽征管理。主要缺点是：不分纳税人的环境、条件差异及收入等，都按同一税率征税，这与纳税人的实际负担能力不完全相符，具有一定的局限性。

2.定额税率

定额税率是对单位征税对象规定固定的税额，是税率的一种特殊形式，一般适用于从量计征的税种。比如，消费税中黄酒的税率为240元/吨，印花税中权利许可证照的税率为5元/件。

定额税率的特点是税率与征税对象的价值量脱离了联系，不受征税对象价值量的影响。

3.累进税率

累进税率是按征税对象的多少划分若干级距，并从低到高分别制定各等级税率，征税对象数额越大，税率越高。这种税率形式既适应纳税人的负担能力，又便于充分发挥调节纳税人收入水平的作用，较比例税率更符合税收的公平要求，一般适用于对所得和财产的征税。

按照累进依据和累进方式不同，累进税率可分为全额累进税率、超额累进税率、超率累进税率等。

（1）全额累进税率。它是对征税对象的全部数额，均按与之相适应等级的累进税率计算纳税，当征税对象提高到一个新的级距时，对其全额都提高到一级新的与之相适应的税率计算纳税。它的计算方法简单，但存在累进分界点上税负呈跳跃式递增、税负不尽合理的弊端。

全额累进税率的计税公式：

$$应纳税额=应纳税所得额×适用税率$$

（2）超额累进税率。它是把征税对象按数额大小划分为若干等级，从低到高对每个等级分别规定相应的税率，一定数额的征税对象可以同时适用几个等级的税率，每超过一级，超过部分按提高一级的税率计税，分别计算各等级税额，各等级应纳税额之和，就是纳税人的应纳税额。它的累进程度比较缓和，在计算上比较复杂。比如，目前我国个人所得税中，工资薪金所得采用的就是3%~45%的七级超额累进税率。

超额累进税率下的计税公式为：

$$应纳税额=\sum 每一级应纳税所得额×本级适用税率$$

【知识链接】

速算扣除数的计算

为了简化计算，通常在超额累进税率中确定速算扣除数。速算扣除数实际上是在级距和税率不变的条件下，全额累进税率的应纳税额比超额累进税率的应纳税额多纳的一个常数。因此，在超额累进税率条件下，用全额累进的计税方法，只要减掉这个常数，就等于用超额累进方法计算的应纳税额，故称速算扣除数。

速算扣除数的计算公式是：

本级速算扣除数＝前一级最高所得额×（本级税率－前一级税率）＋前一级速算扣除数

假定某一超额累进税率规定见表1-1。

表1-1   超额累进税率规定

级距	应纳税所得额	税率	速算扣除数
1	小于1 500元	3%	0
2	1 500～4 500元的部分	10%	105
3	4 500～9 000元的部分	20%	555
4	9 000～35 000元的部分	25%	1 005

第二级距速算扣除数＝1 500×（10%－3%）＋0＝105。

第三级距速算扣除数＝4 500×（20%－10%）＋105＝555。

第四级距速算扣除数＝9 000×（25%－20%）＋555＝1 005。

采用速算扣除数法计算超额累进税率的所得税时，计税公式为：

应纳税额＝应纳税所得额×适用税率－速算扣除数

假定某人取得的应税所得为5500元，分别采用分段计算法和速算扣除数计算法比较结果：

分段计算法应纳税额＝1 500×3%＋3 000×10%＋1 000×20%＝545（元）。

速算扣除法应纳税额＝5 500×20%－555＝545（元）。

两种方法计算的结果完全一致，但速算扣除数计算法要简单得多，尤其是在所得越高，适用的级距越高的时候，速算扣除数计算法的优势更加明显。

（3）超率累进税率。它是以征税对象的某种比率为累进依据，按超额累进方式计算应纳税额的税率。它与超额累进税率在原理上是相同的，不过税率累进的依据不是绝对数，而是销售利润率、增值率等相对数。比如，目前我国土地增值税采用的四级超率累进税率就是以增值率为税率累进依据的。

4.零税率

零税率是指对某种课税对象和某个特定环节上的课税对象，以零表示的税率，即税率为"零"。

【思考】零税率与免税有何共同点与区别？

【提示】目前我国多数税种采用比例税率；少数税种的部分税目采用比例税率与定额税率复合计税；采用超率累进税率的只有土地增值税一种税；没有采用全额累进税率的税种。

（四）纳税环节

纳税环节是指征税客体在运动过程的诸环节中依照税法规定应该纳税的环节。每个税种都有其特定的纳税环节，有的纳税环节单一，有的需要在不同环节分别纳税。凡只在一个环节纳税的，称为"一次课征制"，比如，现行消费税只在生产、委托加工或进口环节征税（特殊情况除外）；凡在两个环节征税的，称为"两次课征制"比如，现行消费税中的卷烟在批发环节还需征收一道消费税；凡在两个以上环节征税的，称为"多次课征制"，比如，现行增值税在商品和劳务流通的每一个环节都要纳税。

（五）纳税期限

纳税期限是指纳税人在发生纳税义务后，应向税务机关申报纳税并解缴税款的起止时间。它是税收的强制性、固定性在时间上的体现。各税种由于自身的特点不同，有着不同的纳税期限，一般分为按期纳税和按次纳税两种形式。比如，我国增值税规定的纳税期限分别为1日、3日、5日、10日、15日、1个月或者1个季度，以1个月或者1个季度为一个纳税期的，自期满之日起15日内申报纳税；以1日、3日、5日、10日或者15日为一个纳税期的，自期满之日起5日内预缴税款，于次月1日起15日内申报纳税并结清上月应纳税款；不能按照固定期限纳税的，可以按次纳税。

（六）纳税地点

纳税地点是指按照税法规定向征税机关申报纳税的具体地点。它说明纳税人应向哪里的征税机关申报纳税，以及哪里的征税机关有权进行税收管辖的问题。我国税法上规定的纳税地点主要是机构所在地、经济活动发生地、财产所在地、报关地等。比如，我国房产税的纳税地点是房产所在地。

（七）税收减免

税收减免是减税和免税的合称，是对某些纳税人或征税对象的鼓励或照顾措施。减税是对应纳税额少征一部分税款，而免税则是对应纳税额全部免征税款。除税法另有规定外，一般减税、免税都属于定期减免性质，期满后要恢复征税。减税免税体现了税收在原则性基础上的灵活性，是构成税收优惠的主要内容，具体可分为税基式减免、税率式减免和税额式减免三种形式。

1.税基式减免

税基式减免是通过直接缩小计税依据的方式来实现的减免税。其涉及的概念包括起征点、免征额、项目扣除以及跨期结转等。

起征点是计税依据达到税法规定数额开始征税的起点。对计税依据数额未达到起征点的，不征税；达到起征点的，按全部数额征税。

免征额是在计税依据总额中免予征税的数额。它是按照一定标准从计税依据总额中预先减除的数额。

【提示】注意区分起征点和免征额。两者相同之处在于：达不到的，都不征税。区别在于：起征点是"不到不征，一到全征"；免征额是"不到不征，一到只就超过的部分征"。

比如某纳税人的应税收入为3000元，税率为5%。假定规定2000元为起征点，则其应纳税额为150元（3000×5%）；假定规定2000元为免征额，则其应纳税额为50元（（3000-2000）×5%）。

项目扣除则是指在计税依据中扣除一定项目的数额，以其余额作为依据计算税额。

跨期结转是指将以前纳税年度的经营亏损从本纳税年度经营利润中扣除。

2.税率式减免

税率式减免即通过直接降低税率的方式实现的减免税。比如，企业所得税规定符合条件的小型微利企业适用的税率为20%，国家需要重点扶持的高新技术企业适用的税率为15%。

3.税额式减免

税额式减免即通过直接减少应纳税额的方式实现的减免税，包括全部免征、减半征收等。

（八）税收加征

税收加征形式包括地方附加、加成征收、加倍征收等。

1.地方附加

地方附加，简称附加，是地方政府按照规定的比例随同正税一起征收的列入地方预算外收入的一种款项。税收附加是对税种的附加，以正税税额为依据，按规定的附加率计算附加额。比如，教育费附加就是以增值税、消费税税额为计税依据，按规定的附加率计算的。

2.加成征收

加成征收是指按法定税率计算出应纳税额后，再以应纳税额为依据加征一定成数的税额。加征一成相当于应纳税额的10%，加征成数一般规定在1成至10成之间。

3.加倍征收

加倍征收是指按法定税率计算出应纳税额后，再以应纳税额为依据加征一定倍数的税额。加征10成即为加征1倍。

无论是附加、加成，还是加倍，都增加了纳税人的负担，但其目的不同。实行地方附加是为了给地方政府筹措一定的机动财力，用于发展地方建设事业；实行加成征收和加倍征收，则是为了调节和限制某些纳税人获取过多的收入，或者是对纳税人的违章行为进行处罚的措施。

（九）违章处理

违章处理是对纳税人发生的违反税法的行为采取的惩罚措施，它是税收强制性的体现。纳税人必须依法及时足额地缴纳税款，凡有拖欠税款、逾期不交、偷税漏税等违反税法的行为，都应受到制裁。违章处理的措施主要有加收滞纳金、处以罚款、税收保全措施、税收强制执行措施等。

三、税收分类

（一）按征税对象分类

按征税对象分类是税收最基本和最主要的分类方法。按征税对象分类，可将税收分为流转税、所得税、财产税、行为税、资源税。

流转税类是指以商品或劳务的流转额为征税对象征收的一类税。这是我国现行税制中最大的一类税收，涉及商品的生产和流通各个环节，主要有增值税、消费税、关税。

所得税类是指以所得额为征税对象征收的一类税。所得额是指全部收入减除为取得收入所耗费的各项成本费用后的余额。我国现行税制中属于所得税类的主要有企业所得税、个人所得税。

财产税类是指以纳税人所拥有或使用的财产为征税对象征收的一类税。我国现行税制中主要有房产税、车船税、车辆购置税等。

行为税类是指以纳税人的某些特定行为为征税对象征收的一类税。我国现行税制中主

要有城市维护建设税、印花税、契税、耕地占用税等。

资源税类是指对开发、利用和占有国有自然资源的单位和个人征收的一类税。我国现行税制中主要有资源税、土地增值税、土地使用税。

（二）按税收与价格的关系分类

按税收与价格的关系划分，税收可分为价内税和价外税。

价内税是指税款包含在应税商品价格（计税依据）内，商品价格由"成本+利润+税金"构成的一类税。比如，我国现行的消费税、关税等。

价外税是指税款不包含在应税商品价格（计税依据）之内，商品价格仅由成本和利润构成，实行价税分离的一类税。我国现行的增值税就是一种典型的价外税。

（三）按计税依据分类

按计税依据不同，税收可分为从价税和从量税。

从价税是指以征税对象的价值、价格与金额为标准，按一定比例征收的一类税，从价税实行比例税率和累进税率。我国现行的增值税、企业所得税、个人所得税等税种，都属于从价税。

从量税是指以征税对象的一定数量单位（重量、件数、容积、面积、长度等）为标准，按固定税额计征的一类税。我国现行的车船税、城镇土地使用税等，都属于从量税。

（四）按税负能否转嫁分类

按税负能否转嫁，税收可以分为直接税和间接税。

直接税是指纳税人本身承担税负，不发生税负转嫁关系的一类税。直接税的纳税人就是负税人。比如，个人所得税即为直接税。

间接税是指纳税人本身不是负税人，可将税负转嫁给他人的一类税。间接税的纳税人与负税人不一致。比如，增值税即为间接税。

（五）按税收管理与使用权限分类

按税收管理与使用权限的不同，税收可以分为中央税、地方税、中央地方共享税。

中央税是指管理权限归中央，税收收入归中央支配和使用的税种。比如消费税。

地方税是指管理权限归地方，税收收入归地方支配和使用的税种。比如房产税。

中央地方共享税则是指主要管理权限归中央，税收收入由中央政府和地方政府共同享有、按一定比例分成的税种。比如增值税。

任务2　了解现行税收体系与税务机构设置

引导案例

由于我国现行的财政管理体制为分税制，所有税种按征管权限和收入归属，划分为中央税、地方税和中央地方共享税，由此，我国税务机构也分设为国家税务系统和地方税务系统。纳税人需要缴纳的税种如果分别涉及国税与地税的，要分别接受国税机关与地税机关的管理。

一、我国现行税收法律体系

我国现行税收法律体系是在原有税制的基础上，经过1994年工商税制改革逐渐完善形成的。后又经2007年所得税税法修订、2009年流转税的改革、2011年修订资源税暂行条例、2012年车船税立法，以及2012年从上海市部分行业开始试行到2016年5月起全国全面试行的营业税改征增值税等历次改革。目前，我国共有增值税、消费税、企业所得税、个人所得税、资源税、城镇土地使用税、房产税、城市维护建设税、耕地占用税、土地增值税、车辆购置税、车船税、印花税、契税、关税、烟叶税、船舶吨税等17个税种，其中，15个税种由税务部门负责征收，关税和船舶吨税由海关征收。另外，进口货物的增值税、消费税，由海关代征。

我国现行的财政管理体制为分税制，税收收入按其征管权限和收入归属，分为中央税、地方税和中央地方共享税，分别由国家税务系统和地方税务系统负责征收与管理。

"十三五"将适时开征环保税

我国现行各税种构成具体见表1-2。

表1-2　　　　　　　　　　　　　我国现行税种构成

序号	税　种	中央税	地方税	共享税	备　注
1	增值税	√		√	海关代征的增值税为中央固定收入；其他为共享收入，中央分享50%，地方分享50%
2	消费税	√			含海关代征的消费税
3	关税	√			
4	企业所得税	√		√	2002年起，铁路运输，国家邮政，国有商业银行、开发行、农发行、进出口行，以及海洋石油天然气企业缴纳的所得税为中央收入；其他由中央与地方共享，中央分享60%，地方分享40%
5	个人所得税	√		√	储蓄存款利息个人所得税为中央固定收入；其他由中央与地方共享，中央分享60%，地方分享40%
6	房产税		√		
7	车船税		√		
8	印花税	√	√		2016年1月1日起，证券交易印花税收入归中央，其他印花税收入归地方
9	契税		√		
10	城市维护建设税	√	√		铁道部门、各银行总行、各保险总公司等集中缴纳的城市维护建设税为中央固定收入，其他为地方收入
11	土地增值税	√	√		
12	耕地占用税		√		
13	车辆购置税	√			
14	城镇土地使用税		√		
15	资源税	√	√		海洋石油企业缴纳的部分作为中央固定收入，其余归地方
16	船舶吨税	√			仅对境外港口进入境内港口的船舶征收
17	烟叶税		√		

二、我国现行税务机构设置

我国税务机构的设置是由我国现行财政管理体制决定的。财政管理体制是指中央与地方政府、地方各级政府之间划分财政收支范围和财政管理权责与权限的一项根本制度。

我国税务机构目前也采取分设的办法，其由国家税务系统（国税系统）和地方税务系统（地税系统）两大系统组成。国家税务系统与地方税务系统虽是两个相对独立的行政执法主体，有着各自的工作职责和征管范围，但都是政府的重要经济职能部门，共同执行统一的税收法律和法规，统一由国家税务总局管理。

（一）国家税务总局

国家税务总局是我国主管国家税务工作的最高职能机构。该局为国务院正部级直属机构。国家税务总局主要负责拟定和执行国家税收的方针和政策；制定并执行税收管理体制，调动地方管理税收的积极性；负责工商各税的征收管理等。国家税务总局局长和若干名副局长都由国务院任命。

（二）国家税务系统

根据我国行政机构设置，一级政府设置一级税务机构。"国家税务系统"设置为四级，即省、自治区、直辖市国家税务局，地区、地级市、自治州、盟国家税务局，县、县级市、旗国家税务局，征收分局、税务所。国家税务总局对国家税务系统实行机构、编制、干部、经费的垂直管理。

国家税务局负责征收和管理的项目主要有：增值税，消费税，中央企业所得税，中央与地方所属企、事业单位组成的联营企业、股份制企业的所得税，铁路运输、国家邮政、国有商业银行、开发行、农发行、进出口行的所得税，铁道部门、各银行总行、各保险总公司集中缴纳的城市维护建设税，海洋石油企业所得税、资源税，对储蓄存款利息所得征收的个人所得税，对证券交易征收的印花税，车辆购置税，出口产品退税，中央税的滞补罚收入，按中央税、共享税附征的教育费附加。

（三）地方税务系统

地方税务系统包括省、自治区、直辖市地方税务局，地区、地级市、自治州、盟地方税务局，县、县级市、旗地方税务局，征收分局、税务所。由于地方税收收入是地方财政收入，由地方政府管理支配，所以，国家税务总局协同省级人民政府对地方税务局实行双重领导，以地方领导为主。

地方税务局负责征收和管理的项目主要有（不包括已明确由国家税务局负责征收的地方税部分）：企业所得税（地方国有企业、集体企业、私营企业缴纳的企业所得税），个人所得税，土地增值税，城市维护建设税，车船税，房产税，资源税，城镇土地使用税，耕地占用税，契税，烟叶税，印花税，地方税的滞补罚收入，营改增后纳税人销售其取得的不动产和其他个人出租不动产由国税机关委托地税机关代征税款和代开增值税发票。在部分地区，其还负责社会保险费及其他一些地方规费的征收。

任务3 了解企业涉税工作基本流程

引导案例

　　纳税人要享受各种税务服务和税收优惠待遇，首先要进行开业税务登记，取得合法纳税人的身份。在完成开业税务登记后，企业还应依法取得和使用发票，按时进行纳税申报并及时缴纳税款。在企业的基本情况发生变化时，应进行变更税务登记或停、复业登记；企业如因各种情况需要注销时，应至税务机关缴清税款、缴销发票，并进行税务注销登记。我国税收法律法规对这一系列涉税工作，有规定的内容和流程。

一、进行税务登记

（一）税务登记概念

税务登记是税务机关对纳税人有关开业、变动、歇业以及注销等基本情况的变化实行法定登记，并据此对纳税人实施税务管理的一项法定管理制度，也是纳税人履行纳税义务向税务机关办理的一项法定手续。

　　税务登记按时间和内容的不同，可以分为开业（设立）登记、变更登记、停复业登记、注销登记、一般纳税人资格登记等内容。

（二）税务登记范围

　　根据《中华人民共和国税收征收管理法》（以下简称《征管法》）规定，需要办理税务登记的对象主要有四类：

　　（1）从事生产经营的纳税人，主要包括企业，企业在外地设立的分支机构和从事生产、经营的场所，个体工商户和从事生产、经营的事业单位。

　　（2）未从事生产经营但依法负有纳税义务的纳税单位和个人，除国家机关、个人和无固定生产、经营场所的流动性农村小商贩外，应当按照规定办理税务登记。

　　（3）根据税收法律、行政法规的规定，负有扣缴税款义务的扣缴义务人（国家机关除外），应当办理扣缴税款登记。

　　（4）根据《税收征管法》的规定，临时取得应税收入或发生应税行为以及只缴纳个人所得税、车船税的纳税人，可不办理税务登记。

（三）税务登记地点

　　纳税人应到其生产经营所在地的县以上（含本级）国家税务局（分局）、地方税务局（分局）进行税务登记。

　　纳税人所缴税款如分别涉及国税与地税的，要分别到相应的国税局和地税局进行登记，分别接受管理。

（四）税务登记种类

1.办理开业（设立）税务登记

开业登记是指在我国境内从事生产、经营，并经工商行政管理部门批准开业，或依照法律、行政法规规定负有纳税义务的单位和个人，在从事正式生产经营之前，依法向税务机关办理的登记。

【提示】企业只有依法办理了开业税务登记手续，才算是合法经营者，也才享有合法纳税人的权利。

（1）办理开业（设立）登记的时间。

根据《征管法》的规定，纳税人必须自领取工商行政管理部门颁发的营业执照或依照税收法律、行政法规规定成为纳税义务人之日起30日内，到当地税务机关办理开业登记手续，并依法领取税务登记证件。

为深化商事制度改革、优化营商环境、推动大众创业及万众创新，现为企业开办和成长提供便利化服务。据国家工商总局的部署，自2014年年底，开始在部分地区对企业和农民专业合作社（以下统称"企业"）试行"三证合一"。2015年，在全国范围内全面推开"三证合一"，并开展"一照一码"试点。2015年10月起，浙江等省份开始试行"五证合一、一照一码"。自2016年10月1日起，在"三证合一、一照一码"的基础上，全国范围实行"五证合一、一照一码"登记模式。

浙江省五证合一服务指南

"三证合一"指将原来由工商部门核发的"工商营业执照"、质量技术监督部门核发的"组织机构代码证"和税务部门核发的"税务登记证"这三证合为一证。而"五证合一"，则是在"三证合一"的基础上，再将社保部门核发的"社会保险登记证"和统计部门核发的"统计登记证"两证合并进来，由工商部门核发一个统一的营业执照。"一照一码"指将原五证上的企业注册号、组织机构代码证号、税务登记证号（纳税人识别码）、社保登记证号、统计登记证号合并为一个统一的18位的法人和其他组织"统一社会信用代码"。企业进行"五证合一"登记后，组织机构代码证、税务登记证、社会保险登记证和统计登记证不再发放。

自2016年10月1日起，企业申请设立登记的，直接核发加载统一代码的营业执照；已登记注册的企业，在原执照有效期满，申请变更登记或者申请换发营业执照时，由登记机关依法核发、换发加载统一代码的营业执照。旧执照等证件使用过渡期截至2018年，2018年1月1日前，原发证照继续有效，过渡期结束后，一律使用加载统一代码的营业执照，未换发的证照不再有效。

新设立企业领取"五证合一"营业执照后，无须再次进行税务登记，也不再领取税务登记证，相关信息由工商部门与税务部门共享，但企业需要在税务部门规定的时间内或者办理相关涉税事项时，按税务部门的相关要求进行补充登记。在完成补充信息采集后，企业办理涉税事宜时，凭加载统一代码的营业执照可代替税务登记证使用。

动画：五证合一办，别忘把税交

需采集补录的信息包括房产、土地、车船等财产信息，银行账号，财务负责人信息，核算方式，从业人数，会计制度，代扣代缴、代收代缴税款业务情况等。

自2016年10月1日起，黑龙江、上海、福建、湖北试点实施个体工商户"两证整合"，其他地区2016年12月1日起实施。"两证整合"登记制度是指将个体工商户登记时依次申请（分别由工商行政管理部门核发营业执照、税务部门核发税务登记证）改为一次申请（由工商行政管理部门核发一个加载法人和其他组织统一社会信用代码的营业执照）。同时，实现工商、税务部门的个体工商户数据信息实时共享。该营业执照具有原营业执照和税务登记证的功能，税务部门不再发放税务登记证。税务机关在个体工商户办理涉税事宜时，确认统一社会信用代码等相关信息，进行税务管理。

除以上情形外，其他税务登记按照原有法律制度执行。

（2）开业（设立）税务登记表的内容与类型。

税务登记的内容主要通过纳税人填写的税务登记表来体现。开业（设立）税务登记表按适用对象不同分为三种类型，分别适用于单位纳税人（见表1-3）、个体经营者和临时税务登记纳税人（表略）。

表1-3

税务登记表

（适用于单位纳税人）

填表日期：

纳税人名称			纳税人识别号			
登记注册类型			批准设立机关			
组织机构代码			批准设立证明或文件号			
开业（设立）日期		生产经营期限	证照名称		证照号码	
注册地址			邮政编码		联系电话	
生产经营地址			邮政编码		联系电话	
核算方式	请选择对应项目打"√" □独立核算 □非独立核算			从业人数	其中外籍人数	
单位性质	请选择对应项目打"√" □企业 □事业单位 □社会团体 □民办非企业单位 □其他					
网站网址			国标行业	□□　　□□　　□□　　□□		
适用会计制度	请选择对应项目打"√" □企业会计制度 □小企业会计制度 □金融企业会计制度 □行政事业单位会计制度					

经营范围		请将法定代表人（负责人）身份证件复印件粘贴在此处			

内容　项目　联系人	姓名	身份证件		固定电话	移动电话	电子邮箱
		种类	号码			
法定代表人（负责人）						
总经理						
财务负责人						
办税人						

税务代理人名称	纳税人识别号	联系电话	电子邮箱

续表

注册资本或投资总额	币种	金额	币种	金额	币种	金额

投资方名称	投资方 经济性质	投资比例	证件种类	证件号码	国籍或地址	

自然人投资比例		外资投资比例		国有投资比例	
分支机构名称		注册地址		纳税人识别号	

总机构名称		纳税人识别号	
注册地址		经营范围	
法定代表人姓名		联系电话		注册地址邮政编码	

代扣代缴、代收代 缴税款业务情况	代扣代缴、代收代缴税款业务内容	代扣代缴、代收代缴税种

附报资料：

经办人签章： 年 月 日	法定代表人（负责人）签章： 年 月 日	纳税人公章： 年 月 日

以下由税务机关填写：

纳税人所处街乡		隶属关系	
国税主管税务局		国税主管税务所（科）		是否属于国税、 地税共管户	
地税主管税务局		地税主管税务所（科）			

经办人（签章）： 国税经办人： 地税经办人： 受理日期： 年 月 日	国家税务登记机关 （税务登记专用章）： 核准日期： 年 月 日 国税主管税务机关：	地方税务登记机关 （税务登记专用章）： 核准日期： 年 月 日 地税主管税务机关：

核发《税务登记证副本》数量： 本	发证日期： 年 月 日

国家税务总局监制

单位纳税人的税务登记表适用于包括单位纳税人、个人独资企业、一人有限公司办理税务登记，其中单位纳税人，包括各类内资企业、外商投资企业和各种类型企业的分支机构。

个体经营的税务登记表适用于个体工商户、个人合伙企业办理税务登记。

临时税务登记的纳税人税务登记表适用于各类办理临时税务登记的纳税人填用。

（3）纳税人需要提交的相关证件资料。

①纳税人进行税务登记时需提供："五证合一"营业执照原件、公章、其他税务部门要求的相关证件资料。

②个体工商户需提供：工商营业执照或其他核准执业证件原件及复印件，业主身份证原件及复印件，（个体）负责人居民身份证、护照或其他证明身份的合法证件原件及复印件（个人合伙企业），房产证明（产权证、租赁协议）原件及复印件。

2.办理变更税务登记

变更税务登记是指纳税人办理开业登记后，因登记内容发生变化，需要对原有登记内容进行更改，而向主管税务机关申请办理的税务登记。

（1）办理变更登记的时间。

①如果纳税人的主要内容发生变化，如纳税人名称、法定代表人（负责人）、生产经营地址等发生改变，需要到工商行政管理部门办理变更登记的，必须在工商行政管理部门办理执照变更登记后的30日内，到原税务登记机关办理税务变更登记。

②如果纳税人按规定不需要到工商行政管理部门办理变更登记，则应该在其税务登记内容实际发生变化之日起30日内，到主管税务机关办理税务变更登记。

以上两种情况下，纳税人都需要领取并填写《税务登记变更表》。

（2）变更登记表格。

变更登记主要通过填制《税务登记变更表》（见表1-4）来完成。

（3）变更登记需要提交的相关证件资料。

通常情况下，纳税人在办理税务登记变更时，除税务登记变更表外，还需提交相关资料。

①纳税人需在工商行政管理机关办理变更登记的，需提交的资料有：营业执照；纳税人变更登记内容的有关证明文件；其他税务部门要求提供的有关资料；过渡期未领取三合一或五合一营业执照的，还需携带税务机关发放的原税务登记证件（登记证正、副本和税务登记表等）。

②纳税人按照规定不需要在工商行政管理机关办理变更登记，或者其变更登记的内容与工商登记内容无关的，需提交的资料有：纳税人变更登记内容的有关证明文件；其他税务部门要求提供的有关资料；过渡期未领取三合一或五合一营业执照的，需携带税务机关发放的原税务登记证件（登记证正、副本和税务登记表等）。

3.办理停、复业登记

实行定期定额征收方式的个体工商户在生产经营期间，因某种特殊原因不能正常进行生产经营和依法办理纳税申报的，必须按规定办理停业登记；否则，税务机关将视同正常营业，按不依法申报、纳税进行处理。

停业的纳税人恢复正常营业前，需要向主管税务机关办理复业登记。

表1-4 **税务登记变更表**

纳税人名称：＿＿＿＿＿＿＿＿＿＿＿＿＿＿＿＿＿＿＿＿＿

纳税人税号：

变更登记事项

序号	变更项目	变更前内容	变更后内容
1	名称变更		
2	注册地址变更		
3	法定代表人或负责人变更（包括其身份证件号码、联系方式变更）		
4	经济性质变更		
5	生产经营期限变更		
6	注册资本变更		
7	投资者变更		
8	经营方式与经营范围变更		

法定代表人（负责人）签章： 办税人员： （纳税人盖章） 年 月 日	主管税务机关审批意见： 经办人： 负责人： 年 月 日

（1）办理停业登记的时间。

纳税人应在预计停业的上一个月向主管税务机关提出书面停业申请，并按规定填报《停业申请审批表》。纳税人在申请停业时，必须结清上期应纳税款、滞纳金、罚款，核销结存发票，交回发票领购簿；主管税务机关经过认真审核，对符合条件、准予办理停业登记的，在其申请审批表上签署"同意停业"字样，并核发注明限期的《核准停业通知书》。

（2）办理复业登记的时间。

纳税人应当于恢复生产经营之前，持原《停业申请审批表》到主管税务机关办理复业手续，向税务机关如实报送《停业复业报告书》，经税务机关确认后，恢复正常纳税。

纳税人停业期满不能及时恢复生产经营的，应当在停业期满前，向税务机关提出延长停业登记申请，并如实填写《停业复业报告书》，主管税务机关经审核后，重新办理停业手续，延长停业期限。对停业期满未申请延期停业的，视为正常纳税人管理。

纳税人提前复业的，按提前复业日期作为恢复纳税义务的日期。

【提示】纳税人的停、复业手续都必须事先办理，不得事后补办；凡未按规定办理停业手续的，一律视同正常经营户管理。

【思考】不办理停业手续的，视同正常经营户管理，这意味着什么呢？

4.办理注销税务登记

依《税收征管法》规定，纳税人在生产经营期间发生破产、合并、分立、解散、撤销，或者因经营地址改变而改变主管税务登记机关的，或者依法终止纳税义务的，应当办理税务登记注销手续。

（1）办理注销税务登记的时间。

纳税人发生解散、破产、撤销以及其他情形，依法终止纳税义务的，应当在向工商行政管理机关或者其他机关办理注销登记前，持有关证件和资料向原税务登记机关申报办理注销税务登记。

按规定不需要在工商行政管理机关或者其他机关办理注册登记的，应当自有关机关批准或者宣告终止之日起15日内，持有关证件和资料向原税务登记机关申报办理注销税务登记。

纳税人被工商行政管理机关吊销营业执照或者被其他机关予以撤销登记的，应当自营业执照被吊销或者被撤销登记之日起15日内，向原税务登记机关申报办理注销税务登记。

境外企业在中国境内承包建筑、安装、装配、勘探工程和提供劳务的，应当在项目完工、离开中国前15日内，持有关证件和资料，向原税务登记机关申报办理注销税务登记。

【提示】纳税人因住所、经营地点变动，涉及改变税务登记机关的，应当在向工商行政管理机关或者其他机关申请办理变更、注销登记前，或者住所、经营地点变动前，持有关证件和资料，向原税务登记机关申报办理注销税务登记，并自注销税务登记之日起30日内，向迁达地税务机关申报办理税务登记。

（2）注销税务登记表格。

实行"五证合一"登记模式的企业和已领取加载统一社会信用代码的营业执照且在税务机关办理涉税事项的个体工商户申请注销登记、注销税务登记，通过填制《清税申报表》完成（见表1-5）。企业可向国税、地税的任何一方提出清税申请，受理方受理后会将企业清税信息传递给另一方，清税完成，受理税务机关将向纳税人出具清税证明，并将信息共享到交换平台。

未实行"五证合一"登记模式的企业注销税务登记，通过填制《注销税务登记申请审批表》（表略）完成。

（3）注销登记需要提交的相关证件资料。

纳税人进行注销登记，应提供以下证件资料：《发票领用簿》及未验旧、未使用的发票；工商营业执照被吊销的，应提交工商行政管理部门发出的吊销决定原件及复印件；单位纳税人，应提供上级主管部门批复文件或董事会决议原件及复印件；使用增值税税控系统的纳税人，应提供金税盘、税控盘和报税盘；其他按规定应收缴的设备。

5.办理增值税一般纳税人资格登记

根据《中华人民共和国增值税暂行条例》规定，我国增值税纳税人按会计核算是否健全及经营规模大小，划分为一般纳税人和小规模纳税人。凡是符合增值税一般纳税人条件的纳税人，均应前往其机构所在地的主管税务机关，办理一般纳税人资格登记手续。总、分支机构不在同一县（市）的，应分别前往总、分支机构所在地的主管税务机关办理一般纳税人登记资格手续。

表 1-5

清税申报表

纳税人名称		统一社会信用代码 （纳税人识别号）	
注销原因			
附送资料			
纳税人			
	经办人： 年　月　日	法定代表人（负责人）： 年　月　日	纳税人（签章） 年　月　日
以下由税务机关填写			
受理时间		经办人： 年　月　日	负责人： 年　月　日
清缴税款、滞纳金、罚款情况		经办人： 年　月　日	负责人： 年　月　日
缴销发票情况		经办人： 年　月　日	负责人： 年　月　日
税务检查意见		经办人： 年　月　日	负责人： 年　月　日
批准意见		部门负责人： 年　月　日	税务机关（签章） 年　月　日

（1）确认一般纳税人的条件。

一般纳税人是指年应税销售额在规定标准之上，有固定经营场所，能按照国家统一的会计制度设置账簿，依合法有效的业务凭证进行会计核算，准确提供税务资料的纳税人。

【提示】这类纳税人必须进行一般纳税人资格登记；否则，按照一般纳税人税率标准计算应纳税额，不得抵扣进项税额，也不得使用增值税专用发票。

年应税销售额未达标纳税人，能够按照国家统一的会计制度规定设置账簿，根据合法、有效凭证核算，能够提供准确税务资料的，及新开业纳税人，可以选择进行一般纳税人登记。

非企业性单位、年应税销售额超过规定标准但不经常发生应税行为的单位和个体工商户，可选择按照小规模纳税人纳税。选择按照小规模纳税人纳税的，应向主管税务机关提交《选择按小规模纳税人纳税的情况说明》。

个体工商户以外的其他个人（自然人）年应税销售额超过规定标准的，不需要向主管税务机关提交书面说明。

【提示】年应税销售额包括纳税申报销售额、稽查查补销售额、纳税评估调整销售额、税务机关代开发票销售额和免税销售额。稽查查补销售额和纳税评估调整销售额计入查补税款申报当月的销售额，不计入税款所属期销售额。"年度"指在连续不超过12个月的经营期内。

（2）一般纳税人资格登记时间。

新开业纳税人应在取得"五证合一"营业执照后，到税务机关完成信息确认之日起30日内，进行一般纳税人登记。

"年度应税销售额"超过一般纳税人规定标准的纳税人，应在第12个月申报期结束后20个工作日内进行一般纳税人登记。

年应税销售额未达标纳税人，符合条件可选择登记为一般纳税人的，可随时到税务机关进行增值税一般纳税人登记。

除财政部、国家税务总局另有规定外，纳税人自行选择进行登记的"当月1日"或"次月1日"为一般纳税人资格生效之日，自生效之日起，按照增值税一般计税方法计算应纳税额，并按照规定领用增值税专用发票。

（3）一般纳税人资格登记表格。

纳税人进行一般纳税人登记主要通过填制《增值税一般纳税人资格登记表》（见表1-6）来完成。

表1-6 　　　　　　　　　　增值税一般纳税人资格登记表

纳税人名称			纳税人识别号		
法定代表人（负责人、业主）		证件名称及号码		联系电话	
财务负责人		证件名称及号码		联系电话	
办税人员		证件名称及号码		联系电话	
税务登记日期					
生产经营地址					
注册地址					
纳税人类别：企业□　非企业性单位□　个体工商户□　其他□					
主营业务类别：工业□　　商业□　　服务业□　　其他□					
会计核算健全：是□					
一般纳税人资格生效之日：当月1日□　　　　　　次月1日□					
纳税人(代理人)承诺： 　　上述各项内容真实、可靠、完整。如有虚假，愿意承担相关法律责任 经办人：　　　　法定代表人：　　　　代理人：　　　　（签章） 　　　　　　　　　　　　　　　　　　　　　　　　　年　月　日					
以下由税务机关填写					
主管税务机关受理情况	受理人： 　　　　　　　　　　　　主管税务机关（章） 　　　　　　　　　　　　　　　　年 月 日				

（4）一般纳税人登记需提供的资料。

自2015年4月1日起，纳税人携带税务登记证件（"五证合一"营业执照）即可进行一般纳税人资格登记。

除国家税务总局另有规定外，纳税人一经认定为一般纳税人后，不得再转为小规模纳税人。

二、备案会计制度和银行账号

新办税务登记的纳税人或变更登记的纳税人应及时到税务机关进行会计制度备案。

根据《税收征管法》规定，从事生产、经营的纳税人应当自领取税务登记证件（"五证合一"营业执照）之日起15日内，将其财务、会计制度或者财务、会计处理办法报主管税务机关备案。纳税人使用计算机记账的，应当在使用前将会计电算化系统的会计核算软件、使用说明书及有关资料报送主管税务机关备案。

从事生产、经营的纳税人应当持税务登记证件（"五证合一"营业执照），在银行或者其他金融机构开立基本存款账户和其他存款账户。纳税人应当自开立基本存款账户或者其他存款账户之日起15日内，向主管税务机关书面报告其全部账号；账号发生变化的，应当自变化之日起15日内，向主管税务机关书面报告。

三、领购与使用发票

（一）了解发票基本知识

1.发票的种类

发票是在购销商品、提供或者接受服务以及从事其他经营活动中，开具、取得的用以记录经济业务活动并具有税源监控功能的收付款（商事）凭证。发票不仅是财务收支的法定凭证和会计核算的原始凭证，而且是税收征收管理的重要依据。

按领购使用范围不同，发票分为普通发票（含增值税普通发票）和增值税专用发票。

（1）普通发票。

普通发票是购销双方的收付款凭证，其基本联次为三联，即作为销售方留存备查的存根联（第一联），作为购买方付款凭证的发票联（第二联），作为销售方收款凭证的记账联（第三联）。

"营改增"后，普通发票主要有增值税普通发票（见表1-7）、增值税电子普通发票（见表1-8）、门票、过路（过桥）费发票、定额发票、客运发票、二手车销售统一发票以及国税机关发放的卷式普通发票。

已纳入增值税发票管理系统的纳税人，应按照规定使用增值税专用发票、增值税普通发票、机动车销售统一发票、增值税电子普通发票；对于确有需求但不便使用税控系统开票、小额收费等的纳税人，可以向主管国税机关申请领用通用定额发票或通用手工发票。

从发票开具来看，增值税一般纳税人可以自行开具增值税专用发票、增值税普通发票、增值税电子普通发票。

除另有规定外，增值税小规模纳税人只能自行开具普通发票、增值税普通发票、增值税电子普通发票，若对方需要增值税专用发票，需要向税务机关申请代开。

增值税普通发票
防伪鉴别方法

　　其他纳税人如自然人，只能开具普通发票，或者通过代开方式开具增值税专用发票和增值税普通发票。

　　从受票方来说，增值税专用发票只能开具给除自然人外的增值税纳税人，而普通发票包括增值税普通发票，可以开具给所有的受票对象。

教你如何查询发票真伪

表1-7

增值税普通发票

1100143350

北京增值税普通发票 　　　　　NO

记账联
北京

开票日期：

购买方	名　　　称：					密码区		
	纳税人识别号：							
	地址、电话：							
	开户行及账号：							
货物或应税劳务、服务名称	规格型号	单位	数量	单价	金额	税率	税额	
合　　计					¥		¥	
价税合计（大写）					（小写）¥			
销售方	名　　　称：					备注		
	纳税人识别号：							
	地址、电话：							
	开户行及账号：							

收款人：　　　　复核：　　　　开票人：　　　　销售方：（章）

表1-8

增值税电子普通发票

全国统一发票监制章
青岛增值税电子普通发票
青岛市
国家税务总局监制

发票代码：037021600111
发票号码：19675801
开票日期：2016 年 07 月 09 日

机器编号：661565714594

校验码：6781449875323543145 2

购买方	名　　　称：					密码区	>2463+6<44+>76346272+>/750/ <26+-265+*0-00+++8-0/205/*8 2<8>/6<07>+/45+7>744667+<>* 7169*/9+-265+*0-00+++8-6404		
	纳税人识别号：							
	地址、电话：							
	开户行及账号：							
货物或应税劳务、服务名称	规格型号	单位	数量	单价	金额	税率	税额	
滚筒洗衣机	MQG70-B12866电	台	1	1 708.41	1 708.41	17%	290.43	
合　　计					¥1 708.41		¥290.43	
价税合计（大写）	⊗壹仟玖佰玖拾捌元捌角肆分整						¥1 998.84	
销售方	名　　　称：海尔集团电子商务有限公司					备注	海尔集团电子商务有限公司 370212718044694 发票专用章	
	纳税人识别号：370212718044694							
	地址、电话：青岛市高科技工业楼海尔工业园内 0532-55776663							
	开户行及账号：建行海尔路支行 2125921650							

收款人：　　　　复核：　　　　开票人：海尔商城　　　　销售方：（章）

自 2015 年 12 月 1 日起，国家税务总局在全国范围内推行增值税电子普通发票。纳税人通过增值税电子发票系统开具增值税电子普通发票。

电子发票是在购销商品、提供或者接受服务以及从事其他经营活动中，开具、收取的以电子方式存储的收付款凭证。

电子发票突破了传统纸质发票的理念，其系统具有信息同步、发票赋码、电子发票数据生成、电子发票版式文件生成、电子发票明细数据传送税务机关等特点。由于实现发票签名、电子盖章，及电子发票唯一性、不可抵赖性和可防篡改性，而且电子发票通过数字媒体形式传送与保存发票内容，因此其更加方便快捷。电子发票明细数据通过增值税电子发票系统实时传送至税务机关，进入发票电子底账库，对防止偷逃税款有重要意义。

与传统纸质发票相比，电子发票开具更快捷、查询更方便。其主要有以下三个优点：一是方便长期、安全地保存，并随时提供查询下载，用户无须担心发票丢失或者损坏。二是当用户交易出现纠纷时，其可以方便迅速地取证。三是电子发票的防伪模式也是电子化的，不用担心收到假发票，并可以登录官方网站查验。取得电子发票的购买方如果发生退货的情况，处理方法和原有退换货流程基本一样，但无须退回电子发票。

纳税人使用开票系统开具电子发票，开票系统将发票信息向税务机关正常报税，同时传输给对接的电子发票服务平台，平台将发票信息加盖开票方电子签章后反馈给开票方，开票方通过手机短信等方式将发票信息（主要是发票代码和发票号码等）发送给受票方，受票方即可登录服务平台查询、下载、打印已加盖电子签章的发票信息。

电子发票的开票方和受票方，可仅以电子形式对发票进行归档保存。需要纸质发票的，可以自行打印电子发票的版式文件（彩色或黑白均可），其法律效力、基本用途、基本使用规定等与税务机关监制的增值税普通发票相同。

【思考】增值税电子普通发票除方便纳税人、防止偷逃税外，对社会还有什么意义？

（2）增值税专用发票。

增值税专用发票由基本联次或基本联次附加其他联次构成，基本联次为三联：发票联、抵扣联、记账联，是分别用于核算购买方采购成本、进项税额的记账凭证；是购买方报送主管税务机关进行认证抵扣的凭证；也是销售方核算销售收入和销项税额的记账凭证。其他联次用途由纳税人自行确定（有关增值税专用发票的各项内容和具体规定详见项目二的任务2）。

2.发票的基本内容

发票的基本内容包括：发票的名称、发票监制章、字轨号码、发票联次及用途、客户名称、商品名称及经营项目、计量单位、数量、单价、金额、开票人、开票日期、开票单位（个人）名称（章）等。

3.发票的管理

税务机关是发票的主管机关，负责发票印制、领购、开具、取得、保管、缴销的管理和监督。国家税务总局统一负责全国发票管理工作。发票的具体管理工作由国家税务局和地方税务局按各自的权限执行。

税务机关对发票印制实行统一管理的原则。增值税专用发票由国务院税务主管部门（国家税务总局）指定的企业印制；其他发票，分别由省、自治区、直辖市国家税务局或地方税务局指定的企业印制，未经上述规定的税务机关指定，任何单位不得印制发票。

发票必须套印全国统一发票监制章，其式样由国家税务总局规定。除增值税专用发票以外的普通发票监制章，由省、自治区、直辖市税务机关负责制作。发票监制章必须套印在票据名称的正中，由税务机关派专人进场监督发票监制章的套印过程。

发票式样由税务机关确定，并实行不定期换版制度。

（二）领购发票

1.发票领购对象

（1）依法办理税务登记的单位和个人，在领取税务登记证（"五证合一"营业执照）后可以申请领购发票，属于法定的发票领购对象。

（2）依法不需要办理税务登记的单位，发生临时经营业务需要使用发票的纳税人，可以凭单位介绍信和其他有效证件，到税务机关申请代开发票。

（3）临时到本省、自治区、直辖市以外从事经营活动的单位和个人，凭所在地税务机关开具的《外出经营活动税收管理证明》，在办理纳税担保的前提下，可向经营地税务机关申请领购经营地的发票。

2.领购普通发票程序

申请领购普通发票的单位和个人应当向税务机关提出购票申请，填写《发票领购簿申请审批表》，并提供经办人身份证明、税务登记证件（"五证合一"营业执照）或其他有关证明以及发票专用章的印模。主管税务机关审核后，根据企业经营规模大小、财务制度健全与否、发票管理是否严格、发票使用量大小等核准企业领购发票的种类、数量以及购票方式，并发放《发票领购簿》。

纳税人领购发票时，须持发票领购簿、经办人身份证明及已用发票存根联，到税务机关缴销、领购发票，并交纳发票工本费。

（三）保管发票

发票保管的首要任务是保障发票的安全、发票数量的完整无缺和发票质量的完好。

开具发票的单位和个人应按照税务机关的规定存放和保管发票，不得丢失和擅自损毁。已经开具发票存根联和发票登记簿的，应当保存5年；保存期满，报经税务机关查验后方可销毁。

如遇发票遗失、被盗，或者遇水、火等灾害后造成损毁等情况，应书面报告主管税务机关。其中，遗失发票除应当于发现当日书面报告税务机关外，还须在有刊号的报纸上声明作废。

（四）开具发票

开具发票的单位和个人必须在发生经营业务、确认营业收入时开具发票。未发生经营业务的，一律不准开具发票。同时，在开具发票时，应注意以下要求：

1.保证开具发票的真实、完整

发票必须如实开具，开具发票时，必须做到按号码顺序填开，填写项目齐全，内容真实，字迹清楚，全部联次一次复写、打印，内容完全一致，并在发票联加盖发票专用章。

2.发票仅限于领购单位和个人在本省、自治区、直辖市范围内开具

省、自治区、直辖市税务机关可以规定本省内跨市、县开具发票的办法。任何单位和个人未经批准，不得跨规定的使用区域携带、邮寄、运输空白发票。禁止携带、邮寄或运

输空白发票出入境。

3.发票必须独立使用

用票单位和个人，只有在自身经济业务活动发生时，才能填开使用发票；任何单位和个人不得转借、转让、代开发票；未经税务机关批准，不得拆未使用发票；禁止倒买倒卖发票。

4.不得扩大使用范围和超限额填开

用票单位和个人填开发票，不得超越规定的生产经营范围，不得自行扩大发票的使用范围。发票只能在票面限额规定的范围内填开，超限额填开一律无效。

5.红字发票的开具

开具发票后，如发生需开具红字发票情况的，应视双方账务处理情况收回原发票，并注明"作废"字样，或取得对方有效证明；发生销售折让的，在收回发票并注明"作废"字样后，重新开具销售发票。

【提示】到外省（自治区、直辖市）临时从事经营活动的纳税人，应向主管税务机关申领《外出经营活动税收管理证明》，向经营地税务机关办理报验登记，提供纳税担保后领取发票；确属业务量小、开票频度低的，可以申请经营地税务机关代开。

【思考】纳税人临时取得超出领购发票使用范围或者超过领用发票开具限额以外的业务收入，如需开具发票，可以自行开具普通发票吗？

（五）注（缴）销发票

发票的注（缴）销主要有两种情况：一种情况是因粗心大意等原因开出错票，发现后所开发票应全联作废并保存，不得任意撕毁、丢弃；另外一种情况则是用票单位和个人按照规定向税务机关上缴已使用或者未使用的发票，包括以下两种情况：

1.变更、注销税务登记时发票的缴销

纳税人因办理了纳税人名称、地址、电话、开户行、账号变更，需废止原有发票或注销税务登记时，应持《税务登记变更申请表》或《注销税务登记表》（清税表）向主管税务机关领取并填好《发票缴销登记表》，持《发票领购簿》、经办人员身份证明及未使用的发票向主管税务机关办理发票缴销手续。

2.残损发票、改（换）版发票及次版发票的缴销

纳税人的发票发生霉变、鼠咬、水浸、火烧等残损问题，或被通知发票将进行改版、换版，或发现有次版发票等问题时，必须按有关规定到主管税务机关领取并填报《发票缴销登记表》，连同《发票领购簿》及应缴销的改版、换版和次版发票一并交主管税务机关。

四、进行纳税申报

（一）纳税申报概念

纳税申报是指纳税人发生纳税义务后，在税法规定的期限内向主管税务机关提交书面报告的一种法定手续，也是税务机关办理征税业务、核实应纳税款、开具完税凭证的主要依据。《税收征管法》规定，纳税人必须依照法律法规确定的申报期限如实办理纳税申报，报送纳税申报表、财务会计报表以及税务机关要求报送的其他与纳税申报相关的资料。

一切负有纳税义务的单位和个人以及负有扣缴义务的单位和个人，都是办理纳税申报的对象，具体包括：

（1）依法负有纳税义务的单位和个人。

（2）按规定享有减免税的纳税人。

（3）依法负有扣缴义务的单位和个人。

（二）纳税申报内容

纳税人、扣缴义务人在规定的申报期限内向税务机关进行纳税申报时，主要通过填制和上交纳税申报表及相关的财务资料来完成。

1.纳税申报表及代扣代缴、代收代缴报告表

我国各税种都有相应的纳税申报表，实行税源控制的税种还有扣缴义务人填报的代扣代缴税款报告表、代收代缴税款报告表。不同税种的计税依据、计税方法不同，纳税申报表的格式也不同，但申报的主要内容基本相同，一般包括：纳税人名称、税种、税目、应纳税项目、适用税率或者单位税额、计税依据、应纳税额、税款所属期限等。

2.纳税申报的其他资料

为了全面反映纳税人一定时期内的生产、经营活动，纳税人在进行纳税申报时，除了报送纳税申报表外，还要报送财务报表及其他相关资料。其主要有：

（1）纳税申报表。

（2）财务报表及其说明材料。

（3）与纳税有关的合同、协议书及凭证。

（4）税控装置的电子报税资料。

（5）外出经营活动税收管理证明和异地完税凭证。

（6）境内或者境外公证机构出具的有关证明文件。

（7）税务机关规定应当报送的其他有关证件、资料。

（三）纳税申报方式

纳税人在申报期限内，无论有无应税收入和所得，都必须持纳税申报表、财务报表及其他纳税资料，到税务机关办理纳税申报。扣缴义务人在扣缴税款期限内，无论有无代扣代收税款，都必须持有代扣代缴、代收代缴报告表以及其他有关资料，到税务机关办理扣缴税款申报。随着技术的进步，纳税申报的方式也在不断变化，目前，纳税人报经税务机关批准，可选择以下方式进行纳税申报：

1.直接申报

直接申报，也称上门申报，是指纳税人、扣缴义务人持纳税申报表等相关资料，在纳税申报期内直接到当地主管税务机关设立的纳税服务大厅进行申报纳税。无论是在过去手工操作方式下，还是在当前计算机征管方式下，直接申报方式都是我国最主要的纳税申报方式。

2.电子申报

电子申报也称互联网申报，是指纳税人、扣缴义务人在规定的申报期限内，通过与税务机关接受办理纳税申报、代扣代缴及代收代缴税款申报的电子系统联网的电脑终端，按照规定和系统发出的指示输入申报内容，以完成纳税申报或者代扣代缴及代收代缴税款申报的方式。电子申报具有准确、快捷、方便等特点，已越来越受人们的重视，也是我国重点推广的纳税申报方式。

纳税人要使用互联网申报，必须有相对固定的计算机操作人员，其还要能准确填写涉

税项目。在进行网上申报前，应向主管税务机关受理部门提出申请，附送网上申报操作人员的身份证复印件一份，并办理用户注册。

【提示】纳税人采取电子方式办理纳税申报的，应当按照税务机关规定的期限和要求保存有关资料，税务机关根据实际情况要求纳税人将与电子申报数据相同的纳税申报资料定期书面报送（或邮寄）主管税务机关，或者按税务机关的要求保存，必要时按税务机关的要求出具。

3.邮寄申报纳税

所谓邮寄申报是指纳税人经税务机关批准，在规定的纳税期限内，将填制好的纳税表格和相关申报资料通过邮寄的方式向当地税务机关进行申报纳税。邮寄申报以现有的邮政系统为依托，既能在一定程度上方便纳税人，也不需要以计算机网络为前提，在方便程度和成本上有着一定的优势。邮寄申报适用于到税务机关上门办理纳税申报有困难的纳税人或者扣缴义务人。

4.简易申报

实行定期定额缴纳税款的纳税人，经税务机关批准，可以实行简易申报等申报纳税方式，即以缴纳税款凭证代替申报或简并征期。以缴纳税款凭证代替申报是指纳税人按照税务机关核定的税额按期缴纳税款，以税务机关开具的完税凭证代替纳税申报。简并征期是指纳税人按照税务机关核定的税额和指定的期限，每几个月一次或半年、一年一次进行申报纳税。这两种方式都是简化纳税手续、降低纳税人纳税成本的方式。

（四）纳税申报期限

纳税申报期限，是法律、行政法规规定的或者税务机关依照法律、行政法规的规定确定的纳税人、扣缴义务人向税务机关申报应纳或应解缴税款的期限。

纳税申报期限是根据各个税种的特点确定的，各个税种的纳税期限因其征收对象、计税环节的不同而不尽相同，同一税种，也可以因为纳税人的经营情况不同、财务会计核算不同、应纳税额大小不等，导致申报期限不一样。纳税人的具体纳税期限，由主管税务机关按各税种的有关规定确定；不能按照固定期限的，可以按次申报。

纳税人、扣缴义务人办理纳税申报期限的最后一日是法定休假日的，以休假日期满的次日为最后一日；在期限内有连续3日以上法定休假日的，按休假日天数顺延。

（五）延期申报

延期申报是指纳税人、扣缴义务人不能按照税法规定的期限办理纳税申报或扣缴税款申报，经申请由税务机关批准可适当推延时间进行纳税申报。

造成延期申报的原因有主观原因和客观原因。一般来说，纳税人、扣缴义务人可以申请进行延期申报的，主要有两方面特殊情况：一是因不可抗力的作用，需要办理延期申报。不可抗力是指不可避免和无法抵御的自然灾害。二是因财务会计处理上的特殊情况，导致不能办理纳税申报而需要延期申报。出现这种情况一般是由于账务未处理完，不能计算应纳税款。

凡纳税人或扣缴义务人完全出于主观原因或有意拖缴税款而不按期办理纳税申报的，税务机关可视违法行为的轻重，给予处罚。

纳税人、扣缴义务人按期办理纳税申报或者报送代扣代缴、代收代缴税款报告表确有困难，需要延期申报的，应当在规定的纳税申报期限内提出书面申请，并填制《延期申报申请表》（见表1-9）报请税务机关批准，主管税务机关视其具体情况决定是否批准延长。

表1-9　　　　　　　　　　　　　　　延期申报申请表

纳税人（扣缴义务人）名称				
税务登记证号码		经济性质		
延期申报的税种		税款所属时期		
核定的报缴期限				
申请延期申报的期限				
延期申报的原因				
纳税人签章 年　月　日	主管税务机关审批	准予延期申报期限		
				（盖章） 年　月　日

税务机关审核后，根据审批同意意见制发《核准延期申报通知书》，并告知纳税人按上期实际缴纳税款或按税务机关核定的税额预缴税款。未核准的，在《延期申报申请表》签署意见后连同有关资料退给纳税人，并告知其按规定要求申报缴纳。纳税人则应按税务机关的要求进行申报纳税。

五、缴纳税款

缴纳税款是指纳税人依法将应纳税款缴入国库的过程。

（一）缴纳税款方法

一般而言，纳税人应根据其财务核算的数据，按期缴纳税款。但由于纳税人的生产经营状况、财务管理水平各不相同，还有少数纳税人财务核算不健全，因此税务机关有权根据税收法律法规来确定不同纳税人的税款缴纳方法。目前，常用的缴纳方法主要有：

1.自核自缴

生产经营规模较大、财务制度健全、会计核算准确、一贯依法纳税的企业，经主管税务机关批准，可以按此法缴纳税款。也就是说，企业依照税法规定，自行计算应纳税款，自行填写、审核纳税申报表，自行填写税收缴款书，到开户银行解缴应纳税款，并按规定向主管税务机关办理纳税申报并报送纳税资料和财务报表。

2.申报核实缴纳

生产经营正常，财务制度基本健全，账册、凭证完整，会计核算较准确的企业可以按此法缴纳税款。也就是说，企业依照税法规定自行计算应纳税款，自行填写纳税申报表，按照规定向主管税务机关办理纳税申报，并报送纳税资料和财务报表。经主管税务机关审核后填开税收缴款书，纳税人按规定期限到开户银行缴纳税款。

3.申报查定缴纳

财务制度不够健全、账簿凭证不完备的固定业户，应当如实前往主管税务机关办理纳税申报并说明其生产能力、原材料、能源消耗情况及生产经营情况等，经主管税务机关审查测定或实地查验后，填开税收缴款书或者完税证明，纳税人按规定期限到开户银行或者税务机关缴纳税款。

4.查验缴纳

查验缴纳是指税务机关对纳税人的应税商品、产品，通过查验数量，按市场一般销售单价计算其销售收入，并据以计算应纳税款，由纳税人按税务机关要求的方式缴纳税款。这种方法多适用于城乡集贸市场以及在火车站、机场、码头、公路交通要道等地经销商品的临时经营者，其灵活性较大。

5.定额申报缴纳

定额申报缴纳是指对生产经营规模小，确无建账能力或账证不全，不能准确计算营业额、利润额，不能提供准确纳税资料的有固定经营场所的小型个体工商业户，采取自报评议，由税务机关依法定期确定其营业额、销售额和征收率，纳税人按规定期限向主管税务机关申报缴纳税款的方法。

（二）缴纳税款方式

缴纳税款方式，是指纳税人、扣缴义务人向税务机关缴纳税款的形式。目前，纳税人、扣缴义务人的缴纳方式主要有以下几种：

1.转账缴税

转账缴税是指纳税人、扣缴义务人通过其开户银行转账缴纳税款的方式。

2.支票缴税

支票缴税是指纳税人、扣缴义务人用支票缴纳税款的方式。支票缴税须在税务机关、银行、国库实现计算机联网后方可实施。

3.现金缴税

现金缴税是指纳税人、扣缴义务人用现金缴纳税款的一种方式。

4.信用卡缴税

信用卡缴税是指纳税人、扣缴义务人用信用卡缴纳税款的方式。

5.税银一体化缴税

税银一体化缴税是指纳税人、扣缴义务人在指定银行开设税款解缴专用账户，按期提前存入当期应纳税款，并在规定的期限内由税务机关通知银行直接划解税款，或自行到税务机关指定银行网点缴纳的方式。

（三）延期纳税

就税收基本原则来说，纳税人发生纳税义务后，均应按规定的期限缴纳税款。但是考虑到纳税人在实际履行纳税义务的过程中可能会遇到某些特殊困难，致使其不能按期纳税，为了保护纳税人的合法权益，《税收征管法》赋予了纳税人申请延期缴纳税款的权利。

1.可申请延期缴纳税款的条件

纳税人有下列情形之一的，可申请延期纳税：

（1）因不可抗力，如自然灾害、意外事故、国家政策调整等导致纳税人发生较大损失，正常生产经营活动受到较大影响的。

（2）当期货币资金在扣除应付职工工资、社会保险费后，不足以缴纳税款的。

2.申请延期缴纳税款的程序

（1）纳税人在规定期限内提出书面申请。纳税人需要延期缴纳税款的，应当在缴纳税款期限届满前提出申请，并报送下列材料：申请延期缴纳税款报告及审批表，当期货币资金余额情况及所有银行存款账户的对账单、资产负债表，应付职工工资和社会保险费等税务机关要求提供的其他资料。

（2）税务机关审批。税务机关收到申请延期缴纳税款报告后，做出批准或者不予批准的决定，批准的，延期内免予加收滞纳金；不予批准的，从缴纳税款期限届满之次日起加收滞纳金。

税款的延期缴纳，必须经省、自治区、直辖市国家税务局或地方税务局批准方为有效。

（四）税款的退还

按照依法治税的原则，税款征收要依法进行，纳税人不能少缴，也不能多缴税款。但是实际上由于征纳双方的各种原因，会产生纳税人多缴税款的现象。为保护纳税人的合法权益，《税收征管法》规定，纳税人超过应纳税额缴纳的税款，税务机关发现后应立即退还；纳税人在3年内发现的，可以要求税务机关退还多缴税款，还可以要求退还多缴税款的同期银行利息。

1.多缴税款退回的范围

多缴税款而退税，适用的情形主要包括三种：一是技术性差错和结算性的退税。包括因纳税人填写申报表错误，计算错误，适用税种、税目、税率错误等失误造成的，以及由于税务机关工作疏忽，多征、误征税款的退还。二是政策性的先征后退。三是纳税人与税务机关在纳税额度方面有争议，这种情况下，应先依法纳税，再进行税收复议或税收诉讼，如确实存在多征的，可予以退税。

2.退税的具体程序

税务机关发现纳税人多缴纳税款的，应当自发现之日起10日内办理退库；纳税人发现多缴税款的，税务机关应当自接到纳税人退还申请之日起30日内查实并办理退库手续。

（五）认识税款的补缴与追征

补缴、追征税款是指在实际的税款征缴过程中，由于征纳双方的疏忽、计算错误等原因造成的纳税人、扣缴义务人未缴或者少缴税款，税务机关依法要求补缴和追征的制度。

1.补缴、追征税款的范围

（1）税务机关适用税收法律、行政法规不当或者执法行为违法造成的未缴或少缴税款。

（2）纳税人、扣缴义务人非主观故意的计算错误以及明显笔误造成的未缴、少缴税款。

（3）偷税、骗税和抗税。

2.补缴、追征税款的方式

（1）税款的补缴，是指未缴或者少缴税款是因税务机关的责任造成的，税务机关应当要求纳税人、扣缴义务人补缴税款，但是不能加收滞纳金。

（2）税款的追征，是指未缴或者少缴税款是因纳税人、扣缴义务人造成的，税务机关对未缴或者少缴的税款应当追征，同时还应征收相应的滞纳金。

纳税人、扣缴义务人未缴或者少缴税款的，其补缴和追缴税款的期限，应当自纳税人、扣缴义务人应缴未缴或少缴税款之日起计算。

3.补缴、追征税款的时限

（1）因税务机关的责任，致使纳税人、扣缴义务人未缴或者少缴税款的，税务机关可以在3年内要求纳税人、扣缴义务人补缴税款。

（2）因纳税人、扣缴义务人计算错误等失误，未缴或者少缴税款的，税务机关在3年内应追征税款、滞纳金；有特殊情况的，追征期可以延长到5年。

【提示】"特殊情况"是指纳税人或者扣缴义务人因计算错误等失误，未缴或者少缴、未扣或者少扣、未收或者少收税款，累计数额在10万元以上的情况。

（3）对偷税、抗税、骗税的，税务机关可以无限期追征其未缴或者少缴的税款、滞纳金或者所骗取的税款。

（六）滞纳金

纳税人如果不按照纳税期限缴纳税款，就相当于无偿地占用了国家财政资金，侵犯了国家利益，因此需要进行补偿。所以税务机关在追缴税款的同时，还应加收滞纳金。因此，滞纳金是纳税人因未按时履行纳税义务而占用国家税款所缴纳的补偿金，它不是税务机关实施的行政处罚。

纳税人或扣缴义务人未按照规定期限解缴税款的，税务机关除了责令其限期缴纳以外，从滞纳之日起，按日加收0.5‰的滞纳金。加收滞纳金的起止时间，是从税款缴纳期限届满次日算起，至解缴税款之日止。

$$滞纳金数额＝滞纳税额×滞纳日期×加收率（0.5‰）$$

【提示】在税款滞纳期间遇到节假日的，不能从滞纳天数中扣除节假日天数。

（七）税款扣缴义务

为方便征纳双方的税款征收与缴纳工作，降低税收征纳成本，我国税收法规中规定有税款扣缴义务人，税法规定的扣缴义务人必须依法履行代扣、代收税款义务。如果不履行义务，就要承担相应的法律责任。除按《税收征管法》及其实施细则的规定给予处罚外，应当责成扣缴义务人限期内对应扣未扣、应收未收的税款进行补扣或补收。

1.扣缴义务人的主要义务

（1）依法办理扣缴登记。扣缴义务人应当自扣缴义务发生之日起30日内，向当地主管税务机关申请办理扣缴税款登记，并从税务机关领取扣缴税款登记证，以作为扣缴税款的合法、有效证件。对扣缴义务人自身已办理了税务登记的，可不再另行发放扣缴税款登记证。

（2）设置代扣、代收账簿。扣缴义务人应当自税收法律、行政法规规定的扣缴义务发生之日起10日内，按照所代扣、代收的税种，分别设置代扣代缴、代收代缴税款账簿（能够通过计算机正确、完整计算代扣代缴、代收代缴税款情况的，其计算机输出的完整的书面会计记录，可视同会计账簿）。

（3）依法全面代扣、代收税款。

（4）按时申报和解缴税款。扣缴义务人必须按照规定的申报期限、申报内容如实报送代扣代缴、代收代缴税款报告表以及税务机关根据实际需要报送的其他有关资料。扣缴义务人对已代扣、代收的税款，必须在规定的期限内解缴税款。

2.未履行扣缴义务的处理

《税收征管法》规定：扣缴义务人应扣未扣、应收而不收税款的，由税务机关向纳税人追缴税款，对扣缴义务人处应扣未扣、应收未收税款50%以上、3倍以下的罚款。

任务4 学习纳税筹划基础知识

引导案例

> 小张与三位朋友准备每人出资5万元合开一家服装店，其听说不同组织形式的企业涉及的税收支出有所不同，因此办理工商登记时在组织形式的选择上犯了难。在会计师事务所工作的朋友向他建议，从税收角度考虑，选择有限责任公司形式不如选择合伙企业形式。因为有限责任公司经营所得应按规定缴纳税率为25%的企业所得税，税后所得如要分红，投资者还需按"利息、股息、红利所得"缴纳20%个人所得税；而合伙企业按照"先分后税"的原则，对于合伙人为自然人的，只需按"个体工商户的生产经营所得"五级超额累进税率缴纳个人所得税。因此，一般而言，有限责任公司的税收负担会高于合伙企业。听了朋友的建议，小张结合今后企业的经营规模等具体情况选择了合伙企业形式，为今后企业纳税成本的降低奠定了基础。请问，您从这个案例中得到什么启示？
>
> 引导案例解析

纳税筹划是根据英文"tax planning"翻译过来的，也被称为税收筹划或税务筹划。中外学者对纳税筹划含义的界定各不相同，但大致可区分为广义与狭义两类。

广义的纳税筹划，是指纳税人在不违背税法的前提下，运用一定的技巧和手段，对自己的生产经营活动进行科学、合理和周密的安排，以达到少缴、缓缴税款目的的一种财务管理活动。这个定义强调：纳税筹划的前提是不违背税法，目的是少缴或缓缴税款。它包括采用合法手段进行的节税筹划、采用非违法手段进行的避税筹划、采用经济手段特别是价格手段进行的税负转嫁筹划。

狭义的纳税筹划，是指纳税人在税法允许的范围内，以适应政府税收政策导向为前提，采用税法所赋予的税收优惠或选择机会，对自身经营、投资和分配等财务活动进行科学、合理的事先规划与安排，以达到节税目的的一种财务管理活动。狭义的纳税筹划范围较广义上的小，它强调纳税筹划的目的是节税，但节税是在税收法律允许的范围内，以适应政府税收政策导向为前提，不能钻政策缺陷的空子，应采用节税的手段，而不是避税等手段。本书所提的纳税筹划为狭义的纳税筹划。

【知识链接】

偷税、避税、节税的界定与比较

1.偷税

偷税属于税收欺诈行为，指负有纳税义务的纳税人，故意违反税法，通过对已发生的应税经济行为进行隐瞒、虚报等以逃避交纳税款的行为。

偷税与纳税筹划有明显区别。偷税是纳税人在纳税义务发生后，采取伪造、变造、隐匿、擅自销毁账簿、记账凭证，在账簿上多列支出，或者不列、少列收入，或者进行虚假的纳税申报等手段，达到不缴或少缴税款的目的。偷税是一种违法行为，一旦被发现，偷税者必然受到惩罚。

2.避税

避税是指纳税人在充分了解现行税法的基础上，通过掌握相关会计知识，在不触犯税法的前提下，对经济活动作出巧妙的安排，这种安排手段处于合法与非法之间的灰色地带，达到规避或减轻税负目的。避税具有非违法性，狭义的纳税筹划不包括避税筹划。

避税也是在纳税义务发生后进行的，立足于税法的漏洞和措辞上的缺陷，在形式上虽不违法，但实质上却与立法意图、立法精神相悖。

避税最常见的手法是利用"避税港"（指一些无税收负担或税负极低的特别区域）虚拟经营机构或场所转移收入、转移利润以及利用关联企业的交易，通过转让定价转移收入、转移利润，实现避税。

3.节税

节税是指纳税人在不违背税法立法精神的前提下，在存在多种纳税方案的选择时，充分利用税法中固有的起征点、减免税等一系列优惠政策，通过纳税人对经济活动的巧妙安排，达到少缴或不缴税的目的。节税具有合法性，狭义的纳税筹划即指节税筹划。

节税是在纳税义务尚未发生时进行的，通过对生产经营活动的事前选择、安排来实现，是税法所允许甚至鼓励的，其不但谋求纳税人自身利益的最大化，而且依法纳税，维护国家的税收利益。

偷税、避税、节税的比较见表1-10。

表1-10　　　　　　　　　　　偷税、避税、节税的比较

对比点	偷税	避税	节税
性质	违法	非违法	合法
手段	非法手段	利用税法漏洞	主要利用税收优惠政策等
风险程度	风险高	风险较高	风险低

二、纳税筹划目标

纳税人通过纳税筹划活动，其目的就是要取得"节税"的税收利益。它包含以下几层意思：

（一）减轻税收负担

直接减轻税收负担是企业纳税筹划所要实现的目标之一，这是纳税筹划的初级目标。纳税人是税收义务的承担者，企业作为市场经济的主体，在产权界定清晰的前提下，总是致力于追求自身经济利益的最大化。要实现经济利益的最大化，就要使得总成本最小化。

（二）实现涉税零风险

所谓涉税零风险，是指纳税人账目清楚，纳税申报正确，缴纳税款及时、足额，不会出现任何关于税收方面的处罚，即在税收方面没有任何风险，或风险极小，甚至可以忽略不计的一种状态。实现涉税零风险是纳税筹划方案的最低目标，而实现最低目标是实现最高目标的基础。首先，纳税人纳税要做到合法，在涉税上不出现法律风险；其次，才是在合法的基础上运用各种筹划方法，实现最轻税负。实现企业涉税零风险，可以避免发生不必要的经济损失和名誉损失，有利于企业进行财务管理。

（三）获取资金时间价值

纳税人通过一定的手段，将当期应该缴纳的税款延缓到以后各期缴纳，从而获得资金的时间价值，这是纳税筹划目标体系的有机组成部分。纳税人在生产经营决策中，只有重视资金的时间价值，才能使纳税筹划方案更具有科学性。

（四）提高自身经济利益

企业从事经济活动的最终目的，是使总体经济效益最大化，而不仅仅是少缴税款。经济效益的最大化应该从长远来看。企业进行纳税筹划，应服从企业的长远目标，以实现可持续发展，从而在相当长的时间里实现财富最大化目标。

（五）维护主体合法权益

维护自身合法权益是企业进行纳税筹划必不可少的一环，借以从依法纳税的角度对权力和权利的失衡进行调整，以实现税收与经济的良性互动，促进经济的长期、持续发展。依法纳税，不仅要求纳税人依照税法规定及时足额地缴纳税款，还要求税务机关依照税法规定合理合法地征收税款。对应缴纳的税款，企业负有及时足额缴纳的义务，不能偷税漏税和逃税；但对不应缴纳的税款，企业可以拒绝缴纳，维护自己的合法权益。

三、纳税筹划特征

纳税筹划的实质是依法合理纳税，最大程度地降低纳税风险。纳税筹划具有以下特征：

（一）合法性

合法性是指纳税筹划只能在法律许可的范围内进行，违反法律规定、逃避税收负担的，应承担相应的法律责任。合法性是纳税筹划最基本的特点，是纳税筹划的前提条件。

纳税筹划运用的手段必须是合法的，是与偷税、逃税、抗税、骗税有着本质不同的。纳税人为规避和减轻税负而置法律于不顾的偷逃税行为显然会受到法律制裁，但当纳税人从事经营活动，面临两个或两个以上的纳税方案时，纳税人可以为实现最小合理纳税而进行设计和筹划，选择低税负方案。这也正是税收政策引导经济、调节纳税人经营行为的重要作用之一。

（二）超前性

超前性是指纳税人在进行经营活动前，应该将税收作为影响自身最终经营成果的一个非常重要的因素进行设计和安排。

纳税义务本身是纳税人在经济行为发生之后产生的，具有滞后性的特点，而纳税筹划是在企业的纳税义务尚未发生之前，对可能面临的税收待遇所做的一种策划与安排。一旦经营活动已经发生，事实已经存在，纳税义务就已经形成，此时再去谋求少纳或不纳税款，则不能被认定为纳税筹划。

（三）目的性

纳税人进行纳税筹划有明确的目的，即追求纳税人价值最大化，纳税筹划手段的选择和安排都是围绕这一目的进行的。纳税筹划的初级目的是减轻税负，同时也使各项税收风险为零，追求税后利润最大化，最终目的是追求纳税人价值最大化。如果初级目的与最终目的发生矛盾，纳税人应选择能实现纳税人价值最大化的方案。

（四）专业性

纳税筹划是一项非常专业、技术性很强的策划活动，需要纳税人及相关人员对税法了如指掌，灵活运用，筹划成功与否受制于筹划者对财税、法律、审计等知识的掌握程度。

税制的日益复杂化以及税收政策的不断更新变化，对筹划人员的专业性要求越来越高。筹划人员需要时刻清楚在既定的纳税环境下如何制订筹划方案，才能达到纳税人财务管理目标。这不仅促使纳税人开始建立从事纳税筹划的部门，而且也促进了税务代理行业的发展。

（五）时效性

随着国家经济环境的变化，税收法律也会不断修正和完善，这就要求纳税人具备敏锐的洞察力，预测并随时掌握会计、税务等相关政策法规的变化，因时制宜，制定或修改相应的纳税策略。否则，政策变化后的溯及力很可能使预定的纳税策略失去原有的效用，使企业的节税行为"变质"为避税甚至偷税，给企业带来纳税风险。

（六）整体性

整体性是指纳税筹划应着眼于纳税人资本总收益的长期稳定增长，而不是着眼于个别税种税负的高低或纳税人整体税负的轻重。这是因为，一种税少纳了，另一种税有可能要多缴，整体税负不一定减轻。另外，纳税支出最小化的方案不一定等于资本收益最大化方案。进行投资、经营决策时，除了考虑税收因素外，还必须考虑其他多种因素，综合决策，以达到总体收益最大化的目的。

（七）经济性

经济性是指纳税筹划在减轻纳税人税收负担时，必须符合成本效益原则，进而实现纳税人价值最大化。制订纳税筹划方案时，必然要求纳税人为其方案的实施付出额外的费用，因此会导致相关成本的增加，而且纳税人会增加因放弃其他方案而带来的机会成本。由此可见，纳税筹划必须遵循成本效益原则，保持与纳税人的其他管理决策一致。

（八）风险性

由于税收政策的不断调整和变化，纳税人受外部环境因素、内部员工因素以及其他因素的影响，使得纳税筹划的结果存在着不确定性。有的纳税筹划立足于长期规划，会增加更多的不确定性，蕴含更大的风险。加之纳税筹划的预期收益通常只是一个估算值，因此，进行纳税筹划具有显著的风险性。

四、纳税筹划基本原理

纳税筹划基本原理可分为绝对节税原理、相对节税原理。

（一）绝对节税原理

绝对节税是指直接使纳税绝对总额减少，即在各种可供选择的纳税方案中，选择缴纳税收最少的方案。绝对节税一般包括横向绝对节税和纵向绝对节税。横向绝对节税是指直接减少某一个纳税人的纳税总额；纵向绝对节税是指直接减少某一个纳税人在一定时期内的纳税总额。一般情况下，企业可采用减少税基、适用较低税率的方式来减少纳税总额。

（二）相对节税原理

相对节税是指一定时期的纳税总额并没有减少，但通过筹划使各个纳税期纳税额发生变化而增加了收益，使某些纳税期的纳税义务递延到以后的纳税期实现，从而达到相对节税的目的。其根源在于货币的时间价值，纳税人相当于获得了一笔无息贷款。例如，企业在税法规定的固定资产折旧年限范围内缩短折旧年限。

五、纳税筹划技术

（一）减免税技术

1.免税技术

免税技术是指在合法和合理的情况下，使纳税人成为免税人，或使纳税人从事免税活动，或使征税对象成为免税对象而免纳税负的纳税筹划技术。

利用免税方法筹划以尽量争取更多的免税待遇和尽量延长免税期为要点。在合法、合理的情况下，尽量争取免税待遇，争取尽可能多的项目来获得免税待遇。例如，如果国家对一般企业按普通税率征收所得税，对在A地的企业制定有从开始经营之日起3年免税的规定，对在B地的企业制定有从开始经营之日起5年免税的规定。那么，如果条件基本相同或利弊基本相抵，一个公司完全可以搬到B地去经营，以获得免税待遇，并使免税期最长化，从而在合法、合理的情况下节减更多的税收。

2.减税技术

减税技术是指在合法和合理的情况下，使纳税人减少应纳税额而直接节税的纳税筹划技术。

利用减税方法筹划以尽量争取减税待遇并使减税最大化和使减税期最长化。例如，A、B、C三个国家，企业所得税的普通税率基本相同，其他条件基本相似或利弊基本相抵。一个企业生产的商品90%以上出口到世界各国，A国对该企业所得按普通税率征税；B国为鼓励外向型经济发展，对此类企业减征30%的所得税，减税期为5年；C国对此类企业减征40%所得税，而且没有减税期的限制。打算长期经营此项业务的企业，可以考虑把公司或者子公司办到C国去，从而在合法的情况下，使节减的税款最大化。

（二）扣除技术

扣除技术是指在合法和合理的情况下，使扣除额增加而直接节税，或调整各个计税期的扣除额而相对节税的纳税筹划技术。在同样多收入的情况下，各项扣除额越大，计税基数就越小，应纳税额也越小，所节减的税款就越大。

利用扣除技术筹划以扣除项目最多化、扣除金额最大化、扣除最早化为要点。

（三）分劈技术

分劈技术又称分离技术、分割技术，是指在合法和合理的情况下，使所得、财产在两个或更多个纳税人之间进行分劈而绝对节税的纳税筹划技术。

采用分劈技术节税的要点在于使分劈合理化、节税最大化。由于分劈技术经常和临界点、税率差异结合使用，常被认为是避税行为，其使用范围会受到一定的限制。因此，使用分劈技术除了要合法，还应特别注意其合理性。

【提示】由于减免税技术、扣除技术、分劈技术均以缩小计税基数的方式达到节税目的，因此又可称为税基筹划技术。

（四）税率差异技术

税率差异技术是指在合法和合理的情况下，利用税率的差异而直接节减税收支出的纳税筹划技术，即纳税人使自己尽量按低税率纳税。

利用税率差异进行纳税筹划的技术要点在于尽量寻求税率最低化，以及尽量寻求税率差异的稳定性和长期性。在合法、合理的情况下，寻求适用税率的最低化就意味着节税的最大化；寻求税率差异的稳定性和长期性，又会使纳税人获得更多的税收收益。

【提示】税率差异技术以降低税率的方式达到节税目的，因此又可称为税率筹划技术。

（五）抵免技术

抵免技术是指在合法和合理的情况下，使税收抵免额增加而达到绝对节税的纳税筹划技术。

利用抵免技术进行纳税筹划的技术要点在于抵免项目最多化和抵免金额最大化。

【提示】税收抵免是指从应纳税额中扣除税收抵免额。例如，企业所得税法规定，企业购置并实际使用符合规定的用于环境保护、节能节水、安全生产等专用设备，其设备投资额的10%可以从企业当年的应纳税额中抵免；当年不足抵免的，可以在以后5个纳税年度结转抵免。

（六）退税技术

退税技术是指在合法和合理的情况下，使税务机关退还纳税人已纳税款而直接节税的纳税筹划技术。

利用退税技术进行纳税筹划的技术要点在于，争取退税项目最多化和尽量使退税额最大化。

【提示】抵免技术和退税技术均以直接减少税额达到节税目的，因此又可称为税额筹划技术。

（七）延期纳税技术

延期纳税技术是指在合法和合理的情况下，使纳税人延期缴纳税收而相对节税的纳税筹划技术。

利用延期纳税技术进行纳税筹划的技术要点在于延期纳税项目最多化和延长期最长化。例如，税法规定购买高新技术设备，可以采用直线法、双倍余额递减法计提折旧，或作为当年费用一次性扣除。那么，在其他条件基本相似或利弊基本相抵的条件下，尽管总的扣除额基本相同，但公司选择作为当年费用一次性扣除的话，在投资初期可以缴纳最少的税收，而把税收推迟到以后缴纳，相当于延期纳税。

【提示】延期纳税技术以推迟纳税时间、利用资金时间价值达到节税目的，因此又可称为税期筹划技术。

思考与练习

一、判断题

1. 国家征税是为了满足政府部门工作人员的生活需要。　　　　　　（　　）
2. 税收分配凭借的是政治权力，而非财产权力。　　　　　　　　　（　　）
3. 区别一种财政收入是税还是非税，不仅要看它的名称，还要看它是否具有强制性。　　　　　　　　　　　　　　　　　　　　　　　　（　　）
4. 向税务机关缴纳或解缴税款的单位和个人是纳税人。　　　　　　（　　）
5. 对同一征税对象，不论其数额多少，均按同一比例征税的税率称为定额税率。　　　　　　　　　　　　　　　　　　　　　　　　　　（　　）
6. 通过直接减少应纳税额的方式实现的减免税形式叫税基式减免。　（　　）
7. 纳税人享受减税、免税待遇的，在减税、免税期间可以不办理纳税申报。（　　）

8.纳税人只要取得"五证合一、一照一码"营业执照，就不必再领取税务登记证。

（　　）

9.纳税人只需将纳税账号向税务机关备案即可。（　　）

10.纳税人已经开具的专用发票存根联和发票登记簿应保管3年，保管期满，报经税务机关查验后，由税务机关集中销毁。（　　）

11.符合一般纳税人条件的企业，应向税务机关办理一般纳税人资格登记，否则将按照一般纳税人税率标准计算应纳税额，不得抵扣进项税额，也不得使用增值税专用发票。

（　　）

12.纳税筹划的主体是税务机关。（　　）

13.纳税筹划是纳税人应有的权利。（　　）

14.进行纳税筹划是没有风险的。（　　）

15.扣除技术和抵免技术均属于税额式筹划。（　　）

二、单项选择题

1.下列不属于税收特性的是（　　）。

A.固定性　　　　　B.无偿性　　　　　C.灵活性　　　　　D.强制性

2.下列税种中，属于中央地方共享税的是（　　）。

A.消费税　　　　　B.增值税　　　　　C.土地增值税　　　　　D.车辆购置税

3.下列关于纳税人的叙述，不正确的是（　　）。

A.纳税人是由税法直接规定的

B.当存在税负转嫁时，纳税人和负税人就不一致

C.扣缴义务人是纳税人的一种特殊的形式

D.纳税人可以是法人，也可以是自然人

4.税法规定的纳税人是指（　　）的单位和个人。

A.直接负有纳税义务　B.最终负担税款　　C.代收代缴税款　　　D.承担纳税担保

5.税制构成要素中，用以区分不同税种的是（　　）。

A.税率　　　　　　B.征税对象　　　　C.纳税人　　　　　D.税目

6.税收收入不受价格水平影响，只与征税对象的实物量有关的税率是（　　）。

A.定额税率　　　　B.累进税率　　　　C.名义税率　　　　D.比例税率

7.假设税法规定起征点为200元，税率为10%，甲、乙纳税人取得应税收入分别为200元和400元，则甲、乙纳税人应分别纳税（　　）。

A.0和20元　　　　B.0和40元　　　　C.20元和40元　　　D.以上说法都不对

8.某纳税人某月取得收入250元，税率为10%，假定起征点和免征额均为240元，则按起征点和免征额办法计算，分别应纳税（　　）。

A.25元和1元　　　B.25元和24元　　　C.24元和1元　　　D.1元和0

9.（　　）是对应纳税额不足100%的加征，它是税率的一种延伸。

A.加速征收　　　　B.加数征收　　　　C.加成征收　　　　D.加倍征收

10."一照一码"指在"五证合一"营业执照上，将有一个统一的（　　）。

A.工商营业代码　　B.社会信用代码　　C.组织机构代码　　　D.纳税人识别码

11.纳税人应在被工商行政管理机关吊销或者被撤销登记之日起（　　）内向原税务

登记机关申报办理注销税务登记。

  A.15 日   B.30 日   C.10 日   D.60 日

  12.纳税人办理变更登记后，其主要登记事项发生变化且需在工商管理部门办理变更登记的，应自在工商部门办理变更登记之日起（ ）内，持有关资料向主管税务机关办理税务变更登记。

  A.5 日   B.10 日   C.15 日   D.30 日

  13.纳税人未按规定期限缴纳税款的，税务机关除责令其限期缴纳外，还要从滞纳之日起，按日加收滞纳税款（ ）的滞纳金。

  A.5%   B.5‰   C.0.5‰   D.0.3‰

  14.在经济行为已经发生，纳税义务已成定局后，再实施少缴税款的措施，无论是否合法，都不能认为是纳税筹划。该观点体现了纳税筹划的（ ）特征。

  A.时效性   B.经济性   C.超前性   D.风险性

  15.相对节税主要考虑的是（ ）。

  A.税率   B.货币时间价值   C.利润总额   D.应纳税所得额

三、多项选择题

  1.按管理和使用权限分类，税收可以分为（ ）。

  A.中央税   B.地方税   C.共享税   D.分享税

  2.下列税种属于流转税类的有（ ）。

  A.增值税   B.消费税   C.关税   D.房产税

  3.我国现行税制中所应用的税率种类有（ ）。

  A.比例税率   B.全额累进税率   C.超额累进税率   D.定额税率

  4.我国现行税制中采用的累进税率有（ ）。

  A.全额累进税率   B.超率累进税率   C.超额累进税率   D.超倍累进税率

  5.降低纳税人负担的措施有（ ）。

  A.起征点   B.加成征收   C.免征额   D.加倍征收

  6.减税免税减轻了纳税人的税收负担，是构成税收优惠的主要内容。其具体可分为（ ）。

  A.税基式减免   B.税率式减免   C.税额式减免   D.税收式减免

  7."五证合一"是指将工商营业执照、组织机构代码证与（ ）合并，由工商（市场监管）部门核发一个统一的营业执照。

  A.企业信用证   B.税务登记证   C.社会保险登记证   D.统计登记证

  8.纳税筹划的目标包括（ ）。

  A.获取资金时间价值   B.实现涉税零风险

  C.减轻税收负担   D.维护合法权益

  9.纳税筹划的特点包括（ ）。

  A.整体性   B.合法性   C.目的性   D.非专业性

  10.在常用纳税筹划技术中，下列各项属于税基筹划技术的有（ ）。

  A.扣除技术   B.分劈技术   C.抵免技术   D.减免税技术

增值税计算申报与筹划

【职业能力目标】

1.掌握增值税征税范围、纳税人、税率的具体规定

2.了解增值税各项税收优惠政策、增值税专用发票的管理规定

3.掌握增值税的计算

4.掌握增值税纳税申报的填报规定

5.熟悉增值税出口退税的基本内容,掌握增值税出口货物退(免)税的计算方法及适用范围

6.了解增值税纳税筹划方法

【典型工作任务】

1.能判断企业所属的增值税纳税人类型,判断哪些项目应征增值税,适用何种税率

2.会计算增值税一般纳税人、小规模纳税人及进口货物应纳税额

3.会填制增值税一般纳税人和小规模纳税人的纳税申报表,进行增值税纳税申报

4.能用"免、抵、退"办法计算增值税应免抵和应退的税款

5.会进行增值税简单纳税筹划

任务1　学习增值税基本知识

引导案例

城达运输公司是一家以提供运输服务为主的企业,年应税销售额为1 000万元,某年1月提供运输服务取得运输收入230 000元,另外将公司两辆货车出租给速通运输公司,取得收入3 000元。

请分析:以上各项收入是否该缴纳增值税?如果是,应该按何种应税项目、适用何种税率缴纳?

引导案例解析

增值税是对在我国境内销售和进口货物、提供应税劳务以及销售服务、无形资产或不动产(以下称应税行为)的单位和个人,就其取得的销售额以及进口货物的金额计算税款,并实行税款抵扣制度的一种流转税。

我国现行增值税的基本法律依据是2008年11月15日由国务院修订通过的《中华人民

共和国增值税暂行条例》和2008年12月15日修订通过的《中华人民共和国增值税暂行条例实施细则》，其于2009年1月1日起实施。2016年3月23日，财政部、国家税务总局发布财税〔2016〕36号文《财政部国家税务总局关于全面推开营业税改征增值税试点的通知》，自2016年5月1日起，在全国范围内全面推开营业税改征增值税（以下称"营改增"）试点，全部营业税纳税人均纳入试点范围，由缴纳营业税改为缴纳增值税。

动画：2分钟动画读懂营改增

图片：一图了解增值税的前世今生

微课：价内税与价外税

从计税原理上看，增值税是以生产和流通各环节的增值额，即企业或个人在一定时期生产经营过程中新创造的那部分价值为征税对象征收的一种税。由于在现实生产和流通中，附加于每一产品上的新增价值是一个难以准确计算的数据，因此，在增值税的实际操作上采用间接计算办法，即根据销售额按照规定的税率计算税款，从中扣除上一道环节已纳增值税税款，其余额即为纳税人应缴纳的增值税税款。这种计算方法称为税款抵扣制，它同样体现了对新增价值征税的原则。

我国现行的增值税具有如下特点：

（1）采用消费型增值税。

消费型增值税是指计算增值税时，允许在购进时对固定资产已纳增值税进行抵扣。自2009年1月1日起，我国增值税由原采用的生产型增值税全面转型为消费型增值税。

（2）实行价外计税。

增值税实行价外计税的办法，即以不含增值税税额的价格为计税依据，增值税专用发票上要分别注明增值税税款和不含增值税的价格。把税款和价款分开，体现了增值税间接税的性质。

（3）实行规范化的购进扣税法。

实行根据增值税专用发票注明的税款进行税款抵扣的制度，即上一道环节购进货物、应税劳务或应税行为时取得的增值税专用发票上注明的税款，在计算本环节销售货物、提供应税劳务、发生应税行为应纳税款时予以扣除，以避免出现重复征税的现象。

（4）对不同经营规模的纳税人，采用不同的计税方法。

现行增值税将纳税人划分为一般纳税人和小规模纳税人，分别采用不同的征收管理办法。一般纳税人采用一般计税办法计税，体现税负公平的原则；小规模纳税人则实行简易计税办法按征收率计算税额，以方便税额的计算。

一、确定增值税征税范围

我国现行增值税的征收范围为在我国境内销售和进口货物，提供加工、修理修配劳务，销售服务、无形资产、不动产。

（一）境内销售货物和进口货物

货物是指有形动产，包括电力、热力、气体。

境内销售货物是指所销售货物的起运地或所在地在我国境内。

（二）境内提供加工、修理修配劳务

加工是指受托加工货物，即委托方提供原料及主要材料，受托方按照委托方的要求制造货物并收取加工费的业务。修理修配是指受托方对受损和丧失功能的货物进行修复，使其恢复原状和功能的业务。

"境内提供应税劳务"是指所提供的应税劳务发生在我国境内。

【提示】单位或者个体工商户聘用的员工为本单位或者雇主提供加工、修理修配劳务，不属于增值税征税范围。

（三）境内销售服务、无形资产、不动产

1.销售服务是指提供交通运输服务、邮政服务、电信服务、建筑服务、金融服务、现代服务、生活服务。

（1）交通运输服务，是指使用运输工具将货物或者旅客送达目的地，使其空间位置得到转移的业务活动。其包括陆路运输服务、水路运输服务、航空运输服务和管道运输服务。

①陆路运输服务，是指通过陆路（地上或者地下）运送货物或者旅客的运输业务活动，包括铁路运输、公路运输、缆车运输、索道运输、地铁运输、城市轻轨运输等。

【提示】出租车公司向使用本公司自有出租车的出租车司机收取的管理费用，按照陆路运输服务缴纳增值税。

②水路运输服务，是指通过江、河、湖、川等天然、人工水道或者海洋航道运送货物或者旅客的运输业务活动。

【提示】水路运输的程租、期租业务，属于水路运输服务。

③航空运输服务，是指通过空中航线运送货物或者旅客的运输业务活动。

【提示】航空运输的湿租业务，属于航空运输服务。航天运输服务，按照航空运输服务缴纳增值税。

④管道运输服务，是指通过管道设施输送气体、液体、固体物质的运输业务活动。

【知识链接】

程租业务、期租业务、湿租业务、光租业务、干租业务

程租业务，是指运输企业为租船人完成某一特定航次的运输任务并收取租赁费的业务。

期租业务，是指运输企业将配备有操作人员的船舶承租给他人使用一定期限，承租期内听候承租方调遣，不论是否经营，均按天向承租方收取租赁费，发生的固定费用均由船东负担的业务。

湿租业务，是指航空运输企业将配备有机组人员的飞机承租给他人使用一定期限，承租期内听候承租方调遣，不论是否经营，均按一定标准向承租方收取租赁费，发生的固定费用均由承租方承担的业务。

水路运输的程租业务、期租业务，航空运输的湿租业务，按交通运输服务缴纳增值税。

光租业务，是指运输企业将船舶在约定的时间内出租给他人使用，不配备操作人员，不承担运输过程中发生的各项费用，只收取固定租赁费的业务活动。

干租业务，是指航空运输企业将飞机在约定的时间内出租给他人使用，不配备机组人员，不承担运输过程中发生的各项费用，只收取固定租赁费的业务活动。

水路运输的光租业务、航空运输的干租业务，按租赁服务中的经营租赁缴纳增值税。

（2）邮政服务，是指中国邮政集团公司及其所属邮政企业提供邮件寄递、邮政汇兑、机要通信和邮政代理等邮政基本服务的业务活动。其包括邮政普遍服务、邮政特殊服务和其他邮政服务。

①邮政普遍服务，是指函件、包裹等邮件寄递，以及邮票发行、报刊发行和邮政汇兑等业务活动。

②邮政特殊服务，是指义务兵平常信函、机要通信、盲人读物和革命烈士遗物的寄递等业务活动。

③其他邮政服务，是指邮册等邮品销售、邮政代理等业务活动。

（3）电信服务，是指利用有线、无线的电磁系统或者光电系统等各种通信网络资源，提供语音通话服务，传送、发射、接收或者应用图像、短信等电子数据和信息的业务活动。其包括基础电信服务和增值电信服务。

①基础电信服务，是指利用固网、移动网、卫星、互联网，提供语音通话服务的业务活动，以及出租或者出售带宽、波长等网络元素的业务活动。

②增值电信服务，是指利用固网、移动网、卫星、互联网、有线电视网络，提供短信和彩信服务、电子数据和信息的传输及应用服务、互联网接入服务等业务活动。

【提示】卫星电视信号落地转接服务，按照增值电信服务缴纳增值税。

（4）建筑服务，是指各类建筑物、构筑物及其附属设施的建造、修缮、装饰，线路、管道、设备、设施等的安装以及其他工程作业的业务活动。其包括工程服务、安装服务、修缮服务、装饰服务和其他建筑服务。

①工程服务，是指新建、改建各种建筑物、构筑物的工程作业。

②安装服务，是指生产设备、动力设备、起重设备、运输设备、传动设备、医疗实验设备以及其他各种设备、设施的装配、安置工程作业。

【提示】固定电话、有线电视、宽带、水、电、燃气、暖气等经营者向用户收取的安装费、初装费、开户费、扩容费以及类似收费，按照安装服务缴纳增值税。

③修缮服务，是指对建筑物、构筑物进行修补、加固、养护、改善，使之恢复原来的使用价值或者延长其使用期限的工程作业。

④装饰服务，是指对建筑物、构筑物进行修饰装修，使之美观或者具有特定用途的工程作业。

⑤其他建筑服务，是指上列工程作业之外的各种工程作业服务。

（5）金融服务，是指经营金融保险的业务活动。其包括贷款服务、直接收费金融服务、保险服务和金融商品转让。

①贷款服务，是指将资金贷与他人使用而取得利息收入的业务活动。各种占用、拆借资金取得的收入，包括金融商品持有期间（含到期）利息（保本收益、报酬、资金占用费、补偿金等）收入、信用卡透支利息收入、买入返售金融商品利息收入、融资融券收取的利息收入，以及融资性售后回租、押汇、罚息、票据贴现、转贷等业务取得的利息及利息性质的收入，按照贷款服务缴纳增值税。

【提示】融资性售后回租，是指承租方以融资为目的，将资产出售给从事融资性售后回租业务的企业后，该企业将该资产出租给承租方的业务活动。融资性售后回租按金融服务中的贷款服务征收增值税。

②直接收费金融服务，是指为货币资金融通及其他金融业务提供相关服务并且收取费用的业务活动。

③保险服务，是指投保人根据合同约定，向保险人支付保险费，保险人对于合同约定可能发生的事故因其发生所造成的财产损失承担赔偿保险金责任，或者当被保险人死亡、伤残、患病或者达到合同约定的年龄、期限等时，其承担给付保险金责任的商业保险行为。其包括人身保险服务和财产保险服务。

④金融商品转让，是指转让外汇、有价证券、非货物期货和其他金融商品所有权的业务活动。

（6）现代服务，是指围绕制造业、文化产业、现代物流产业等提供技术性、知识性服务的业务活动。其包括研发和技术服务、信息技术服务、文化创意服务、物流辅助服务、租赁服务、鉴证咨询服务、广播影视服务、商务辅助服务和其他现代服务。

①研发和技术服务，包括研发服务、合同能源管理服务、工程勘察勘探服务、专业技术服务。

②信息技术服务，是指利用计算机、通信网络等技术对信息进行生产、收集、处理、加工、存储、运输、检索和利用，并提供信息服务的业务活动。其包括软件服务、电路设计及测试服务、信息系统服务、业务流程管理服务和信息系统增值服务。

③文化创意服务，包括设计服务、知识产权服务、广告服务和会议展览服务。

④物流辅助服务，包括航空服务、港口码头服务、货运客运场站服务、打捞救助服务、装卸搬运服务、仓储服务和收派服务。

⑤租赁服务，包括融资租赁服务和经营租赁服务。融资租赁服务，是指具有融资性质和所有权转移特点的租赁活动。按照标的物的不同，其可分为有形动产融资租赁服务和不动产融资租赁服务。经营租赁服务，是指在约定时间内将有形动产或者不动产转让给他人使用且租赁物所有权不变更的业务活动。按照标的物的不同，其可分为有形动产经营租赁服务和不动产经营租赁服务。

⑥鉴证咨询服务，包括认证服务、鉴证服务和咨询服务。

【提示】翻译服务和市场调查服务按照咨询服务缴纳增值税。

⑦广播影视服务，包括广播影视节目（作品）的制作服务、发行服务和播映（含放映，下同）服务。

⑧商务辅助服务，包括企业管理服务、经纪代理服务、人力资源服务、安全保护服务。

⑨其他现代服务，是指除研发和技术服务、信息技术服务、文化创意服务、物流辅助服务、租赁服务、鉴证咨询服务、广播影视服务和商务辅助服务以外的现代服务。

（7）生活服务，是指为满足城乡居民日常生活需求提供的各类服务活动。其包括文化体育服务、教育医疗服务、旅游娱乐服务、餐饮住宿服务、居民日常服务和其他生活服务。

①文化体育服务，包括文化服务和体育服务。文化服务，是指为满足社会公众文化生活需求提供的各种服务。体育服务，是指组织举办体育比赛、体育表演、体育活动，以及提供体育训练、体育指导、体育管理的业务活动。

②教育医疗服务，包括教育服务和医疗服务。教育服务，是指提供学历教育服务、非学历教育服务、教育辅助服务的业务活动。医疗服务，是指提供医学检查、诊断、治疗、康复、预防、保健、接生、计划生育、防疫服务等方面的服务，以及与这些服务有关的提供药品、医用材料器具、救护车、病房住宿和伙食的业务。

③旅游娱乐服务，包括旅游服务和娱乐服务。旅游服务，是指根据旅游者的要求，组织安排交通、游览、住宿、餐饮、购物、文娱、商务等服务的业务活动。娱乐服务，是指为娱乐活动同时提供场所和服务的业务。

④餐饮住宿服务，包括餐饮服务和住宿服务。餐饮服务，是指通过同时提供饮食和饮食场所的方式为消费者提供饮食消费服务的业务活动。住宿服务，是指提供住宿场所及配套服务等的活动。

⑤居民日常服务，是指主要为满足居民个人及其家庭日常生活需求而提供的服务，包括市容市政管理、家政、婚庆、养老、殡葬、照料和护理、救助救济、美容美发、按摩、桑拿、氧吧、足疗、沐浴、洗染、摄影扩印等服务。

动画：2分钟动画读懂营改增——生活服务篇

⑥其他生活服务，是指除文化体育服务、教育医疗服务、旅游娱乐服务、餐饮住宿服务和居民日常服务之外的生活服务。

2.境内销售无形资产

销售无形资产，是指转让无形资产所有权或者使用权的业务活动。无形资产，是指不具实物形态，但能带来经济利益的资产，包括技术、商标、著作权、商誉、自然资源使用权和其他权益性无形资产。

3.境内销售不动产

销售不动产，是指转让不动产所有权的业务活动。不动产，是指不能移动或者移动后会引起性质、形状改变的财产，包括建筑物、构筑物等。

【提示】转让建筑物有限产权或者永久使用权的，转让在建的建筑物或者构筑物所有权的，以及在转让建筑物或者构筑物时一并转让其所占土地的使用权的，按照销售不动产缴纳增值税。

"境内销售服务、无形资产或者不动产"，是指：

（1）服务（租赁不动产除外）或者无形资产（自然资源使用权除外）的销售方或者购买方在境内。

（2）所销售或者租赁的不动产在境内。

（3）所销售使用权的自然资源在境内。

【提示】下列情形不属于在境内销售服务或者无形资产：

（1）境外单位或者个人向境内单位或者个人销售完全在境外发生的服务，如境外单位向境内单位提供完全发生在境外的会展服务。

（2）境外单位或者个人向境内单位或者个人销售完全在境外使用的无形资产，如境外单位向境内单位销售完全在境外使用的专利和非专利技术。

（3）境外单位或者个人向境内单位或者个人出租完全在境外使用的有形动产，如境外单位向境内单位或者个人出租完全在境外使用的小汽车。

销售服务、无形资产或者不动产，是指有偿提供服务、有偿转让无形资产或者不动产，但属于下列非经营活动情形的除外：

（1）行政单位收取的同时满足相关条件的政府性基金或者行政事业性收费。

（2）单位或者个体工商户聘用的员工为本单位或者雇主提供取得工资的服务，如单位聘用的驾驶员为本单位职工开班车。

（3）单位或者个体工商户为聘用的员工提供服务，如单位提供班车接送本单位职工上下班。

（四）特殊行为的征税范围

除以上三大项目外，下列行为也应征收增值税：

1.视同销售行为

单位或个体工商户的下列行为，视同销售货物、服务、无形资产或者不动产：

（1）将货物交付其他单位或者个人代销。

（2）销售代销货物。

（3）设有两个以上机构并实行统一核算的纳税人，将货物从一个机构移送至其他机构用于销售，但相关机构设在同一县（市）的除外。

（4）将自产或委托加工的货物用于集体福利或个人消费。

（5）将自产、委托加工或购进的货物作为投资，提供给其他单位或个体工商户。

（6）将自产、委托加工或购进的货物分配给股东或者投资者。

（7）将自产、委托加工或购进的货物无偿赠送给其他单位或者个人。

（8）单位或个体工商户向其他单位或者个人无偿提供服务，但用于公益事业或者以社会公众为对象的除外。

（9）单位或者个人向其他单位或者个人无偿转让无形资产或者不动产，但用于公益事业或者以社会公众为对象的除外。

【提示】视同销售行为中，所涉及的符合规定的外购货物进项税额允许抵扣。其中，购进货物用于第（4）项的，进项税额不得扣除；已经抵扣的，应作为进项税额转出处理。

【做中学2-1】某企业（一般纳税人）外购作为原材料的葡萄酒一批，取得的增值税专用发票上注明销售额为200 000元，增值税税额为34 000元。本月该企业将该批葡萄酒的20%对外捐赠；月底，企业将该批葡萄酒的10%用于发放职工福利。

分析：外购葡萄酒的20%对外捐赠，应视同销售计算销项税额，该部分葡萄酒的进项税额可以抵扣。

企业领用该批原材料的10%用于职工福利，属于外购货物用于集体福利项目，不是视同销售行为。由于货物的用途发生了变化，其购进过程中即使取得防伪税控系统开具的专用发票，也不得抵扣进项税额。

2.混合销售行为

一项销售行为如果既涉及货物，又涉及服务，为混合销售行为。

【提示】混合销售行为中的销售货物与提供服务存在于一项销售行为中，两者之间是紧密相连的从属关系。

对混合销售行为的税务处理是：从事货物的生产、批发或者零售的单位和个体工商户的混合销售行为，按照销售货物缴纳增值税；其他单位和个体工商户的混合销售行为，按照销售服务缴纳增值税。比如：生产货物的单位，在销售货物的同时附带运输，其销售货物及提供运输的行为属于混合销售行为，所收取的货物款项及运输费用应一律按销售货物计算缴纳增值税。

【提示】上述从事货物的生产、批发或者零售的单位和个体工商户，包括以从事货物的生产、批发或者零售为主，兼营销售服务的单位和个体工商户。

【做中学 2-2】一生产空调的厂家，在销售空调的同时提供安装服务，共向顾客收取了 3 100 元，其中包括安装收入 100 元。请问：该厂家取得的收入是否属于混合销售收入？其应如何纳税？

分析：该厂家在销售空调的同时提供了安装劳务，销售的空调属于应纳增值税货物，提供安装劳务属于提供增值税服务，两者之间具有从属关系，因此该行为应属于混合销售行为。由于这是一家从事货物生产的企业，其发生的混合销售行为应按销售货物缴纳增值税。

3. 兼营行为

兼营行为是指纳税人兼有适用不同税率或者征税率的销售货物、劳务、服务、无形资产或者不动产。

【提示】兼营行为中的各项行为之间无直接联系和从属关系。

对兼营行为的税务处理是：纳税人兼营销售货物、劳务、服务、无形资产或者不动产，适用不同税率或者征收率的，应当分别核算适用不同税率或者征收率的销售额；未分别核算的，从高适用税率。具体规定如下：

（1）兼有不同税率的销售货物，提供加工修理修配劳务，销售服务、无形资产或者不动产，从高适用税率。

（2）兼有不同征收率的销售货物，提供加工修理修配劳务，销售服务、无形资产或者不动产，从高适用征收率。

（3）兼有不同税率和征收率的销售货物，提供加工修理修配劳务，销售服务、无形资产或者不动产，从高适用税率。

【做中学 2-3】建材商店既销售建材，又对外承接装饰、装修业务。

请问：该商店取得的各项收入属于混合销售收入，还是兼营收入？其应如何纳税？

分析：该商店销售建材和承接装饰、装修劳务这两项业务并没有直接联系，属于兼营行为。如果商店将销售收入和服务收入分别核算，则销售商品收入按销售货物 17% 的税率缴纳增值税，装饰、装修收入按建筑服务 11% 的税率缴纳增值税。如未将两项收入分别核算，则全部收入按 17% 计缴增值税。

二、界定增值税纳税人

凡在我国境内销售货物、进口货物以及提供应税劳务、发生应税行为的单位和个人，均为增值税纳税人。

单位，是指企业、行政单位、事业单位、军事单位、社会团体及其他单位。

个人，是指个体工商户和其他个人。其他个人是指除了个体工商户外的自然人。

单位以承包、承租、挂靠方式经营的，承包人、承租人、挂靠人（以下统称承包人）以发包人、出租人、被挂靠人（以下统称发包人）的名义对外经营，并由发包人承担相关法律责任的，以该发包人为纳税人；否则，以承包人为纳税人。

在境外的单位或者个人在境内发生应税行为，在境内未设有经营机构的，以购买方为扣缴义务人。

为了严格增值税的征收管理，简化经营规模小的纳税人的计税办法，我国将增值税纳税人按其经营规模及会计核算健全与否，划分为一般纳税人和小规模纳税人。

（一）小规模纳税人的认定及管理

小规模纳税人是指年应税销售额在规定标准以下，且会计核算不健全，不能够准确提供税务资料的增值税纳税人。所称"会计核算不健全"是指不能够按照国家统一的会计制度规定设置账簿，不能根据合法、有效凭证进行核算。

小规模纳税人的认定标准为：

（1）从事货物生产或提供应税劳务的纳税人，以及以从事货物生产或提供应税劳务为主，兼营货物批发或零售的纳税人，年应税销售额在50万元及以下的。

（2）从事货物批发或零售的纳税人，年应税销售额在80万元及以下的。

（3）从事服务销售、无形资产销售、不动产销售的纳税人，年应税销售额在500万元及以下的。

【提示】年应税销售额，是指纳税人在连续不超过12个月的经营期内累计应纳增值税不含税销售额，包括减、免税销售额，发生境外应税行为销售额以及按规定已从销售额中差额扣除的部分。

所谓"以从事货物生产或提供应税劳务为主"，是指纳税人的年货物生产或者提供应税劳务的销售额占年应税销售额的比重在50%以上。

小规模纳税人实行简易征税办法，不得抵扣进项税额，除另有规定外，不能自行领购和使用增值税专用发票。但对那些能认真履行纳税义务的小规模企业，经县（市）税务局批准，可由税务机关代开增值税专用发票。

（二）一般纳税人的认定及管理

一般纳税人是指年应征增值税销售额超过小规模纳税人标准的企业和单位。

符合一般纳税人条件的纳税人应当前往主管税务机关办理一般纳税人资格登记。经税务机关审核认定的一般纳税人，可按规定领购和使用增值税专用发票，按增值税条例规定计算缴纳增值税。

年应税销售额未超过规定标准的纳税人，会计核算健全，能够提供准确税务资料的，可以前往主管税务机关办理一般纳税人资格登记，成为一般纳税人。

图片：营改增后，登记一般纳税人年应税销售额从何时算起？

【提示】年应税销售额超过规定标准的其他个人不属于一般纳税人。年应税销售额超过规定标准但不经常发生应税行为的单位和个体工商户可选择按照小规模纳税人纳税。

除国家税务总局另有规定外，纳税人一经认定为一般纳税人后，不得转为小规模纳税人。

图片：一般纳税人的登记标准是如何规定的？

【提示】符合一般纳税人条件的纳税人应当前往主管税务机关办理资格登记，未办理一般纳税人资格登记手续的，应按销售额依照增值税税率计算应纳税额，不得抵扣进项税额，也不得使用增值税专用发票（含税控机动车销售统一发票）。

纳税人兼有销售货物、提供应税劳务和应税行为的，应税货物及劳务的销售额与应税行为销售额分别计算，分别适用增值税一般纳税人资格登记标准。

小规模纳税人和一般纳税人的经营规模认定标准见表2-1。

图片：年应税销售额超过规定标准是否一定要办理一般纳税人资格登记？

表2-1　　　　　　　　　　　**小规模纳税人和一般纳税人的经营规模认定标准**

认定标准 ＼ 纳税人	小规模纳税人	一般纳税人
从事货物生产或提供应税劳务的纳税人，或以其为主，兼营货物批发或零售的纳税人	年应税销售额在50万元以下（含50万元）	年应税销售额在50万元以上
从事货物批发或零售的纳税人	年应税销售额在80万元以下（含80万元）	年应税销售额在80万元以上
提供应税服务的纳税人	年应税销售额在500万元以下（含500万元）	年应税销售额在500万元以上

三、确定增值税税率或征收率

增值税一般纳税人与小规模纳税人，采用不同的计税方法。一般纳税人采用一般计税方法（购进扣税法），适用增值税税率；小规模纳税人采用简易计税方法，适用增值税征收率。一般纳税人发生财政部和国家税务总局规定的特定应税行为时，可以选择适用简易计税方法计税，此时适用征收率。

（一）税率

一般纳税人适用的增值税税率有17%、13%、11%、6%和零税率五种。各税率具体适用范围见表2-2。

表2-2　　　　　　　　　　　**一般纳税人增值税税率具体适用范围**

税率	具体适用范围
17%	1. 销售或进口货物（除适用13%税率的货物外） 2. 提供加工、修理修配劳务 3. 提供有形动产租赁服务
13%	销售或进口下列货物： 1. 粮食、食用植物油 2. 自来水、暖气、冷气、热水、煤气、石油液化气、天然气、沼气、居民用煤炭制品 3. 图书、报纸、杂志、音像制品、电子出版物 4. 农产品、饲料、化肥、农药、农机、农膜 5. 国务院规定的其他货物（如二甲醚、食用盐等）
11%	1. 提供交通运输业服务 2. 提供邮政业服务 3. 提供基础电信服务 4. 提供建筑业服务 5. 提供不动产租赁服务 6. 销售不动产 7. 转让土地使用权
6%	1. 提供增值电信服务 2. 提供金融服务 3. 提供现代服务（有形动产租赁服务、不动产租赁服务除外） 4. 提供生活服务 5. 销售无形资产（除土地使用权外）
零税率	1. 出口货物（国务院另有规定的除外） 2. 境内单位和个人发生财政部和国家税务总局规定范围内的跨境应税行为

（二）征收率

增值税征收率为3%，适用于小规模纳税人以及一般纳税人适用简易计税方法计税的特定项目，财政部和国家税务总局另有规定的除外。

四、了解增值税税收优惠

增值税的减免等优惠政策由国务院统一规定，任何地区和部门不得擅自出台优惠政策。现行优惠政策主要有：

（一）增值税法定免税项目

（1）农业生产者销售的自产初级农产品。

（2）避孕药品和用具。

（3）古旧图书。

（4）直接用于科学研究、科学实验和教学的进口仪器、设备。

（5）外国政府、国际组织无偿援助的进口物资和设备。

（6）由残疾人组织直接进口供残疾人专用的物品。

（7）销售自己使用过的物品。所谓自己使用过的物品，是指其他个人自己使用过的物品。

（二）"营改增"过渡期免税政策

（1）托儿所、幼儿园提供的保育和教育服务。

（2）养老机构提供的养老服务。

（3）残疾人福利机构提供的育养服务。

（4）婚姻介绍服务。

（5）殡葬服务。

（6）残疾人员本人为社会提供的服务。

（7）医疗机构提供的医疗服务。

（8）从事学历教育的学校提供的教育服务。

（9）学生勤工俭学提供的服务。

（10）农业机耕、排灌、病虫害防治、植物保护、农牧保险以及相关技术培训业务，家禽、牲畜、水生动物的配种和疾病防治。

（11）纪念馆、博物馆、文化馆、文物保护单位管理机构、美术馆、展览馆、书画院、图书馆在自己的场所提供文化体育服务取得的第一道门票收入。

（12）寺院、宫观、清真寺和教堂举办文化、宗教活动的门票收入。

（13）行政单位之外的其他单位收取的符合规定条件的政府性基金和行政事业性收费。

（14）个人转让著作权。

（15）个人销售自建自用住房。

（16）2018年12月31日前，公共租赁住房经营管理单位出租公共租赁住房。

（17）台湾航运公司、航空公司从事海峡两岸海上直航、空中直航业务在大陆取得的运输收入。

（18）纳税人提供的直接或者间接国际货物运输代理服务。

（19）符合条件的利息收入。如国家助学贷款、国债、地方政府债、人民银行对金融机构的贷款、住房公积金管理中心用住房公积金在指定的委托银行发放的个人住房贷款等。

（20）被撤销金融机构以货物、不动产、无形资产、有价证券、票据等财产清偿债务。

（21）保险公司开办的一年期以上人身保险产品取得的保费收入。

（22）符合条件的金融商品转让收入。如个人从事金融商品转让业务等。

（23）金融同业往来利息收入。

（24）符合条件的担保机构从事中小企业信用担保或者再担保业务取得的收入（不含信用评级、咨询、培训等收入）3年内免征增值税。

（25）国家商品储备管理单位及其直属企业承担商品储备任务，从中央或者地方财政取得的利息补贴收入和价差补贴收入。

（26）纳税人提供技术转让、技术开发和与之相关的技术咨询、技术服务。

（27）符合条件的合同能源管理服务。

（28）2017年12月31日前，科普单位的门票收入，以及县级及以上党政部门和科协开展科普活动的门票收入。

（29）政府举办的从事学历教育的高等、中等和初等学校（不含下属单位），举办进修班、培训班取得的全部归该学校所有的收入。

（30）政府举办的职业学校设立的主要为在校学生提供实习场所，并由学校出资自办，由学校负责经营管理，经营收入归学校所有的企业，从事《销售服务、无形资产或者不动产注释》中"现代服务"（不含融资租赁服务、广告服务和其他现代服务）"生活服务"（不含文化体育服务、其他生活服务和桑拿、氧吧）业务活动取得的收入。

（31）家政服务企业由员工制家政服务员提供家政服务取得的收入。

（32）福利彩票、体育彩票的发行收入。

（33）军队空余房产租赁收入。

（34）为了配合国家住房制度改革，企业、行政事业单位按房改成本价、标准价出售住房取得的收入。

（35）将土地使用权转让给农业生产者用于农业生产。

（36）涉及家庭财产分割的个人无偿转让不动产、土地使用权。

（37）土地所有者出让土地使用权和土地使用者将土地使用权归还给土地所有者。

（38）县级以上地方人民政府或自然资源行政主管部门出让、转让或收回自然资源使用权（不含土地使用权）。

（39）随军家属就业。

（40）军队转业干部就业。

【知识链接】

不征收增值税项目

（1）根据国家指令无偿提供的铁路运输服务、航空运输服务，属于规定的用于公益事业的服务。

（2）存款利息。仅限于存储在国家规定的吸储机构所取得的存款利息。

（3）被保险人获得的保险赔付。

（4）房地产主管部门或者其指定机构、公积金管理中心、开发企业以及物业管理单位代收的住宅专项维修资金。

（5）在资产重组过程中，通过合并、分立、出售、置换等方式，将全部或者部分实物资产以及与其相关联的债权、债务和劳动力一并转让给其他单位和个人，其中涉及的不动产、土地使用权转让行为。

纳税人兼营免税、减税项目的，应当分别核算免税、减税项目的销售额；未分别核算销售额的，不得免税、减税。

纳税人发生应税行为适用免税、减税规定的，可以放弃免税、减税，依照规定缴纳增值税。放弃免税、减税后，36个月内不得再申请免税、减税。

纳税人提供应税服务的同时，适用免税和零税率规定的，优先适用零税率。

（三）税额抵减

增值税纳税人初次购买增值税税控系统专用设备所支付的费用，可凭购买增值税税控系统专用设备取得的增值税专用发票，在增值税应纳税额中全额抵减（抵减额为价税合计数），不足抵减的可结转下期继续抵减。非初次购买所支付的费用由纳税人自行负担。

【提示】增值税税控系统包括增值税防伪税控系统和机动车销售统一发票税控系统。

增值税防伪税控系统的专业设备包括金税盘、报税盘；机动车销售统一发票税控系统包括税控盘和传输盘。

增值税纳税人缴纳的技术维护费，可凭技术维护服务单位开具的技术维护费发票，在增值税应纳税额中全额抵减，不足抵减的可结转下期继续抵减。技术维护费按照价格主管部门核定的标准执行。

【提示】增值税一般纳税人支付的两项费用在增值税应纳税额中全额抵减的，其增值税专用发票不作为增值税抵扣凭证，其进项税额不得从销项税额中抵扣。

（四）增值税起征点

个人销售货物、提供应税劳务、发生应税行为的销售额未达到增值税起征点的，免征增值税；达到起征点的，全额计算缴纳增值税。增值税起征点不适用于登记为一般纳税人的个体工商户。

增值税起征点幅度如下：

（1）按期纳税的，为月销售额5 000～20 000元（含本数）。

（2）按次纳税的，为每次（日）销售额300～500元（含本数）。

图片：小规模纳税人购置税控设备，必须取得专票才能抵减增值税吗？

起征点的调整由财政部和国家税务总局规定。省、自治区、直辖市财政厅（局）和国家税务局应当在规定的幅度内，根据实际情况确定本地区适用的起征点，并报财政部和国家税务总局备案。

【提示】增值税起征点规定只限于个人，不包括个体工商户。

对增值税小规模纳税人中月销售额未达到2万元（按季纳税6万元）的企业或非企业性单位，免征增值税。2017年12月31日前，对月销售额2万元（含本数）至3万元（按季纳税6万元至9万元）的增值税小规模纳税人，免征增值税。

【提示】增值税小规模纳税人应分别核算销售货物、提供应税劳务的销售额，和销售服务、无形资产的销售额。增值税小规模纳税人销售货物、提供应税劳务月销售额不超过3万元（按季纳税9万元），销售服务、无形资产月销售额不超过3万元（按季纳税9万元）的，自2016年5月1日至2017年12月31日，可分别享受小微企业暂免征收增值税优惠政策。

适用增值税差额征税政策的增值税小规模纳税人，以差额前的销售额确定是否可以享受3万元（按季纳税9万元）以下免征增值税的政策。

图片：差额征收纳税人享受3万元以下免征增值税政策，起征点怎么算？

【课堂能力训练】

一、单项选择题

1.下列行为中，不需征收增值税的是（　　）。
A.将购进的货物用于集体福利　　　　B.将购进的货物对外投资
C.将委托加工的货物用于集体福利　　D.将购进的货物赠送给客户

2.按照现行规定，下列各项中被认定为小规模纳税人的是（　　）。
A.年不含税销售额为80万元的从事货物生产的纳税人
B.年不含税销售额为600万元的从事服务销售的纳税人
C.年不含税销售额为100万元的从事货物零售的纳税人
D.年含税销售额为50万元的汽车修理厂

3.下列各项中，属于营改增中"销售服务"范围的是（　　）。
A.交通运输服务、邮政服务、电信服务、建筑服务、金融服务、现代服务、生活服务
B.交通运输服务、邮政服务、电信服务、建筑服务、金融服务、现代服务、修理修配
C.交通运输服务、邮政服务、电信服务、建筑服务、金融服务、生活服务、无形资产
D.交通运输服务、邮政服务、电信服务、建筑服务、金融服务、现代服务、不动产

4.下列各项中，属于应按增值税混合销售行为计税的是（　　）。
A.建材商店在销售建材的同时，又为其他客户提供装饰服务
B.汽车建造公司在生产销售汽车的同时，又为其他客户提供修理服务
C.塑钢门窗销售商店在销售产品的同时，又为客户提供安装服务
D.电信局为客户提供电话安装服务的同时，又销售所安装的电话机

二、多项选择题

1.下列各项应按11%的税率计征增值税的有（　　）。
A.城建公司提供的房屋修理
B.手机店提供的手机维修
C.汽车修理厂提供的汽车修理
D.桥梁公司提供的桥梁维修

2.划分一般纳税人和小规模纳税人的标准有（　　）。
A.销售额达到规定标准
B.经济效益好
C.会计核算健全
D.有上级主管部门

3.根据我国现行增值税的规定，纳税人提供下列劳务应当缴纳增值税的有（　　　）。

A.汽车的租赁　　　　B.汽车的修理　　　　C.房屋的修缮　　　　D.受托加工白酒

4.下列各项中，应当征收增值税的有（　　　）。

A.电信器材的生产销售

B.房地产公司销售开发商品房业务

C.某报社自己发行报刊

D.农业生产者销售自产农产品

5.根据现行政策，下列各项适用13%税率的有（　　　）。

A.自来水公司销售自来水

B.音像制品商店销售录像带

C.空调生产企业销售空调

D.粮油公司批发大米

任务2　认识与管理增值税专用发票

引导案例

　　某企业为增值税小规模纳税人，按规定不得使用增值税专用发票。但某公司（增值税一般纳税人）在购买该企业产品时提出，需要该企业提供增值税专用发票，否则会因该公司无法进行进项额抵扣而不购买该企业产品。该企业财务人员十分为难。在这种情况下，该企业应如何处理呢？

引导案例解析

　　现行增值税实行税款抵扣制度，抵扣依据主要是购入货物、劳务、服务、无形资产或不动产所取得的增值税专用发票等抵扣凭证上注明的税款，所以增值税专用发票不仅是纳税人经济活动中的重要商业凭证，而且是销货方销项税额的核算依据和购货方进项税额的税款抵扣凭证，对增值税的计算和管理起着决定性的作用。因此，正确使用和管理增值税专用发票十分重要。国家税务总局针对增值税专用发票的管理和使用，制定有《增值税专用发票使用规定》。

一、增值税专用发票基本内容

（一）增值税专用发票的联次

增值税专用发票由基本联次或基本联次附加其他联次构成。基本联次为三联：发票联、抵扣联、记账联。其中，发票联是用于购买方核算采购成本、进项税额的记账凭证；抵扣联用于购买方报送主管税务机关进行认证抵扣；记账联是销售方用于核算销售收入和销项税额的记账凭证。其他联次用途由纳税人自行确定。增值税专用发票的样式见表2-3。

（二）增值税专用发票的内容

增值税专用发票除应具备普通发票的基本内容，如发票名称、字轨号码、发票联次及用途、商品名称及经营项目、计量单位、数量、单价、金额、开票人、开票日期、开票单位（个人）名称（章）等外，还应包括以下内容：

表2-3

增值税专用发票

1100143160

北京增值税专用发票　　NO

此联不作报销扣税凭证使用

开票日期：

购买方	名　　称： 纳税人识别号： 地址、电话： 开户行及账号：					密码区		
货物或应税劳务、服务名称	规格型号	单位	数量	单价	金额		税率	税额
合　计					￥			￥
价税合计（大写）					（小写）			
销售方	名　　称： 纳税人识别号： 地址、电话： 开户行及账号：					备注		

收款人：　　　　复核：　　　　开票人：　　　　销售方：（章）

左侧竖排：税总函〔2014〕×××号×××公司

右侧竖排：第一联：记账联　销售方记账凭证

（1）购销双方的经营地址、联系电话、纳税人识别号（统一社会信用代码）、开户银行及账号。

（2）增值税适用税率、税额、价税合计。

（3）密码区。由防伪税控系统生成的防伪码，用于专用发票的防伪认证。

二、领购增值税专用发票

（一）增值税专用发票领购范围

除财政部、国家税务总局另有规定外，增值税专用发票只限于增值税一般纳税人领购使用，增值税小规模纳税人和非增值税纳税人不得领购使用。

符合一般纳税人条件，但不办理一般纳税人资格登记的纳税人，也不得使用专用发票。

自2016年8月1日起，在全国91个城市开展月销售额超过3万元（或季销售额超过9万元）的住宿业增值税小规模纳税人自行开具增值税专用发票的试点工作。试点纳税人提供住宿服务、销售货物或发生其他应税行为，需要开具专用发票的，可以通过增值税发票管理系统自行开具，单份专用发票最高开票限额不超过1万元，主管国税机关不再为其代开。

一般纳税人如有下列情形之一者，不得领购使用增值税专用发票：

（1）会计核算不健全，不能按会计制度和税务机关的要求准确核算销项税额、进项税额和应纳税额的。不能向税务机关准确提供增值税销项税额、进项税额、应纳税额数据及其他有关增值税税务资料的。

（2）有《税收征管法》规定的税收违法行为，拒不接受税务机关处理的。

（3）有下列行为之一，经税务机关责令限期改正而仍未改正的：

虚开增值税专用发票；私自印制专用发票；向税务机关以外的单位或个人买取专用发票；借用他人专用发票；未按规定的要求开具专用发票；未按规定保管专用发票和专用设

备；未按规定申请办理防伪税控系统变更发行；未按规定接受税务机关检查。

【提示】有上列情形的，如已领购专用发票，主管税务机关将暂扣其结存的专用发票和报税盘。

（二）增值税专用发票领购程序

领购增值税专用发票的程序如图2-1所示。

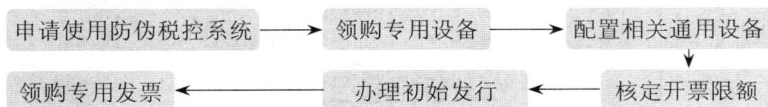

申请使用防伪税控系统 → 领购专用设备 → 配置相关通用设备

领购专用发票 ← 办理初始发行 ← 核定开票限额

图2-1 领购增值税专用发票程序图

1.申请使用防伪税控系统

增值税专用发票防伪税控系统是国家金税工程的主要组成部分。它是经国务院同意推行，使用专用设备和通用设备、运用数字密码和电子存储技术管理专用发票的计算机管理系统。税务部门和企业利用该系统能实现增值税专用发票的开具、管理和防伪认证。

增值税防伪税控系统由税务部门使用的税务发行子系统、企业发行子系统、发票发售子系统、认证子系统、报税子系统和纳税人使用的防伪开票子系统构成。一般纳税人均应通过增值税防伪税控系统领购、开具、缴销、认证专用发票。

申请使用防伪税控系统的纳税人必须是取得增值税一般纳税人资格的企业，并且应参加防伪税控系统技术单位组织的培训。在具备条件后，企业应到税务机关申请办理防伪税控系统使用核准手续。

2.领购专用设备并配置通用设备

纳税人取得防伪税控系统使用资格后，应到税务机关指定的防伪税控系统服务商购买防伪税控系统的专用设备，包括防伪税控金税盘、防伪税控报税盘（如图2-2所示）等，并配置相关的通用设备，如计算机、扫描仪、打印机及相关软件等。为开具、使用增值税专用发票做好相应的准备。

图2-2 金税盘和报税盘

【提示】防伪税控装置是专营专修的，未经税务机关批准，任何单位和个人不得擅自改动防伪税控软硬件。

3.核定开票限额

开票限额是指单份专用发票开具的销售额的最高额度。开票限额由一般纳税人申请，纳税人应携带企业营业执照、税务登记证副本及复印件，到税务机关填报《最高开票限额申请表》（见表2-4），由税务机关进行审批。

表2-4 **最高开票限额申请表**

申请事项（由企业填写）	企业名称		税务登记代码	
	地　址		联系电话	
	一般纳税人类别			
	申请最高开票限额	□1亿元　□1 000万元　□100万元 □10万元　□1万元　□1 000元 （请在选择数额前的□内，打"√"）		
	申请增加分开票机	是否有分支机构（分支机构在同一县市）	共增加　台，其中总机构　台，分支机构　台	
			分支机构名称	分支机构税务登记号
		□是		
		□否　增加　　台		
	经办人（签字）：　　　　　　　　　　　　　　企业（印章）： 　　　　　　　　　年 月 日　　　　　　　　　　　　　　　　　年 月 日			
区县级税务机关意见	批准开票最大限额			
	批准增加分开票机数量			
	经办人（签字）：　　　　　批准人（签字）：　　　　税务机关（印章） 　　　　年 月 日　　　　　　　　年 月 日　　　　　　　年 月 日			
地市级税务机关意见	批准最高开票限额： 经办人（签字）：　　　　　批准人（签字）：　　　　税务机关（印章） 　　　　年 月 日　　　　　　　　年 月 日　　　　　　　年 月 日			
省级税务机关意见	批准最高开票限额： 经办人（签字）：　　　　　批准人（签字）：　　　　税务机关（印章） 　　　　年 月 日　　　　　　　　年 月 日　　　　　　　年 月 日			

4.办理初始发行

一般纳税人在领购专用设备及核定开票限额后，凭经审批的《最高开票限额申请表》《发票领购簿》，携带金税盘和报税盘到主管税务机关办理初始发行。由税务机关将一般纳税人的基本信息，如企业名称、税务登记代码、开票限额、开票机数量、购票数量、购票人员信息及国家税务总局规定的其他信息，载入空白金税盘和报税盘。

纳税人的基本信息发生变化时，应主动到税务机关申请变更发行。如纳税人税务识别号（统一社会信用代码）发生变化，应向主管税务机关申请注销发行。

【提示】已经领购使用增值税专用发票的一般纳税人，如发生向个人或税务机关以外的单位买取专用发票、借用他人专用发票、向他人提供专用发票、未按规定开具专用发票、未按规定保管专用发票、未按规定申报专用发票的购用存情况、未按规定接受税务机关检查等违章行为，经税务机关责令限期改正而仍未改正者，税务机关将收缴向其供应的增值税专用发票。

5.领购专用发票

一般纳税人在办理好上述手续后，可按规定领购使用增值税专用发票。增值税专用发票的领购程序除与普通发票一致之外，纳税人还应携带报税盘，税务机关在发售纸质增值税专用发票的同时，还要将相应发票的信息，如发票版本、起止号码及份数、开票限额等写入报税盘，只有经过写盘处理的专用发票才能在开票系统中填用。

自2015年5月起，纳税人可以在网上购买增值税专用发票，纳税人通过网络下载发票领购信息，并成功写入税控专用设备后，就可以正常开具发票，所需纸质发票可以由税务机关邮寄到企业。

【思考】网上购买增值税专用发票，会给纳税人带来哪些方便？

三、保管增值税专用发票

除与普通发票的保管要求一致之外，纳税人还应按以下规定保管增值税专用发票和专用设备：

（1）设专人保管专用发票和专用设备。

（2）按税务机关要求存放专用发票和专用设备。

（3）将按期认证相符的专用发票抵扣联、《认证结果通知书》和《认证结果清单》装订成册。

（4）未经税务机关查验，不得擅自销毁专用发票基本联次。

四、开具增值税专用发票

（一）增值税专用发票的开具范围

1.应当开具专用发票的规定

除规定不得开具专用发票的情形外，一般纳税人销售货物、提供应税劳务或发生应税行为，应向购买方开具专用发票。

图片：持预付卡消费不能开发票

2.不得开具专用发票的规定

下列情形不得开具专用发票：

（1）向消费者提供应税服务，或销售应税项目、无形资产或者不动产。

（2）销售适用免征增值税规定的应税行为（法律、法规及国家税务总局另有规定的除外）。

（3）实行增值税退（免）税办法的增值税零税率应税服务。

（4）不征收增值税项目。

（5）用于集体福利或个人消费的货物与劳务、服务。

（6）一般纳税人销售自己使用过的固定资产，适用简易办法依3%的征收率减按2%征收的。

（7）纳税人销售旧货。

（8）商业企业一般纳税人零售的烟、酒、食品、服装、鞋帽（不包括劳保专用部分）、化妆品等消费品。

（9）金融商品转让。

（10）经纪代理服务，向委托方收取的政府性基金或者行政事业性收费。

（11）提供有形动产融资性售后回租服务，向承租方收取的有形动产价款本金。

（12）选择差额计税办法计算销售额的纳税人，向旅游服务购买方收取的支付给其他单位或者个人的住宿费、餐饮费、交通费、签证费、门票费和支付给其他接团旅游企业的旅游费用。

（13）提供劳务派遣服务选择差额纳税的纳税人，向用工单位收取用于支付给劳务派遣员工工资、福利和为其办理社会保险及住房公积金的费用。

（14）纳税人提供人力资源外包服务，向委托方收取并代为发放的工资和代理缴纳的社会保险、住房公积金。

（15）纳税人向其他个人出租不动产．不得开具或申请代开增值税专用发票。

【思考】增值税一般纳税人购买用于职工宿舍的水、电，是否能够要求开具增值税专用发票？

（二）开具增值税专用发票

1.开票前的准备工作

企业领购防伪税控增值税专用发票后，应将发票信息读入开票系统内，并与领购的纸质防伪税控增值税专用发票的号码与类别等进行核对，如有错误，应立即退回税务机关，并重新录入正确的号码与类别。

2.开具发票的规范要求

专用发票应按下列要求开具：

（1）项目齐全，与实际交易相符。

（2）字迹清楚，不得压线、错格。

（3）发票联和抵扣联加盖发票专用章。

（4）按照增值税纳税义务的发生时间开具。

（5）自2016年5月1日起，纳税人应按照国家税务总局发布的《商品和服务税收分类与编码（试行）》中相应的编码开具专用发票。

对不符合上列要求的专用发票，购买方有权拒收。

3.作废专用发票的处理要求

（1）一般纳税人在开具专用发票时发现有误的，可即时作废。作废专用发票须在防伪税控系统中将相应的数据电文按"作废"处理，在纸质专用发票（含未打印的专用发票）各联次上注明"作废"字样，全联次留存。

（2）开出发票符合作废条件的，可按作废处理。一般纳税人在开具专用发票当月，发生销货退回、开票有误等情形，收到退回的发票联、抵扣联符合作废条件的，按作废处理。作废条件为同时具有下列情形的：①收到退回的发票联、抵扣联时间未超过销售方开票当月；②销售方未抄税并且未记账；③购买方未认证或者认证结果为"纳税人识别号认证不符""专用发票代码、号码认证不符"。

4.开具红字发票的规范要求

一般纳税人开具增值税专用发票后，发生开票有误、销货退回、销售折让、应税服务中止以及开出发票不符合作废条件的，应开具红字专用发票。

自2016年8月1日起，开具红字专用发票的程序如下：

（1）购买方或销售方填开并上传《开具红字增值税专用发票信息表》。

图片：8月1日起，红字增值税发票开具有新规

购买方取得专用发票已用于申报抵扣的，由购买方在增值税发票管理系统中填开并上传《开具红字增值税专用发票信息表》（以下简称《信息表》，见表2-5），在填开《信息表》时，不填写相对应的蓝字专用发票信息，应暂依《信息表》所列增值税税额从当期进项税额中转出，待取得销售方开具的红字专用发票后，与《信息表》一并作为记账凭证。

表2-5 **开具红字增值税专用发票信息表**

填开日期： 年 月 日

销售方	名 称		购买方	名 称		
	纳税人识别号			纳税人识别号		
开具红字专用发票内容	货物（劳务服务）名称	数量	单价	金额	税率	税额
	合 计	—	—		—	
说明	一、购买方□ 　对应蓝字专用发票抵扣增值税销项税额情况： 　1.已抵扣□ 　2.未抵扣□ 　对应蓝字专用发票的代码：_____ 号码：_____ 二、销售方□ 　对应蓝字专用发票的代码：_____ 号码：_____					
红字专用发票信息表编号						

　　购买方取得专用发票未用于申报抵扣，但发票联或抵扣联无法退回的，购买方填开《信息表》时，应填写相对应的蓝字专用发票信息。

　　销售方开具专用发票尚未交付购买方，以及购买方未用于申报抵扣并将发票联及抵扣联退回的，由销售方在系统中填开并上传《信息表》。销售方填开《信息表》时，应填写相对应的蓝字专用发票信息。

　　（2）接收校验通过信息。

　　主管税务机关通过网络接收纳税人上传的《信息表》，系统自动校验通过后，生成带有"红字发票信息表编号"的《信息表》，并将信息同步至纳税人端系统中。

　　纳税人也可凭《信息表》电子信息或纸质资料到税务机关对《信息表》内容进行系统校验。纳税人开具红字专用发票前，《信息表》必须取得税务机关校验通过，否则其红字专用发票一律无效。

　　（3）销售方开具红字专用发票。

　　销售方凭税务机关系统校验通过的《信息表》，在系统中以销项负数开具红字专用发票。红字专用发票应与《信息表》一一对应。

纳税人需要开具红字增值税普通发票的，可以在所对应的蓝字发票金额范围内开具多份红字发票。红字机动车销售统一发票需与原蓝字机动车销售统一发票一一对应。

税务机关为小规模纳税人代开专用发票，需要开具红字专用发票的，按照一般纳税人开具红字专用发票的方法处理。

【思考】如果已填开的红字发票信息表金额大于实际需要开具红字发票的金额，是否需要重新填开信息表？

五、办理抄报税

一般纳税人在开具增值税专用发票后，应先抄税后报税。所谓抄报税，是指销售方纳税人将当期所有开具的增值税专用发票情况、发票领用存信息、明细汇总数据等从金税盘读入报税盘，并报税务机关的过程。

（一）抄税

抄税是指销售方企业开票人员，运用开票子系统的抄税功能，将本开票会计区间内开具的所有增值税发票的数据从金税盘内读入报税盘的过程。抄税工作分为写盘、发票资料查询和打印两个部分。具体操作方法如下：

1. 写盘

开票子系统到了每月1日，当企业进入开票系统时，系统就会提示"已到抄税期，请您及时抄税"，此时企业就必须进行抄税处理工作，系统将首先检查发票库该月发票数据的完整性，并自动更新该月的发票领用存月报表。如果该月发票数据完整正确，则系统会弹出抄税确认提示框，点击"确认"后开始抄税，完成后系统会给出抄税成功信息，此时金税盘中的本期税额的统计和明细数据已写入报税盘。

2. 发票资料查询和打印

完成了写盘后，即可进行所开具专用发票资料情况的查询和打印。纳税人在防伪税控系统中点击"发票资料查询打印"，选择所要打印资料的种类、内容进行查询和打印。资料的种类有：增值税专用发票汇总表、正数发票清单、负数发票清单、正数发票废票清单、负数发票废票清单等。

（二）报税

一般纳税人抄税后应在增值税纳税申报期内向主管税务机关进行报税，即纳税人持报税盘向税务机关报送开票数据电文，或者通过税控系统进行网上报税。在申报所属月份内，可分次向主管税务机关报税。

六、认证增值税防伪税控发票

防伪税控发票的认证，是指通过防伪税控系统对购货方取得的进项专用发票所列的数据进行识别、确认。认证相符的专用发票应作为购买方的记账凭证，不得退还销售方。

（一）认证对象及方式

企业取得的防伪税控系统开具的专用发票抵扣联，应于纳税申报时或纳税申报前报主管税务机关认证，通过税务机关认证后，根据增值税有关扣税规定核算当期进项税额，如期申报纳税。

企业认证抵扣联有扫描网上认证或到税务机关办税大厅认证两种途径，企业可以自愿选择其中一种方式。

自2016年3月1日起，纳税信用A级纳税人取得销售方使用增值税发票系统开具的增值税发票（包括增值税专用发票、机动车销售统一发票），可以不再进行扫描认证，通过增值税发票税控开票软件登录增值税发票查询平台，查询、选择用于申报抵扣或者出口退税的增值税发票信息，即可进行进项申报抵扣。纳税人取得增值税发票，通过增值税发票查询平台未查询到对应发票信息的，仍可进行扫描认证。从2016年5月1日起，取消增值税发票扫描认证的纳税人范围由纳税信用A级扩大到B级。从2016年12月1日起，取消增值税发票扫描认证的纳税人范围，由纳税信用A级、B级扩大到了C级。

【知识链接】

纳税信用等级

税务机关根据纳税人信用历史信息、税务内部信息、外部信息，对纳税人进行纳税信用评级。纳税信用级别设为A、B、C、D四级。A级纳税信用为年度评价指标得分90分以上的；B级纳税信用为年度评价指标得分70分以上不满90分的；C级纳税信用为年度评价指标得分40分以上不满70分的；D级纳税信用为年度评价指标得分不满40分或者直接判级确定的。

图片：税务信用评价

（二）认证注意事项

（1）自2010年1月1日起，纳税人收到防伪税控系统开具的增值税专用发票，必须于发票开具之日起180日内，通过扫描认证或网络在线查询选择，并且在认证通过的次月申报期内申报抵扣。没有进行认证、查询选择或认证未通过的防伪税控专用发票，不得申报抵扣。

（2）经防伪税控系统开具的专用发票抵扣联，认证前应与其他扣税凭证分开，不得装订成册。经税务机关认证相符的专用发票抵扣联连同《认证结果通知书》和认证清单一起按月装订成册备查。

（3）认证的增值税专用发票一定要保证票面上开票日期、发票代码、发票号、购货方税号、销货方税号、不含税总金额、总税额、密文八项内容字迹清楚，没有划痕。所以应保持票面整洁、清晰，如有褶皱或揉搓、盖章位置不对、在票面上签名和签字等，使得票面不清晰，将造成无法认证而不得抵扣。

（4）同一张增值税专用发票，只可认证一次，如不同月份内认证超过两次，一经发现即为重复认证，不得抵扣的同时应移送稽查。

（5）对纳税人采用网上认证的，如无法认证或认证不符，则区分两种情况处理，如果属于"无法认证"、"购货方纳税人识别号认证不符"或"发票代码、号码认证不符"，可将发票退回销货方，并由销货方重开；如果属于其余情况，如密文有误、重复认证等，不得抵扣并且必须在24小时内上缴主管税务机关办税服务大厅申报征收窗口，由主管税务机关办税服务大厅申报征收窗口识伪认证后，做出相应处理。

经税务机关认证确定为"无法认证"、"认证不符"以及"丢失被盗"的专用发票，不得作为抵扣凭证。企业如已申报扣税的，应调减当月进项税额。

（6）在被认定为一般纳税人之前取得的抵扣联不得认证。

【思考】超过认证期没有认证的增值税专用发票，是否可以申请开具红字增值税专用发票？

七、缴销增值税专用发票

一般纳税人注销税务登记时，应将专用设备和结存未用的纸质专用发票送交税务机关。主管税务机关缴销其发票，并按有关安全管理要求处理专用设备。

八、处理增值税专用发票被盗或丢失

纳税人必须严格按《增值税专用发票使用规定》保管、使用专用发票，纳税人丢失、被盗专用发票后，应当于发现被盗、丢失当日书面向当地主管税务机关、公安机关报失，接受处罚，并在有刊号的报纸刊登声明作废。

（一）丢失已开具专用发票的处理

1.纳税人丢失已开具专用发票的发票联和抵扣联

如果丢失前已认证相符的，购买方凭销售方提供的相应专用发票记账联复印件及销售方所在地主管税务机关出具的《丢失增值税专用发票已报税证明单》（见表2-6），经购买方主管税务机关审核同意后，可作为增值税进项税额的抵扣凭证。

表2-6

丢失增值税专用发票已报税证明单

销售方	名称			购买方	名称		
	税务登记代码				税务登记代码		
丢失增值税专用发票	发票代码	发票号码	货物（劳务）名称	单价	数量	金额	税额
报税及纳税申报情况	报税时间： 纳税申报时间： 经办人：　　　　负责人： 　　　　　　　　主管税务机关名称（印章）： 　　　　　　　　　　　　　　　年　月　日						
备注							

如果丢失前未认证的，购买方凭销售方提供的相应专用发票记账联复印件到主管税务机关进行认证，认证相符的凭该专用发票记账联复印件及销售方所在地主管税务机关出具的《丢失增值税专用发票已报税证明单》，经购买方主管税务机关审核同意后，可作为增值税进项税额的抵扣凭证。

2.纳税人丢失已开具专用发票的抵扣联

如果丢失前已认证相符的，可使用专用发票的发票联复印件留存备查；如果丢失前未认证的，可使用专用发票的发票联到主管税务机关认证，专用发票的发票联复印件留存备查。

3.纳税人丢失已开具专用发票的发票联

可将专用发票抵扣联作为记账凭证，专用发票抵扣联复印件留存备查。

九、税务机关代开增值税专用发票

除可自行开具增值税专用发票的小规模纳税人外，其他小规模纳税人若确需开具增值税专用发票，可申请由税务机关代为开具。增值税纳税人应在代开专用发票备注栏上，加盖本单位的发票专用章。

国税机关、地税机关全部使用增值税发票新系统代开增值税专用发票和增值税普通发票，不再代开其他类型的发票。

税务机关为小规模纳税人代开的专用发票需开具红字专用发票的，比照一般纳税人开具红字专用发票的处理办法。

任务3 计算增值税

引导案例

城达运输公司（一般纳税人）某日为甲公司提供运输服务取得收入12 000元，开具增值税专用发票一张；为乙公司提供运输服务取得收入3 885元，开具普通发票一张。请分析两项收入是否均应按发票上所载销售额直接计算增值税销项税额？

引导案例解析

增值税计算方法包括一般计税方法和简易计税方法。其中，一般计税方法适用于一般纳税人；简易计税方法既适用于小规模纳税人，又适用于一般纳税人按该计税方法计税的特定应税行为。

一、计算一般计税方法下增值税应纳税额

一般计税方法，即购进扣税法，适用于一般纳税人。其计算公式为：

应纳税额=当期销项税额−当期进项税额

（一）计算销项税额

销项税额是指纳税人销售货物、提供应税劳务或发生应税行为，按照销售额以及规定的税率计算并向购买方收取的增值税税额。其计算公式为：

销项税额 = 销售额 × 税率

1.确定一般销售方式下的销售额

销售额是指纳税人销售货物、提供应税劳务或提供应税服务向购买方收取的全部价款和价外费用，但是不包括收取的销项税额（价外税）。

其中，价外费用，是指价外各种性质的收费，但不包括以下项目：

（1）向购买方收取的销项税额。

（2）同时符合下列条件代为收取的政府性基金或者行政事业性收费：①由国务院或者财政部批准设立的政府性基金，由国务院或者省级人民政府及其财政、价格主管部门批准设立的行政事业性收费；②收取时开具省级以上财政部门印制的财政票据；③所收款项全额上缴财政。

（3）以委托方名义开具发票代委托方收取的款项。

【提示】凡价外费用，无论其会计制度规定如何核算，均应按适用税率还原成不含税价格，并入销售额计算应纳税额。

在销项税额的计算过程中，销售额如果为含税销售额的，需要还原成不含税销售额计算销项税额。其计算公式为：

$$不含增值税销售额 = 含税销售额 \div （1+税率）$$

【提示】常见的需要还原计算的情形有：①商业企业零售价、增值税普通发票或普通发票上注明的销售额都是含税销售额；②价外费用为含税销售额；③包装物押金收入为含税销售额。

【做中学2-4】某木器加工厂（增值税一般纳税人）某月销售组合家具100套，增值税专用发票上注明销售额为200万元。同时，该企业还一次性向购买方收取包装费3.51万元。

要求：计算此业务的销项税额。

销项税额$=200\times17\%+3.51\div（1+17\%）\times17\%=34.51$（万元）

2.确定特殊销售方式下的销售额

（1）采取折扣销售方式销售。折扣销售是指销货方在销售货物或提供应税劳务、发生应税行为时，因购货方购货数量较大等原因而给予购货方的价格优惠，即采用商业折扣方式销售。采取折扣销售方式销售货物、服务、无形资产或者不动产，如果价款和折扣额在同一张发票上注明，以折扣后的价款为销售额；未在同一张发票上分别注明的，以价款为销售额，不得扣减折扣额。

【做中学2-5】某书店（增值税一般纳税人）批发图书一批，每册标价30元，共计1 000册，由于购买方购买数量多，按7折优惠价格成交，并将折扣部分与销售额同开在一张普通发票上。要求：计算此业务的计税销售额和销项税额。

计算：此项业务属于折扣销售。由于销售额和折扣额在同一张发票上分别注明，应按折扣后的余额作为销售额。

计税销售额$=30\times1\ 000\times70\%\div（1+13\%）=18\ 584.07$（元）

销项税额$=18\ 584.07\times13\%=2\ 415.93$（元）

（2）采取销售折扣方式销售。销售折扣是指销货方在销售货物或提供应税劳务、发生应税行为后，为了鼓励购货方及早付款而协议许诺给购货方的一种折扣优待，即采用现金折扣方式销售。由于销售折扣发生在销货之后，属于一种融资行为，因此折扣额不得从销售额中减除。

【做中学2-6】甲企业（增值税一般纳税人）本月销售给某商店A商品一批，由于货款回笼及时，根据合同规定，给予该商店5%的折扣，甲企业实际取得不含税销售额250万元。

要求：计算此业务的计税销售额和销项税额。

计税销售额$=250\div95\%=263.1579$（万元）

销项税额$=263.1579\times17\%=44.7368$（万元）

（3）采取以旧换新方式销售。采取以旧换新方式销售货物，应按新货物同期售价确定，不能扣除旧货物的回收价格。考虑到金银首饰以旧换新业务的特殊情况，对金银首饰以旧换新业务，可以按销售方实际收取的不含增值税的全部价款征收增值税，即可扣除旧金银首饰的回收价格。

【做中学2-7】乙企业（增值税一般纳税人）采用以旧换新方式共销售某电机产品500台，

每台旧电机产品作价300元，扣除旧货收购价后实际取得不含税销售收入810 000元。

要求：计算此业务的销项税额。

销项税额＝（810 000＋500×300）×17%＝163 200（元）

【做中学2-8】某金银首饰商店（增值税一般纳税人）销售了10条金项链，每条新项链的零售价格为6 000元。

要求：计算此业务的销项税额。

销项税额＝6 000×10÷（1＋17%）×17%＝8 717.95（元）

此题假设顾客拿来一条旧的项链，要打成和新的一样，以旧换新后实收4 000元，则：

销项税额＝4 000÷（1＋17%）×17%＝581.20（元）

（4）采取以物易物方式销售。采取以物易物方式销售货物，双方都应各自作购销处理，以各自发出的货物核算销售额并计算销项税额，以各自收到的货物按规定核算购货额并计算进项税额。

【做中学2-9】丙酒厂（增值税一般纳税人）销售白酒300箱给各专卖店，取得不含税销售收入600万元；另用白酒10箱换回小轿车一辆。

要求：计算此业务的销项税额。

分析：换回小轿车的白酒单价应按同类产品平均售价确定。

销项税额＝（600＋600÷300×10）×17%＝105.4（万元）

（5）出租出借包装物收取的押金。为销售货物而出租出借包装物收取的押金，单独记账核算的，不并入销售额计税。但对逾期（一年）未收回的包装物不再退还的押金，应先换算成不含税收入，按所包装的货物适用的税率计算增值税。另外，从1995年6月1日起，对销售除啤酒、黄酒外的其他酒类产品收取的包装物押金，无论是否返还以及会计上如何核算，均应并入销售额计税。

【做中学2-10】丙酒厂（增值税一般纳税人）本月向一小规模纳税人销售白酒，开具的普通发票上注明金额93 600元；同时收取单独核算的包装物押金2 000元。

要求：计算此业务的销项税额。

销项税额＝［93 600÷（1＋17%）＋2 000÷（1＋17%）］×17%＝13 890.60（元）

（6）销售使用过的固定资产。一般纳税人销售自己使用过的固定资产，应区分不同情形征收增值税，其税务处理见表2-7。

表2-7   销售使用过的固定资产的税务处理

具体项目	税务处理	计税公式
销售2008年12月31日以前购进或自制的使用过的固定资产（未抵扣进项税额）	按简易计税办法：按照3%征收率减按2%征收增值税	增值税应纳税额＝售价÷（1＋3%）×2%
销售2009年1月1日以后购进或自制，不得抵扣且未抵扣进项税额的使用过的固定资产		
销售2009年1月1日以后购进或自制，已抵扣进项税额的使用过的固定资产	按适用税率征收增值税	增值税销项税额＝售价÷（1＋适用税率）×税率

【提示】按简易计税办法计税时，计算的是增值税"应纳税额"，而非"销项税额"。

【做中学2-11】某生产企业（增值税一般纳税人）2017年1月对资产盘点过程中不需

用的部分资产进行处理：销售 1 台 2008 年 3 月购入的机器设备，取得收入 9 200 元；销售 1 台 2015 年 1 月购入的原生产用机器设备，取得收入 35 100 元，增值税税率为 17%。

要求：计算此业务应缴纳的增值税。

计算：2008 年 3 月购入的设备购进时未抵扣进项税额，销售时应按 3% 的征收率减按 2% 征收增值税；2015 年 1 月购入的生产用设备购入时已抵扣进项税额，销售时应按适用税率征收增值税。

增值税应纳税额 = 9 200 ÷（1 + 3%）× 2% = 178.64（元）

增值税销项税额 = 35 100 ÷（1 + 17%）× 17% = 5 100（元）

（7）"营改增"试点一般计税方法差额计税项目。

①金融商品转让。金融商品转让，是指转让外汇、有价证券、非货物期货和其他金融商品所有权（包括基金、信托、理财产品等各类资产管理产品和各种金融衍生品）的业务活动。金融商品转让，以卖出价扣除买入价后的余额为销售额。

金融商品转让，不得开具增值税专用发票。

【提示】金融商品的买入价，可以选择加权平均法或者移动加权平均法进行核算，选择后 36 个月内不得变更。

转让金融商品出现的正负差，以盈亏相抵后的余额为销售额。若相抵后出现负差，可结转下一纳税期与下期转让金融商品销售额相抵，但年末时仍出现负差的，不得转入下一个会计年度。

②经纪代理服务。经纪代理服务，是指各类经纪、中介、代理服务。其包括金融代理、知识产权代理、货物运输代理、代理报关、法律代理、房地产中介、职业中介、婚姻中介、代理记账、拍卖等。经纪代理服务，以取得的全部价款和价外费用，扣除向委托方收取并代为支付的政府性基金或者行政事业性收费后的余额为销售额。

向委托方收取的政府性基金或者行政事业性收费，不得开具增值税专用发票。

③融资租赁和融资性售后回租服务。融资租赁服务，是指具有融资性质和所有权转移特点的租赁活动，即出租人根据承租人所要求的规格、型号、性能等条件购入有形动产或者将不动产租赁给承租人，合同期内租赁物所有权属于出租人，承租人只拥有使用权，合同期满付清租金后，承租人有权按照残值购入租赁物，以拥有其所有权。不论出租人是否将租赁物销售给承租人，其均属于融资租赁。

按照标的物的不同，融资租赁服务可分为有形动产融资租赁服务和不动产融资租赁服务。

经人民银行、银监会或者商务部批准从事融资租赁业务的试点纳税人，提供融资租赁服务，以取得的全部价款和价外费用，扣除支付的借款利息（包括外汇借款和人民币借款利息）、发行债券利息和车辆购置税后的余额为销售额。

融资性售后回租服务，是指承租方以融资为目的，将资产出售给从事融资性售后回租业务的企业后，从事融资性售后回租业务的企业将该资产出租给承租方的业务活动。

经人民银行、银监会或者商务部批准从事融资租赁服务的试点纳税人，提供融资性售后回租服务，以取得的全部价款和价外费用（不含本金），扣除对外支付的借款利息（包括外汇借款和人民币借款利息）、发行债券利息后的余额作为销售额。

融资性售后回租服务属于贷款服务，不得开具增值税专用发票。

④航空运输服务。航空运输企业的销售额，不包括代收的机场建设费和代售其他航空运输企业客票而代收转付的价款。

⑤客运场站服务。一般纳税人提供客运场站服务，以其取得的全部价款和价外费用，扣除支付给承运方运费后的余额为销售额。

⑥旅游服务。纳税人提供旅游服务，可以选择以取得的全部价款和价外费用，扣除向旅游服务购买方收取并支付给其他单位或者个人的住宿费、餐饮费、交通费、签证费、门票费和支付给其他接团旅游企业的旅游费用后的余额为销售额。

选择上述办法计算销售额的试点纳税人，向旅游服务购买方收取并支付上述费用时，不得开具增值税专用发票，可以开具普通发票。

【做中学2-12】某旅游公司（一般纳税人）某月份在境内组织旅游，取得含税收入125 000元，其中包括代旅游者支付其他单位的房费、餐费、交通、门票等费用72 000元（含税）；在境内组团出境旅游，到境外后由外国旅游接团，共取得含税收入189 000元，其中支付签证费9 000元（含税），支付境外旅游公司100 000元（含税）。该旅游公司选择差额计税方法。

要求：计算该公司当月增值税计税销售额。

计税销售额＝（125 000－72 000＋189 000－9 000－100 000）÷（1+6%）＝125 471.70（元）

⑦销售自行开发的房地产项目。房地产开发企业中的一般纳税人销售其自行开发的房地产项目（选择简易计税方法的房地产老项目除外），以取得的全部价款和价外费用，扣除受让土地时向政府部门支付的土地价款后的余额为销售额。

计税销售额＝全部价款和价外费用－当期允许扣除的土地价款

$$当期允许扣除的土地价款=\frac{当期销售房地产项目建筑面积}{房地产项目可供销售建筑面积}×支付的土地价款$$

【提示】一般纳税人销售自行开发的房地产老项目适用简易计税方法计税的，以取得的全部价款和价外费用为销售额，不得扣除对应的土地价款。

【做中学2-13】某房地产开发公司（一般纳税人），通过"招拍挂"方式取得150亩净地用于房地产开发，支付土地价款49 950万元（含税），可售建筑面积计18万平方米，其中第一期项目开盘即售罄（可售面积6万平方米），取得含税销售收入13.32亿元。

要求：计算该房地产开发公司第一期项目增值税计税销售额。

第一期项目应分摊的土地出让金＝49 950×60 000÷180 000＝16 650（万元）

第一期项目增值税计税销售额＝（133 200－16 650）÷（1+11%）＝105 000（万元）

【提示】试点纳税人按照上述规定从全部价款和价外费用中扣除价款时，应当取得符合法律、行政法规和国家税务总局规定的有效凭证；否则，不得扣除。合法有效凭证是指：

（1）支付给境内单位或者个人的款项，以发票为合法有效凭证。

（2）支付给境外单位或者个人的款项，以该单位或者个人的签收单据为合法有效凭证，税务机关对签收单据有疑议的，可以要求其提供境外公证机构的确认证明。

（3）缴纳的税款，以完税凭证为合法有效凭证。

（4）扣除的政府性基金、行政事业性收费或者向政府支付的土地价款，以省级以上（含省级）财政部门监（印）制的财政票据为合法有效凭证。

（5）国家税务总局规定的其他凭证。

纳税人取得的上述凭证属于增值税扣税凭证的，其进项税额不得从销项税额中抵扣（不得一票两用，属于扣额项目的凭证不得用于进项抵扣）。

（8）税务机关核定销售额。纳税人销售货物、提供应税劳务或发生应税行为价格明显偏低或者偏高且不具有合理商业目的的，或者发生视同销售、视同提供应税劳务或应税服务而无销售额的，主管税务机关有权按照下列顺序确定销售额：

①按照纳税人最近时期销售同类货物、服务、无形资产或者不动产的平均价格确定。

②按照其他纳税人最近时期销售同类货物、服务、无形资产或者不动产的平均价格确定。

③按照组成计税价格确定。组成计税价格的公式为：

$$组成计税价格 = 成本 × （1 + 成本利润率）$$

属于应征消费税的货物，其组成计税价格中应加计消费税，则：

$$组成计税价格 = 成本 × （1 + 成本利润率） + 消费税$$
$$= 成本 × （1 + 成本利润率） ÷ （1 - 消费税比例税率）$$

【提示】销售货物的成本利润率由国家税务总局确定为10%，但属于应征收消费税的货物，其组成计税价格中的成本利润率为《消费税若干具体问题的规定》中要求的成本利润率。销售服务、无形资产、不动产的成本利润率由国家税务总局确定。

不具有合理商业目的，是指以谋取税收利益为主要目的，通过人为安排，减少、免除、推迟缴纳增值税税款，或者增加退还增值税税款。

【做中学2-14】某车床厂（增值税一般纳税人）将自制的一台车床向某企业投资，该车床无同类产品销售价格，生产成本为10 500元，成本利润率为10%。

要求：计算此业务应缴纳的增值税。

销项税额 = 10 500 × （1 + 10%） × 17% = 1 963.5（元）

（二）计算进项税额

进项税额是指纳税人购进货物、加工修理修配劳务、服务、无形资产或者不动产，支付或者负担的增值税税额，它与销售方取得的销项税额相对应。

【提示】销项税额计算的重点在于确认销售额的多少，进项税额计算的重点则首先在于确定该笔进项税额能否抵扣，其次才是能抵扣多少。

1.准予从销项税额中抵扣的进项税额

根据税法的规定，准予从销项税额中抵扣的进项税额可以分为两类：一类是以票抵税，即取得法定扣税凭证，并符合税法规定允许抵扣的进项税额；另一类是计算抵税，即没有取得法定扣税凭证，但符合税法抵扣政策，准予计算抵扣的进项税额。

（1）以票抵税。纳税人每抵扣一笔进项税额，就要有一份记录该进项税额的法定扣税凭证与之相对应。法定扣税凭证包括：

①从销售方取得的增值税专用发票（含税控机动车销售统一发票，下同）上注明的增值税税额。

②从海关取得的海关进口增值税专用缴款书上注明的增值税税额。

③从境外单位或者个人购进服务、无形资产或者不动产，自税务机关或者扣缴义务人取得的解缴税款的完税凭证上注明的增值税税额。

【提示】纳税人凭税收缴款凭证抵扣进项税额的，应当具备书面合同、付款证明和境外单位的对账单或者发票。资料不全的，其进项税额不得从销项税额中抵扣。

2016年5月1日后取得并在会计制度上按固定资产核算的不动产，或者2016年5月1日后发生的不动产在建工程，其进项税额应自取得之日起分2年从销项税额中抵扣，第一年抵扣比例为60%，第二年抵扣比例为40%。

【做中学2-15】某制药厂（增值税一般纳税人）购进一批制药原料，货款为400 000元，取得的增值税专用发票上注明的税款为68 000元；为购进该批制药原料支付某运输公司运费800元，取得的增值税专用发票上注明的税款为88元。另购进一批制药原料，货款为60 000元，取得普通发票一张。

要求：计算可抵扣的进项税额。

可抵扣的进项税额=68 000+88=68 088（元）

（2）计算抵税。税法规定，购进农产品，除取得增值税专用发票或者海关进口增值税专用缴款书外，按照农产品收购发票或者销售发票上注明的农产品买价和13%的扣除率计算进项税额抵扣。其计算公式为：

$$进项税额=买价×扣除率（13%）$$

【提示】收购农产品的买价，包括纳税人购进农产品在农产品收购发票或者销售发票上注明的价款和按规定缴纳的烟叶税。

自行计算抵扣进项税额，是按规定的发票、凭证上的规定项目所列金额直接乘以扣除率计算出来的，计算抵扣时的计税基础不必进行价税分离。

【做中学2-16】某增值税一般纳税人向某农民购买自产香菇，农产品收购发票上注明的价款为60 000元。

要求：计算可以抵扣的进项税额。

进项税额=60 000×13%=7 800（元）

【知识链接】

一般纳税人购进农产品进项税额抵扣的具体情形

一般纳税人购进农产品抵扣进项税额存在如下5种情况：

（1）从一般纳税人购进农产品，按照取得的增值税专用发票上注明的增值税税额。

（2）进口农产品，按照取得的海关进口增值税专用缴款书上注明的增值税税额。

（3）自农业生产者购进自产农产品以及自小规模纳税人购入农产品（不含享受批发零售环节免税政策的鲜活肉蛋产品和蔬菜），按照取得的销售农产品的增值税普通发票上注明的农产品买价和13%的扣除率计算进项税额。

（4）向农业生产者个人收购其自产农产品，按照收购单位自行开具农产品收购发票上注明的农产品买价和13%的扣除率计算进项税额。

（5）按照《财政部 国家税务总局关于在部分行业试行农产品增值税进项税额核定扣除办法的通知》的规定，以购进农产品为原料生产销售液体乳及乳制品、酒及酒精、植物油的，实行核定扣除。

2.不得从销项税额中抵扣的进项税额

（1）纳税人取得的增值税扣税凭证不符合法律、行政法规或者国家税务总局有关规定的，其进项税额不得从销项税额中抵扣。

（2）下列项目即使取得合法的增值税扣税凭证，其进项税额仍不得从销项税额中抵扣：

①用于简易计税方法计税项目、免征增值税项目、集体福利或者个人消费的购进货物、加工修理修配劳务、服务、无形资产和不动产。

【提示】纳税人的交际应酬消费属于个人消费（业务招待活动中所耗用的各类礼品，包括烟、酒、服装等，不得抵扣进项税额）。

对纳税人涉及的固定资产、无形资产（不包括其他权益性无形资产）、不动产项目的进项税额，凡发生专用于简易计税方法计税项目、免征增值税项目、集体福利或者个人消费项目的，其进项税额不得抵扣；发生兼用于增值税应税项目和上述项目情况的，其进项税额准予全部抵扣。

纳税人购进其他权益性无形资产，无论是专用于简易计税方法计税项目、免征增值税项目、集体福利或者个人消费，还是兼用于上述项目，均可以抵扣进项税额。

上述固定资产，是指使用期限超过12个月的机器、机械、运输工具以及其他与生产经营有关的设备、工具、器具等有形动产。和会计准则相比，其不包括不动产及不动产在建工程。

上述不得抵扣且未抵扣进项税额的固定资产、无形资产、不动产，如用途改变，用于允许抵扣进项税额的应税项目，可在用途改变的次月，按照下列公式计算可以抵扣的进项税额：

可以抵扣的进项税额=固定资产、无形资产、不动产净值÷（1+适用税率）×适用税率

②非正常损失的购进货物及相关的加工修理修配劳务或者交通运输业服务。

③非正常损失的在产品、产成品所耗用的购进货物（不包括固定资产）、加工修理修配劳务或者交通运输业服务。

④非正常损失的不动产，以及该不动产所耗用的购进货物、设计服务和建筑服务。

⑤非正常损失的不动产在建工程所耗用的购进货物、设计服务和建筑服务。纳税人新建、改建、扩建、修缮、装饰不动产，均属于不动产在建工程。

【提示】非正常损失，是指因管理不善造成货物被盗、丢失、霉烂变质，以及因违反法律法规造成货物或者不动产被依法没收、销毁、拆除的情形。这些非正常损失是由纳税人自身原因造成，导致征税对象实体的灭失，其损失应由纳税人自行承担。

⑥购进的旅客运输服务、餐饮服务、居民日常服务和娱乐服务。

【提示】旅客运输服务、餐饮服务、居民日常服务和娱乐服务主要接受对象是个人。对于一般纳税人购买的旅客运输服务、餐饮服务、居民日常服务和娱乐服务，难以准确地界定接受服务的对象是企业还是个人，因此，一般纳税人购进的旅客运输服务、餐饮服务、居民日常服务和娱乐服务的进项税额不得从销项税额中抵扣。

纳税人购买住宿服务取得的进项税额允许按规定抵扣。

⑦纳税人接受贷款服务向贷款方支付的与该笔贷款直接相关的投融资顾问费、手续费、咨询费等费用。

⑧财政部和国家税务总局规定的其他情形。适用一般计税方法的纳税人，兼营简易计税方法计税项目、免征增值税项目而无法划分不得抵扣的进项税额，按照下列公式计算不得抵扣的进项税额：

图片：因公出差的机票、火车票、住宿费用可以抵扣吗？

$$\begin{array}{l}不得抵扣的\\进项税额\end{array}=\begin{array}{l}当期无法划分的\\全部进项税额\end{array}\times\left(\begin{array}{l}当期简易计税方法\\计税项目销售额\end{array}+\begin{array}{l}免征增值税\\项目销售额\end{array}\right)\div\left(\begin{array}{l}当期全部\\销售额\end{array}+\begin{array}{l}当期全部\\营业额\end{array}\right)$$

【做中学2-17】某厂外购一批材料用于应税和免税货物的生产，取得增值税专用发票，价款为20 000元，增值税税款为3 400元，当月应税货物销售额为50 000元，免税货物销售额为70 000元。

要求：计算当月不可抵扣的进项税额。

当月不得抵扣的进项税额＝3 400×［70 000÷（50 000＋70 000）］＝1 983.33（元）

【做中学2-18】某制药厂（增值税一般纳税人）某月发生以下几笔业务：

（1）购进一批制药原料，货款为50 000元，增值税专用发票上注明的税款为8 500元，该原料用于生产免税药品。

（2）购进白酒4吨，每吨4 500元，共计18 000元，增值税专用发票上注明的税款为3 060元。白酒中有0.5吨用于春节职工福利，3.5吨用于生产药酒。

（3）支付水电费各20 000元，取得增值税专用发票，电费价外支付税额3 400元，水费价外支付税额2 600元，水电费中的10%为职工宿舍耗用。

要求：计算当期可抵扣的进项税额。

计算：购进制药原料生产免税药品、购进白酒用于职工福利、职工宿舍耗用水电费的进项税额均不得抵扣，则：

本期可抵扣的进项税额＝3 060÷4×3.5＋（3 400＋2 600）×（1－10%）＝8 077.50（元）

3.进项税额转出

（1）已抵扣进项税额的购进货物（不含固定资产）、劳务、服务，发生上述不得抵扣进项税额情形（简易计税方法计税项目、免征增值税项目除外）的，应将该进项税额从当期进项税额中扣减；无法确定该进项税额的，按当期实际成本计算应扣减的进项税额。

【提示】所称的"从当期发生的进项税额中扣减"是指已抵扣进项税额的购进货物、劳务或服务是在哪一个时期改变用途的，就从纳税人该期进项税额中扣减，而无须追溯到这些购进货物、劳务或服务抵扣进项税额的那个时期。

【做中学2-19】某商业企业月初购进一批饮料，取得的增值税专用发票上注明的价款为80 000元，税款为13 600元，货款已支付；另支付运输企业运费1 000元，取得的增值税专用发票上注明的税款为110元。月末，将其中的5%作为福利发放给职工。

要求：计算当月可以抵扣的进项税额。

进项税额转出额＝（13 600＋110）×5%＝685.5（元）

可抵扣的进项税额＝13 600＋110－685.5＝13 024.5（元）

（2）已抵扣进项税额的固定资产、无形资产或者不动产，发生上述不得抵扣进项税额情形（简易计税方法计税项目、免征增值税项目除外）的，按照下列公式计算不得抵扣的进项税额：

不得抵扣的进项税额＝固定资产、无形资产或者不动产净值×适用税率

固定资产、无形资产或者不动产净值，是指纳税人根据财务会计制度计提折旧或摊销后的余额。

【做中学2-20】某房地产企业于2016年3月购进一辆汽车自用，不含税价为30万元，机动车销售统一发票上注明的增值税税款为5.1万元，购进当期企业已认证并抵扣了进项

税额。汽车采用直线法计提折旧，折旧期限为5年。2017年4月，该汽车被盗。

要求：计算该房地产企业当月应转出的进项税额。

进项税额转出额＝5.1÷5×4＝4.08（万元）

（三）计算应纳税额

应纳税额的计算公式为：

$$应纳税额＝当期销项税额－当期进项税额$$

1.计算应纳税额的时间限定

（1）计算销项税额的时限。销项税额的确认时限即增值税纳税义务的发生时间，具体规定如下：

①纳税人销售货物、提供应税劳务或应税行为的纳税义务发生时间，为收讫销售款项或者取得索取销售款项凭据的当天；先开具发票的，为开具发票的当天。按结算方式不同，分别规定如下：

【提示】取得索取销售款项凭据的当天，是指书面合同确定的付款日期；未签订书面合同或者书面合同未确定付款日期的，为销售货物、劳务完成、服务完成、无形资产转让完成的当天，或者不动产权属变更的当天。

A.采取直接收款方式销售货物的，不论货物是否发出，均为收到销售款或者索取销售款凭据的当天。

B.采取托收承付和委托银行收款方式销售货物的，为发出货物并办妥托收手续的当天。

C.采取赊销和分期收款方式销售货物的，为书面合同约定的收款日期的当天；无书面合同的或者书面合同没有约定收款日期的，为货物发出的当天。

D.采取预收货款方式销售货物的，为货物发出的当天；但生产销售生产工期超过12个月的大型机械设备、船舶、飞机等货物，为收到预收款或者书面合同约定的收款日期的当天。

E.委托其他纳税人代销货物，为收到代销单位的代销清单或者收到全部或者部分货款的当天。未收到代销清单及货款的，为发出代销货物满180天的当天。

②纳税人提供建筑服务、租赁服务采取预收款方式的，其纳税义务发生时间为收到预收款的当天。

③纳税人从事金融商品转让的，为金融商品所有权转移的当天。

④纳税人发生视同销售货物行为的，为货物移送的当天，或劳务、服务、无形资产转让完成的当天，或者不动产权属变更的当天。

⑤进口货物，为报关进口的当天。

⑥增值税扣缴义务发生时间为纳税人增值税纳税义务发生的当天。

（2）抵扣进项税额的时限。为保证准时、准确记录和核算增值税，税法对计入当期进项税额的时间有着严格规定：

①增值税一般纳税人取得的增值税专用发票（包括"增值税专用发票"和税控"机动车销售统一发票"），应在开具之日起180日内办理认证，并在认证通过的次月申报期内，向主管税务机关申报抵扣进项税额（当月认证当月抵扣）。

图片：已认证未抵扣的专用发票能否在以后月份申报抵扣？

未在规定期限内到税务机关办理认证或者申报抵扣的，其不得作为合法的增值税扣税凭证，不得计算进项税额抵扣。国家税务总局另有规定的除外。

【提示】自2016年3月1日起，对纳税信用A级增值税一般纳税人取消增值税专用发票扫描认证，自2016年5月1日起，对纳税信用B级增值税一般纳税人也取消了增值税专用发票扫描认证，纳税信用A、B级增值税一般纳税人可通过增值税发票查询平台，查询、选择用于申报抵扣或者出口退税的增值税发票信息。从2016年12月1日起，取消增值税专用发票扫描认证的范围扩大到了纳税信用等级C级增值税一般纳税人。

②自2013年7月1日起，增值税一般纳税人进口货物取得属于增值税扣税范围的海关缴款书时，应自开具之日起180天内向主管税务机关报送"海关完税凭证抵扣清单"（电子数据），申请稽核比对，逾期未申请的，其进项税额不予抵扣。

图片：海关进口增值税专用缴款书如何抵扣税款？

对稽核比对结果为相符的海关缴款书，纳税人应在税务机关提供稽核比对结果的次月申报期内申报抵扣进项税额，逾期的其进项税额不予抵扣（当月比对相符当月抵扣）。国家税务总局另有规定的除外。

【做中学2-21】某增值税一般纳税人购进一批原材料，取得销货方开具的增值税专用发票，发票开具时间为2017年2月20日。

请分析：（1）该发票注明的进项税额能否抵扣，申报抵扣的最后期限是什么时间？（2）如果以上增值税专用发票改为增值税一般纳税人取得的海关进口增值税专用缴款书，处理上有何区别？

分析：（1）购货方取得的增值税专用发票上注明的进项税额须经税务机关认证并且认证相符才能申报抵扣。由于发票取得年度为2017年，认证的最长时限是开票之日起180天，即2017年8月19日（假定每月30天）前须认证。认证的当月必须抵扣，因此该笔进项税额在认证相符的前提下最晚在8月份申报抵扣，8月份的税款最晚是在9月15日前申报缴纳。如果没有认证、认证不符或超过期限抵扣，则该张增值税专用发票不得抵扣进项税额。

（2）增值税一般纳税人取得海关进口增值税专用缴款书，应自开具之日起180天内，即2017年8月19日（假定每月30天）前，向主管税务机关报送"海关完税凭证抵扣清单"申请稽核比对，稽核比对相符的海关缴款书申报抵扣的期限为8月份，因此最晚抵扣日期也是9月15日。

2.计算应纳税额时进项税额不足抵扣的处理

当出现当期销项税额小于当期进项税额的情况时，当期进项税额不足抵扣部分可结转下期继续抵扣。

【提示】有下列情形之一者，应当按照销售额和增值税税率计算应纳税额，不得抵扣进项税额，也不得使用增值税专用发票：

（1）一般纳税人会计核算不健全，或者不能够提供准确税务资料。

（2）应当办理一般纳税人资格登记而未办理。

【做中学2-22】某工业企业（增值税一般纳税人）某月购销业务情况如下（假定本月取得的相关发票均在本月认证并抵扣，A、B产品均适用17%的税率）：

（1）购进生产用设备，支付230 000元，取得的增值税专用发票上注明的增值税税额为39 100元；支付运费5 000元，取得的增值税专用发票上注明的增值税税额为550元。

（2）购进钢材20吨，取得的增值税专用发票上注明的价款和增值税税额分别为80 000元和13 600元；支付运费1 000元，取得普通发票。

（3）直接向农民收购一批用于生产加工的农产品，经税务机关批准的收购凭证上注明的价款为200 000元。

（4）销售A产品一批，货已发出并办妥银行托收手续，但货款未到，向买方开具的增值税专用发票上注明的销售额为420 000元。

（5）将自产B产品赠送给某单位使用，该批产品生产成本为20 000元，成本利润率为10%，未开具发票。

（6）月末，将本月外购20吨钢材及库存的20吨同价钢材移送本企业用于修建职工宿舍。

（7）期初留抵进项税额为5 000元。

要求：计算该企业当期应纳的增值税税额。

当期销项税额=420 000×17%+20 000×（1+10%）×17%=75 140（元）

当期进项税额=39 100+550+13 600+200 000×13%-13 600×2=52 050（元）

应纳税额＝当期销项税额－当期进项税额－期初留抵税额

＝75 140－52 050－5 000＝18 090（元）

二、计算简易计税方法下增值税应纳税额

简易计税方法的应纳税额，是指按照销售额和征收率计算的增值税税额，不得抵扣进项税额。其计算公式为：

$$应纳税额=销售额×征收率$$

【提示】上述公式中的销售额为不含税销售额。

（一）计算小规模纳税人简易计税方法应纳税额

小规模纳税人在销售货物、提供应税劳务、发生应税行为时，一般只能开具普通发票，因此取得的销售收入均为含税销售额（除由税务机关代开的增值税专用发票上记载的销售额外），应先换算成不含税销售额才能计算应纳税额。其换算公式为：

$$不含税销售额=含税销售额÷（1+征收率）$$

【做中学2-23】某商店为增值税小规模纳税人，某季度购进货物，支付150 000元，该季度取得零售收入120 000元。

要求：计算该商店该季度应缴纳的增值税税额。

应纳税额=120 000÷（1+3%）×3%=3 495.15（元）

（二）计算一般纳税人简易计税方法应纳税额

一般纳税人按简易计税方法计税时不得抵扣进项税额。

1.一般纳税人发生下列应税行为可以选择适用简易计税方法计税：

（1）公共交通运输服务。其包括轮客渡、公交客运、地铁、城市轻轨、出租车、长途客运、班车。

（2）经认定的动漫企业为开发动漫产品提供的动漫脚本编撰、形象设计、背景设计、动画设计、分镜、动画制作、摄制、描线、上色、画面合成、配音、配乐、音效合成、剪辑、字幕制作、压缩转码（面向网络动漫、手机动漫格式适配）服务，以及在境内转让动漫版权（包括动漫品牌、形象或者内容的授权及再授权）。

（3）电影放映服务、仓储服务、装卸搬运服务、收派服务和文化体育服务。

（4）以纳入营改增试点之日前取得的有形动产为标的物提供的经营租赁服务。

（5）在纳入营改增试点之日前签订的尚未执行完毕的有形动产租赁合同。

2.其余可以选择适用简易计税方法计税的项目可参见建筑服务计税方法、销售不动产计税方法、不动产经营租赁服务计税方法。

【提示】一般纳税人提供财政部和国家税务总局规定的特定应税行为，可以选择适用简易计税方法计税，但一经选择，36个月内不得变更。

【知识链接】

建筑服务计税方法

（1）一般纳税人以清包工方式提供的建筑服务，可以选择适用简易计税方法计税。以清包工方式提供建筑服务，是指施工方不采购建筑工程所需的材料或只采购辅助材料，并收取人工费、管理费或者其他费用的建筑服务。

（2）一般纳税人为甲供工程提供的建筑服务，可以选择适用简易计税方法计税。甲供工程，是指全部或部分设备、材料、动力由工程发包方自行采购的建筑工程。

图片：建筑业纳税人营改增

（3）一般纳税人为建筑工程老项目提供的建筑服务，可以选择适用简易计税方法计税。建筑工程老项目，是指"建筑工程施工许可证"上注明的合同开工日期在2016年4月30日前的建筑工程项目；未取得"建筑工程施工许可证"的，为建筑工程承包合同上注明的开工日期在2016年4月30日前的建筑工程项目。

（4）一般纳税人跨县（市）提供建筑服务，适用一般计税方法计税的，应以取得的全部价款和价外费用为销售额计算应纳税额。纳税人应以取得的全部价款和价外费用扣除支付的分包款后的余额，按照2%的预征率在建筑服务发生地预缴税款后，向机构所在地主管税务机关进行纳税申报。

（5）一般纳税人跨县（市）提供建筑服务，选择适用简易计税方法计税的，应以取得的全部价款和价外费用扣除支付的分包款后的余额为销售额，按照3%的征收率计算应纳税额。纳税人应按照上述计税方法在建筑服务发生地预缴税款后，向机构所在地主管税务机关进行纳税申报。

（6）试点纳税人中的小规模纳税人（以下称"小规模纳税人"）跨县（市）提供建筑服务，应以取得的全部价款和价外费用扣除支付的分包款后的余额为销售额，按照3%的征收率计算应纳税额。纳税人应按照上述计税方法在建筑服务发生地预缴税款后，向机构所在地主管税务机关进行纳税申报。

【提示】纳税人提供建筑服务适用简易计税方法的，以取得的全部价款和价外费用扣除支付的分包款后的余额为销售额。

【做中学2-24】深圳市福田区A建筑企业，为小规模纳税人，2016年第三季度在深圳市罗湖区提供建筑服务，取得含税销售收入20.6万元，开具普通发票。同时支付分包款3.09万元，取得普通发票。

要求：计算该建筑企业三季度应预缴的增值税税额。

分析：小规模纳税人跨县（市）提供建筑服务，以取得的全部价款和价外费用扣除支付的分包款后的余额，按照3%的征收率计算应纳税额，在建筑服务发生地预缴税款后，向机构所在地主管税务机关进行纳税申报。

预缴税款金额＝（206 000－30 900）÷（1+3%）×3%=5 100（元）

【做中学2-25】A市某建筑公司，为一般纳税人，机构所在地在A市。在B市提供一项建筑服务，该工程总价为1 000 000元，合同注明开工日期为2016年4月20日。该公司将工程的一部分分包给B公司（分包价为200 000元，取得的增值税专用发票上注明的销售金额为180 180.18元，税率为11%，税额为19 819.82元）。该项目购进建筑材料300 000元，取得的增值税专用发票上注明的销售金额为256 410.26元，税率为17%，税额为43 589.74元。支付设计费用50 000元，取得增值税专用发票上注明的销售金额为47 169.81元，税率为6%，税额为2 830.19元。

要求：

（1）假设该公司选择按简易计税方法计税，计算该项目应预缴的增值税税额。

（2）假设该公司选择按一般计税方法计税，计算该项目应预缴的增值税税额及应纳的增值税税额。

分析：

（1）一般纳税人为建筑工程老项目提供建筑服务，可以选择适用简易计税方法计税。一般纳税人跨县（市、区）提供建筑服务，选择适用简易计税方法计税的，应以取得的全部价款和价外费用扣除支付的分包款后的余额为销售额，向建筑服务发生地主管国税机关预缴税款，向机构所在地主管国税机关纳税申报，因此：

向B市国税预缴税额＝（1 000 000－200 000）÷（1+3%）×3%=23 300.97（元）

（2）一般纳税人跨县（市）提供建筑服务，适用一般计税方法计税的，应以取得的全部价款和价外费用为销售额计算应纳税额。纳税人应以取得的全部价款和价外费用扣除支付的分包款后的余额，按照2%的预征率在建筑服务发生地预缴税款后，向机构所在地主管税务机关进行纳税申报，因此：

向B市国税预缴税额＝（1 000 000－200 000）÷（1+11%）×2%=14 414.41（元）

销项税额＝1 000 000÷（1+11%）×11%=99 099.10（元）

进项税额＝19 819.82+43 589.74+2 830.19=66 239.75（元）

向A市国税申报税额＝99 099.10－66 239.75=32 859.35（元）

应补缴增值税税额＝32 859.35－14 414.41=18 444.94（元）

【知识链接】

销售不动产计税方法

1.一般纳税人转让其取得的不动产，按照以下规定缴纳增值税：

（1）一般纳税人转让其2016年4月30日前取得（不含自建）的不动产，可以选择适用简易计税方法计税，以取得的全部价款和价外费用扣除不动产购置原价或者取得不动产时的作价后的余额为销售额，按照5%的征收率计算应纳税额。纳税人应按照上述计税方法向不动产所在地主管地税机关预缴税款，向机构所在地主管国税机关申报纳税。

（2）一般纳税人转让其2016年4月30日前自建的不动产，可以选择适用简易计税方法计税，以取得的全部价款和价外费用为销售额，按照5%的征收率计算应纳税额。纳税人应按照上述计税方法向不动产所在地主管地税

图片：销售不动产增值税征收管理

机关预缴税款，向机构所在地主管国税机关申报纳税。

（3）一般纳税人转让其2016年4月30日前取得（不含自建）的不动产，选择适用一般计税方法计税的，以取得的全部价款和价外费用为销售额计算应纳税额。纳税人应以取得的全部价款和价外费用扣除不动产购置原价或者取得不动产时的作价后的余额，按照5%的预征率向不动产所在地主管地税机关预缴税款，向机构所在地主管国税机关申报纳税。

（4）一般纳税人转让其2016年4月30日前自建的不动产，选择适用一般计税方法计税的，以取得的全部价款和价外费用为销售额计算应纳税额。纳税人应以取得的全部价款和价外费用，按照5%的预征率向不动产所在地主管地税机关预缴税款，向机构所在地主管国税机关申报纳税。

（5）一般纳税人转让其2016年5月1日后取得（不含自建）的不动产，适用一般计税方法，以取得的全部价款和价外费用为销售额计算应纳税额。纳税人应以取得的全部价款和价外费用扣除不动产购置原价或者取得不动产时的作价后的余额，按照5%的预征率向不动产所在地主管地税机关预缴税款，向机构所在地主管国税机关申报纳税。

（6）一般纳税人转让其2016年5月1日后自建的不动产，适用一般计税方法，以取得的全部价款和价外费用为销售额计算应纳税额。纳税人应以取得的全部价款和价外费用，按照5%的预征率向不动产所在地主管地税机关预缴税款，向机构所在地主管国税机关申报纳税。

2.小规模纳税人转让其取得的不动产，按照以下规定缴纳增值税：

（1）小规模纳税人转让其取得（不含自建）的不动产，以取得的全部价款和价外费用扣除不动产购置原价或者取得不动产时的作价后的余额为销售额，按照5%的征收率计算应纳税额。

（2）小规模纳税人转让其自建的不动产，以取得的全部价款和价外费用为销售额，按照5%的征收率计算应纳税额。

除其他个人之外的小规模纳税人，应按上述计税方法向不动产所在地主管地税机关预缴税款，向机构所在地主管国税机关申报纳税；其他个人按照上述计税方法向不动产所在地主管地税机关申报纳税。

3.个人转让其购买的住房，按照以下规定缴纳增值税：

（1）个人转让其购买的住房，按照有关规定全额缴纳增值税的，以取得的全部价款和价外费用为销售额，按照5%的征收率计算应纳税额。

（2）个人转让其购买的住房，按照有关规定差额缴纳增值税的，以取得的全部价款和价外费用扣除购买住房价款后的余额为销售额，按照5%的征收率计算应纳税额。

个体工商户应按照以上计税方法向住房所在地主管地税机关预缴税款，向机构所在地主管国税机关申报纳税；其他个人应按照以上计税方法向住房所在地主管地税机关申报纳税。

4.房地产开发企业销售房地产，按照以下规定缴纳增值税：

（1）房地产开发企业中的一般纳税人，销售自行开发的房地产老项目，可以选择适用简易计税方法按照5%的征收率计税。

房地产开发企业中的一般纳税人销售房地产老项目，以及一般纳税人出租其2016年4

月30日前取得的不动产，适用一般计税方法计税的，应以取得的全部价款和价外费用，按照3%的预征率在不动产所在地预缴税款后，向机构所在地主管税务机关进行纳税申报。

（2）房地产开发企业中的小规模纳税人，销售自行开发的房地产项目，按照5%的征收率计税。

（3）房地产开发企业采取预收款方式销售所开发的房地产项目，在收到预收款时按照3%的预征率预缴增值税。

【知识链接】

不动产经营租赁服务计税方法

1.一般纳税人出租不动产，按照以下规定缴纳增值税：

（1）一般纳税人出租其2016年4月30日前取得的不动产，可以选择适用简易计税方法，按照5%的征收率计算应纳税额。

不动产所在地与机构所在地不在同一县（市、区）的，纳税人应按照上述计税方法向不动产所在地主管国税机关预缴税款，向机构所在地主管国税机关申报纳税。

不动产所在地与机构所在地在同一县（市、区）的，纳税人向机构所在地主管国税机关申报纳税。

（2）一般纳税人出租其2016年5月1日后取得的不动产，适用一般计税方法计税。

不动产所在地与机构所在地不在同一县（市、区）的，纳税人应按照3%的预征率向不动产所在地主管国税机关预缴税款，向机构所在地主管国税机关申报纳税。

不动产所在地与机构所在地在同一县（市、区）的，纳税人应向机构所在地主管国税机关申报纳税。

一般纳税人出租其2016年4月30日前取得的不动产适用一般计税方法计税，按照上述规定执行。

2.小规模纳税人出租不动产，按照以下规定缴纳增值税：

（1）单位和个体工商户出租不动产（不含个体工商户出租住房），按照5%的征收率计算应纳税额。个体工商户出租住房，按照5%的征收率减按1.5%计算应纳税额。

不动产所在地与机构所在地不在同一县（市、区）的，纳税人应按照上述计税方法向不动产所在地主管国税机关预缴税款，向机构所在地主管国税机关申报纳税。

不动产所在地与机构所在地在同一县（市、区）的，纳税人应向机构所在地主管国税机关申报纳税。

（2）其他个人出租不动产（不含住房），按照5%的征收率计算应纳税额，向不动产所在地主管地税机关申报纳税。

（3）其他个人出租住房，按照5%的征收率减按1.5%计算应纳税额，向不动产所在地主管地税机关申报纳税。

三、计算进口货物应纳税额

凡是增值税征税范围内的进口货物，不分产地，不分用途，不分是否付款，除特殊规定外，都需要缴纳增值税。

无论是一般纳税人还是小规模纳税人，申报进口货物一律按组成计税价格计算增值税税额。其计算公式为：

$$组成计税价格=关税完税价格+关税$$

如果征收增值税的货物同时又征收消费税，那么：

组成计税价格=关税完税价格+关税+消费税

=（关税完税价格+关税）÷（1-消费税比例税率）

应纳税额=组成计税价格×税率

【提示】一般纳税人进口货物时从海关取得的海关进口增值税专用缴款书上注明的增值税税额可以作为进项税额抵扣。

【做中学2-26】某贸易公司从德国进口彩色电视机100台，海关审定的关税完税价格为每台2 000元，关税税率为50%，增值税税率为17%。

要求：计算该贸易公司进口该批电视机应缴纳的增值税税额。

组成计税价格=100×2 000×（1+50%）=300 000（元）

应纳税额=300 000×17%=51 000（元）

【课堂能力训练】

1.某企业为增值税小规模纳税人，某年3月取得销售收入95 400元，购进原材料支付价款36 400元，已知小规模纳税人适用的增值税征收率为3%。

要求：计算该企业3月应缴纳的增值税税额。

2.东方家具公司为增值税一般纳税人。某年2月，该公司发生以下经济业务：

（1）外购用于生产家具的木材一批，全部价款已付并验收入库。对方开具的增值税专用发票上注明的货款为40万元，运输单位开具的增值税专用发票上注明的运费金额为1万元。

（2）为职工餐厅外购一批餐桌椅，取得对方开具的增值税发票上注明的增值税税额为9万元，已办理验收入库手续。

（3）进口生产家具用的辅助材料一批，关税完税价格为8万元，已纳关税1万元。

（4）销售家具一批，取得含税销售额93.6万元。

假设取得的增值税专用发票均已认证并申报抵扣，要求：

（1）计算该公司进口辅助材料应纳增值税税额，并列出计算过程。

（2）分别计算该公司2月增值税销项税额、进项税额和应纳税额，并列出计算过程。

3.海东汽车制造公司为增值税一般纳税人。某年3月，该公司发生以下经济业务：

（1）2日，外购用于生产W牌小汽车的钢材一批，全部价款已付并验收入库。从供货方取得的增值税专用发票上注明的增值税税额为18.7万元，当月已认证并申报抵扣。

（2）10日，外购一批职工阅览室图书，全部价款已付并验收入库。从供货方取得的增值税专用发票上注明的增值税税额为3.4万元。

（3）19日，采取直接收款方式向H汽车销售公司销售W牌小汽车一批，已收到含税车价款760.5万元，开具增值税专用发票，并于当日将"提车单"交给购车方自行提货。3月31日，购车方尚未将该批车提走。

（4）23日，采取托收承付方式向M汽车销售公司销售W牌小汽车一批，不含税车价款为300万元。海东公司已将该批汽车发出并向银行办妥托收手续。3月31日，海东公司尚未收到该批车款。

海东公司计算的3月应纳增值税税额如下：

应纳增值税税额=760.5÷（1+17%）×17%－（18.7+3.4）=88.40（万元）

要求：

（1）指出海东公司3月应纳增值税税额计算的错误之处。

（2）计算海东公司3月应纳增值税税额。

4.杭远贸易公司（一般纳税人）主要从事货物的批发和零售，兼营餐饮住宿服务，纳税人识别号为110100234521023654。2017年1月初，"应交税费——应交增值税"账户借方余额为4 000元。2月，其发生如下涉税业务：

（1）1—10日，销售货物5批，开具5张增值税专用发票，注明的价款合计12.8万元，增值税税额合计2.176万元，对方均用转账支票支付。

（2）4日，从海华公司采购一批货物，支付价款160万元，增值税税额27.2万元，购入时取得对方开具的增值税专用发票6张，已认证并申报抵扣。

（3）11日，向达发公司销售货物一批，开具普通发票，发票上注明的销售额为93.6万元，价格条件为3/10、1/20、n/30，双方约定在10日内付款。

（4）15日，杭远贸易公司汽车损坏，委托腾飞汽车修理厂进行修理，支付修理费1.872万元，取得对方开具的增值税专用发票1张，注明价款为1.6万元，增值税税额为0.272万元，已认证并申报抵扣。

（5）20日，将上月购进的一批货物转用于本企业职工福利，购进当月已申报抵扣进项税额。该批货物进价为5.2万元，售价为6万元。

（6）20日，与京华公司合办一超市，按照协议，公司将外购货物一批作为投资提供给超市，该批商品的进价为45万元，按照公司同类货物销售不含税销售价格计算，其销售额应为60万元，未开具发票。

（7）20日，收到达发公司用于支付货款的转账支票一张，金额为91.2万元。

（8）22日，向外地力达公司销售货物一批，合同规定由杭远贸易公司支付运费0.6万元，取得增值税专用发票1张，发票上注明的增值税税额为0.066万元，已认证并申报抵扣。

（9）25日，由于仓库倒塌损毁货物一批，进价为6万元，进项税额为1.02万元（该批货物系以前月份购进，已申报抵扣进项税额）。

（10）26日，向外地双峰公司发出货物一批，开具的增值税专用发票上注明的价款为18万元，增值税税额为3.06万元，用转账支票代对方支付运费0.4万元，合同规定采取托收承付方式进行结算，27日办妥托收手续。

（11）2月，公司所属杭远大酒店营业收入为22.472万元，其中开具增值税专用发票10张，注明的价款合计8万元，增值税税额合计0.48万元；开具增值税普通发票35张，注明的金额合计13.992万元。当月发生的餐饮成本、住宿成本取得增值税专用发票5张，注明的价款合计3.5万元，增值税税额合计0.491万元（其中，适用17%税率的价款合计1.6万元，增值税税额为0.272万元；适用13%税率的价款合计1.5万元，增值税税额为0.195万元；适用6%税率的生活服务价款合计0.4万元，增值税税额为0.024万元）；取得农产品收购发票15张，注明的买价合计3.8万元。

要求：根据以上资料，计算本月杭远贸易公司增值税销项税额、进项税额、应纳税额。

任务4 申报增值税

引导案例

城达运输公司位于杭州市江干区，被税务机关认定为增值税一般纳税人，那么其当年1月份应纳的增值税应在何时何地缴纳呢？

引导案例解析

一、确定纳税期限

增值税的纳税期限分别为1日、3日、5日、10日、15日、1个月或者1个季度。纳税人的具体纳税期限，由主管税务机关根据纳税人应纳税额的大小分别核定。以1个季度为纳税期限的规定，适用于小规模纳税人、银行、财务公司、信托投资公司、信用社，以及财政部和国家税务总局规定的其他纳税人。不能按固定期限纳税的，可以按次纳税。

纳税人以1个月或1个季度为1个纳税期的，自期满之日起15日内纳税申报；以1日、3日、5日、10日或15日为一个纳税期的，自期满之日起5日内预缴税款，于次月1日起15日内，申报纳税并结清上月应纳税款。

扣缴义务人解缴税款的期限，依照纳税人相关规定执行。

纳税人进口货物，应当自海关填发海关进口增值税专用缴款书之日起15日内缴纳税款。

【提示】遇纳税期限最后一日为法定节假日的，以休假日期满的次日为最后一日；在每月1日至15日内有连续3日以上法定休假日的，按休假日天数顺延。

二、确定纳税地点

（1）固定业户应当向其机构所在地或居住地主管税务机关申报纳税。总机构和分支机构不在同一县（市）的，应当分别向各自所在地主管税务机关申报纳税；经财政部和国家税务总局或其授权的财政和税务机关批准，也可由总机构汇总向总机构所在地主管税务机关申报纳税。

（2）非固定业户应当向销售地、应税劳务发生地、应税行为发生地主管税务机关申报纳税。未向销售地、应税劳务发生地、应税行为发生地主管税务机关申报纳税的，由其机构所在地或者居住地主管税务机关补征税款。

（3）其他个人提供建筑服务，销售或者租赁不动产，转让自然资源使用权，应向建筑服务发生地、不动产所在地、自然资源所在地主管税务机关申报纳税。

（4）进口货物，应当向报关地海关申报纳税。

（5）扣缴义务人应当向其机构所在地或者居住地主管税务机关申报缴纳其扣缴的税款。

【提示】由营业税改征的增值税，由国家税务局负责征收，纳税人销售取得的不动产和其他个人出租不动产的增值税，国家税务局暂委托地方税务局代为征收。

三、填制纳税申报表

（一）填制增值税一般纳税人纳税申报表

1.纳税申报前准备工作

增值税一般纳税人可以开具增值税专用发票，也可以通过从销货方取得的增值税专用发票作进项税额抵扣，在纳税申报前应先通过增值税防伪税控系统进行增值税专用发票的抄报税和认证工作。

2.填制一般纳税人纳税申报表

自2003年7月1日起，增值税一般纳税人进行纳税申报必须实行电子信息采集。使用防伪税控系统开具增值税专用发票的纳税人必须在抄报税成功后，方可进行纳税申报。

（1）增值税一般纳税人纳税申报表及其附列资料

自2016年6月1日起，增值税一般纳税人纳税申报表及其附列资料包括：

①《增值税纳税申报表（一般纳税人适用）》（见表2-9）。

②《增值税纳税申报表附列资料（一）》（本期销售情况明细）（见表2-10）。

③《增值税纳税申报表附列资料（二）》（本期进项税额明细）（见表2-11）。

④《增值税纳税申报表附列资料（三）》（服务、不动产和无形资产扣除项目明细）（见表2-12）。

一般纳税人销售服务、不动产和无形资产，在确定服务、不动产和无形资产销售额时，按照有关规定可以从取得的全部价款和价外费用中扣除价款的，需填报《增值税纳税申报表附列资料（三）》。其他情况下，不填写该附列资料。

⑤《增值税纳税申报表附列资料（四）》（税额抵减情况表）（见表2-13）。

⑥《增值税纳税申报表附列资料（五）》（不动产分期抵扣计算表）（见表2-14）。

⑦《固定资产（不含不动产）进项税额抵扣情况表》（见表2-15）。

⑧《本期抵扣进项税额结构明细表》（见表2-16）。

⑨《增值税减免税申报明细表》（见表2-17）。

（2）其他纳税申报资料

①已开具的税控机动车销售统一发票和普通发票的存根联。

②符合抵扣条件且在本期申报抵扣的增值税专用发票（含税控机动车销售统一发票）的抵扣联。

③符合抵扣条件且在本期申报抵扣的海关进口增值税专用缴款书、购进农产品取得的普通发票的复印件。

④符合抵扣条件且在本期申报抵扣的税收完税凭证及其清单，书面合同、付款证明和境外单位的对账单或者发票。

⑤已开具的农产品收购凭证的存根联或报查联。

⑥纳税人销售服务、不动产和无形资产，在确定服务、不动产和无形资产销售额时，按照有关规定从取得的全部价款和价外费用中扣除价款的合法凭证及其清单。

⑦主管税务机关规定的其他资料。

以上各项纳税申报资料中，纳税申报表及其附列资料为必报资料。纳税申报其他资料的报备要求由各省、自治区、直辖市和计划单列市国家税务局确定。

（二）填制增值税小规模纳税人纳税申报表

自2016年6月1日起，增值税一般纳税人纳税申报表及其附列资料包括：

（1）《增值税纳税申报表（小规模纳税人适用）》（见表2-18）。

（2）《增值税纳税申报表（小规模纳税人适用）附列资料》。小规模纳税人提供服务，在确定服务销售额时，按照有关规定可以从取得的全部价款和价外费用中扣除价款的，须填报增值税纳税申报表（小规模纳税人适用）附列资料。其他情况不填写该附列资料。

（三）缴纳增值税税款

纳税人申报纳税后，由主管税务机关开具《税收通用缴款书》（见表2-8），纳税人应于规定期限内送交纳税人开户银行办理税款入库手续。纳税人进口货物，应当自海关填发海关进口增值税专用缴款书之日起15日内解缴入库。

表2-8　　　　　　　　　税收通用缴款书

| 隶属关系： | | | | | | （2016）京地税缴 | |
| 注册类型： | | 填发日期：　年　月　日 | | 电： | | 征收机关： | |

缴款单位（人）	代　码		预算科目	编码	
	全　称			名称	
	开户银行			级次	
	账　号		收款国库		

税款所属时期：　　年　月			税款限缴日期：　　年　月　日		
品目名称	课税数量	计税金额或销售收入	税率或单位税额	已缴或扣除额	实缴金额

| 金额合计 | （大写） | | | | |

| 缴款单位（人）（盖章）　经办人（章） | 上列款项已收妥并划转收款单位账户 国库（银行）盖章：　　年　月　日 | 备注 |

无银行收讫章无效

逾期不缴按税法规定加收滞纳金

第一联（收据）国库（银行）收款盖章后退缴款单位（人）作完税凭证

工作任务实例2-1

乐菲制衣有限公司为增值税一般纳税人，主要经营范围为服装的生产与销售，纳税人识别号为110100234521011110。2017年1月，公司主要涉及如下业务：

（1）销售甲产品给某大商场，取得不含税销售额800 000元，开具增值税专用发票一张；同时，取得销售甲产品的送货运费收入55 500元，开具普通发票一张，款项尚未收取。

（2）销售乙产品一批，取得含税销售额 292 500 元，开具普通发票一张，已收到对方开具的银行承兑汇票。

（3）将试制的一批新产品发给职工作为福利，该批产品成本为 200 000 元，成本利润率为 10%，该新产品无同类产品市场销售价格，开具普通发票一张。

（4）接受 A 服装公司委托加工一批服装，收取加工费 10 000 元，收到转账支票，并开具增值税专用发票一张。

（5）销售 2009 年 1 月购进作为固定资产使用的进口货车 5 辆，取得含税销售额 58 500 元，开具普通发票一张；该货车原值 45 000 元，累计已计提折旧 9 000 元。

（6）将闲置的制衣设备出租给某公司，取得租金收入 7 020 元，开具普通发票一张。

（7）购进货物取得增值税专用发票 5 张，发票上注明支付的货款 600 000 元；另外，支付购货运输费用 40 000 元，取得增值税专用发票 5 张。

（8）向农业生产者购进免税农产品一批，支付价款 300 000 元，取得农产品收购发票 1 张；支付给运输单位运费 10 000 元，取得增值税专用发票 1 张。本月下旬将购进农产品的 20% 用于本企业职工福利。

假定以上取得的各类增值税专用发票均已申报抵扣，要求：计算该公司当月应纳增值税税额，并填制增值税纳税申报表。

【工作流程】

第一步：分析经济业务类型，区分进项税额、销项税额及其计税依据。

（1）销售商品按 17% 税率计算销项税额，提供运输劳务单独开具普通发票应按 11% 税率计算销项税额，金额为含税价。

（2）增值税按正常销售业务计算销项税额，税率为 17%。

（3）本企业自产产品用于职工福利，属于增值税视同销售业务计算销项税额，税率为 17%。

（4）属于提供增值税应税劳务，收取的加工费应按 17% 税率计算销项税额。

（5）销售使用过的固定资产，购入时已抵扣进项税额，销售时按 17% 税率计算销项税额。

（6）出租制衣设备属于有形动产租赁，按 17% 税率计算销项税额。

（7）购进货物计算进项税额，取得增值税专用发票，进项税额予以抵扣。

（8）购进免税农产品，取得农产品收购发票，按 13% 抵扣率计算进项税额予以抵扣；支付运费取得增值税专用发票，按 11% 税率计算进项税额予以抵扣。用于职工福利的农产品进项税额不得抵扣，应作进项税额转出。

第二步：计算各项业务增值税税额。

（1）销项税额 $= 800\,000 \times 17\% + 55\,500 \div (1+11\%) \times 11\% = 141\,500$（元）

（2）销项税额 $= 292\,500 \div (1+17\%) \times 17\% = 42\,500$（元）

（3）销项税额 $= 200\,000 \times (1+10\%) \times 17\% = 37\,400$（元）

（4）销项税额 $= 10\,000 \times 17\% = 1\,700$（元）

（5）销项税额 $= 58\,500 \div (1+17\%) \times 17\% = 8\,500$（元）

（6）销项税额 $= 7\,020 \div (1+17\%) \times 17\% = 1\,020$（元）

（7）进项税额 $= 600\,000 \times 17\% + 40\,000 \times 11\% = 106\,400$（元）

（8）进项税额=300 000×13%+10 000×11%=40 100（元）

进项税额转出=40 100×20%=8 020（元）

第三步：计算本月销项税额、进项税额和增值税应纳税额。

本月销项税额合计=141 500+42 500+37 400+1 700+8 500+1 020=232 620（元）

本月可抵扣进项税额合计=106 400+40 100−8 020=138 480（元）

本月应纳增值税税额=232 620−138 480=94 140（元）

第四步：填制增值税一般纳税人纳税申报表。

具体填制内容见表2-9至表2-17。

表2-9   **增值税纳税申报表**

（一般纳税人适用）

根据国家税收法律法规及增值税相关规定，纳税人不论有无销售额，均应按税务机关核定的纳税期限填写本表，并向当地税务机关申报。

税款所属期：自2017年1月1日至2017年1月31日   填表日期：2017年2月8日   金额单位：元

纳税人识别号：110100234521011110   所属行业：生产销售

纳税人名称	乐菲制衣有限公司	法定代表人姓名		注册地址		生产经营地址	
开户银行及账号		登记注册类型		电话号码			

	项目	栏次	一般项目		即征即退项目	
			本月数	本年累计	本月数	本年累计
销售额	（一）按适用税率计税销售额	1	1 330 000			
	其中：应税货物销售额	2	1 320 000			
	应税劳务销售额	3	10 000			
	纳税检查调整的销售额	4				
	（二）按简易办法计税销售额	5				
	其中：纳税检查调整的销售额	6				
	（三）免、抵、退办法出口销售额	7			—	—
	（四）免税销售额	8				
	其中：免税货物销售额	9				
	免税劳务销售额	10				
税款计算	销项税额	11	232 620			
	进项税额	12	146 500			
	上期留抵税额	13			—	
	进项税额转出	14	8 020			
	免、抵、退应退税额	15			—	—
	按适用税率计算的纳税检查应补缴税额	16			—	—

续表

项目		栏次	一般项目		即征即退项目	
			本月数	本年累计	本月数	本年累计
税款计算	应抵扣税额合计	17＝12＋13－14－15＋16	138 480	—		—
	实际抵扣税额	18（如17＜11，则为17，否则为11）	138 480			
	应纳税额	19＝11－18	94 140			
	期末留抵税额	20＝17－18				—
	简易计税办法计算的应纳税额	21				
	按简易计税办法计算的纳税检查应补缴税额	22			—	—
	应纳税额减征额	23				
	应纳税额合计	24＝19＋21－23	94 140			
税款缴纳	期初未缴税额（多缴为负数）	25				
	实收出口开具专用缴款书退税额	26			—	—
	本期已缴税额	27＝28＋29＋30＋31				
	①分次预缴税额	28			—	
	②出口开具专用缴款书预缴税额	29			—	
	③本期缴纳上期应纳税额	30				
	④本期缴纳欠缴税额	31				
	期末未缴税额（多缴为负数）	32＝24＋25＋26－27	94 140			
	其中：欠缴税额（≥0）	33＝25＋26－27				
	本期应补（退）税额	34＝24－28－29	94 140			
	即征即退实际退税额	35	—		—	—
	期初未缴查补税额	36			—	—
	本期入库查补税额	37				
	期末未缴查补税额	38＝16＋22＋36－37				

授权声明	如果你已委托代理人申报，请填写下列资料： 为代理一切税务事宜，现授权＿＿＿＿＿＿＿＿＿＿＿（地址）＿＿＿＿＿＿＿为本纳税人的代理申报人，任何与本申报表有关的往来文件，都可寄予此人。 　　授权人签字：	申报人声明	本纳税申报表是根据国家税收法律法规及相关规定填报的，我确定它是真实的、可靠的、完整的。 　　声明人签字：

表2-10

纳税人名称：乐菲制衣有限公司

增值税纳税申报表附列资料（一）

（本期销售情况明细）

税款所属时间：2017年1月1日至2017年1月31日　　　　　金额单位：元

项目及栏次		开具增值税专用发票 销售额	开具增值税专用发票 销项（应纳）税额	开具其他发票 销售额	开具其他发票 销项（应纳）税额	未开具发票 销售额	未开具发票 销项（应纳）税额	纳税检查调整 销售额	纳税检查调整 销项（应纳）税额	合计 销售额	合计 销项（应纳）税额	合计 价税合计	服务、不动产和无形资产扣除项目本期实际扣除金额	含税（免税）销售额	扣除后 销项（应纳）税额
		1	2	3	4	5	6	7	8	9=1+3+5+7	10=2+4+6+8	11=9+10	12	13=11-12	14=13÷（100%+税率或征收率）×税率或征收率
一、一般计税方法计税　全部征税项目　17%税率的货物及加工修理修配劳务	1	810 000	137 700	520 000	88 400					1 330 000	226 100	—		—	—
17%税率的服务、不动产和无形资产	2	—	—	6 000	1 020					6 000	1 020	7 020		7 020	1 020
13%税率	3	—	—									—		—	—
11%税率	4			50 000	5 500					50 000	5 500	55 500		55 500	5 500
6%税率	5											—		—	—
其中：即征即退项目　即征即退货物及加工修理修配劳务	6	—	—	—	—	—	—	—	—	—	—	—	—	—	—
即征即退服务、不动产和无形资产	7	—	—	—	—	—	—	—	—	—	—	—	—	—	—
二、简易计税方法计税　全部征税项目　6%征收率	8											—		—	—
5%征收率的货物及加工修理修配劳务	9a			—								—		—	—
5%征收率的服务、不动产和无形资产	9b											—		—	—
4%征收率	10											—		—	—
3%征收率的货物及加工修理修配劳务	11											—		—	—
3%征收率的服务、不动产和无形资产	12											—		—	—
预征率　%	13a											—		—	
预征率　%	13b											—		—	
预征率　%	13c														
其中：即征即退项目　即征即退货物及加工修理修配劳务	14											—		—	—
即征即退服务、不动产和无形资产	15	—	—	—	—	—	—	—	—	—	—	—	—	—	—
三、免抵退税　货物及加工修理修配劳务	16	—	—	—	—	—	—	—	—	—	—	—	—	—	—
服务、不动产和无形资产	17	—	—	—	—	—	—	—	—	—	—	—	—	—	—
四、免税　货物及加工修理修配劳务	18	—	—	—	—	—	—	—	—	—	—	—	—	—	—
服务、不动产和无形资产	19	—	—	—	—	—	—	—	—	—	—	—	—	—	—

表 2-11

增值税纳税申报表附列资料（二）
（本期进项税额明细）

纳税人名称：乐菲制衣有限公司　所属时间：2017年1月1日至2017年1月31日　　　　金额单位：元

一、申报抵扣的进项税额

项目	栏次	份数	金额	税额
（一）认证相符的增值税专用发票	1=2+3	11	650 000	107 500
其中：本期认证相符且本期申报抵扣	2	11	650 000	107 500
前期认证相符且本期申报抵扣	3			
（二）其他扣税凭证	4=5+6+7+8	1	300 000	39 000
其中：海关进口增值税专用缴款书	5			
农产品收购发票或者销售发票	6	1	300 000	39 000
代扣代缴税收缴款凭证	7			
其他	8			
（三）本期用于购建不动产的扣税凭证	9			
（四）本期不动产允许抵扣进项税额	10	—	—	—
（五）外贸企业进项税额抵扣证明	11	—		
当期申报抵扣进项税额合计	12=1+4-9+10+11	12	950 000	146 500

二、进项税额转出额

项目	栏次	税额
本期进项税额转出额	13=14至23之和	8 020
其中：免税项目用	14	
集体福利、个人消费	15	8 020
非正常损失	16	
简易计税方法征税项目用	17	
免、抵、退税办法不得抵扣的进项税额	18	
纳税检查调减进项税额	19	
红字专用发票信息表注明的进项税额	20	
上期留抵税额抵减欠税	21	
上期留抵税额退税	22	
其他应作进项税额转出的情形	23	

三、待抵扣进项税额

项目	栏次	份数	金额	税额
（一）认证相符的增值税专用发票	24	—	—	—
期初已认证相符但未申报抵扣	25			
本期认证相符且本期未申报抵扣	26			
期末已认证相符但未申报抵扣	27			
其中：按照税法规定不允许抵扣	28			
（二）其他扣税凭证	29=30至33之和			
其中：海关进口增值税专用缴款书	30			
农产品收购发票或者销售发票	31			
代扣代缴税收缴款凭证	32	—		
其他	33			

四、其他

项目	栏次	份数	金额	税额
本期认证相符的增值税专用发票	34	11	650 000	107 500
代扣代缴税额	35	—	—	

表2-12

增值税纳税申报表附列资料（三）

（服务、不动产和无形资产扣除项目明细）

纳税人名称：乐菲制衣有限公司　　税款所属时间：2017年1月1日至2017年1月31日　　金额单位：元

项目及栏次		本期服务、不动产和无形资产价税合计额（免税销售额）	服务、不动产和无形资产扣除项目				
			期初余额	本期发生额	本期应扣除金额	本期实际扣除金额	期末余额
		1	2	3	4=2+3	5（5≤1且5≤4）	6=4-5
17%税率的项目	1						
11%税率的项目	2						
6%税率的项目（不含金融商品转让）	3						
6%税率的金融商品转让项目	4						
5%征收率的项目	5						
3%征收率的项目	6						
免、抵、退税的项目	7						
免税的项目	8						

表2-13

增值税纳税申报表附列资料（四）

（税额抵减情况表）

纳税人名称：（公章）　　税款所属时间：　年　月　日至　年　月　日　　金额单位：元

序号	抵减项目	期初余额	本期发生额	本期应抵减税额	本期实际抵减税额	期末余额
		1	2	3=1+2	4≤3	5=3-4
1	增值税税控系统专用设备费及技术维护费					
2	分支机构预征缴纳税款					
3	建筑服务预征缴纳税款					
4	销售不动产预征缴纳税款					
5	出租不动产预征缴纳税款					

表2-14

增值税纳税申报表附列资料（五）

（不动产分期抵扣计算表）

纳税人名称：（公章）　　税款所属时间：　年　月　日至　年　月　日　　金额单位：元

期初待抵扣不动产进项税额	本期不动产进项税额增加额	本期可抵扣不动产进项税额	本期转入的待抵扣不动产进项税额	本期转出的待抵扣不动产进项税额	期末待抵扣不动产进项税额
1	2	3≤1+2+4	4	5≤1+4	6=1+2-3+4-5

表 2-15　　　　　　**固定资产（不含不动产）进项税额抵扣情况表**

纳税人名称（公章）：　　　填表日期：　　年　月　日　　　　金额单位：元

项　目	当期申报抵扣的固定资产进项税额	申报抵扣的固定资产进项税额累计
增值税专用发票		
海关进口增值税专用缴款书		
合　计		

表 2-16　　　　　　**本期抵扣进项税额结构明细表**

纳税人名称：乐菲制衣有限公司　税款所属时间：2017 年 1 月 1 日至 2017 年 1 月 31 日　　金额单位：元

项　目	栏　次	金　额	税　额
合　计	1=2+4+5+11+16+18+27+28+29	950 000	146 500
一、按税率或征收率归集（不包括购建不动产、通行费）的进项			
17%税率的进项	2	600 000	102 000
其中：有形动产租赁的进项	3		
13%税率的进项	4	300 000	39 000
11%税率的进项	5	50 000	5 500
其中：运输服务的进项	6	50 000	5 500
电信服务的进项	7		
建筑安装服务的进项	8		
不动产租赁服务的进项	9		
受让土地使用权的进项	10		
6%税率的进项	11		
其中：电信服务的进项	12		
金融保险服务的进项	13		
生活服务的进项	14		
取得无形资产的进项	15		
5%征收率的进项	16		
其中：不动产租赁服务的进项	17		
3%征收率的进项	18		
其中：货物及加工、修理修配劳务的进项	19		
运输服务的进项	20		
电信服务的进项	21		
建筑安装服务的进项	22		
金融保险服务的进项	23		
有形动产租赁服务的进项	24		
生活服务的进项	25		
取得无形资产的进项	26		
减按 1.5%征收率的进项	27		
二、按抵扣项目归集的进项			
用于购建不动产并一次性抵扣的进项	28		
通行费的进项	29		

表2-17 增值税减免税申报明细表

纳税人名称：（公章） 税款所属时间： 年 月 日至 年 月 日 金额单位：元

一、减税项目

减税性质代码及名称	栏次	期初余额	本期发生额	本期应抵减税额	本期实际抵减税额	期末余额
		1	2	3=1+2	4≤3	5=3-4
合计	1					
	2					
	3					
	4					

二、免税项目

免税性质代码及名称	栏次	免征增值税项目销售额	免税销售额扣除项目本期实际扣除金额	扣除后免税销售额	免税销售额对应的进项税额	免税额
		1	2	3=1-2	4	5
合计	5					
出口免税	6	—	—	—	—	
其中：跨境服务	7	—	—	—	—	
	8					
	9					
	10					

工作任务实例2-2

晨光文具公司为小规模纳税人，纳税人识别号为330100157811012546，主要从事办公用品批发业务，兼营货物运输业务。2017年一季度发生如下经济业务：

（1）购进办公用品100 000元。

（2）零售办公用品128 750元，未开具发票。

（3）销售办公用品不含税价格10 000元，由主管税务机关代开增值税专用发票一张。

（4）提供运输服务取得运费收入72 100元，开具普通发票。

要求：计算该公司一季度应缴纳的增值税，并填制纳税申报表。

【工作流程】

第一步：分析经济业务类型，确认计税依据。

（1）小规模纳税人采用简易计税办法，不得抵扣进项税额。

（2）零售办公用品未开具发票，须按3%的税率计算增值税，销售额为含税销售额。

（3）销售办公用品由主管税务机关代开增值税专用发票，须按3%的税率计算增值税，销售额为不含税销售额。

（4）提供运输劳务开具普通发票，须按3%的税率计算增值税，销售额为含税销售额。

第二步：计算各项业务增值税税额及当月应纳税额合计数。

（1）业务（2）应纳税额=128 750÷（1+3%）×3%=3 750（元）

（2）业务（3）应纳税额=10 000×3%=300（元）

（3）业务（4）应纳税额=72 100÷（1+3%）×3%=2 100（元）

应纳税额=3 750+300+2 100=6 150（元）

第三步：填制《增值税纳税申报表（小规模纳税人适用）》（见表2-18）和《增值税纳税申报表（小规模纳税人适用）附列资料》（见表2-19）。

表2-18　　　　　　　　　　　　**增值税纳税申报表**

（小规模纳税人适用）

纳税人识别号：330100157811012546

纳税人名称：晨光文具公司　　　　　　　　　　　　　　　　　　　金额单位：元

税款所属期：2017年1月1日至2017年3月31日　　　　　　　填表日期：2017年4月10日

项　目	栏　次	本期数		本年累计	
		货物及劳务	服务、不动产和无形资产	货物及劳务	服务、不动产和无形资产
一、计税依据 （一）应征增值税不含税销售额（3%征收率）	1	125 000	70 000		
税务机关代开的增值税专用发票不含税销售额	2	10 000			
税控器具开具的普通发票不含税销售额	3		70 000		
（二）应征增值税不含税销售额（5%征收率）	4	—	—	—	—
税务机关代开的增值税专用发票不含税销售额	5				
税控器具开具的普通发票不含税销售额	6				
（三）销售使用过的固定资产不含税销售额	7（7≥8）		—		—
其中：税控器具开具的普通发票不含税销售额	8				
（四）免税销售额	9=10+11+12				
其中：小微企业免税销售额	10				
未达起征点销售额	11				
其他免税销售额	12				
（五）出口免税销售额	13（13≥14）				
其中：税控器具开具的普通发票销售额	14				

项　目	栏　次	本期数		本年累计	
		货物及劳务	服务、不动产和无形资产	货物及劳务	服务、不动产和无形资产
二、税款计算　本期应纳税额	15	4 050	2 100		
本期应纳税额减征额	16				
本期免税额	17				
其中：小微企业免税额	18				
未达起征点免税额	19				
应纳税额合计	20＝15－16	4 050	2 100		
本期预缴税额	21			—	—
本期应补（退）税额	22＝20－21	4 050	2 100	—	—

纳税人或代理人声明：本纳税申报表是根据国家税收法律法规及相关规定填报的，我确定它是真实的、可靠的、完整的	如纳税人填报，由纳税人填写以下各栏：	
	办税人员：	财务负责人：
	法定代表人：	联系电话：
	如委托代理人填报，由代理人填写以下各栏：	
	代理人名称（公章）：　　经办人：　　联系电话：	

主管税务机关：　　　　　　接收人：　　　　　　接收日期：

表2－19　　**增值税纳税申报表（小规模纳税人适用）附列资料**

税款所属期：2017年1月1日至2017年3月31日　　　　　　填表日期：2017年4月10日

纳税人名称：晨光文具公司　　　　　　　　　　　　　　金额单位：元

应税行为（3%征收率）扣除额计算			
期初余额	本期发生额	本期扣除额	期末余额
1	2	3（3≤1＋2之和，且3≤5）	4＝1＋2－3

应税行为（3%征收率）计税销售额计算			
全部含税收入（适用3%征收率）	本期扣除额	含税销售额	不含税销售额
5	6＝3	7＝5－6	8＝7÷1.03

应税行为（5%征收率）扣除额计算			
期初余额	本期发生额	本期扣除额	期末余额
9	10	11（11≤9＋10之和，且11≤13）	12＝9＋10－11

应税行为（5%征收率）计税销售额计算			
全部含税收入（适用5%征收率）	本期扣除额	含税销售额	不含税销售额
13	14＝11	15＝13－14	16＝15÷1.05

【课堂能力训练】

根据项目三课堂能力训练4，请填写杭远贸易公司2017年2月增值税纳税申报表（一般纳税人适用）及其附列资料。

任务5　出口退（免）增值税

引导案例

乐菲制衣有限公司是一家具有出口经营权的生产企业，为增值税一般纳税人，某月向美国出口服装300 000美元。请分析该公司增值税出口退税适用何种政策，应采用哪种增值税退税方法。

引导案例解析

一、学习出口货物退（免）增值税基本规定

出口货物退（免）税是指在国际贸易业务中，对报关出口的货物退还其在国内各生产环节和流转环节按税法规定已缴纳的增值税和消费税，或免征应缴纳的增值税和消费税。它是国际贸易中通常采用并为世界各国普遍接受的、目的在于鼓励各国出口货物公平竞争的一种税收措施。出口货物退（免）税的税种仅限于增值税和消费税。

世界各国为了鼓励本国货物出口，在遵循WTO基本规则的前提下，一般都采取优惠的税收政策。有的国家采取对该货物出口前所包含的税金在出口后予以退还的政策（出口退税），有的国家采取对出口的货物在出口前即予以免税的政策（出口免税）。我国则根据本国实际，采取出口退税与免税相结合的政策。我国增值税对出口产品实行零税率，不但出口环节不必纳税（免税），而且还可以退还以前环节已纳的税款（退税）。

（一）确定出口货物税收政策形式

根据出口货物和出口企业的不同，我国的出口货物税收政策分为以下三种形式：

1.出口免税并退税

出口免税是指对货物在出口销售环节不征增值税、消费税；出口退税是指对货物在出口前实际承担的税收负担，按规定的退税率计算后予以退还。

适用出口免税并退税政策的有：

（1）生产企业自营出口或委托外贸企业代理出口的自产货物。

（2）有出口经营权的外贸企业收购后直接出口或委托其他外贸企业代理出口的货物。

（3）一些特定货物的出口。

2.出口免税不退税

出口免税与上述含义相同。出口不退税是指适用这个政策的出口货物因在前一道生产、销售环节或进口环节是免税的，因此，出口时该货物的价格本身就不含税，也无须退税。

下列企业出口的货物，除另有规定外，给予免税，但不予退税：

（1）属于生产企业的小规模纳税人自营出口或委托外贸企业代理出口的自产货物。

（2）外贸企业从小规模纳税人购进并持普通发票的货物出口（除特准退税的抽纱、工艺品等12类出口货物外）。

（3）外贸企业直接购进国家规定的免税货物（包括免税农产品）出口。

下列出口货物，免税但不予退税：

（1）来料加工复出口的货物，即原材料进口免税，加工自制的货物出口不退税。

（2）避孕药品和用具、古旧图书，内销免税，出口也免税。

（3）出口卷烟：有出口卷烟权的企业出口国家出口卷烟计划内的卷烟，在生产环节免征增值税、消费税，出口环节不办理退税。其他非计划内出口的卷烟，照章征收增值税和消费税，出口一律不退税。

（4）军品以及军队系统企业出口军需工厂生产或军需部门调拨的货物免税。

（5）国家规定的其他免税货物，如农业生产者销售自产农业产品、饲料、农膜等。

3.出口不免税也不退税

出口不免税是指对国家限制或禁止出口的某些货物的出口环节视同内销环节，照常征税；出口不退税是指对这些货物出口不退还出口前其所负担的税款。适用这个政策的主要是：国家计划外出口的原油、援外出口货物、国家禁止出口货物（包括天然牛黄、麝香、白银等）。另外，对没有进出口经营权的商贸企业，从事出口贸易不免税也不退税。

（二）确定出口货物的退税率

出口货物的退税率，是出口货物的实际退税额与退税计税依据的比例。它是出口退税的中心环节，它体现着国家在一定时期的财政、价格和对外贸易政策，体现着出口货物的实际征收水平和在国际市场上的竞争能力。退税率的高低，影响和刺激对外贸易，影响和刺激国民经济的发展，也关系到国家、出口企业的经济利益，甚至关系到进口商的经济利益。

我国现行货物的增值税退税率每年都在调整，目前有17%、16%、15%、14%、13%、11%、9%、5%、1%等几档。

【提示】不同退税率的货物应分开核算，凡未分开核算而划分不清适用税率的，一律从低适用税率计算退税。

二、计算出口货物退（免）增值税税额

我国《出口货物退（免）税管理办法》规定了两种增值税退（免）税计算办法：一是"免、抵、退"办法，主要适用于自营和委托出口自产货物的生产企业；二是"先征后退"办法，目前主要用于收购货物出口的外（工）贸企业。

（一）计算生产企业出口退（免）增值税税额

生产企业自营或委托外贸企业代理出口的自产货物和视同自产货物，除另有规定外，增值税一律实行免、抵、退税管理办法。生产企业是指独立核算，经主管国税机关认定为增值税一般纳税人，并且具有实际生产能力的企业和企业集团。增值税小规模纳税人出口自产货物，实行免征增值税的办法。

免、抵、退税办法的"免"税，是指对生产企业出口的自产货物和视同自产货物，免征本企业生产销售环节增值税；"抵"税，是指生产企业出口自产货物和视同自产货物所耗用的原材料、零部件、燃料、动力等所含应予退还的进项税额，抵顶内销货物的应纳税额；"退"税，是指生产企业出口的自产货物和视同自产货物，在当月内应抵顶的进项税

税费计算申报与筹划 ·96·

额大于应纳税额时，对未抵顶完的税额部分按规定予以退税。

1.计算免、抵、退税不得免征和抵扣税额

$$免、抵、退税不得免征和抵扣税额 = 当期出口货物离岸价格 \times 外汇人民币牌价 \times (出口货物征税率 - 出口货物退税率) - 免、抵、退税不得免征和抵扣税额抵减额$$

其中：$$免、抵、退税不得免征和抵扣税额抵减额 = 免税购进原材料价格 \times (出口货物征税率 - 出口货物退税率)$$

2.计算当期应纳税额

$$当期应纳税额 = 当期内销货物销项税额 - (当期进项税额 - 当期免、抵、退税不得免征和抵扣税额) - 上期留抵税额$$

【提示】当计算结果为正数时，说明企业从内销货物销项税额中抵扣有余，应该缴纳增值税，则本期应退税额为零；反之，则应退税。

3.计算免、抵、退税额

$$免、抵、退税额 = 出口货物离岸价格 \times 外汇人民币牌价 \times 出口货物退税率 - 免、抵、退税额抵减额$$

其中：免、抵、退税额抵减额=免税购进原材料价格×出口货物退税率

4.计算当期应退税额和当期免、抵税额

（1）当期期末留抵税额＜当期免、抵、退税额时：

当期应退税额=当期期末留抵税额

当期免、抵税额=当期免、抵、退税额－当期应退税额

（2）当期期末留抵税额＞当期免、抵、退税额时：

当期应退税额=当期免、抵、退税额

当期免、抵税额=0

【提示】上式中，期末留抵税额为当期"增值税纳税申报表"的期末留抵税额。它是计算确定当期应退税额及当期免、抵税额的重要依据。

【做中学2-27】某一有出口经营权的生产企业为增值税一般纳税人，1月份出口398.4万元，内销收入为440万元，增值税税率为17%，退税率为11%，1月份共取得增值税进项税额90万元。该企业没有免税购进原材料，期初没有留抵税额。

要求：计算该企业1月份免、抵、退税额。

（1）当期免、抵、退税不得免征和抵扣税额=3 984 000×（17%−11%）=239 040（元）

（2）当期应纳税额=4 400 000×17%−（900 000−239 040）=87 040（元）

（3）出口货物免、抵、退税额=3 984 000×11%=438 240（元）

（4）当期期末留抵税额=0，小于当期免抵退税额438 240元，当期应退税额=0。

（5）当期免、抵税额=当期免、抵、退税额−当期应退税额=438 240−0=438 240（元）

（6）1月份应缴纳增值税87 040元。

【做中学2-28】承【做中学2-27】，假定该企业2月份出口268.8万元，内销收入为400万元，2月份共取得增值税进项税额95万元，当期没有免税购进原材料。

要求：计算该企业2月份免、抵、退税额。

（1）免、抵、退税不得免征和抵扣税额=2 688 000×（17%−11%）=161 280（元）

（2）当期应纳税额=4 000 000×17%−（950 000−161 280）=−108 720（元）

（3）出口货物免、抵、退税额=2 688 000×11%=295 680（元）

（4）当期期末留抵税额108 720元＜当期免、抵、退税额295 680元，当期应退税额=108 720（元）。

（5）当期免、抵税额=当期免、抵、退税额-当期应退税额=295 680-108 720=186 960（元）

（6）退税后，2月末留抵税额为零。

【做中学2-29】承【做中学2-28】，假设该企业3月份出口464.8万元，内销收入为140万元，3月份共取得增值税进项税额116万元，当期没有免税购进原材料。

要求：计算该企业3月份免、抵、退税额。

（1）当期免、抵、退税不得免征和抵扣税额=4 648 000×（17%-11%）=278 880（元）

（2）当期应纳税额=1 400 000×17%-（1 160 000-278 880）=-643 120（元）

（3）出口货物免、抵、退税额=4 648 000×11%=511 280（元）

（4）当期期末留抵税额643 120元＞当期免、抵、退税额511 280元，当期应退税额=511 280（元）。

（5）当期免、抵税额=当期免、抵、退税额-当期应退税额=511 280-511 280=0

（6）3月末留抵税额=643 120-511 280=131 840（元）

【做中学2-30】某自营出口生产企业，本月外购原材料、动能费等支付价款600万元，支付进项税额102万元，本月海关核销免税进口料件价格100万元，本月内销货物销售额500万元，自营进料加工复出口货物折合人民币金额600万元，该企业内、外销货物适用增值税税率17%（非消费税应税消费品），复出口货物的退税率为15%。假设上期无留抵税款，本月未发生其他进项税额。

要求：按免、抵、退方法计算该企业当期应纳（退）的增值税税额。

（1）当期免、抵、退税不得免征和抵扣税额=600×（17%-15%）-100×（17%-15%）=10（万元）

（2）当期应纳税额=500×17%-（102-10）=-7（万元）

（3）出口货物免、抵、退税额=600×15%-100×15%=75（万元）

（4）当期期末留抵税额7万元＜当期免、抵、退税额75万元，当期应退税额=7（万元）

（5）当期免、抵税额=75-7=68（万元）

（6）退税后，期末留抵税额为零。

（二）计算外贸企业出口退（免）增值税税额

1.外贸企业收购一般纳税人出口货物增值税的退税规定

外贸企业以及实行外贸企业财务制度的工贸企业向一般纳税人收购货物出口，其出口销售环节的增值税免征；因外贸企业在支付收购货款的同时，也支付了生产经营该类商品的企业已纳的增值税税款，因此，在货物出口后，按收购成本与退税率计算退税额退还给外贸企业，征、退税之差计入成本。

外贸企业出口货物增值税退税的计算，应依据购进出口货物增值税专用发票上所注明的进项税额和退税率计算。其计算公式为：

应退税额=外贸收购不含增值税购进金额×退税率

2.外贸企业收购小规模纳税人出口货物增值税的退税规定

外贸企业从小规模纳税人购进并持有普通发票的货物出口，免税但不予退税。

外贸企业从小规模纳税人购进税务机关代开增值税专用发票的出口货物，按以下公式计算退税额：

$$应退税额=增值税专用发票注明的金额×3\%$$

【做中学2-31】某进出口公司4月从某小规模纳税人处购进西服500套全部出口，取得税务机关代开的增值税专用发票，发票注明金额5 000元，退税率3%。

要求：计算该企业的应退税额。

应退税额=5 000×3%=150（元）

3.外贸企业委托生产企业加工出口货物的退税规定

外贸企业委托生产企业加工收回后报关出口的货物，按购进国内原辅材料的增值税专用发票上注明的进项税额，依原辅材料的退税率计算原辅材料应退税额。支付的加工费，凭受托方开具货物的退税率，计算加工费的应退税额。

【做中学2-32】某进出口公司6月购进牛仔布委托加工成服装出口，购进牛仔布取得增值税专用发票一张，注明计税金额10 000元（退税率为13%）；支付服装加工费取得增值税专用发票一张，注明计税金额2 000元（退税率为17%）。

要求：计算该企业的应退税额。

应退税额=10 000×13%+2 000×17%=1 640（元）

三、学习营改增出口服务和无形资产退（免）税政策

（一）确定出口服务和无形资产退（免）税基本政策

出口服务和无形资产退（免）税分为出口免税并退税（适用增值税零税率）和出口免税（适用增值税免税政策）两种。

1.出口免税并退税（适用增值税零税率）

境内的单位和个人销售的下列服务和无形资产，适用增值税零税率：

（1）国际运输服务。国际运输服务是指：①在境内载运旅客或者货物出境；②在境外载运旅客或者货物入境；③在境外载运旅客或者货物。

（2）航天运输服务。

（3）向境外单位提供的完全在境外消费的下列服务：①研发服务；②合同能源管理服务；③设计服务；④广播影视节目（作品）的制作和发行服务；⑤软件服务；⑥电路设计及测试服务；⑦信息系统服务；⑧业务流程管理服务；⑨离岸服务外包业务；⑩转让技术。

（4）财政部和国家税务总局规定的其他服务。

2.出口免税（适用增值税免税政策）

境内的单位和个人销售的下列服务和无形资产免征增值税，但财政部和国家税务总局规定适用增值税零税率的除外：

（1）下列服务：①工程项目在境外的建筑服务；②工程项目在境外的工程监理服务；③工程、矿产资源在境外的工程勘察勘探服务；④会议展览地点在境外的会议展览服务；⑤存储地点在境外的仓储服务；⑥标的物在境外使用的有形动产租赁服务；⑦在境外提供的广播影视节目（作品）的播映服务；⑧在境外提供的文化体育服务、教育医疗服务、旅游服务。

（2）为出口货物提供的邮政服务、收派服务、保险服务（包括出口货物保险和出口信

用保险)。

(3) 向境外单位提供的完全在境外消费的下列服务和无形资产:①电信服务;②知识产权服务;③物流辅助服务(仓储服务、收派服务除外);④鉴证咨询服务;⑤专业技术服务;⑥商务辅助服务;⑦广告投放地在境外的广告服务;⑧无形资产。

(4) 以无运输工具承运方式提供的国际运输服务。

(5) 为境外单位之间的货币资金融通及其他金融业务提供的直接收费金融服务,且该服务与境内的货物、无形资产和不动产无关。

(6) 财政部和国家税务总局规定的其他服务。

【提示】 境内的单位和个人销售适用增值税零税率的服务或无形资产的,可以放弃适用增值税零税率,选择免税或按规定缴纳增值税。放弃适用增值税零税率后,36个月内不得再申请适用增值税零税率。

(二)确定零税率出口服务和无形资产退税率

服务和无形资产的退税率为销售服务和无形资产时适用的增值税税率,即6%、11%和17%三档。

(三)计算出口服务和无形资产退(免)增值税税额

境内的单位和个人提供适用增值税零税率的服务或者无形资产,如果属于适用简易计税方法的,实行免征增值税办法。如果属于适用增值税一般计税方法的,生产企业实行免、抵、退税办法,外贸企业外购服务或者无形资产出口实行免、退税办法,外贸企业直接将服务或自行研发的无形资产出口,视同生产企业连同其出口货物统一实行免、抵、退税办法。

实行退(免)税办法的服务和无形资产,如果主管税务机关认定出口价格偏高,有权按照核定的出口价格计算退(免)税,核定的出口价格低于外贸企业购进价格的,低于部分对应的进项税额不予退税,转入成本。

【课堂能力训练】

某自营出口的生产企业为增值税一般纳税人,出口货物征税率为17%,退税率为13%。某年6月有关经营业务为:购进原材料一批,取得的增值税专用发票上注明的价款400万元,外购货物准予抵扣的进项税额68万元通过认证,上期末留抵税款5万元。本月内销货物不含税销售额100万元,出口货物的销售额折合人民币200万元。

要求:计算该企业当期的"免、抵、退"税额。

任务6 筹划增值税

一、纳税人身份选择的纳税筹划

为严格增值税的征收管理和对某些经营规模小的纳税人简化计税办法,我国现行增值税将纳税人按其经营规模及会计核算健全程度,划分为一般纳税人和小规模纳税人。对一般纳税人实行凭增值税专用发票抵扣税款的制度,对纳税人的会计核算水平要求较高,管理也较为严格;对小规模纳税人实行简易征收办法,对纳税人的管理水平要求不高,但由于其不能使用增值税专用发票,容易增加产品购买方的税收负担,产品销售也可能因此而受到影响。一般纳税人和小规模纳税人的这些差别待遇，为增值税纳税人通过身份认定进行纳税筹划提供了可能。

（一）增值率是纳税人身份选择的重要指标

1.计算增值率

由于增值税是对商品生产和流通中各环节的新增价值或商品附加值进行征税，所以产品增值率是影响企业增值税负担的最根本因素。增值率可用如下公式进行定义（其中销售收入和购进额均为不含税价值）：

$$增值率＝（销售收入－购进额）÷销售收入$$

一般来说，增值率越高，一般纳税人税负会越重，小规模纳税人身份较为有利；反之，一般纳税人较为有利。增值率在某一水平时，两类纳税人税负会相等，这个增值率就是税负无差别平衡点，我们可以利用税负无差别平衡点来判断选择纳税人身份。

在销售收入和购进额均不含税的情况下，假定一般纳税人销售及购进均适用17%税率，小规模纳税人征收率为3%，则：

$$一般纳税人应纳增值税税额＝销售收入×17\%－购进额×17\%$$
$$＝（销售收入－购进额）×17\%$$
$$＝销售收入×增值率×17\%$$
$$小规模纳税人应纳增值税税额＝销售收入×3\%$$

因此，当一般纳税人应纳增值税税额＝小规模纳税人应纳增值税税额时，

$$销售收入×增值率×17\%＝销售收入×3\%$$

此时：增值率=17.65%。

这一结果表明，当一般纳税人的增值率等于17.65%时，企业按一般纳税人计算应纳税额与小规模纳税人应纳税额相等。当增值率小于17.65%时，一般纳税人的税负要小于小规模纳税人，企业选择成为增值税一般纳税人可以节税；当增值率大于17.65%时，一般纳税人的税负要大于小规模纳税人，企业选择成为小规模纳税人可以减轻税负。

由于现行一般纳税人适用的税率有17%、13%、11%、6%，小规模纳税人适用的征收率为3%，用以上方法可以计算出不同税率和征收率情况下不含税销售额的税负无差别平衡点，此处不再一一计算。

2.计算不含税的购进额占销售收入的比重

由于实践中企业的购进项目往往十分庞杂，其价值不易准确衡量，而且企业的购进项目中有些并不允许抵扣相应的增值税进项税额，因此上述根据产品增值率对增值税纳税人身份进行的选择虽然有充分的理论依据，但很难进行准确应用。实践中，我们可以直接将企业的全部应税销售收入与企业被允许抵扣进项增值税的购进项目金额进行比较。由于企业的应税销售收入与允许抵扣项目金额比较容易取得，因此，这一方法更具有可操作性。

在销售收入和购进额均不含税的情况下，假定一般纳税人销售及购进均适用17%的税率，小规模纳税人征收率为3%，则：

$$一般纳税人应纳增值税税额＝销售收入×17\%－购进额×17\%$$

小规模纳税人应纳增值税税额=销售收入×3%

因此，当一般纳税人应纳增值税税额=小规模纳税人应纳增值税税额时，

销售收入×17%-购进额×17%=销售收入×3%

此时：不含税的购进额占销售收入的比重为82.35%。

这一结果表明，当企业不含税的购进额占销售收入的比重为82.35%时，企业作为一般纳税人与小规模纳税人增值税税负相等。与增值率指标不同的是，这一比重越高，企业作为一般纳税人的税收负担越轻。

（二）采购种类及其采购途径也是决定企业纳税人身份的重要因素

在上述分析中，我们有一个重要的假设，就是当企业为一般纳税人时，其全部购进项目金额或可抵扣项目金额都可以按照17%的比率计算进项税额，但实际上这几乎是不可能的。比如，企业从小规模纳税人处购入的原材料，即使能够取得税务机关代开的增值税专用发票，也只能按照不含税价格的3%计算进项税额。类似的情况还有：企业购买的农产品只能按照13%计算进项税额，购入的自来水、天然气、粮食、食用植物油等多种商品也只能按13%计算进项税额，购入的交通运输、邮政、基础电信、建筑、不动产租赁等应税服务只能按11%计算进项税额，购入的生活服务、现代服务只能按6%计算进项税额等。同时，如果购进时不能取得合法扣税凭证，则相应的进项税额不得抵扣。因此，采购种类及其采购途径也是决定企业纳税人身份的重要因素，企业需结合自身实际进项取得情况进行估算，才能确定按何种身份纳税更合算。

（三）其他需考虑的因素

企业应综合考虑各种因素，以企业整体的收益最大化为目标进行增值税纳税人身份选择的纳税筹划，不能简单地以税负轻重为标准。因此，在选择纳税人类别时，除了要比较税收负担之外，还需要考虑以下因素：

1.经营规模和信誉度

一般纳税人的经营规模往往比小规模纳税人大，信誉好；而且从一般纳税人那里购进的可抵扣税额要高于小规模纳税人，这会使一般纳税人赢得更多的客户。

2.成本收益比较

一般纳税人要有健全的会计核算制度，要建立、健全账簿，培养或聘用会计人员，这些都会增加会计成本；一般纳税人的增值税征收管理制度复杂，需要投入的物力、财力和人力也多，也会增加纳税成本。因此，如果小规模纳税人由于税负减轻而带来的收益尚不足以抵消这些成本的支出，则其宁可保留小规模纳税人的身份。

（四）创造条件改变纳税人身份

一旦企业基本确定自己在增值税一般纳税人与小规模纳税人之间的选择，随之而来的问题是如何改变纳税人身份。

1.小规模纳税人向一般纳税人身份转化

我国现行增值税法规定，年应税销售额未超过规定标准的纳税人，会计核算健全，能够提供准确税务资料的，可以前往主管税务机关办理一般纳税人资格登记，成为一般纳税人。对于会计核算不健全的企业，可以通过增设会计账簿、聘请会计人员等方式达到条件，同时将成为一般纳税人所带来的节税收益与健全会计核算等所增加的成本进行比较，积极办理一般纳税人资格登记。

2.一般纳税人向小规模纳税人身份转化

我国现行增值税法规定，除国家税务总局另有规定外，纳税人一经认定为一般纳税人，不得再转化为小规模纳税人。因此，企业只能通过注销原企业、设立新企业或通过分立等方式使年应税销售额下降，以达到小规模纳税人的标准，来享受小规模纳税人的税收待遇，降低增值税税负。

【提示】纳税人兼有销售货物、提供应税劳务和应税行为的，应税货物及劳务的销售额与应税行为销售额分别计算，分别适用增值税一般纳税人资格登记标准。

【做中学2-33】A公司是一个年销售额在80万元左右（不含税）的生产企业，公司每年购进的可按17%税率进行抵扣的物品价值在40万元（不含税）左右，可按11%税率抵扣的服务价值在5万元（不含税）左右，可按6%税率抵扣的服务价值在8万元（不含税）左右。如果是一般纳税人，公司产品适用的增值税税率为17%；如果是小规模纳税人，则适用3%征收率。

请问：若该公司有条件进行一般纳税人资格登记，A公司适宜成为哪种纳税人？

分析：

A企业作为一般纳税人身份纳税时：

增值税应纳税额=80×17%−40×17%−5×11%−8×6%=5.77（万元）

A企业作为小规模纳税人身份纳税时：

增值税应纳税额=80×3%=2.4（万元）

根据以上计算可知，A企业作为小规模纳税人税负较轻，相比一般纳税人身份可节税3.37万元（5.77−2.4）。因此，建议A公司维持小规模纳税人身份。

二、销项税额的纳税筹划

销项税额为销售额与适用税率的乘积，要减少销项税额，可从缩小销售额和降低税率两方面进行。前者可以通过对不同销售方式、结算方式等的选择来实现，后者由于增值税税率档次比较固定，因此筹划的余地不大。

对于销项税额，可以考虑从以下几个方面进行筹划：

（一）分解销售额

增值税计税销售额包括纳税人因销售货物、提供应税劳务、发生应税行为向购买方收取的全部价款和价外费用。其中，价外费用是指价外向购买方收取的各项收费，除税法规定项目外，均应视为含税价格并入销售额计税。

分解销售额的筹划思路是将收取的价外费用在销售合同中单列，使其适用较低税率或者不征收增值税。比如税法规定，包装物随同产品销售时，销售额应按适用税率计算销项税额，而如果是出借包装物，则收取的押金只在逾期未还被没收的情况下才需要缴纳增值税。因此，在带包装物销售的情况下，尽量不要让包装物作价随同货物一起销售，而应采取收取包装物押金的方式，且押金应单独核算。

（二）选择适当的销售方式

为维持或扩大市场份额，企业销售产品时可采取多样的销售方式以达到促销的目的，不同的销售方式适用的税收政策是不同的，企业可以根据不同的销售方式进行纳税筹划。不同销售方式的计税规定见表2-20。

表2-20　　　　　　　　　　　　不同销售方式的计税规定

销售方式	计税规定
折扣销售（商业折扣）	在同一张发票上注明折扣额和销售额：按折扣后余额计税 不在同一张发票上注明折扣额和销售额：按全额计税
实物折扣（买一送一）	主货物和赠品不开发票的：按实际收到的货款计税 主货物与赠品开一张发票或者分别开具发票的：按发票合计金额计税
销售折扣（现金折扣）	不得扣除折扣额，按全额计税
销售折让	按扣除折让后余额计税
以旧换新	不得扣除旧货价，按新货同期价格全额计税
以物易物	各自按购销处理

（三）选择适当的结算方式

销售结算方式通常有直接收款、委托收款、托收承付、赊销或分期收款、预收款销售、委托代销等。不同的销售方式，其纳税义务发生的时间是不同的。筹划思路就是在税法允许的范围内，尽量推迟纳税时间，达到递延税款的目的。基本原则如下：

（1）收款与发票开具同步进行，即在求得采购方理解的基础上，未收到货款不开发票。

（2）对于可能发生拒付的销售业务，尽量避免采用托收承付与委托收款的结算方式，以防止垫付税款。

（3）对于不能钱货两清的销售业务，采用赊销或分期收款的结算方式，避免垫付税款。

【做中学2-34】A企业与B企业在3月6日签订了一份购销合同，A企业向B企业销售某种型号的推土机，总价值2 000万元，双方合同约定采取委托银行收款方式结算价税款。A企业于当日向B企业发货，并到当地某银行办理了托收手续。4月15日，B企业收到A企业的全部推土机，对其进行技术检测后，认为不符合合同的要求，拒绝付款，并将全部推土机退回。

要求：试从纳税筹划角度分析采用委托银行收款结算方式是否合适。

分析：依据税法规定，采取托收承付和委托银行收款方式销售货物，其销售额的确认时间为发出货物并办妥托收手续的当天。因此，A企业3月6日在未收到货款的情况下，应当确认并垫付销项税额340万元（2 000×17%）。虽然这笔税款可以在退货发生的当期销项税额中抵扣，但这种抵扣与以前的垫付是有一定时间间隔的，相当于企业占用了一部分资金用于无回报的投资，而且还要承担资金成本。假设银行贷款利率为5.58%，该企业因垫付税款而承担的资金成本为2.11万元（340×5.58%÷360×40），这对于资金比较紧张的企业而言，无疑是一种损失。因此，在销售结算时应当慎重选择托收承付或委托收款结算方式。

三、进项税额的纳税筹划

进项税额是一般纳税人购进货物、接受应税劳务或应税服务时所支付或负担的增值税税额，是应交增值税的抵减项目。因此，进项税额的筹划思路是获得合法的抵扣凭证，尽可能扩大允许抵扣的范围，同时尽早得以抵扣，以获得节税利益。

（一）选择合适的购货来源

企业在购买货物、劳务或服务时，可以选择不同的供应商，购货来源不同，其税收负担也会不同。对于有着一般纳税人身份的购货单位，如果从一般纳税人处购入，可以取得增值税专用发票，按所购货物、劳务或服务的适用税率抵扣进项税额；如果从小规模纳税人处购入，则不能抵扣进项税额，即使是由税务机关代开增值税专用发票，也只能按不含税销售额的3%抵扣进项税额。因此，在所购货物、劳务或服务价格和品质既定的前提下，应尽可能选择从一般纳税人处购入。但是如果小规模纳税人的价格低于一般纳税人的价格，则可通过计算购货后的净利润（或现金净流量）进行比较，选择能给购货方带来较大净利润（或现金净流量）的供货方作为货物、劳务或服务来源方。

（二）充分利用"低纳高抵"

"低纳高抵"是指用较低税率的纳税额抵减较高税率的纳税额，或用上一环节的低税负抵减下一个环节的高税负，从而达到企业整体减轻税负的目的。现行增值税税率的多样化为利用"低纳高抵"方式降低税负提供了条件。

由于增值税进项税额抵扣是不管税率，只管税额，只要企业为一般纳税人，收到真实合法的增值税专用发票，不管企业增值税应税服务或产品适用的税率是17%还是6%，都可以认证抵扣进项税额。比如会计师事务所应按"现代服务业"缴纳6%的增值税，但其购买设备等支出可以取得17%的进项税额予以抵扣，其购买的运输服务可以取得11%的进项税额予以抵扣，这就属于"低纳高抵"现象或行为。对于适用较低税率纳税的企业，如能多取得适用较高税率的购进项目，就能有效降低应纳税额。

（三）把握进项税额抵扣时间

现行税法规定，只有当期认证的进项税额，才允许从当期销项税额中抵扣。当期进项税额不足抵扣的部分，可以结转到下期继续抵扣。

现行税法对进项税额的抵扣做了严格规定。增值税一般纳税人申请抵扣的防伪控系统开具的增值税专用发票，必须自该发票开具之日起180日内到税务机关认证，并在认证当月抵扣，否则不予抵扣进项税额。因此，购买方在付款期限一定的情况下应尽可能早地取得专用发票，取得专用发票后尽可能早地到税务机关认证，并于认证的当月申报抵扣，才能最大程度地获取资金时间价值。

【做中学2-35】某牛奶公司主要生产流程如下：饲养奶牛生产牛奶，将新鲜牛奶加工成乳制品，再将乳制品销售给各大商场，或直接通过销售网络转销给居民。由于乳制品的增值税适用17%税率，进项税额主要有两块：一是向农民个人收购的草料部分，可以抵扣13%的进项税额；二是公司水费、电费和修理用配件等，按规定可以抵扣进项税额。与销项税额相比，这两部分进项税额微不足道，公司的增值税负担很重。

围绕进项税额，公司采取了以下筹划方案：公司将整个生产流程分成饲养场和牛乳制品加工两部分，饲养场和乳制品加工厂均实行独立核算。分开后，饲养场属于农产品生产单位，其销售牛奶按规定可以免征增值税，乳制品加工厂从饲养场购入的牛奶可以抵扣13%的进项税额。

假定筹划前牛奶公司从农民生产者手中购入的草料价值100万元，允许抵扣的进项税额为13万元，其他水电费、修理用配件等的进项税额为8万元，全年乳制品销售收入500万元；筹划后其他条件不变，饲养场销售给牛乳制品加工厂的鲜奶售价为350万元。

要求：试分析筹划前后公司增值税税收负担以及筹划时需注意的事项。

分析：

筹划前：

销项税额=500×17%=85（万元）

进项税额=13+8=21（万元）

应纳增值税税额=85-21=64（万元）

税负率=64÷500×100%=12.8%

筹划后：

饲养场销售牛奶属于农业生产者销售自产农产品，免征增值税。

乳制品加工厂增值税税负分析如下：

销项税额=500×17%=85（万元）

进项税额=350×13%+8=53.5（万元）

应纳增值税税额=85-53.5=31.5（万元）

税负率=31.5÷500×100%=6.3%

方案实施后比实施前节省增值税税额=64-31.5=32.5（万元）

需要注意的是，由于饲养场与乳制品加工厂存在关联关系，饲养场必须依照税法按独立企业之间正常售价销售给加工厂，而不能一味地为增加加工厂的进项税额擅自抬高售价，否则，税务机关将依法调整加工厂的原材料购进价和进项税额。

四、增值税的其他筹划

（一）混合销售行为的纳税筹划

混合销售行为是指同一项销售行为既涉及货物又涉及服务，且两者之间是紧密相连的从属关系。税法对混合销售行为的税务处理是：从事货物的生产、批发或者零售的单位和个体工商户的混合销售行为，按照销售货物缴纳增值税；其他单位和个体工商户的混合销售行为，按照销售服务缴纳增值税。

税法规定，销售货物适用税率为17%或13%，提供加工、修理修配劳务适用税率为17%，提供应税服务适用税率分别为17%（有形动产租赁服务）、11%（交通运输服务、邮政服务、基础电信服务、建筑服务、不动产租赁服务）、6%（增值电信服务、金融服务、现代服务、生活服务）。因此当发生混合销售行为时，如按混合销售处理能使销售总额适用较低税率，应按混合销售处理。比如从事娱乐服务的企业取得提供娱乐服务收入的同时销售了烟酒、饮料等货物，该项混合销售计税时全部销售额应按生活服务业6%的税率计算增值税。如按混合销售处理会使销售总额适用较高税率，应尽量改变其销售方式。比如，生产货物的单位在销售货物的同时附带运输货物，其销售货物及提供运输服务的行为属于混合销售行为，所收取的货物款项及运输费用应一并按销售货物计征增值税。此时，该单位可考虑将运输队从单位独立出去，设立一家独立核算的运输公司，单位向运输队购买运输服务。这样单位销售货物应按货物适用税率17%或13%计税，运输公司提供运输服务则按交通运输服务11%的税率计税，而且单位从运输队购买的服务如取得增值税专用发票还可以抵扣进项税额，因此可达到节税目的。

（二）兼营行为的纳税筹划

兼营行为是指企业除主营业务外，还从事其他各项业务。具体包括两种情况：一是兼营不同税率的应税货物、劳务或服务，二是兼营增值税的减免税项目。

税法规定，纳税人兼营不同税率的货物、应税劳务或应税服务时，应当分别核算不同税率货物、劳务或服务的销售额；未分别核算的，从高适用税率或征收率。因此，增值税纳税人兼营不同税率业务时，应分别核算兼营的业务，否则统一适用高税率。

纳税人兼营增值税减免税项目的，应当分别核算免税、减税项目的销售额；未分别核算销售额的，不得减免税。因此，纳税人兼营增值税减免税项目的，必须分开核算以达到节税目的。

【做中学2-36】某铝合金门窗销售公司是增值税一般纳税人，该公司既销售各种装潢材料，也对外提供安装劳务。某月该公司商品销售收入为65 000元，提供装潢劳务取得收入102 500元，可抵扣的进项税额共计19 500元。

请问：对此兼营行为，该公司应选择分开核算还是合并核算？

分析：

分开核算应纳增值税税额=65 000×17％+102 500×11%−19 500=2 825（元）

合并核算应纳增值税税额=（65 000+102 500）×17%−19 500=8 975（元）

因此，该公司选择分开核算可少缴增值税6 150元（8 975−2 825）。

思考与练习

一、判断题

1.我国现行增值税属于消费型增值税，实行一次课征制。 （　　）

2.小规模纳税人实行简易征税办法，不得抵扣进项税额。 （　　）

3.一般纳税人在开具专用发票时发现有误的，可即时作废，并且只需将电子信息作废。

（　　）

4.不经常发生应税行为的企业必须按小规模纳税人纳税。 （　　）

5.增值税一般纳税人将自产的货物无偿赠送他人，不征收增值税。 （　　）

6.境外单位或者个人向境内单位或者个人销售完全在境外发生的服务，不属于在境内销售服务或者无形资产。 （　　）

7.单位或者个体工商户聘用的员工为本单位或者雇主提供加工、修理修配劳务，属于增值税征税范围。 （　　）

8.一般纳税人发生财政部和国家税务总局规定的特定应税行为，可以选择适用简易计税方法计税，但一经选择，2年内不得变更。 （　　）

9.增值税应纳税额等于当期销项税额减当期进项税额，因此，所有的进项税额都可以抵扣，不足部分可以结转下期继续抵扣。 （　　）

10.纳税人兼营销售货物、加工修理修配劳务、服务、无形资产或者不动产，没有分别核算销售额的，应从高适用税率或征收率计算缴纳增值税。 （　　）

11.单位或个人向其他单位或者个人无偿提供服务应视同销售征收增值税，但用于公益事业或者以社会公众为对象的除外。 （　　）

12.符合一般纳税人条件的纳税人应当向主管税务机关申请资格登记，未办理一般纳税人资格登记手续的，可适用简易计税办法计税。 （　　）

13.简易计税方法只适用于小规模纳税人。　　　　　　　　　　　　　　（　　　）

14.融资性售后回租应按"租赁服务"征收增值税。　　　　　　　　　　（　　　）

15.以委托方名义开具发票代委托方收取的款项可以不计入销售额计算增值税。
　　　　　　　　　　　　　　　　　　　　　　　　　　　　　　　　　（　　　）

16.金融商品转让，应采用差额计税法，以卖出价扣除买入价后的余额为销售额。
　　　　　　　　　　　　　　　　　　　　　　　　　　　　　　　　　（　　　）

17.购进免税农产品准予抵扣的进项税额是农产品收购发票或销售发票上注明的买价按10%的抵扣率计算出来的。　　　　　　　　　　　　　　　　　　（　　　）

18.发生非正常损失的购进货物及相关的加工修理修配劳务或者交通运输业服务的进项税额不得从销项税额中抵扣。　　　　　　　　　　　　　　　　　（　　　）

19.纳税人接受贷款服务向贷款方支付的与该笔贷款直接相关的投融资顾问费、手续费、咨询费等费用不得作为进项税额抵扣。　　　　　　　　　　　　　（　　　）

20.出口货物增值税退税率是出口货物的实际增值税征税额与退税计税依据的比率。
　　　　　　　　　　　　　　　　　　　　　　　　　　　　　　　　　（　　　）

二、单项选择题

1.下列各项中，既是增值税法定税率，又是增值税进项税额扣除率的是（　　　）。

A.7%　　　　　　　　B.10%　　　　　　　　C.13%　　　　　　　　D.17%

2.按照现行规定，下列各项中应被认定为小规模纳税人的是（　　　）。

A.年不含税销售额在60万元以上的从事货物生产的纳税人

B.年不含税销售额为600万元的提供应税劳务的纳税人

C.年不含税销售额为90万元的从事货物零售的纳税人

D.年含税销售额为50万元的服装加工厂

3.下列各项中，应被认定为一般纳税人的是（　　　）。

A.个人（个体工商户除外）

B.不经常发生增值税应税行为的企业

C.非企业性单位

D.年应税销售额为100万元的百货商店

4.下列各项中，不属于营改增中所称应税服务项目的是（　　　）。

A.交通运输服务　　　B.邮政服务　　　　　C.租赁服务　　　　　D.修理修配服务

5.下列各项中，不属于金融服务项目的是（　　　）。

A.贷款服务　　　　　B.融资租赁　　　　　C.金融商品转让　　　D.保险服务

6.纳税人收到防伪税控系统开具的增值税专用发票，必须于发票开具之日起（　　　）日内通过认证，并且在认证通过的次月申报期内申报抵扣。

A.30　　　　　　　　B.60　　　　　　　　C.90　　　　　　　　D.180

7.下列各项中，不属于建筑服务项目的是（　　　）。

A.安装服务　　　　　B.工程设计　　　　　C.装饰服务　　　　　D.修缮服务

8.下列各项中，属于混合销售行为应按销售货物征收增值税的是（　　　）。

A.饭店在提供餐饮服务的同时销售酒水

B.汽车建造公司在生产销售汽车的同时又为其他客户提供修理服务

C.防盗门商店在销售产品的同时又为客户提供安装服务

D.卡拉OK厅提供娱乐服务的同时又销售了烟、酒、饮料、食品

9.根据增值税法律制度的规定，纳税人发生下列行为，应当视同销售缴纳增值税的是（　　）。

A.外购货物用于职工福利　　　　　　　　B.外购货物用于交际应酬

C.外购货物用于无偿赠送　　　　　　　　D.外购货物用于生产免税产品

10.营改增一般纳税人对外既提供运输服务又提供咨询服务，未分别核算销售额的，应按（　　）征税。

A.3%　　　　　　　B.6%　　　　　　　C.11%　　　　　　　D.17%

11.下列关于纳税人出租出借包装物收取押金的税务处理，正确的是（　　）。

A.出租出借包装物收取的押金，凡单独记账核算又未逾期的，一律不征收增值税

B.销售除啤酒、黄酒以外的其他酒类产品收取的包装物押金，一律应在收取押金当期计征增值税

C.销售酒类产品收取的包装物押金，一律应在收取押金当期计征增值税

D.收取押金与收取租金税务处理相同，一律按价外收费计征增值税

12.某皮革厂将自产的皮鞋作为福利发给本厂职工，该批产品制造成本共计8万元，利润率为10%，销售额按当月同类产品平均销售价格计算为10万元，则该笔业务计征增值税的销售额应为（　　）万元。

A.8.8　　　　　　　B.10　　　　　　　C.8　　　　　　　D.9

13.某企业本月份将自产的一批生产成本为20万元（耗用上月外购材料15万元）的食品发给职工，下列说法正确的是（　　）。

A.应反映销项税额3.74万元　　　　　　B.应反映销项税额3.4万元

C.应反映应纳税额3.4万元　　　　　　　D.应转出进项税额2.55万元

14.某百货商城（一般纳税人）采用以旧换新方式销售一批金银首饰，向消费者收取现金88 700元，旧首饰折价23 300元，该笔业务的销项税额为（　　）元。

A.12 888.03　　　　B.9 855.56　　　　C.16 273.50　　　　D.16 274.50

15.下列各项中，涉及的进项税额不得从销项税额中抵扣的是（　　）。

A.将专门购进货物一批用于本单位集体福利

B.将外购的货物用于对外投资

C.将上年委托加工收回的材料用于在建工程

D.外购货物用于雪灾灾区捐赠

16.某单位的业务中，按现行增值税的有关规定，可以作为进项税额抵扣的是（　　）。

A.外购的低值易耗品　　　　　　　　　　B.外购的货物被盗

C.外购的货物用于免税产品生产　　　　　D.外购的货物分给职工

17.关于进项税额的下列处理方法，错误的是（　　）。

A.购入货物用于职工福利，其增值税进项税额不得抵扣

B.进项税额已抵扣的外购货物改作个人消费的，其已抵扣的进项税额必须转出

C.一般纳税人兼营增值税应税项目与免税项目而又无法划分其进项税额的，进项税额一律不得抵扣

D.一般纳税人兼营增值税应税项目与免税项目而又无法划分其进项税额的，进项税额可以按应税项目与免税项目的销售额比例分摊扣除

18.商贸企业进口机器一台，关税完税价格为200万元，假设进口关税税率为20%，支付国内运输企业的运输费用0.2万元，取得增值税专用发票；本月将机器售出，取得不含税销售额350万元，则本月应纳增值税税额为（　　　）万元。

A.28.5　　　　　　　　B.40.8　　　　　　　　C.18.678　　　　　　　　D.18.7

19.以1个月为1期的增值税纳税人，应于期满后（　　　）日申报纳税。

A.1　　　　　　　　B.5　　　　　　　　C.10　　　　　　　　D.15

20.进口货物的增值税由（　　　）征收。

A.进口地税务机关　　B.海关　　C.交货地税务机关　　D.进口方所在地税务机关

三、多项选择题

1.下列各项中，符合一般纳税人标准的有（　　　）。

A.增值税生产销售业务年销售额51万元，销售服务、无形资产、不动产年销售额501万元

B.增值税生产销售业务年销售额51万元，销售服务、无形资产、不动产年销售额400万元

C.增值税生产销售业务年销售额40万元，销售服务、无形资产、不动产年销售额501万元

D.增值税生产销售业务年销售额40万元，销售服务、无形资产、不动产年销售额480万元

2.下列业务按规定应征收增值税的有（　　　）。

A.电器修理　　　　B.房屋装修　　　　C.有形动产租赁　　　　D.交通运输

3.现行增值税的适用税率有（　　　）。

A.11%　　　　　　　　B.13%　　　　　　　　C.17%　　　　　　　　D.6%

4.下列各项中，应按现代服务征收增值税的有（　　　）。

A.研发和技术服务　　B.信息技术服务　　C.教育医疗服务　　　　D.物流辅助服务

5.下列各项中，应按"租赁服务"征收增值税的有（　　　）。

A.航空运输的干租服务　　　　　　　　B.远洋运输的光租服务

C.融资性售后回租　　　　　　　　　　D.远洋运输的程租服务

6.下列各项行为应按"生活服务"税目计征增值税的有（　　　）。

A.歌厅在提供唱歌服务的同时销售啤酒

B.商店销售空调并负责安装

C.快餐店在销售饭菜的同时销售饮料

D.汽车修理厂修理汽车并销售汽车零部件

7.单位或个体经营者的下列行为，应视同销售计征增值税的有（　　　）。

A.饭店将购入的啤酒用于餐饮服务　　　　B.食品厂将购入的原料赠送他人

C.商场将库存商品发给职工作福利　　　　D.个体商店代销鲜奶

8.一般纳税人向购买方收取的（　　　）须计入销售额计算销项税额。

A.包装物押金　　B.手续费　　　　C.包装物租金　　　　D.销项税额

9.按照增值税的规定，下列行为应征收增值税的有（　　）。

A.将自产的产品用于职工福利

B.将自产的新产品用于市场推广而免费向消费者发放

C.将抵债所得的货物用于交换生产用原材料

D.将自产的货物对外投资

10.根据增值税法律制度的规定，下列各项业务的处理方法中，不正确的有（　　）。

A.纳税人销售货物或提供应税劳务，采用价税合并定价并合并收取的，以不含增值税的销售额为计税销售额

B.纳税人以价格折扣方式销售货物，不论折扣额是否在同一张发票上注明，均以扣除折扣额后的销售额为计税销售额

C.纳税人采取以旧换新方式销售货物，以扣除旧货物折价款后的销售额为计税销售额

D.纳税人采取以物易物方式销售货物，购销双方均应作购销处理，以各自发出的货物核算计税销售额并计算销项税额，以各自收到的货物核算购货额并计算进项税额

11.下列各项中增值税视同销售行为计税销售额的确定正确的有（　　）。

A.按纳税人最近时期销售同类货物、服务、无形资产或者不动产的平均销售价格确定

B.按其他纳税人最近时期销售同类货物、服务、无形资产或者不动产的平均销售价格确定

C.按组成计税价格确定

D.组成计税价格=成本×（1+成本利润率）

12.下列属于营改增试点一般纳税人差额计税的项目有（　　）。

A.经纪代理服务　　　B.旅游服务　　　C.金融商品转让　　　D.融资租赁服务

13.根据增值税法律制度的规定，下列可以作为增值税抵税凭证的有（　　）。

A.增值税专用发票　　　　　　　　B.农产品收购发票

C.农产品销售发票　　　　　　　　D.机动车销售统一发票

14.下列项目中的进项税额不得抵扣的有（　　）。

A.企业为职工购买的服装　　　　　　B.购进的旅客运输服务

C.生产用的水、电　　　　　　　　　D.因管理不善霉烂变质的货物

15.一般纳税人将原购的已按17%税率抵扣进项税额的货物用于下列各项时，应作进项税额转出处理的有（　　）。

A.免税项目

B.用于13%税率产品的生产

C.个人消费

D.用于生产专门销售给小规模纳税人的货物

16.按照增值税的纳税义务发生时间的规定，下列说法错误的有（　　）。

A.采取委托银行收款结算方式的，为发出货物并办妥托收手续的当天

B.采取直接收款方式销售货物，不论货物是否发出，均为收到销售额或取得索取销

售额的凭据，并将提货单交给买方的当天

C.采取赊销和分期收款结算方式，且无书面合同的，为发出货物的当天

D.将货物交付给他人代销，为收到受托人送交货款的当天

17.下列关于增值税纳税义务发生时间的认定，正确的有（　　　）。

A.纳税人提供建筑服务采取预收款方式的，为货物发出的当天

B.纳税人从事金融商品转让的，为金融商品所有权转移的当天

C.将委托加工货物无偿赠与他人的，为货物移送的当天

D.进口货物，为报关进口的当天

18.根据增值税法律制度的规定，下列关于增值税纳税地点的说法正确的有（　　　）。

A.固定业户应当向其机构所在地或居住地主管税务机关申报纳税

B.非固定业户销售货物或提供应税劳务、发生应税行为的，应当向销售地、应税劳务发生地、应税行为发生地主管税务机关申报纳税

C.进口货物应纳的增值税，应当向纳税人所在地海关申报缴纳

D.扣缴义务人应当向其机构所在地或者居住地的主管税务机关申报缴纳其扣缴的税款

19.增值税专用发票作废条件为同时具有的情形有（　　　）。

A.收到退回的发票联、抵扣联时间未超过销售方开票当月

B.销售方未抄税并且未记账

C.购买方未认证或认证结果为"重复认证"

D.购买方未认证或者认证结果为"纳税人识别号认证不符""专用发票代码、号码认证不符"

四、业务题

1.某服装厂（增值税一般纳税人）位于市区，某年6月发生下列业务：

（1）购进A种面料取得增值税专用发票上注明的价款40 000元，税额68 00元，支付采购运费价税合计555元，取得增值税专用发票。

（2）进口一批面料，关税完税价格36 000元，关税税率为5%，取得海关进口增值税专用缴款书。

（3）领用面料生产300件连衣裙，单位成本每件40元；将200件委托某商厦代销，当月月末收到商厦代销清单，注明售出100件，商厦与该厂结算的含税金额15 255元，尚未开出增值税专用发票。

（4）生产600件西服，单位成本100元，成本中外购比例60%（假设成本中不含运费），将其中100件发给本厂职工作为福利，将其中400件以每件180元的不含税出厂价销售给某商业企业，30件因保管不善丢失。

假设当月取得的相关票据符合税法规定，并在当月通过认证和抵扣。

要求：

（1）计算当月销项税额。

（2）计算当月可抵扣进项税额。

（3）计算当月应缴增值税税额。

2.某运输公司为增值税一般纳税人，某年10月份发生如下经济业务：

（1）取得客运收入111万元，开具增值税普通发票；取得货运收入200万元，开具增

值税专用发票。

（2）为某单位开展职工活动无偿提供运输服务，同类运输服务市场价2.22万元。

（3）当月外购汽油30万元，取得增值税专用发票上注明的增值税税额为5.1万元。

（4）购入运输车辆20万元，取得机动车销售统一发票上注明的增值税税额为3.4万元。

（5）发生联运支出50万元，取得增值税专用发票上注明的增值税税额为5.5万元。

（6）购入作为劳保用品的职工工作服一批；取得的增值税专用发票上注明价款1万元，增值税税额0.17万元。

假设取得的增值税专用发票均已认证并申报抵扣。

要求：

（1）计算当月销项税额。

（2）计算当月可抵扣进项税额。

（3）计算当月应缴增值税税额。

3.某电子企业为增值税一般纳税人，某年2月份发生下列经济业务：

（1）销售A产品50台，不含税单价8 000元。货款收到后，向购买方开具了增值税专用发票，并将提货单交给了购买方。截至月底，购买方尚未提货。

（2）将20台新试制的B产品分配给投资者，单位成本为6 000元。该产品尚未投放市场。

（3）单位职工宿舍改造领用甲材料1 000千克，每千克单位成本为50元。

（4）改、扩建单位幼儿园领用甲材料200千克，每千克单位成本为50元，同时领用A产品5台。

（5）当月丢失库存乙材料800千克，每千克单位成本为20元，作待处理财产损溢处理。

（6）当月发生购进货物的全部进项税额为70 000元。

其他相关资料：上月进项税额已全部抵扣完毕，本月取得的进项税额抵扣凭证均已申报抵扣。购销货物增值税税率均为17%，税务局核定的B产品成本利润率为10%。

要求：

（1）计算当月销项税额。

（2）计算当月可抵扣进项税额。

（3）计算当月应缴增值税税额。

4.某商业企业是增值税一般纳税人，某年4月初留抵税额2 000元，4月发生下列业务：

（1）购入商品一批，取得认证税控发票，价款为10 000元，税款为1 700元。

（2）3个月前从农民手中收购的一批粮食因保管不善导致毁损，账面成本为5 220元。

（3）从农民手中收购大豆1吨，税务机关规定的收购凭证上注明的收购款为1 500元。

（4）从小规模纳税人处购买商品一批，取得税务机关代开的发票，价款为30 000元，税款为900元，款已付，货物未入库，发票已认证。

（5）购买建材一批用于修缮职工食堂，价款为20 000元，税款为3 400元。

（6）零售日用商品，取得含税收入150 000元。

（7）将2个月前购入的一批布料捐赠受灾地区，账面成本为20 000元，同类不含税销售价格为30 000元。

（8）外购电脑20台，取得增值税专用发票，每台不含税单价为6 000元，购入后5台办公使用，5台捐赠希望小学，另10台全部零售，零售价为每台8 000元。

假定相关可抵扣进项税额的发票均经过认证并申报抵扣。

要求：

（1）计算当期全部可从销项税额中抵扣的增值税进项税额合计数（考虑转出的进项税额）。

（2）计算当期增值税销项税额。

（3）计算当期应纳增值税额。

5.某生产企业为增值税一般纳税人，某年6月外购原材料取得防伪税控系统开具的增值税专用发票，注明进项税额为137.7万元并通过主管税务机关认证。当月内销货物取得不含税销售额150万元，外销货物取得收入920万元，该企业适用增值税税率为17%，出口退税率为13%。

要求：计算该企业6月免、抵、退税额。

五、项目实训

江南贸易有限公司为增值税一般纳税人，纳税人识别号为330101001143390011，主营货物批发零售，兼营国际货运代理和运输服务。2017年3月，应交未交增值税10万元。2017年4月，发生下列经济业务：

（1）10日，上交上月增值税10万元。

（2）12日，国内采购货物一批，取得增值税专用发票1张，注明金额20万元，税额3.4万元。

（3）13日，进口货物一批，取得海关进口增值税专用缴款书1张，注明金额10万元，税额1.7万元。

（4）15日，销售货物一批，开具增值税专用发票1张，注明金额150万元，税额25.5万元，款已收讫。

（5）20日，将购进的25万元（买价）货物用作职工福利，该批货物进项税额4.25万元已于上月抵扣。

（6）21日，提供联运运输服务，开具增值税专用发票1张，注明金额100万元，税额11万元；同时支付给联运方运费价税合计55.5万元，取得增值税专用发票1张。

（7）24日，提供国际货运代理服务，取得应税服务收入价税合计190.8万元，开具增值税专用发票1张。为取得该收入，支付给一般纳税人代理公司代理费用价税合计63.6万元，取得增值税专用发票1张；支付给小规模纳税人代理公司代理费用价税合计30.9万元，取得税务机关代开的增值税专用发票1张；支付给小规模纳税人货物运输公司运费10万元，取得增值税普通发票1张。

（8）27日，购进销售货物的设备4台，取得增值税专用发票1张，注明金额30万元，税额5.1万元。

要求：

（1）根据上述资料，计算当期应交增值税税额。

（2）填制2017年4月的增值税纳税申报表（一般纳税人适用）及附表。

消费税计算申报与筹划

【职业能力目标】

1. 掌握消费税纳税人、征税范围、税目税率的具体规定
2. 掌握消费税的计税依据和计算方法
3. 掌握消费税纳税申报的填报规定
4. 了解出口货物退（免）消费税的适用范围、适用办法及计算方法
5. 了解消费税纳税筹划方法

【典型工作任务】

1. 能判断哪些项目应征消费税，适用何种税率
2. 会计算消费税应纳税额
3. 会填制消费税纳税申报表并进行纳税申报
4. 会进行消费税简单纳税筹划

任务1 学习消费税基本知识

引导案例

引导案例解析

　　醉春风酒业有限公司，是一家以生产、销售各类酒产品为主的企业，为增值税一般纳税人。某年1月销售白酒400千克，销售额为72 000元；销售黄酒6 000千克，销售额为240 000元。请问，以上销售业务是否需要缴纳消费税？如果需要缴纳，分别适用何种税率？

　　消费税是对在我国境内从事生产、委托加工和进口应税消费品的单位和个人，就其应税消费品的销售额或销售量征收的一种流转税。

　　消费税是一种选择性商品税，是与增值税相配套的税种。它是在对商品和非商品的流转额普遍征收增值税的基础上，根据国家政策的需要，有选择地对部分消费品征收的。也就是说，对属于消费税列举税目的消费品，既要征收消费税，又要征收增值税。这样，可以充分发挥税收对生产和消费的调节作用，限制某些高能耗消费品的生产，引导正确的消费方向，也有利于保证国家财政收入。

　　我国现行消费税的基本法律依据是2008年修订的《中华人民共和国消费税暂行条

例》与《中华人民共和国消费税暂行条例实施细则》，修订的条例与细则自2009年1月1日起施行。

一、界定消费税纳税人

消费税的纳税人，是在中华人民共和国境内生产、委托加工和进口应税消费品的单位和个人，以及国务院确定的销售应税消费品的其他单位和个人。

"在中华人民共和国境内"，是指生产、委托加工和进口应税消费品的起运地或所在地在中国境内。

"单位"是指企业、行政单位、事业单位、军事单位、社会团体及其他单位。"个人"是指个体工商户及其他个人。

【提示】自1995年1月1日起，金银首饰、铂金首饰、钻石及钻石饰品消费税改在零售环节征收；自2009年5月1日起，对卷烟在批发环节加征一道消费税。因此，从事金银首饰零售业务和从事卷烟批发的单位和个人，也是消费税的纳税人。

税法规定，在委托加工应税消费品时，除受托方是个体经营者外，消费税应由受托方代收代缴。

【做中学3-1】（单选题）甲烟草公司提供烟叶委托乙公司（非个体经营者）加工一批烟丝。加工完成后，甲公司将收回烟丝中的一部分用于生产卷烟，另一部分烟丝直接出售给丙公司。在这项委托加工烟丝业务和出售业务中，消费税的纳税义务人是（　　　）。

A.甲公司　　　B.乙公司　　　C.丙公司　　　D.甲公司和丙公司

分析：应选择A。委托加工应税消费品的委托方是甲公司，因此甲公司是纳税人，税法规定该消费税应由乙公司代收代缴，因此乙公司是扣缴义务人。另外，甲公司将收回的一部分卷烟出售给丙公司时，甲公司是纳税人。由于该烟丝在委托加工中已由乙公司代收代缴消费税，在出售时如价格不高于乙公司计税价格，则不需再缴纳消费税，高于乙公司计税价格的，应按规定计算缴纳消费税，但可扣除乙公司已代收代缴的消费税。

二、确定消费税征收范围

作为选择性和调节性的税种，消费税征收范围的选择是有针对性的。一般来说，国家会根据以下原则选择几类消费品征收消费税：

第一类：过度消费会对人身健康、社会秩序、生态环境等方面造成危害的特殊消费品，如烟、酒、鞭炮焰火等。

第二类：以少数高收入群体为消费主体的奢侈类消费品，如贵重首饰及珠宝玉石、高尔夫球及球具、高档手表、游艇等。

第三类：破坏生态环境和消耗自然资源的消费品，如小汽车、摩托车、成品油、木制一次性筷子、实木地板、电池、涂料等。

第四类：税基宽广、消费普遍、征税后不影响居民基本生活并具有一定财政意义的消费品，如高档化妆品等。

根据以上原则，目前我国消费税的征税范围包括烟、酒、高档化妆品、贵重首饰及珠宝玉石、鞭炮焰火、成品油、摩托车、小汽车、高尔夫球及球具、高档手表、游艇、木制一次性筷子、实木地板、电池、涂料等15个税目，有的税目还进一步划分为若干子目。具体范围划分如下：

1.烟

本税目的征收范围是以烟叶为原料加工生产的产品。下设卷烟、雪茄烟、烟丝3个子目。其中，对卷烟既在生产环节征收，也在批发环节征收，雪茄烟和烟丝只在生产环节征收。

2.酒

本税目的征收范围是酒精度在1度以上的各种酒类饮料。下设白酒、黄酒、啤酒、其他酒4个子目。

3.高档化妆品

本税目征收范围包括高档美容、修饰类化妆品、高档护肤类化妆品和成套化妆品。高档美容、修饰类化妆品和高档护肤类化妆品是指生产（进口）环节销售（完税）价格（不含增值税）在10元/毫升（克）或15元/片（张）及以上的美容、修饰类化妆品和护肤类化妆品。

4.贵重首饰及珠宝玉石

本税目的征收范围包括各种金银珠宝首饰和经采掘、打磨、加工的各种珠宝玉石。

5.鞭炮、焰火

本税目的征收范围包括喷花类、旋转类、组合烟花类等各种鞭炮、焰火。

【提示】体育上的发令枪、鞭炮引线，不属于本税目征税范围。

6.成品油

本税目下设汽油、柴油、石脑油、溶剂油、航空煤油、润滑油、燃料油7个子目。

【提示】对成品油生产企业在生产成品油过程中作为燃料、动力及原料消耗掉的自产成品油，免征消费税。

航空煤油暂缓征收消费税。

7.摩托车

本税目的征收范围包括轻便摩托车和摩托车，税率按排量分档设置。

【提示】气缸容量在250毫升（不含）以下的小排量摩托车自2014年12月1日起不再征收消费税。

8.小汽车

本税目下设乘用车和中轻型商用客车两个子目，税率按气缸容量（即排气量）的大小分档设置。

【提示】车身长度大于7米（含），并且座位在10~23座（含）以下的商用客车，不属于中轻型商用客车，不征收消费税。

电动汽车、沙滩车、雪地车、卡丁车、高尔夫车，不征收消费税。

企业生产销售达到低污染排放值标准（相当于欧洲Ⅱ号标准）的小轿车、越野车和小客车，可减征30%的消费税。

9.高尔夫球及球具

本税目的征收范围包括高尔夫球、高尔夫球杆、高尔夫球包（袋）。

10.高档手表

本税目的征收范围为销售价格（不含增值税）每只在10 000元（含）以上的各类手表。

11.游艇

本税目的征收范围包括艇身长度大于8米（含）小于90米（含），主要用于水上运动和休闲娱乐等非牟利活动的各类机动艇。

12. 木制一次性筷子

本税目的征收范围包括各种规格的木制一次性筷子。

13. 实木地板

本税目的征收范围包括各类规格的实木地板、实木指接地板、实木复合地板及用于装饰墙壁、天棚的侧端面为榫、槽的实木装饰板。

14. 电池

本税目的征收范围包括原电池、蓄电池、燃料电池、太阳能电池和其他电池。

【提示】对无汞原电池、金属氢化物镍蓄电池、锂原电池、锂离子蓄电池、太阳能电池、燃料电池和全钒液流电池，免征消费税。

15. 涂料

本税目征收范围包括涂于物体表面能形成具有保护、装饰或特殊性能的固态涂膜的各类液体或固体涂料。

【提示】对施工状态下挥发性有机物（Volatile Organic Compounds，VOC）含量低于420克/升（含）的涂料，免征消费税。

【思考】增值税与消费税征税范围有何联系与区别？

三、确定消费税税率

消费税实行比例税率、定额税率和从量定额与从价定率相结合的复合计税三种形式。大多数消费品采用比例税率；对黄酒、啤酒、成品油，实行定额税率；对卷烟、粮食白酒、薯类白酒，实行从量定额与从价定率相结合计算应纳税额的复合计税办法。

现行消费税税目、税率（税额）见表3-1。

表3-1   消费税税目、税率

税目	税率	备注
一、烟		①2009年5月1日起，卷烟每标准条(200支)调拨价格在70元以上(含70元，不含增值税)的为甲类卷烟，每标准条调拨价格在70元以下的为乙类卷烟。 ②自2015年5月10日起，卷烟批发环节消费税实行复合计税，税率为11%加0.005元/支（或250元/箱）
1.卷烟		
（1）甲类卷烟	56%加0.003元/支（或150元/箱）	
（2）乙类卷烟	36%加0.003元/支（或150元/箱）	
2.雪茄烟	36%	
3.烟丝	30%	
二、酒		
1.白酒	20%加0.5元/500克（或500毫升）	
2.黄酒	240元/吨	
3.啤酒		啤酒每吨出厂价格（含包装物及包装物押金）在3 000元以上（含3 000元，不含增值税）的为甲类啤酒，在3 000元以下的为乙类啤酒
（1）甲类啤酒	250元/吨	
（2）乙类啤酒	220元/吨	
4.其他酒	10%	
三、高档化妆品	15%	2016年10月1日起执行
四、贵重首饰及珠宝玉石		
1.金银首饰、铂金首饰和钻石及钻石饰品	5%	
2.其他贵重首饰和珠宝玉石	10%	

续表

税　目	税　率	备　注
五、鞭炮、焰火	15%	
六、成品油 　1.汽油 　2.柴油 　3.石脑油 　4.溶剂油 　5.润滑油 　6.燃料油 　7.航空煤油	 1.52元/升 1.2元/升 1.52元/升 1.52元/升 1.52元/升 1.2元/升 1.2元/升	
七、摩托车 　1.气缸容量（排气量）为250毫升的 　2.气缸容量在250毫升以上的	 3% 10%	
八、小汽车 　1.乘用车 　（1）气缸容量（排气量）在1.0升以下（含1.0升）的 　（2）气缸容量在1.0升以上至1.5升（含1.5升）的 　（3）气缸容量在1.5升以上至2.0升（含2.0升）的 　（4）气缸容量在2.0升以上至2.5升（含2.5升）的 　（5）气缸容量在2.5升以上至3.0升（含3.0升）的 　（6）气缸容量在3.0升以上至4.0升（含4.0升）的 　（7）气缸容量在4.0以上的 　2.中轻型商用客车 　3.超豪华小汽车	 1% 3% 5% 9% 12% 25% 40% 5% 按子税目1和子税目2的规定征收	 自2016年12月1日起，"小汽车"税目下增设"超豪华小汽车"子税目。征收范围为每辆零售价格130万元（不含增值税）及以上的乘用车和中轻型商用客车，即乘用车和中轻型商用客车子税目中的超豪华小汽车。对超豪华小汽车，在生产（进口）环节按现行税率征收消费税的基础上，在零售环节加征消费税，税率为10%
九、高尔夫球及球具	10%	
十、高档手表	20%	
十一、游艇	10%	
十二、木制一次性筷子	5%	
十三、实木地板	5%	
十四、电池	4%	
十五、涂料	4%	

　　【提示】纳税人兼营不同税率应税消费品的，应当分别核算其销售额或销售数量。未分别核算销售额或销售数量的，或者将不同税率的应税消费品组成成套消费品销售的，从高适用税率。

【知识链接】

消费税纳税环节

　　消费税是一次课征的税种，一般在应税消费品流通环节中只征一次税（卷烟除外）。

（1）纳税人生产的应税消费品，于销售时纳税（第一次对外销售）。

（2）纳税人自产自用的应税消费品，用于连续生产应税消费品的，不纳税；用于其他方面的，于移送使用时纳税。

（3）委托加工的应税消费品，由受托方在向委托方交货时代收代缴税款；但委托个体经营者加工的，一律于委托方收回后，在委托方所在地纳税。

（4）进口的应税消费品，于报关进口时纳税。

（5）金银首饰（含镶嵌饰品）、钻石及钻石饰品，于零售环节纳税。

【提示】卷烟在批发环节加征一道消费税。

图片：关于调整卷烟消费税的政策

【思考】在"啤酒厂 → 啤酒批发商 → 啤酒零售商 → 消费者"3个环节中，哪个环节应缴纳消费税？

【课堂能力训练】

1.A卷烟厂提供烟叶委托B烟厂加工一批烟丝。A卷烟厂将已收回烟丝中的一部分用于生产卷烟，另一部分烟丝卖给C公司。在这项委托加工烟丝业务中，消费税的纳税义务人是谁？代收代缴义务人是谁？A厂收回用于生产卷烟的那部分烟丝是否还需要缴纳消费税？A厂收回后卖给C公司部分烟丝是否还需要缴纳消费税？

2.请分析下列各项属于消费税征税范围的消费品有哪些？税率是多少？

高档手表；高档西服；实木地板；网球及球具；高档化妆品；护肤护发品；汽油；柴油；食品油；电池；白酒；酒精；卷烟；烟丝。

3.某啤酒厂销售A型啤酒20吨给副食品公司，开具税控增值税专用发票，收取价款58 000元，收取包装物押金3 000元；销售B型啤酒10吨给宾馆，开具普通发票，收取32 760元，收取包装物押金1 500元。判断以上业务应按何种税目计征，适用税率是多少。

4.某化妆品厂，将高档化妆品和化妆工具等组成成套消费品销售，每套消费品售价为1 200元，每套消费品由一瓶精华液350元，一盒日霜200元，一盒晚霜250元，一瓶眼霜320元，一面镜子50元和包装盒30元组成。请问：属于消费税征税范围的消费品有哪些？税率是多少（假定精华液、日霜、晚霜、眼霜达到高档化妆品标准）？

任务2　计算消费税　▼

引导案例 ◄

醉春风酒业有限公司某月将白酒、红葡萄酒组成套装礼品盒销售，每盒销售价格180元，共销售350盒，其中每盒白酒、红葡萄酒各1瓶（均为500克装）；又将委托其他企业加工收回的白葡萄酒100千克按回收价格直接销售，销售额为8 000元，该批白葡萄酒收回时，已由加工企业代收代缴消费税。请问：以上业务是否需要缴纳消费税？如果需要缴纳，分别应如何计税？

引导案例解析

消费税采用从价定率计征、从量定额计征和从价从量复合计征三种方法，分别对不同的应税消费品计算应纳消费税（见表3-2）。其中，对价格变动较大且便于按价格计税的税目，实行从价定率征税；对价格变动较小，品种、规格比较单一的税目，实行从量定额征税；对卷烟、白酒，实行从价从量复合征税。

表3-2   **消费税计税方法一览表**

计税方法	计算公式	适用范围
从价定率办法	应纳税额＝销售额×比例税率	表3-1中实行比例税率的应税消费品
从量定额办法	应纳税额＝销售数量×定额税率	表3-1中实行定额税率的应税消费品（黄酒、啤酒、成品油）
复合计税办法	应纳税额＝销售额×比例税率 ＋销售数量×定额税率	表3-1中实行复合税率的应税消费品（卷烟、白酒）

一、计算自产应税消费品外销应纳税额

（一）计算从价定率办法下的应纳税额

按从价定率办法计算应纳税额的基本计算公式为：

$$应纳税额＝销售额×比例税率$$

1.确定一般情况下的计税销售额

销售应税消费品的计税依据是计税销售额，计税销售额为纳税人销售应税消费品向购买方收取的全部价款和价外费用。由于消费税和增值税实行交叉征收，而消费税实行价内税，增值税实行价外税，因此实行从价定率征收消费税的消费品，其消费税计税依据和增值税计税依据基本上是一致的，即都是含消费税而不含增值税的销售额。因此，前面有关增值税确认销售额的规定同样适用于消费税。

【做中学3-2】B化妆品厂销售高档化妆品一批，开具的增值税专用发票上注明价款10 000元，税款1 700元，货款已收到，化妆品消费税税率为15%。

要求：计算此项业务涉及的消费税。

应纳消费税税额＝10 000×15%＝1 500（元）

2.确定特殊情况下的计税销售额

（1）包装物押金的计税销售额。

应税消费品连同包装物销售的，无论包装物如何计价，也无论在会计上如何核算，均应并入应税消费品的销售额中征收消费税。如果包装物只收取押金，不作价随同产品销售，则其押金不并入应税消费品的销售额中征。但对因逾期未收回的包装物不再退还的押金和已收取一年以上的押金，按所包装的应税消费品的适用税率征收消费税。对既作价随同应税消费品销售，又另外收取押金的包装物押金，凡纳税人在规定的期限内不予退还的，也应并入应税销售额，按应税消费品的适用税率征收消费税。

【提示】对酒类产品生产企业销售除啤酒、黄酒外的其他酒类产品收取的包装物押金，无论押金是否返还及会计上如何核算，均需并入酒类产品销售额中，依酒类产品的适用税率征收消费税。但以上规定不适用于实行从量定额征收消费税的啤酒和黄酒。

（2）纳税人用于换取生产资料和消费资料、投资入股和抵偿债务等方面的应税消费品，应当以纳税人同类应税消费品的最高销售价格作为计税依据计算消费税。

【做中学3-3】某葡萄酒生产企业本月销售葡萄酒1 000 000元，另拿200吨葡萄酒换生产资料。该葡萄酒最高售价为每吨200元，最低售价为每吨180元，平均售价为每吨190元。

要求：计算此项业务涉及的消费税和增值税。

应纳消费税税额＝1 000 000×10%＋200×200×10%＝104 000（元）

应纳增值税税额＝1 000 000×17%＋200×190×17%＝176 460（元）

（3）纳税人通过自设的非独立核算门市部销售的自产应税消费品，应当按照门市部实际对外销售额征收消费税。

（4）白酒生产企业销售给销售单位的白酒，生产企业消费税计税价格低于销售单位对外销售价格（不含增值税）70%以下的，税务机关应核定消费税最低计税价格；生产企业消费税计税价格高于销售单位对外销售价格（含）70%以上的，税务机关暂不核定消费税最低计税价格。

已核定最低计税价格的白酒，生产企业实际销售价格高于消费税最低计税价格的，按实际销售价格申报纳税；实际销售价格低于消费税最低计税价格的，按最低计税价格申报纳税。

已核定最低计税价格的白酒，销售单位对外销售价格持续上涨或下降时间达到3个月以上、累计上涨或下降幅度在20%（含20%）以上的白酒，税务机关重新核定最低计税价格。

上述销售单位是指销售公司、购销公司以及委托境内其他单位或个人包销本企业生产白酒的商业机构。其中，销售公司、购销公司是指专门购进并销售白酒生产企业生产的白酒，并与该白酒生产企业存在关联性质的公司。

【做中学3-4】某木制品公司生产实木地板和一次性筷子。某年5月销售给A公司实木地板，开具增值税专用发票一张，注明价款50 000元，增值税税率17%，税额8 500元，另外收取包装费819元；销售给B公司一次性筷子一批，售价3 510元，代垫运费150元，开具普通发票一张，连同代垫运费单据等一并向银行办妥托收手续；因C公司逾期未还以前购买实木地板时所借包装物，没收其押金234元

要求：计算该木制品公司5月应缴纳的消费税。

销售实木地板应纳消费税税额＝［50 000＋819÷（1＋17%）］×5%＝2 535（元）

销售一次性筷子应纳消费税税额＝3 510÷（1＋17%）×5%＝150（元）

没收押金应纳消费税税额＝234÷（1＋17%）×5%＝10（元）

某木制品公司5月应纳消费税税额＝2 535＋150＋10＝2 695（元）

（二）计算从量定额办法下应纳税额

按从量定额办法计算应纳税额的计算公式为：

应纳税额＝销售数量×定额税率

1.确定应税消费品的数量

（1）销售应税消费品的，为应税消费品的销售数量。

（2）自产自用应税消费品的，为应税消费品的移送使用数量。

（3）委托加工应税消费品的，为纳税人收回的应税消费品数量。

（4）进口应税消费品的，为海关核定的应税消费品进口征税数量。

2.换算相关的计量单位

从量计征的应税消费品计算应纳消费税税额时，必须正确依消费税税率表中的计量单位来计算，相关计量单位的换算见表3-3。

表3-3　　　　　　　　　　　　销售数量计量单位换算标准表

黄酒1吨	= 962升
啤酒1吨	= 988升
汽油1吨	= 1 388升
柴油1吨	= 1 176升
航空煤油1吨	= 1 246升
石脑油1吨	= 1 385升
溶剂油1吨	= 1 282升
润滑油1吨	= 1 126升
燃料油1吨	= 1 015升

【做中学3-5】某酒厂销售啤酒2 964升，不含税销售额为10 000元。

要求：试计算本项业务所涉及的消费税。

计量单位换算啤酒1吨=988升，2 964÷988=3（吨），每吨售价=10 000÷3=3 333.33（元），适用的单位税额为250元/吨。

应纳消费税税额=3×250=750（元）

（三）计算复合计税法下的应纳税额

复合计税办法是两种方法的结合，应纳税额的计算公式为：

应纳税额=销售额×比例税率+销售数量×定额税率

【做中学3-6】某卷烟厂生产甲、乙两种品牌卷烟，其中甲卷烟每箱25 000元（不含税），乙卷烟每箱15 000元（不含税）。某月销售给某商场甲种卷烟20箱，乙种卷烟10箱。

请问：该卷烟厂当月应纳多少消费税？

甲卷烟每箱25 000元，1标准条=25 000÷250=100（元），适用56%的比例税率。

乙卷烟每箱15 000元，1标准条=15 000÷250=60（元），适用36%的比例税率。

应纳消费税税额=（20×25 000×56%+20×150）+（10×15 000×36%+10×150）

=283 000+55 500=338 500（元）

【提示】自2015年5月10日起，在我国境内从事卷烟批发业务的所有单位和个人，应就其批发销售的所有牌号、规格的卷烟，按11%税率计征从价税，并按0.005元/支加征从量税。计算批发环节卷烟消费税应注意以下几点：

（1）纳税人销售给纳税人以外的单位和个人的卷烟于销售时纳税，纳税人之间销售的卷烟不缴纳消费税。

（2）应将卷烟销售额与其他商品销售额分开核算，未分开核算的，一并征收消费税。

（3）卷烟消费税在生产和批发两个环节征收后，批发企业在计算纳税时不得扣除已含的生产环节的消费税税款。

【做中学3-7】某烟草公司为增值税一般纳税人，持有烟草批发许可证，某月收回委托加工的卷烟200箱。烟草公司将其中50箱销售给烟草批发商甲公司，取得含税销售额140.4万元；150箱销售给烟草零售商乙专卖店，取得含税销售额456.3万元。

要求：计算该烟草公司应纳消费税税额。

甲企业为烟草批发商，批发商之间销售卷烟不征收消费税；乙专卖店为烟草零售商，批发商销售给零售商卷烟应征收消费税。

应纳消费税税额=456.3÷（1+17%）×11%+150×0.025=46.65（万元）

（四）计算已纳消费税的扣除

为避免重复征税，用外购的已税消费品连续生产应税消费品，准予从应纳消费税税额中按当期生产领用数量计算扣除外购已税消费品已纳消费税税额。

1.确定准予扣除的范围

准予扣除外购已税消费品已纳税额的应税消费品，包括：

（1）用外购已税烟丝生产的卷烟。

（2）用外购已税高档化妆品生产的高档化妆品。

（3）用外购已税珠宝玉石生产的贵重首饰及珠宝玉石（金银首饰消费税改变纳税环节后，用已税珠宝玉石连续生产镶嵌首饰，在计算时一律不得扣除已纳的消费税税款）。

（4）用外购已税鞭炮焰火生产的鞭炮焰火。

（5）用外购已税摩托车连续生产摩托车。

（6）用外购已税木制一次性筷子为原料生产的木制一次性筷子。

（7）用外购已税实木地板为原料生产的实木地板。

（8）用外购已税杆头、杆身和握把为原料生产的高尔夫球杆。

（9）用外购已税润滑油为原料生产的润滑油。

（10）用外购已税石脑油为原料生产的应税消费品。

（11）用外购已税汽油、柴油为原料生产的甲醇汽油、生物柴油。

外购已税消费品连续生产应税消费品的纳税人从增值税一般纳税人购进已税消费品，外购已税消费品的抵扣凭证为增值税专用发票（含销货清单）。纳税人未提供增值税专用发票和销货清单的，不予扣除外购已税消费品已纳消费税。

从增值税小规模纳税人购进已税消费品，外购已税消费品的抵扣凭证为主管税务机关代开的增值税专用发票。

2.计算外购已税消费品连续生产应税消费品可抵扣消费税的已纳税款

（1）计算从价定率法下允许抵扣的已纳税额。

$$\frac{\text{当期准予}}{\text{扣除税款}}=\frac{\text{当期准予扣除外}}{\text{购应税消费品买价}}\times\frac{\text{外购应税}}{\text{消费品适用税率}}$$

$$\frac{\text{当期准予扣除外}}{\text{购应税消费品买价}}=\frac{\text{期初库存外购}}{\text{应税消费品买价}}+\frac{\text{当期购进的外购}}{\text{应税消费品买价}}-\frac{\text{期末库存的外购}}{\text{应税消费品买价}}$$

外购已税消费品买价为纳税人取得发票（含销货清单）上注明的应税消费品的销售额。

（2）计算从量定额法下允许抵扣的已纳税额。

$$\frac{\text{当期准予扣除的外购}}{\text{应税消费品已纳税款}} = \frac{\text{当期准予扣除外}}{\text{购应税消费品数量}} \times \frac{\text{外购应税}}{\text{消费品单位税额}}$$

$$\frac{\text{当期准予扣除外}}{\text{购应税消费品数量}} = \frac{\text{期初库存外购}}{\text{应税消费品数量}} + \frac{\text{当期购进的外购}}{\text{应税消费品数量}} - \frac{\text{期末库存外购}}{\text{应税消费品数量}}$$

外购已税消费品数量为发票（含销货清单）上注明的应税消费品的销售数量。

【做中学3-8】某化妆品厂某月外购高档化妆品甲一批，取得增值税专用发票，注明价款20 000元，税款3 400元，用于生产高档化妆品乙。当月销售高档化妆品乙50 000元。已知该厂月初库存的外购高档化妆品甲买价为5 000元，月末库存的外购高档化妆品甲买价为1 000元。

要求：计算该厂当月应纳消费税税额（以上均为不含税价）。

允许扣除的外购高档化妆品买价=5 000+20 000-1 000=24 000（元）

应纳消费税税额=50 000×15%-24 000×15%=3 900（元）

二、计算自产自用应税消费品应纳税额

（一）自产自用的概念及应税规定

自产自用，是指纳税人生产应税消费品后，不是用于直接对外销售，而是用于自己连续生产应税消费品，或用于其他方面。

微课：自产自用
应税消费品组成
计税价格的运用

1.用于连续生产的应税消费品不纳消费税

用于连续生产的应税消费品，是指作为生产最终应税消费品的直接材料，并构成最终产品实体的应税消费品，如卷烟厂生产的烟丝用于本厂连续生产卷烟等。用于连续生产应税消费品的，不纳消费税。

2.用于其他方面的应税消费品应纳消费税

用于其他方面的应税消费品，是指用于生产非应税消费品、在建工程、管理部门、非生产机构、提供劳务、馈赠、赞助、集资、广告、样品、职工福利、奖励等方面的应税消费品。用于其他方面的，应于移送时缴纳消费税。

【提示】对自产自用的应税消费品，用于连续生产应税消费品的不征税，是为了避免重复征税。自产应税消费品用于其他方面属于税法所规定范围的，都要视同销售，依法缴纳消费税。

（二）自产自用应税消费品用于其他方面消费税应纳税额的计算

自产自用的应税消费品用于其他方面消费税应纳税额的计算，也有从价定率、从量定额和复合计税三种情形。

1.计算从价定率法下的应纳税额

纳税人自产自用的应税消费品，按照纳税人同类消费品销售价格计算纳税；没有同类消费品销售价格的，按照组成计税价格计算纳税。即：

（1）有同类消费品销售价格时，计算公式为：

应纳消费税税额=同类消费品销售价格×销售数量×比例税率

（2）没有同类消费品销售价格时，按组成计税价格计税，计算公式为：

组成计税价格=（成本+利润）÷（1-比例税率）

=成本×（1+成本利润率）÷（1-比例税率）

应纳消费税税额=组成计税价格×比例税率

上述公式中的"成本",是指应税消费品的生产成本。"利润",是指根据应税消费品的全国平均成本利润率计算的利润。应税消费品全国平均成本利润率由国家税务总局确定,具体见表3-4。

表3-4 应税消费品全国平均成本利润率表

序号	种类	成本利润率	序号	种类	成本利润率
1	甲类卷烟	10%	11	摩托车	6%
2	乙类卷烟	5%	12	乘用车	8%
3	雪茄烟	5%	13	中轻型商用客车	5%
4	烟丝	5%	14	高尔夫球及球具	10%
5	粮食白酒	10%	15	高档手表	20%
6	薯类白酒	5%	16	游艇	10%
7	其他酒	5%	17	木制一次性筷子	5%
8	高档化妆品	5%	18	实木地板	5%
9	鞭炮、焰火	5%	19	电池	4%
10	贵重首饰及珠宝玉石	6%	20	涂料	7%

【思考】 自产自用应税消费品的组成计税价格与增值税视同销售组成计税价格计算公式一样吗?

【做中学3-9】 某化妆品厂以自产的一批高档化妆品丙作为福利发放给本厂职工,该批化妆品无同类产品销售价格,生产成本为5 800元。

要求:计算本项业务所涉及的消费税。

组成计税价格=5 800×(1+5%)÷(1-15%)=7 164.71(元)

应纳消费税税额=7 164.71×15%=1 074.71(元)

2.计算从量定额法下的应纳税额

自产自用应税消费品从量定额计征的,其计税依据为应税消费品的移送使用数量。

$$应纳消费税税额=移送使用数量×定额税率$$

3.计算复合计税法下的应纳税额

实行复合计税办法计算消费税的组成计税价格计算公式为:

组成计税价格=(成本+利润+自产自用数量×定额税率)÷(1-比例税率)

=[成本×(1+成本利润率)+自产自用数量×定额税率]÷(1-比例税率)

应纳消费税税额=组成计税价格×比例税率+自产自用数量×定额税率

【做中学3-10】 某酒厂将特制粮食白酒2吨作为福利分给本厂职工,该粮食白酒无同类产品销售价格,生产成本为每吨50 000元。

要求:计算本项业务所涉及的消费税。

组成计税价格=[50 000×2×(1+10%)+2×2 000×0.5]÷(1-20%)=140 000(元)

应纳消费税税额=140 000×20%+2×2 000×0.5=30 000（元）

三、计算委托加工应税消费品应纳税额

委托加工应税消费品，是指由委托方提供原料和主要材料，受托方只收取加工费和代垫部分辅助材料加工的应税消费品。

【提示】对于由受托方提供原材料生产的应税消费品，或者受托方先将原材料卖给委托方，然后再接受加工的应税消费品，以及由受托方以委托方名义购进原材料生产的应税消费品，无论纳税人在财务上是否作销售处理，都不得作为委托加工应税消费品，而应当按照销售自制应税消费品缴纳消费税。

委托加工应税消费品，应由受托方在向委托方交货时代收代缴消费税，向受托方机构所在地的主管税务机关解缴消费税税款。但是，如果纳税人委托个体经营者加工应税消费品，则由委托方收回后在委托方所在地缴纳消费税。

委托加工环节代收代缴消费税应纳税额的计算，也有从价定率、从量定额和复合计税三种情形。

（一）计算从价定率法下的应纳税额

委托加工应税消费品，按受托方同类消费品销售价格计算纳税。受托方没有同类消费品销售价格的，按组成计税价格计算纳税。

1.受托方有同类消费品销售价格时

其计算公式为：

应纳消费税税额=受托方同类消费品的销售价格×委托加工数量×比例税率

2.受托方没有同类消费品销售价格时

按组成计税价格计税，计算公式为：

组成计税价格=（材料成本+加工费）÷（1-比例税率）

应纳消费税税额=组成计税价格×比例税率

【提示】公式中的"材料成本"，是指委托方所提供加工材料的实际成本。公式中的"加工费"，是指受托方加工应税消费品向委托方收取的全部费用（包括代垫辅助材料的实际成本，不包括增值税税额）。

【做中学3-11】甲化妆品厂委托乙化妆品厂加工一批高档化妆品，提供原料成本为90 000元，乙化妆品厂收取加工费10 000元，无同类产品销售价格。

要求：计算此项委托加工业务由乙化妆品厂代收代缴的消费税税额。

组成计税价格=（90 000+10 000）÷（1-15%）=117 647.06（元）

乙化妆品厂应代收代缴消费税税额=117 647.06×15%=17 647.06（元）

【思考】乙化妆品厂应支付的增值税税额是多少？甲化妆品厂收回的高档化妆品，在出售时还需计算缴纳消费税吗？

（二）计算从量定额法下的应纳税额

委托加工应税消费品从量定额计征的，其计税依据为纳税人收回的应税消费品数量。

其计算公式为：

应纳消费税税额=收回的应税消费品数量×定额税率

【做中学3-12】某啤酒厂委托A啤酒厂加工瓶装啤酒一批，拨出散装啤酒26吨，每吨成本2 000元，共支付加工费52 000元，当月加工完毕收回500箱，每箱49.4升，

该瓶装啤酒出厂价格为每吨 3 451.5 元（含增值税）。

要求：计算当月 A 啤酒厂应代收代缴的消费税。

收回的应税消费品数量=500×49.4÷988=25（吨）

每吨出厂价格（不含增值税）=3 451.5÷（1+17%）=2 950（元）<3 000（元）

因此，适用的税额为220元/吨。

A 啤酒厂应代收代缴的消费税税额=220×25=5 500（元）

（三）计算复合计税法下的应纳税额

实行复合计税办法计算纳税的组成计税价格计算公式为：

组成计税价格=（材料成本+加工费+收回数量×定额税率）÷（1-比例税率）

应纳消费税税额=组成计税价格×比例税率+收回数量×定额税率

【做中学 3-13】某酒厂提供粮食一批，委托 A 酒厂加工粮食白酒 4 吨，该批粮食的成本为 80 000 元，共支付加工费 20 000 元，且特制粮食白酒无同类产品销售价格。

要求：计算此项委托加工业务由 A 酒厂代收代缴的消费税税额。

组成计税价格=（80 000+20 000+4×2 000×0.5）÷（1-20%）=130 000（元）

A 酒厂代收代缴的消费税税额=130 000×20%+4×2 000×0.5=30 000（元）

（四）委托加工应税消费品收回后的处理

1.委托加工应税消费品收回后直接用于销售的计税方法

委托加工的应税消费品，受托方在交货时已代收代缴消费税，委托方收回后直接销售，销售价格不高于受托方计税价格的，不再征收消费税。由受托方代收的消费税，随同支付的加工费一并计入委托加工应税消费品的成本。委托方将委托加工收回的应税消费品，以高于受托方的计税价格出售的，应按照规定缴纳消费税，符合税法规定的扣税范围的，允许扣除加工环节已纳的消费税。

【提示】直接销售，是指委托方将收回的应税消费品，以不高于受托方的计税价格出售。

【做中学 3-14】某化妆品厂发出原材料一批，委托某化工厂加工成高档化妆品 A，收回后用于销售，该化工厂无同类产品。已知发出材料 10 000 元，加工费 3 000 元。产品已收回，所有款项支付完毕。本月将高档化妆品 A 出售，不含税售价为 18 571 元。

要求：计算本项业务所涉及的消费税。

组成计税价格=（10 000+3 000）÷（1-15%）=15 294.12（元）

化工厂应代收代缴消费税税额=15 294.12×15%=2 294.12（元）

若委托加工收回的高档化妆品以不高于受托方的计税价格直接销售，化妆品厂不再缴纳消费税。

2.委托加工应税消费品收回后用于连续生产应税消费品的计税方法

与用外购已税消费品连续生产应税消费品相似，委托加工的应税消费品，受托方在交货时已代收代缴消费税，委托方收回后用于连续生产应税消费品的，其已纳税款准予按当期生产领用数量从连续生产的应税消费品应纳消费税额中抵扣。

按照国家税务总局的规定，其准予抵扣的范围与外购已税品准予抵扣的范围一致。包括：

（1）用委托加工收回的已税烟丝生产的卷烟。

（2）用委托加工收回的已税高档化妆品生产的高档化妆品。

（3）用委托加工收回的已税珠宝玉石生产的贵重首饰及珠宝玉石（金银首饰消费税改变纳税环节后，用已税珠宝玉石连续生产镶嵌首饰，在计算时一律不得扣除已纳的消费税税款）。

（4）用委托加工收回的已税鞭炮焰火生产的鞭炮焰火。

（5）用委托加工收回的已税摩托车连续生产摩托车。

（6）用委托加工收回的已税木制一次性筷子为原料生产的木制一次性筷子。

（7）用委托加工收回的已税实木地板为原料生产的实木地板。

（8）用委托加工收回的已税杆头、杆身和握把为原料生产的高尔夫球杆。

（9）用委托加工收回的已税润滑油为原料生产的润滑油。

（10）用委托加工收回的已税石脑油为原料生产的应税消费品。

（11）用委托加工收回的已税汽油、柴油为原料生产的甲醇汽油、生物柴油。

计算委托加工收回应税消费品连续生产应税消费品可抵扣消费税的已纳税款的公式为：

$$\begin{array}{l}\text{当期准予扣除的委托加}\\\text{工应税消费品已纳税款}\end{array}=\begin{array}{l}\text{期初库存的委托加工}\\\text{应税消费品已纳税款}\end{array}+\begin{array}{l}\text{收回的委托加工应}\\\text{税消费品已纳税款}\end{array}-\begin{array}{l}\text{期末库存的委托加工}\\\text{应税消费品已纳税款}\end{array}$$

委托加工应税消费品已纳税款为代扣代收税款凭证上注明的受托方代收代缴的消费税。

【做中学3-15】 某化妆品厂发出原材料一批，委托某化工厂加工成高档化妆品B，收回后用于连续加工为另一种高档化妆品C。已知发出原材料成本20 000元，加工费及代垫辅料费共3 000元。产品已收回，并于当月全部领用。以上业务所有款项支付完毕，本月出售高档化妆品C一批，售价不含税45 000元，本企业高档化妆品B月初、月末均无库存。

要求：计算本项业务所涉及的消费税。

收回委托加工高档化妆品B化工厂代扣代缴消费税税额＝（20 000＋3 000）÷（1－15%）×15%＝4 058.82（元）

因当月全部领用，允许抵扣的高档化妆品B已纳税额为4 058.82元。

出售高档化妆品C应纳消费税税额＝45 000×15%－4 058.82＝2 691.18（元）

四、计算进口应税消费品应纳税额

进口应税消费品于报关时缴纳消费税，并由海关代征。进口应税消费品应纳税额的计算，也有从价定率、从量定额和复合计税三种情形。

（一）计算从价定率法下进口应税消费税的应纳税额

进口的应税消费品若属于从价定率计征税目，应按组成计税价格和适用税率计算应纳消费税。

组成计税价格＝（关税完税价格＋关税）÷（1－比例税率）

＝关税完税价格×（1＋关税税率）÷（1－比例税率）

应纳消费税税额＝组成计税价格×比例税率

【提示】 "关税完税价格"，是指海关核定的关税计税价格。关税＝关税完税价格×关税税率。

【做中学3-16】 某贸易公司进口韩国高档化妆品一批，经海关核定的关税完税价格为300 000元，已纳进口关税50 000元。

要求：计算本项业务所涉及的消费税。

组成计税价格＝（300 000+50 000）÷（1-15%）=411 764.71（元）

应纳消费税税额=411 764.71×15%=61 764.71（元）

（二）计算从量定额法下进口应税消费税的应纳税额

进口的应税消费品从量定额计征的，其计税依据为海关核定的应税消费品进口数量。

$$应纳消费税税额=海关核定的进口数量×定额税率$$

（三）计算复合计税法下进口应税消费税的应纳税额

实行复合计税办法计算纳税的组成计税价格计算公式为：

$$组成计税价格=（关税完税价格+关税+进口数量×定额税率）÷（1-比例税率）$$

$$应纳消费税税额=组成计税价格×比例税率+进口数量×定额税率$$

【做中学3-17】某烟草公司从国外进口卷烟25大箱，每标准条进口卷烟价格为134.53元，关税完税价格为467 850元，进口卷烟的关税税率为25%。

要求：计算本项业务所涉及的消费税。

每标准条进口卷烟价格大于70元，因此适用的比例税率为56%。

组成计税价格＝（467 850+467 850×25%+25×150）÷（1-56%）=1 337 642.05（元）

应纳消费税税额=1 337 642.05×56%+25×150=752 829.55（元）

【总结】

以上所述的消费税应税消费品自产外销、自产自用、外购已税消费品直接销售、外购已税消费品继续加工后销售、委托加工应税消费品收回后直接销售和收回后继续加工再销售等几种情况，消费税的计算和纳税环节各有不同，见表3-5。

表3-5 不同情形消费税纳税环节

方式	目标		产品性质	移送环节	销售环节
加工生产	直接销售		应税消费品		纳税
	自用	其他方面	应税消费品	纳税	
		连续生产	应税消费品	不纳税	纳税
			非应税消费品	纳税	不纳税
委托加工收回已税消费品	直接销售				不纳税
	连续生产		非应税消费品	不纳税	不纳税
			应税消费品	不纳税	纳税，可抵扣已纳税额
外购已税消费品	直接销售				不纳税
	连续生产		非应税消费品		不纳税
			应税消费品		纳税，可抵扣已纳税额

【课堂能力训练】

1. 某鞭炮厂以自产的烟花 100 箱换取原料一批，价值 40 000 元。该厂生产的同一规格的烟花销售价格分别为 350 元/箱、380 元/箱和 420 元/箱。计算该批烟花的应纳消费税（上述价格均不含增值税）。

2. 某化妆品有限公司本月销售自产高档化妆品 50 000 元（不含增值税）；用于连续生产高档化妆品的自产高档化妆品 100 000 元（不含增值税）；另有成本为 6 000 元的自产高档化妆品用于职工福利。计算该企业应缴纳消费税税额。

3. 某珠宝行委托 A 首饰厂加工玉石一批，原材料价值 300 000 元，支付加工费 50 000 元。试计算委托加工该批玉石业务由 A 首饰厂代收代缴的消费税。

4. 某酒业有限公司进口粮食白酒 20 吨，到岸价折合 400 000 元人民币。关税税率 40%，计算该公司应纳消费税税额。

任务3 申报消费税

引导案例

醉春风酒业有限公司某年 1 月委托其他企业加工白葡萄酒一批。请分析其应纳的消费税应在何时何地如何缴纳？该笔消费税如何在纳税申报表中反映？

引导案例解析

一、确定纳税义务发生时间

消费税纳税义务发生时间以货物结算或行为发生时间确定。

（1）纳税人销售应税消费品的纳税义务发生时间为：

①采取赊销和分期收款结算方式的，为书面合同约定的收款日期的当天，书面合同没有约定收款日期或者无书面合同的，为发出应税消费品的当天；

②采取预收款结算方式的，为发出应税消费品的当天；

③采取托收承付和委托银行收款方式销售的，为发出应税销售品并办妥托收手续的当天；

④采取其他结算方式的，为收讫销售款或者索取销售款凭据的当天。

（2）纳税人自产自用应税消费品，为移送使用的当天。

（3）纳税人委托加工应税消费品，为纳税人提货的当天。

（4）纳税人进口应税消费品，为报关进口的当天。

二、确定纳税期限

消费税的纳税期限分别为 1 日、3 日、5 日、10 日、15 日、1 个月或者 1 个季度。纳税人的具体纳税期限，由主管税务机关根据纳税人应纳税额的大小分别核定；不能按照固定期限纳税的，可以按次纳税。

纳税人以 1 个月或者 1 个季度为 1 个纳税期的，自期满之日起 15 日内申报纳税；以 1

日、3日、5日、10日或者15日为1个纳税期的，自期满之日起5日内预缴税款，于次月1日起15日内申报纳税并结清上月应纳税款。

纳税人进口应税消费品，应当自海关填发海关进口消费税专用缴款书之日起15日内缴纳税款。

【思考】 消费税纳税义务发生时间和纳税期限的确定与增值税一致吗？

三、确定纳税地点

消费税的缴纳原则上采取属地征收的方法，即纳税人机构所在地或者居住地的主管税务机关。具体规定如下：

（1）纳税人销售的应税消费品，以及自产自用的应税消费品，除国务院财政、税务主管部门另有规定外，应当向纳税人机构所在地或者居住地的主管税务机关申报纳税。

（2）委托加工的应税消费品，除受托方为个人外，由受托方向机构所在地或居住地的主管税务机关解缴消费税税款。委托个人加工的应税消费品，由委托方向其机构所在地或者居住地主管税务机关申报纳税。

（3）进口的应税消费品，由进口人或其代理人向报关地海关申报纳税。

（4）纳税人到外县（市）销售或者委托外县（市）代销自产应税消费品的，于应税消费品销售后，向机构所在地或者居住地主管税务机关申报纳税。

（5）纳税人的总机构与分支机构不在同一县（市）的，应当分别向各自机构所在地的主管税务机关申报纳税；经财政部、国家税务总局或者其授权的财政、税务机关批准，可以由总机构汇总向总机构所在地的主管税务机关申报纳税。

四、填制纳税申报表

按照现行消费税法规，消费税的纳税申报表是根据纳税人生产的不同应税消费品进行设计的，纳税人根据所生产应税消费品的不同，分别填制相应纳税申报表后向主管税务机关进行纳税申报。消费税的申报表按不同的产品分别有《烟类应税消费品消费税纳税申报表》（见表3-6）、《卷烟消费税纳税申报表（批发）》（见表3-7）、《酒类应税消费品消费税纳税申报表》（见表3-8）、《成品油消费税纳税申报表》（见表3-9）、《小汽车消费税纳税申报表》（见表3-10）、《其他应税消费品消费税纳税申报表》（见表3-11）等。同时，每类申报表还有《本期准予扣除计算表》《本期代收代缴税额计算表》《生产经营情况表》《准予扣除消费税凭证明细表》等附表。

表3-6　　　　　　　　**烟类应税消费品消费税纳税申报表**

税款所属期：　　　年　　月　　日至　　　年　　月　　日

纳税人名称（公章）：

纳税人识别号：

填表日期：　　年　　月　　日　　单位：卷烟＿＿万支、雪茄烟＿＿支、烟丝＿＿千克

金额单位：元（列至角分）

项目 应税 消费品名称	适用税率		销售数量	销售额	应纳税额
	定额税率	比例税率			
卷烟	30元/万支	56%			

续表

项目 应税 消费品名称	适用税率		销售数量	销售额	应纳税额
	定额税率	比例税率			
卷烟	30元/万支	36%			
雪茄烟	—	36%			
烟丝	—	30%			
合计	—	—	—		—

本期准予扣除税额：

本期减（免）税额：

期初未缴税额：

本期缴纳前期应纳税额：

本期预缴税额：

本期应补（退）税额：

期末未缴税额：

声明

此纳税申报表是根据国家税收法律的规定填报的，我确定它是真实的、可靠的、完整的。

经办人（签章）：

财务负责人（签章）：

联系电话：

（如果你已委托代理人申报，请填写）

授权声明

为代理一切税务事宜，现授权 ＿＿＿＿＿＿（地址）＿＿＿＿＿＿为本纳税人的代理申报人，任何与本申报表有关的往来文件，都可寄予此人。

授权人签章：

以下由税务机关填写

受理人（签章）：　　　　受理日期：　　年　　月　　日　　　　受理税务机关（章）：

表3-6附1　　　　　　　　　**本期准予扣除税额计算表**

税款所属期：　　年　　月　　日至　　年　　月　　日

纳税人名称（公章）：

纳税人识别号：□□□□□□□□□□□□□□□□□□

填表日期：　　年　　月　　日　　　　　　　　金额单位：元（列至角分）

一、当期准予扣除的委托加工烟丝已纳税款计算

1.期初库存委托加工烟丝已纳税款：

2.当期收回委托加工烟丝已纳税款：

3.期末库存委托加工烟丝已纳税款：

4.当期准予扣除的委托加工烟丝已纳税款：

二、当期准予扣除的外购烟丝已纳税款计算

1.期初库存外购烟丝买价：

2.当期购进烟丝买价：

3.期末库存外购烟丝买价：

4.当期准予扣除的外购烟丝已纳税款：

三、本期准予扣除税款合计

表3-6附2　　　　　　**本期代收代缴税额计算表**

税款所属期：　　年　月　日至　　年　月　日

纳税人名称（公章）：

纳税人识别号：□□□□□□□□□□□□□□□□□□□

填表日期：　　年　　月　　日　　　　　　　　金额单位：元（列至角分）

应税消费品名称 项目		卷烟	卷烟	雪茄烟	烟丝	合计
适用 税率	定额税率	30元/万支	30元/万支	—	—	—
	比例税率	56%	36%	36%	30%	—
受托加工数量						—
同类产品销售价格						—
材料成本						—
加工费						—
组成计税价格						—
本期代收代缴税款						

表3-6附3　　　　　　**卷烟销售明细表**

税款所属期：　　年　月　日至　　年　月　日

纳税人名称（公章）：

纳税人识别号：□□□□□□□□□□□□□□□□□□□

填表日期：　　年　　月　　日　　　　　　单位：万支、元、元/条（200支）

卷烟牌号	烟支包装规格	产量	销量	消费税计税价格	销售额	备注
合计	—			—		—

表3-7   **卷烟消费税纳税申报表（批发）**

税款所属期：   年   月   日至   年   月   日

纳税人名称（公章）：

纳税人识别号：□□□□□□□□□□□□□□□□□□□□

填表日期：   年 月   日   单位：万支、元（列至角分）

项目 应税 消费品名称	适用税率		销售数量	销售额	应纳税额
	定额税率	比例税率			
卷烟	50元/万支	11%			
合计	—	—			

期初未缴税额：

本期缴纳前期应纳税额：

本期预缴税额：

本期应补（退）税额：

期末未缴税额：

声明

    此纳税申报表是根据国家税收法律、法规规定填报的，我确定它是真实的、可靠的、完整的。

    经办人（签章）：

    财务负责人（签章）：

    联系电话：

（如果你已委托代理人申报，请填写）

授权声明

    为代理一切税务事宜，现授权_____（地址）_____为本纳税人的代理申报人，任何与本申报表有关的往来文件，都可寄予此人。

    授权人签字：

以下由税务机关填写

受理人（签章）：   受理日期：   年   月   日   受理税务机关（章）：

表3-8 **酒类应税消费品消费税纳税申报表**

税款所属期： 年 月 日至 年 月 日

纳税人名称（公章）：

纳税人识别号：□□□□□□□□□□□□□□□□□□□□

填表日期： 年 月 日 金额单位：元（列至角分）

项目 应税 消费品名称	适用税率		销售数量	销售额	应纳税额
	定额税率	比例税率			
粮食白酒	0.5元/斤	20%			
薯类白酒	0.5元/斤	20%			
啤酒	250元/吨	—			
啤酒	220元/吨	—			
黄酒	240元/吨	—			
其他酒	—	10%			
合计	—	—	—	—	

本期准予抵减税额：

本期减（免）税额：

期初未缴税额：

本期缴纳前期应纳税额：

本期预缴税额：

本期应补（退）税额：

期末未缴税额：

声明

此纳税申报表是根据国家税收法律的规定填报的，我确定它是真实的、可靠的、完整的。

经办人（签章）：

财务负责人（签章）：

联系电话：

（如果你已委托代理人申报，请填写）

授权声明

为代理一切税务事宜，现授权_____ _____（地址）_____为本纳税人的代理申报人，任何与本申报表有关的往来文件，都可寄予此人。

授权人签章：

以下由税务机关填写

受理人（签章）： 受理日期： 年 月 日 受理税务机关（章）：

表3-8附1　　　　　　　　　　**本期准予抵减税额计算表**

税款所属期：　　　年　　月　　日至　　　年　　月　　日

纳税人名称（公章）：

纳税人识别号：☐☐☐☐☐☐☐☐☐☐☐☐☐☐☐☐☐☐

填表日期：　　　年　　月　　日　　　　　　　　　单位：吨、元（列至角分）

一、当期准予抵减的外购啤酒液已纳税款计算

1.期初库存外购啤酒液数量：

2.当期购进啤酒液数量：

3.期末库存外购啤酒液数量：

4.当期准予抵减的外购啤酒液已纳税款：

二、当期准予抵减的葡萄酒已纳税款

三、本期准予抵减税款合计

附：准予抵减消费税凭证明细

	号码	开票日期	数量	单价	定额税率（元/吨）
啤酒 （增值税专用发票）					
	合计	—		—	—

表3-8附2　　　　　　　　　　**本期代收代缴税额计算表**

税款所属期：　　　年　　月　　日至　　　年　　月　　日

纳税人名称（公章）：

纳税人识别号：☐☐☐☐☐☐☐☐☐☐☐☐☐☐☐☐☐☐

填表日期：　　　年　　月　　日　　　　　　　　　金额单位：元（列至角分）

应税消费品名称＼项目		粮食白酒	薯类白酒	啤酒	啤酒	黄酒	其他酒	合计
适用税率	定额税率	0.5元/斤	0.5元/斤	250元/吨	220元/吨	240元/吨	—	—
	比例税率	20%	20%	—	—	—	10%	—
受托加工数量								
同类产品销售价格							—	
材料成本							—	
加工费							—	
组成计税价格							—	
本期代收代缴税款								

表3-8附3 　　　　　　　　　　**生产经营情况表**

税款所属期：　　　年　　月　　日至　　　年　　月　　日

纳税人名称（公章）：

纳税人识别号：□□□□□□□□□□□□□□□□□□□

填表日期：　　年　　月　　日　　　　　　　　　　　　金额单位：元（列至角分）

项目 ＼ 应税消费品名称	粮食白酒	薯类白酒	啤酒（适用税率250元/吨）	啤酒（适用税率220元/吨）	黄酒	其他酒
生产数量						
销售数量						
委托加工收回酒类应税消费品直接销售数量						
委托加工收回酒类应税消费品直接销售额						
出口免税销售数量						
出口免税销售额						

表3-9 　　　　　　　　　　**成品油消费税纳税申报表**

税款所属期：　　　年　　月　　日至　　　年　　月　　日

纳税人名称（公章）：

纳税人识别号：□□□□□□□□□□□□□□□□□□□

填表日期：　　年　　月　　日　　　计量单位：升　　　　　金额单位：元（列至角分）

项目 ＼ 应税消费品名称	适用税率（元/升）	销售数量	应纳税额
汽油	1.52		
柴油	1.2		
石脑油	1.52		
溶剂油	1.52		
润滑油	1.52		
燃料油	1.2		
航空煤油	1.2	—	
合计	—	—	

本期减（免）税额：	
期初留抵税额：	
本期准予扣除税额：	**声明**
本期应抵扣税额：	此纳税申报表是根据国家税收法律的规定填报
期初未缴税额：	的，我确定它是真实的、可靠的、完整的。
期末留抵税额：	声明人签字：
本期实际抵扣税额：	
本期缴纳前期应纳税额：	（如果你已委托代理人申报，请填写）
本期预缴税额：	**授权声明**
本期应补（退）税额：	为代理一切税务事宜，现授权＿＿＿＿＿＿＿
	（地址）＿＿＿＿＿＿为本纳税人的代理申报人，任何与
	本申报表有关的往来文件，都可寄予此人。
期末未缴税额：	授权人签字：

　　　　　　　　　　　　　以下由税务机关填写

受理人（签章）：　　　受理日期：　　年　月　日　　　受理税务机关（章）：

表3-10　　　　　　　　　　**小汽车消费税纳税申报表**

税款所属期：　　　年　　月　　日至　　　年　　月　　日

纳税人名称（公章）：

纳税人识别号：☐☐☐☐☐☐☐☐☐☐☐☐☐☐☐☐☐☐

填表日期：　　　年　　月　　日　　　　　　　　　单位：辆、元（列至角分）

应税消费品名称＼项目		适用税率	销售数量	销售额	应纳税额
乘用车	气缸容量≤1.0升	1%			
	1.0升＜气缸容量≤1.5升	3%			
	1.5升＜气缸容量≤2.0升	5%			
	2.0升＜气缸容量≤2.5升	9%			
	2.5升＜气缸容量≤3.0升	12%			
	3.0升＜气缸容量≤4.0升	25%			
	气缸容量＞4.0升	40%			
中轻型商用客车		5%			
合计		—	—	—	

本期准予扣除税额：

本期减（免）税额：

期初未缴税额：

本期缴纳前期应纳税额：

本期预缴税额：

本期应补（退）税额：

期末未缴税额：

声明

　　此纳税申报表是根据国家税收法律的规定填报的，我确定它是真实的、可靠的、完整的。

经办人（签章）：

财务负责人（签章）：

联系电话：

（如果你已委托代理人申报，请填写）

授权声明

　　为代理一切税务事宜，现授权＿＿＿＿＿＿＿＿＿＿＿＿＿＿＿（地址）＿＿＿＿＿＿＿＿＿为本纳税人的代理申报人，任何与本申报表有关的往来文件，都可寄予此人。

授权人签章：

以下由税务机关填写

受理人（签章）：　　　受理日期：　年　月　日　　受理税务机关（章）：

表3-11　　　　　　　　**其他应税消费品消费税纳税申报表**

税款所属期：2017年1月1日至2017年1月31日

纳税人名称（公章）：嘉华日用化工有限公司

纳税人识别号：| 3 | 3 | 0 | 1 | 0 | 0 | 2 | 1 | 3 | 5 | 8 | 4 | 1 | 2 | 5 | 4 | 6 | 0 |

填表日期：2017年2月10日　　　　　　　　　　　　金额单位：元（列至角分）

应税消费品名称 ＼ 项目	适用税率	销售数量	销售额	应纳税额
高档化妆品B	15%		42 850.00	6 427.50
高档化妆品C	15%		100 000.00	15 000.00
高档化妆品D	15%		50 000.00	7 500.00
高档化妆品E	15%		9 882.35	1 482.35
合计	—	—	—	30 409.85

本期准予抵减税额：10 588.24

本期减（免）税额：

期初未缴税额：

本期缴纳前期应纳税额：

本期预缴税额：

本期应补（退）税额：19 821.61

期末未缴税额：19 821.61

声明

　　此纳税申报表是根据国家税收法律的规定填报的，我确定它是真实的、可靠的、完整的。

　　经办人（签章）：

　　财务负责人（签章）：

　　联系电话：

（如果你已委托代理人申报，请填写）

授权声明

　　为代理一切税务事宜，现授权＿＿＿＿＿＿＿＿＿（地址）＿＿＿＿＿＿＿＿＿为本纳税人的代理申报人，任何与本申报表有关的往来文件，都可寄予此人。

　　授权人签章：

以下由税务机关填写

受理人（签章）：　　　　受理日期：　年　月　日　受理税务机关（章）：

表 3-11 附 1　　　　　　　　　**本期准予扣除税额计算表**

税款所属期：2017 年 1 月 1 日至 2017 年 1 月 31 日

纳税人名称（公章）：嘉华日用化工有限公司

纳税人识别号： 3 3 0 1 0 0 2 1 3 5 8 4 1 2 5 4 6 0

填表日期：2017 年 2 月 10 日　　　　　　　　　　　　金额单位：元（列至角分）

项目 应税消费品名称		高档化妆品 B		合计
当期准予扣除的委托加工应税消费品已纳税款计算	期初库存委托加工应税消费品已纳税款	0.00		—
	当期收回委托加工应税消费品已纳税款	10 588.24		—
	期末库存委托加工应税消费品已纳税款	0.00		—
	当期准予扣除委托加工应税消费品已纳税款	10 588.24		—
当期准予扣除的外购应税消费品已纳税款计算	期初库存外购应税消费品买价			—
	当期购进应税消费品买价			—
	期末库存外购应税消费品买价			—
	外购应税消费品适用税率			—
	当期准予扣除外购应税消费品已纳税款			
本期准予扣除税款合计		10 588.24		10 588.24

表 3-11 附 2　　　　　　　　　**准予扣除消费税凭证明细表**

税款所属期：　　　年　　月　　日至　　　年　　月　　日

纳税人名称（公章）：

纳税人识别号：

填表日期：　　　年　　月　　日　　　　　　　　　　金额单位：元（列至角分）

应税消费品名称	凭证类别	凭证号码	开票日期	数量	金额	适用税率	消费税税额
合计	—	—	—	—	—	—	

表3-11附3　　　　　　　　　**本期代收代缴税额计算表**

税款所属期：　　　年　　月　　日至　　　年　　月　　日

纳税人名称（公章）：

纳税人识别号：▢▢▢▢▢▢▢▢▢▢▢▢▢▢▢▢▢▢▢▢

填表日期：　　　年　　月　　日　　　　　　　　金额单位：元（列至角分）

项目 ＼ 应税消费品名称				合计
适用税率				—
受托加工数量				—
同类产品销售价格				—
材料成本				—
加工费				—
组成计税价格				—
本期代收代缴税款				

表3-11附4　　　　　　　　　**生产经营情况表**

税款所属期：　　　年　　月　　日至　　　年　　月　　日

纳税人名称（公章）：

纳税人识别号：▢▢▢▢▢▢▢▢▢▢▢▢▢▢▢▢▢▢▢▢

填表日期：　　　年　　月　　日　　　　　　　　金额单位：元（列至角分）

项目 ＼ 应税消费品名称				
生产数量				
销售数量				
委托加工收回应税消费品直接销售数量				
委托加工收回应税消费品直接销售额				
出口免税销售数量				
出口免税销售额				

工作任务实例3-1

嘉华日用化工有限公司是增值税一般纳税人，纳税人识别号为330100213584125460。2017年1月，其生产经营情况如下：

（1）1月2日，购买原料A一批，取得增值税专用发票，注明价款50 000元，增值税8 500元。

（2）1月3日，将购买的原料A全部发往美源化妆品厂，委托加工成高档化妆品B一批。

（3）1月18日，收回美源化妆品厂加工的高档化妆品B，收到增值税专用发票，注明加工费10 000元，税额1 700元；全部款项及对方代收消费税均已付清。

（4）1月20日，将收回的高档化妆品B一半用于直接销售，取得不含税销售收入42 850元，另一半本月全部领用继续生产高档化妆品C。高档化妆品B期初、期末库存余额均为零。

（5）1月26日，销售高档化妆品C一批，开具的增值税专用发票上注明的价款为100 000元，税款17 000元，款已收到。

（6）1月27日，将研制生产的新高档化妆品E 500件赠送老顾客免费试用，该高档化妆品无市场销售价格，成本为8 000元。

（7）1月28日，销售自产高档化妆品D一批，开出的增值税专用发票上注明的价款为50 000元，货已发出，款已收到。

以上款项均以银行存款收付结清，所有发票通过认证。

要求：计算嘉华日用化工有限公司当月应纳消费税税额，并填制消费税纳税申报表。

【工作流程】

第一步：分析经济业务类型并确定计税方法和计税依据。

（1）购进材料，不涉及缴纳消费税问题。

（2）（3）委托加工业务，对方按组成计税价格代收代缴消费税。

（4）委托加工产品收回后一半用于销售，售价不高于对方计税价格，属于直接销售，不用缴纳消费税；另一半本月全部领用继续生产高档化妆品C，涉及已纳税款抵扣问题。

（5）销售高档化妆品C一批，属于用委托加工收回已税消费品连续加工为应税消费品后出售，应缴纳消费税。

（6）将新产品赠送老顾客免费试用，属于自产自用，无同类产品销售价格，应按组成计税价格计税。

（7）销售自产高档化妆品D一批，属于自产应税消费品直接对外销售，按销售额计算应纳消费税。

第二步：计算各项业务应纳消费税税额。

（1）购入原料，无消费税应纳税额。

（2）（3）两项业务的计算如下：

高档化妆品B组成计税价格=（50 000+10 000）÷（1−15%）=70 588.24（元）

美源化妆品厂代收代缴消费税税额=70 588.24×15%=10 588.24（元）

（4）销售委托加工收回已税高档化妆品B一批，由于销售价格高于由受托方代收代缴消费税时的计税价格，应计算缴纳消费税，并抵扣已纳消费税。

销售委托加工收回高档化妆品B应纳消费税税额=42 850×15%=6 427.5（元）

可抵扣的已纳消费税税额=10 588.24÷2=5 294.12（元）

当期领用委托加工收回已税高档化妆品B一批继续生产：

当期可抵扣已纳消费税税额=10 588.24÷2=5 294.12（元）

（5）销售高档化妆品C应纳消费税税额=100 000×15%=15 000（元）

（6）高档化妆品E组成计税价格=8 000×（1+5%）÷（1−15%）=9 882.35（元）

应纳消费税税额=9 882.35×15%=1 482.35（元）

（7）计税销售额=50 000（元）

应纳消费税税额＝50 000×15％＝7 500（元）

第三步：计算本月应纳消费税总额。

本期销售高档化妆品应纳消费税＝6 427.5＋15 000＋1 482.35＋7 500＝30 409.85（元）

本期允许抵扣的委托加工收回消费品已纳税额＝5 294.12＋5 294.12＝10 588.24（元）

本期应纳消费税税额＝30 409.85－10 588.24＝19 821.61（元）

本期美源化妆品厂代收代缴消费税税额＝10 588.24元

第四步：填制消费税申报表。

具体填制内容见表3-11及表3-11附1。

【课堂能力训练】

西溪卷烟厂为增值税一般纳税人，纳税人识别号为31010654787654933，从事卷烟、烟丝、雪茄烟的生产销售，该厂2017年3月份发生如下经济业务：

（1）2月份应纳消费税税款234 186元，于3月14日缴入国库。

（2）月初库存外购烟丝金额为267 568元，3月21日购入烟丝一批，不含税金额为167 868元，取得增值税专用发票；月末库存烟丝金额为316 789元。领用的烟丝当月全部投入生产加工卷烟。

（3）本月生产西溪牌卷烟1 500标准箱，销售1 200标准箱，不含增值税的售价40元/标准条，价款为12 000 000元，增值税税额为2 040 000元，款项已全部收到。

（4）本月销售A类雪茄烟10 000支，不含增值税金额为48 000元，增值税税额为8 160元，款已收到。

（5）本月生产西湖牌卷烟1 100标准箱，销售750标准箱，不含增值税的售价80元/标准条，价款为15 000 000元，增值税税额为2 550 000元，款项已全部收到。

（6）接受甲公司委托，生产B类雪茄烟30 000支，合同约定：甲公司提供价值32 000元的烟叶，支付加工费28 000元（不含增值税）。雪茄烟已在本月生产完成并交给甲公司，加工费已经收讫。

要求：

（1）根据以上资料，计算本月应纳消费税税额及代收代缴消费税税额。

（2）填制烟类消费税纳税申报表及附表。

任务4　出口货物退（免）消费税

引导案例

醉春风酒业有限公司委托天远进出口公司出口白酒50吨，出口销售额为100万元。请分析，该批白酒适用何种出口货物退（免）消费税政策？

引导案例解析

出口货物退（免）消费税，是指对报关出口的应税消费品退还或免征其在国内生产环节或委托加工环节按税法规定已缴纳的消费税。

一、学习出口货物退（免）消费税基本规定

（一）确定出口货物的税收政策形式

1.免税并退税

免税并退税政策适用于有出口经营权的外贸企业购进应税消费品直接出口，以及外贸企业受其他外贸企业委托代理出口应税消费品。符合条件的纳税人在报关出口时，退还其在生产环节或委托加工环节已征收的消费税税款。

2.免税不退税

免税不退税政策适用于有出口经营权的生产性企业自营出口或生产性企业委托外贸企业代理出口自产的应税消费品，依据实际出口数量免征消费税，不予办理退还消费税。免征消费税，是指对生产性企业按实际出口数量免征生产环节的消费税。不予办理退还消费税，是指因已免征生产环节的消费税，该应税消费品出口时已不含消费税，所以也就无须再退还消费税。

3.不免税也不退税

对生产企业、外贸企业以外的其他企业（具体指一般商贸企业）委托外贸企业代理出口应税消费品，一律不予退（免）税。

（二）消费税退税率

出口应税消费品的消费税退税率（或单位税额）与其征税率相同，即按该应税消费品所适用的消费税税率确定。

【提示】办理出口退税的企业应将不同税率的出口应税消费品分开核算和申报，凡未分开核算而划分不清适用税率的，一律从低适用税率计算退、免税额。

二、计算出口货物退（免）消费税税额

出口货物退（免）消费税的计算，仅针对外贸企业从生产企业购进货物直接出口或受其他外贸企业委托代理出口应税消费品而言。

外贸企业从生产企业购进货物直接出口或受其他外贸企业委托代理出口应税消费品的应退消费税税款，分以下情况分别处理：

（一）从价定率计征消费税的应税消费品

属于从价定率计征消费税的应税消费品，应按照外贸企业从工厂购进货物时征收消费税的价格计算。其计算公式为：

$$应退消费税税额 = 出口货物的出厂销售额 \times 比例税率$$

【提示】"出口货物的出厂销售额"不含增值税，如含增值税应换算为不含增值税的销售额。

（二）从量定额计征消费税的应税消费品

属于从量定额计征消费税的应税消费品，应按货物报关出口的数量计算。其计算公式为：

$$应退消费税税额 = 出口数量 \times 定额税率$$

（三）复合计税的应税消费品

属于复合计税的，将上述公式合一：

$$应退消费税税额 = 出口货物的出厂销售额 \times 比例税率 + 出口数量 \times 定额税率$$

【做中学3-18】某外贸企业从某化工厂购进高档化妆品出口，购进时增值税专用发票和消费税专用缴款书列明的购进单价为55元，数量为2 800支，进项税额、消费税税额分别是26 180元、23 100元。本期出口购入的该批高档化妆品2 000支。

要求：计算该外贸企业应退消费税税额。

应退消费税税额＝出口销售数量×购进单价×比例税率＝2 000×55×15%＝16 500（元）

【课堂能力训练】

某外贸企业从某化妆品厂购入高档化妆品一批，取得的增值税专用发票上注明的价款为30万元，增值税5.1万元。外贸企业将该批高档化妆品销往国外，离岸价为7万美元（当日外汇牌价1∶6.5），并按规定申报办理增值税、消费税退税。消费税税率为15%，增值税退税率为11%，要求计算该外贸企业应退的增值税和消费税税额。

任务5　筹划消费税

由于消费税选择征收的消费品具有其特殊性，为了充分发挥消费税调节社会特殊消费的作用，税法明确规定对应税消费品除出口的实行免税外，一律不得减税、免税。虽然由于一些特定目的，目前部分产品还存在一定的减免税政策（如为保护生态环境，促进低污染排放汽车的生产和消费，从2000年1月1日起，对生产销售达到低污染排放限值的小汽车、越野车和小客车，减征30%消费税等），但是优惠政策并不多，因此利用税收优惠政策进行筹划并非消费税纳税筹划的主要方向。

一、消费税纳税人的纳税筹划

消费税的征收范围比较窄，目前仅仅局限于烟、酒、高档化妆品、贵重首饰及珠宝玉石、鞭炮焰火、成品油、摩托车、小汽车、高尔夫球及球具、高档手表、游艇、木制一次性筷子、实木地板、电池、涂料等15个税目商品。如果企业希望从源头上节税，不妨在投资决策时就避开上述消费品，而选择其他符合国家产业政策、在税收上有优惠措施的产品进行投资。由于消费税的征税范围会随着国家经济发展、消费水平和消费结构等变化情况作适当调整，因此企业在选择投资方向时，还应考虑国家对消费税的改革方向和发展趋势。

由于消费税针对特定的纳税人，即仅仅对生产者、委托加工者和进口者征税（卷烟、金银首饰除外），因此如果企业已经是消费税纳税人，可以尝试通过企业的合并、分立来递延纳税时间，甚至减少纳税。

（一）合并消费税纳税人

消费税暂行条例规定，纳税人自产自用的应税消费品，用于连续生产应税消费品的，不纳税。

如果两个合并企业之间存在着原材料供应关系，在合并前，这笔原材料的购销应按正常购销价格缴纳消费税，而在合并后，企业间的原材料供应转变为企业内部的原材料继续加工，因此，原材料生产领用环节不用缴纳消费税，而是递延到销售环节再缴纳，递延了纳税时间，获得资金时间价值。如果企业合并后把适用高税率的产品转向适用低税率的产品，则企业在合并后因适用了较低税率而减轻税负。

【做中学 3-19】某地区有甲、乙两家大型酒厂，都是独立核算的法人企业。甲厂主要经营粮食类白酒，以当地生产的大米和玉米为原料进行酿造，适用 20% 的比例税率和 0.5 元/500 克的定额税率。乙酒厂以甲厂生产的粮食白酒为原料，生产系列药酒，适用 10% 的税率。甲酒厂每年要向乙酒厂提供价值 2 000 万元，计 750 万千克的粮食白酒；乙酒厂药酒年销售额为 3 000 万元。经营过程中，乙酒厂由于缺少资金和人才，无法经营下去，准备破产。此时，乙酒厂共欠甲酒厂 5 000 万元货款；经评估，乙酒厂的资产恰好也为 5 000 万元

请问：甲、乙酒厂合并能否减轻税收负担？

分析：（1）合并前甲、乙酒厂各应缴纳消费税税款：

甲酒厂应纳消费税税额 = 2 000×20% + 750×2×0.5 = 1 150（万元）

乙酒厂应纳消费税税额 = 3 000×10% = 300（万元）

（2）甲酒厂领导班子经过研究，决定对乙酒厂实行收购，其决策的主要依据如下：

①这次收购支出费用不大。由于合并前，乙酒厂的资产和负债均为 5 000 万元，净资产为零。因此，按照现行税法规定，该并购行为属于以承担被兼并企业全部债务的方式实现吸收合并，不视为被兼并企业按公允价值转让、处置全部资产，不计算资产转让所得，不用交纳企业所得税。其他各项开支又比较小，因此甲酒厂的支出不会太大。

②并购可以递延部分税款。合并前，甲酒厂向乙酒厂提供的粮食白酒每年应缴纳消费税 1 150 万元，合并后，甲、乙两个酒厂变成一个企业，两个企业的交易活动变成内部两个部门的半成品传递活动，自产应税消费品用于连续生产应税消费品，不需缴纳消费税，只对最终生产销售的药酒征收消费税，因此可获得递延纳税的好处。

③乙酒厂生产的药酒市场前景很好，也符合百姓注重健康的主流。甲酒厂合并乙酒厂后，可以将经营的主要方向转向药酒生产，由于药酒的消费税税率低于白酒，企业应缴纳的消费税将减少。以每年药酒销售额为 3 000 万元计算，则合并后甲酒厂应缴纳的消费税为 3 000×10% = 300（万元），少缴消费税 850 万元。

（二）分设独立核算的经营部或销售公司

消费税征税环节为生产、委托加工和进口环节，而在以后的商品流通环节（包括批发、零售环节）是不征消费税的（不包括卷烟和金银首饰）。因此，纳税人可以采取通过成立独立核算的经营部或者销售公司，生产企业以较低但不违反公平交易的销售价格将应税消费品销售给经营部或者销售公司，然后经营部或销售公司再对外进行销售，这样就可以降低消费税的计税依据，以达到少缴消费税的目的。而独立核算的销售部门，在销售环节只缴纳增值税，不缴纳消费税，可使集团的整体消费税税负下降。

【做中学 3-20】某酒厂主要生产白酒，产品主要销售给全国各地的批发商，不含税批发价 350 元。同时，本市的一些商业零售户、酒店、消费者每年到工厂零星购买的白酒大约 10 000 箱（每箱 12 瓶，每瓶 500 克），不含税零售价 480 元/箱。白酒的比例税率为 20%，定额税率为 0.5 元/500 克。

请问：酒厂应如何筹划以降低消费税税负？

分析：酒厂可在本市设立一家独立核算的白酒经销公司，并按照销售给其他批发商的产品价格每箱 350 元与经销公司核算，经销公司再以每箱 480 元的价格对外销售，以缩小本市销售白酒的计税依据，达到减少消费税的目的。

若直接销售，本市销售白酒应纳消费税税额为：

应纳消费税税额=10 000×480×20%+10 000×12×0.5=1020 000（元）

若独立核算销售公司售出，本市销售白酒应纳消费税税额为：

应纳消费税税额=10 000×350×20%+10 000×12×0.5=760 000（元）

因此，企业在设立独立核算的销售公司后，可少缴消费税260 000元（1 020 000-760 000）。

进行此类纳税筹划应注意的是：税法规定，自2009年8月1日起，白酒生产企业消费税计税价格低于销售单位对外销售价格70%以下的，消费税最低计税价格由税务机关根据生产规模、白酒品牌、利润水平等情况在销售单位对外销售价格50%至70%的范围内自行核定。其中，生产规模较大、利润水平较高的企业生产的需要核定消费税最低计税价格的白酒，税务机关核价幅度原则上应选择在销售单位对外销售价格60%至70%的范围内。因此，酒厂销售给销售公司的价格不应低于零售价的70%，如果销售价格"明显偏低"，主管税务机关将会对价格重新进行调整。

二、兼营行为中的消费税纳税筹划

消费税有从价计征、从量计征和复合计征三种方式，并且具有一物一税的特点，各种应税消费品适用的税率各不相同。税法规定，纳税人兼营不同税率的应税消费品，应当分别核算不同税率应税消费品的销售额、销售数量；未分别核算销售额、销售数量，或将不同税率的应税消费品组成成套消费品销售的，从高适用税率。

在企业的生产经营中，往往会发生同一企业生产销售不同税率应税消费品的情况。此时，企业应严格将不同税率产品的销售额和销售数量分别核算，没有必要成套销售的，最好单独销售，否则将面临对全部产品统一适用高税率的可能。要做到"分别核算"，要求企业在合同文本设计、存货管理、财务核算等过程中，都应做到严格管理。首先，应加强对销售人员的业务培训，使其了解分别核算对企业的意义，同时设计出标准的合同范本，分别列示所销售不同产品的数量和金额，要求销售人员遵照执行；其次，应加强存货管理，尤其是对各类产品的出库数量应有准确、清晰记录，并以此作为企业分别核算"主营业务成本"的依据；再次，应加强对"主营业务收入""主营业务成本""税金及附加"等账户下二级甚至三级账户的核算，按产品的种类核算以上账户。做好以上三点，可以最终实现税法中对"分别核算"的基本要求。

由于消费税采取单环节课征，除金银首饰在零售环节征收、卷烟在批发环节另征收一道消费税外，其余均只在生产、委托加工或进口环节征税。因此，在出厂之后再将不同税率产品组成成套消费品，就不必再按照较高税率缴纳消费税。如果纳税人需要将不同税率的应税消费品组成套装销售，应当尽量采取"先销售后包装"的方式。

【做中学3-21】某日用化妆品厂，将生产的高档化妆品、小工艺品等组成成套化妆品销售。每套高档化妆品定价900元，由下列产品组成：一瓶香水（200元）、一瓶精华液（290元）、一支口红（300元）；化妆工具及小工艺品（100元）、塑料包装盒（10元）。上述价格均不含税，共销售给商场1万套，高档化妆品消费税税率为15%。

请问：化妆品厂这种将产品成套销售的方法从税收角度考虑合适吗？你有何纳税筹划的建议（假定香水、精华液、口红均达到高档化妆品标准）？

分析：由于一套产品中既有消费税应税消费品（香水、精华液、口红），也有非应税消费品（化妆工具及小工艺品、塑料包装盒），如果组成成套销售，则900元全部按高档化妆品15%的税率缴纳消费税，这种销售方式从税收角度考虑肯定不合适。

纳税筹划建议：可以先销售后包装，即将以上产品分别销售给商场，由商场对其进行组合包装。

筹划前应纳消费税税额＝（200＋290＋300＋100＋10）×1×15%＝135（万元）

筹划后应纳消费税税额＝（200＋290＋300）×1×15%＝118.5（万元）

筹划后节省消费税税额＝135－118.5＝16.5（万元）

【思考】除了以上所述筹划方法外，消费税还可以从哪些方面进行纳税筹划呢？

思考与练习

一、判断题

1.某卷烟厂通过自设独立核算门市部销售自产卷烟，应当按照门市部对外销售额或销售数量计算征收消费税。（　　）

2.应税消费品在计征消费税时，其销售额不包括增值税税额；在计征增值税时，则应包括消费税税额。（　　）

3.纳税人将不同税率的应税消费品组成成套消费品销售的，应按不同税率分别计算不同消费品应纳的消费税。（　　）

4.对销售除啤酒、黄酒外的其他酒类产品而收取的包装物押金，无论是否返还以及会计上如何核算，均应并入当期销售额计征增值税。（　　）

5.消费税纳税人生产两种以上不同税率的应税消费品，对没有分别计算销售额、销售数量的消费品，应从高适用税率计算纳税。（　　）

6.消费税应税消费品的计税依据一律为纳税人取得的销售收入。（　　）

7.纳税人自产自用应税消费品，均应视同销售，在移送使用时缴纳消费税。（　　）

8.纳税人委托个体经营者加工应税消费品，一律于委托方收回后在委托方所在地缴纳消费税。（　　）

9.委托加工应税消费品收回后直接销售的，应按销售额和规定税率计征消费税。（　　）

10.受托方以委托方名义购买原材料生产应税消费品的，可作为委托加工的应税消费品，由受托方向委托方交货时代收代缴。（　　）

二、单项选择题

1.下列应税消费品在零售环节征收消费税的是（　　）。

A.高档化妆品　　B.摩托车　　　　C.金银首饰　　　　D.汽油

2.根据消费税法律制度的规定，下列消费品中，不属于消费税征税范围的是（　　）。

A.汽车轮胎　　B.高尔夫球及球具　　C.电池　　　　D.实木地板

3.下列应税消费品中，适用复合计税方法计征消费税的是（　　）。

A.白酒　　　B.涂料　　　C.成品油　　　D.摩托车

4.根据《消费税暂行条例》的规定，纳税人自产的用于下列用途的应税消费品中，不需要缴纳消费税的是（　　）。

A.用于赞助的消费品　　　　　B.用于职工福利的消费品

C.用于广告的消费品 D.用于连续生产应税消费品的消费品

5.纳税人用委托加工收回的应税消费品连续生产应税消费品，在计算纳税时，其委托加工应税消费品已纳消费税税款应按（　　）办法处理。

A.该已纳税款不得扣除

B.该已纳税款当期可全部扣除

C.该已纳税款当期可扣除50%

D.可对收回的委托加工应税消费品当期领用部分的已纳税款予以扣除

6.某外贸进出口公司进口100辆小轿车，每辆车关税完税价格为人民币14.3万元，缴纳关税4.1万元。已知小轿车适用的消费税税率为8%。该批进口小轿车应缴纳的消费税税额为（　　）万元。

A.76　　　　　　　B.87　　　　　　　C.123　　　　　　　D.160

7.某酒厂（增值税一般纳税人）销售粮食白酒2吨，取得销售收入14 040元（含增值税）。已知粮食白酒消费税定额税率为0.5元/斤，比例税率为20%。该酒厂应缴纳的消费税税额为（　　）元。

A.4 808　　　　　B.4 400　　　　　C.2 400　　　　　D.2 000

8.纳税人自产的应税消费品用于换取生产资料的，计征消费税的计税依据为（　　）。

A.纳税人同类应税消费品的最高销售价格

B.纳税人同类应税消费品的最低销售价格

C.纳税人同类应税消费品的平均销售价格

D.纳税人同类应税消费品的加权平均销售价格

9.某卷烟厂将一批特制的烟丝作为福利分给本厂职工，已知这批烟丝的生产成本为10 000元，其应纳消费税为（　　）元。

A.4 200　　　　　B.4 500　　　　　C.3 000　　　　　D.4 285

10.纳税人采取预收货款结算方式销售应税消费品，其纳税义务发生时间为（　　）。

A.发出应税消费品的当天　　　　　　B.销售合同约定的收款日期的当天

C.收到预收款的当天　　　　　　　　D.办妥托收手续的当天

三、多项选择题

1.消费税是对我国境内从事生产、委托加工、进口应税消费品的单位和个人，就其（　　）在特定环节征收的一种税。

A.销售额　　　　　B.所得额　　　　　C.生产额　　　　　D.销售数量

2.根据消费税法律制度的规定，下列各项属于消费税征税范围的消费品有（　　）。

A.高档手表　　　B.木制一次性筷子　　　C.实木地板　　　D.高档西服

3.根据消费税法律制度的规定，纳税人用于（　　）的应税消费品，应当以纳税人同类应税消费品的最高销售价格作为计税依据计算征收消费税。

A.换取生产资料　　B.换取消费资料　　C.投资入股　　D.抵偿债务

4.根据消费税法律制度的规定，下列各项中，应当缴纳消费税的有（　　）。

A.销售白酒而取得的包装物作价收入　　B.销售白酒而取得的包装物押金收入

C.将自产白酒作为福利发给本厂职工　　D.使用自产酒精生产白酒

5.下列各项中，符合应税消费品销售数量规定的有（　　　）。

A.生产销售应税消费品的，为应税消费品的销售数量

B.自产自用应税消费品的，为应税消费品的生产数量

C.委托加工应税消费品的，为纳税人收回的应税消费品数量

D.进口应税消费品的，为海关核定的应税消费品进口征税数量

6.下列各项中，应征收消费税的有（　　　）。

A.委托加工的应税消费品（受托方已代收代缴消费税），委托方收回后直接销售的

B.进口应税消费品

C.自制应税消费品用于连续生产应税消费品

D.自制应税消费品用于连续生产非应税消费品

7.下列各项应税消费品销售时，可以扣除外购已税消费品已纳税额的有（　　　）。

A.外购已税烟丝生产的卷烟　　　　B.外购已税汽车轮胎生产的小汽车

C.外购已税酒精生产的白酒　　　　D.外购已税高档化妆品生产的高档化妆品

8.下列纳税人自产自用应税消费品需要缴纳消费税的有（　　　）。

A.炼油厂用于本企业基建部门车辆的自产汽油

B.汽车厂用于管理部门的自产汽车

C.日化厂用于交易会样品的自产高档化妆品

D.卷烟厂用于生产卷烟的自制烟丝

9.关于纳税人委托个体经营者加工应税消费品，下列说法错误的有（　　　）。

A.消费税由受托方代收代缴

B.由委托方在受托方所在地缴纳

C.由委托方收回后在委托方所在地缴纳

D.由委托方收回后在委托方或受托方所在地缴纳

10.下列各项中，不符合消费税纳税义务发生时间的有（　　　）。

A.进口的应税消费品，为取得进口货物的当天

B.自产自用的应税消费品，为移送使用的当天

C.委托加工的应税消费品，为支付加工费的当天

D.采取预收货款结算方式的，为收到预收款的当天

四、业务题

1.甲化妆品公司为增值税一般纳税人，主要从事高档化妆品的生产、进口和销售业务，某年7月发生以下经济业务：

（1）从国外进口一批高档化妆品，海关核定的关税完税价格为112万元，公司按规定向海关缴纳了关税、消费税和进口环节增值税，并取得了相关完税凭证。

（2）为庆祝"三八妇女节"，特别生产高档套装化妆品，全公司600名职工每人发一套。此套化妆品没有供应市场，每套生产成本100元。

（3）委托乙公司加工一批高档化妆品，提供的材料成本为86万元，支付乙公司加工费5万元，当月收回该批委托加工的高档化妆品准备用于出售。乙公司没有同类消费品销售价格。

已知：高档化妆品适用的消费税税率为15%，关税税率为25%。

要求：

（1）计算该公司当月进口环节应纳的增值税和消费税税额。

（2）计算该公司当月作为职工福利发放的高档化妆品应纳的增值税和消费税税额。

（3）计算乙公司受托加工的高档化妆品在交货时应纳的增值税税额及应代收代缴的消费税税额。

2.某酒厂特制白酒5吨赠送有关客户。该批白酒无同类产品销售价格，已知该批白酒的生产成本为80 000元，成本利润率为10%，消费税比例税率为20%，定额税率为每斤0.5元。

要求：计算酒厂赠送该批白酒应纳的增值税与消费税税额。

3.某酒厂为增值税一般纳税人，某年6月份发生以下经济业务：

（1）向商品流通企业购进粮食160 000元，支付增值税20 800元，取得增值税专用发票。

（2）向农业生产者收购粮食20 000元，取得农产品收购发票。

（3）外购水、电各50 000元，取得增值税专用发票，其中10%用于职工福利，85%用于生产车间，5%用于管理部门。

（4）支付运费20 000元，取得货物运输业增值税专用发票。

（5）销售粮食白酒50吨，单价3 200元。

（6）销售黄酒80吨，单价2 500元，收取包装物租金11 700元（含税）。

假设取得的增值税扣税凭证均已认证申报抵扣进项税额。

要求：计算该厂当月应纳的消费税和增值税税额。

4.A卷烟厂某年8月份发生如下经济业务：

（1）8月5日，购买一批烟叶，取得增值税专用发票，注明的价款为10万元，增值税1.7万元。

（2）8月15日，将8月5日购进的烟叶发往B烟厂，委托B烟厂加工烟丝，收到的专用发票上注明的支付加工费为4万元，税款6 800元。

（3）A卷烟厂收回烟丝后领用一半用于卷烟生产，另一半对外销售，取得价款18万元，增值税30 600元。

（4）8月25日，A卷烟厂销售卷烟100箱，每箱不含税售价5 000元，款项存入银行。

（5）B烟厂无同类烟丝销售价格。

要求：计算该厂当期应纳的消费税税额。

5.某外贸企业从某化妆品厂购入高档化妆品一批，增值税专用发票上注明的价款为250万元，增值税42.5万元。外贸企业将该批高档化妆品销往国外，离岸价为272万元，并按规定申报办理增值税、消费税退税。消费税税率为30%，增值税退税率为11%。上述款项均已结算。

要求：计算该外贸企业应退的增值税和消费税税额。

五、项目实训

金醇酒业有限公司是一家主营白酒和啤酒生产、销售的企业，主要生产"金酿"牌粮食白酒和"纯生"牌啤酒，纳税人识别号为110100023411225002。2017年1月，金醇酒业有限公司主要发生如下涉税业务：

（1）1月初，应纳消费税税额为128 000元，于2月2日缴入国库。

（2）销售啤酒10吨，取得销售收入50 000元（不含增值税），该啤酒出厂价为3 100元/吨（含包装物200元/吨），货款已收到。

（3）委托外地某酒厂加工粮食白酒。发出粮食60 000元，加工完毕收回白酒8吨，取得该酒厂开具的防伪税控的增值税专用发票，发票上注明加工费25 000元，代垫辅助材料15 000元。加工的白酒无同类产品市场价格，提货时由受托方代收代缴消费税。当月金醇公司将收回的白酒出售7吨，取得不含税销售额112 000元，货款已收到。

（4）销售自产"金酿"牌粮食白酒20吨，取得不含税销售额400 000元，货款尚未收到。

（5）以自产"金酿"牌粮食白酒5吨抵偿华海农场债务。

（6）将自产某粮食白酒2吨发放给职工作为春节福利，该白酒无同类产品价格，生产成本为18 000元/吨。

（7）为某酒厂加工啤酒10吨，同类产品销售价格为2 800元／吨，产品已交付新兴酒厂，已收取加工费15 000元及代收代缴消费税。

要求：

（1）根据以上资料，计算本月应纳消费税税额及代收代缴消费税税额。

（2）填制酒类应税消费品消费税纳税申报表及附表。

关税计算申报与筹划

【职业能力目标】

1. 了解关税的特点
2. 掌握关税征税范围、纳税人和税率的分类
3. 掌握关税的基本计算方法
4. 了解关税缴纳方法
5. 了解关税纳税筹划方法

【典型工作任务】

1. 能判断关税的纳税人
2. 会运用关税优惠政策
3. 会计算进口关税应纳税额和出口关税应纳税额
4. 会缴纳关税
5. 会进行关税简单纳税筹划

任务1　学习关税基本知识

引导案例

据新华网消息，2013年6月初，欧盟委员会宣布，欧盟从6月6日起对产自中国的光伏产品征收11.8%的临时反倾销税，如果欧中双方未能在8月6日前达成妥协方案，届时反倾销税率将升至47.6%。

30多家欧洲光伏企业2013年7月17日在欧盟委员会举行的一个专门听证会上恳求欧委会尽早"醒悟"，停止对中国光伏产品征收惩罚性关税，以避免对欧洲光伏产业更大的伤害。此次听证会是应代表欧洲740余家光伏企业和6.5万个就业机会的欧盟平价光伏联盟的请求而举行的。而就在听证会举行8天前，欧洲成立时间最早的光伏企业之一格尔利歇尔太阳能公司申请破产。欧洲业界普遍认为，导致这家德国企业破产的直接原因是"欧委会对中国太阳能电池板征收临时反倾销税导致欧洲光伏市场情况急剧恶化"。为什么一项惩罚性关税会引起如此轩然大波呢？

引导案例解析

　　关税是海关依法对进出关境的货物、物品征收的一种税。

　　我国现行关税基本制度是自 2004 年 1 月 1 日起实施的《中华人民共和国进出口关税条例》（该条例于 2016 年进行了修订），以及作为条例组成部分的《中华人民共和国海关进出口税则》《中华人民共和国海关入境旅客行李物品和个人邮递物品征收进口税办法》。

【知识链接】

关境、国境及关税分类

一、关境、国境

　　关境又称"海关境域"或"关税领域"，是指一国海关法规可以全面实施的领域。

　　国境是一个主权国家的领土范围，包括领土、领海和领空。

　　一般情况下，一个国家的国境与关境是一致的，但当一个国家在国境设立自由贸易港、自由贸易区、保税区、保税仓库时，关境就小于国境；当几个国家结成关税同盟，成员国之间相互取消关税，对外实行共同的关税税则时，就其成员国而言，关境就大于国境。

二、关税分类

1.按货物和物品的流向

　　（1）进口关税。进口关税是指海关对进口货物或物品征收的关税。通常是在货物或物品进入关境时征收。当今世界各国的关税主要是进口关税，其目的在于保护本国市场和增加财政收入。

　　（2）出口关税。出口关税是指海关对出口货物或物品征收的关税。为降低出口货物的成本，提高其在国际市场的竞争力，目前世界各国一般很少征收出口关税。但为限制本国某些产品或自然资源的输出，或为保护本国生产和市场供应、增加财政收入以及某些特定需要，有些国家对部分商品会征收出口关税。

2.按计税标准

　　（1）从价税。从价税是指以进出口货物的完税价格为计税标准计征的关税。

　　（2）从量税。从量税是指以进出口货物的数量、重量、容量等计量单位为计税标准计征的关税。

　　（3）复合税。复合税是对同一进出口货物同时采用从价和从量标准计征的关税。

　　（4）滑准税。滑准税也叫滑动税，是指关税税率随进口商品价格的变动而反方向变动的一种税率形式，即价格越高，税率越低。

3.按对进口货物输出国的差别待遇

　　（1）普通关税。普通关税是对与本国没有签署贸易或经济互惠等友好协定的国家原产的货物征收的非优惠性关税。

　　（2）优惠关税。优惠关税是对来自特定受惠国的进口货物征收的低于普通税率的优惠税率关税。优惠关税一般是互惠的，即通过国际间的贸易或关税协定，协定双方相互给予优惠关税待遇；但也有单方面的，给惠国给予受惠国单向的优惠关税待遇，不要求反向优惠关税。优惠关税一般可分为特惠关税、普惠关税和最惠国待遇。

　　（3）加重关税。加重关税也叫歧视关税，是指对某些输出国、生产国的进口货物，因某种原因（如歧视、报复、保护和经济方面的需要等），使用比正常税率高的税率所征收的关税。在歧视关税中，使用较多的是反倾销税和反补贴税。

一、确定关税征税对象

　　关税的征税对象是进出关境的货物和物品。货物，是指贸易性商品；物品，包括入境旅客随身携带的行李物品、个人邮递物品、各种运输工具上的服务人员携带进口的自用物品、馈赠物品以及其他方式进境的个人物品。

关税征税对象的具体品目由《中华人民共和国海关进出口税则》的商品分类目录规定。

二、界定关税纳税人

贸易性商品关税的纳税人是进口货物的收货人、出口货物的发货人。

进出境物品关税的纳税人是进出境物品的所有人和推定所有人，即入境旅客随身携带的行李物品的持有人、各种运输工具上自用物品的持有人以及以其他方式入境个人物品的所有人和进口个人邮件的收件人。

三、确定关税税率

（一）进口关税税率

进口关税税率主要有：最惠国税率、协定税率、特惠税率、普通税率、配额税率等，对进口货物在一定期限内还可以实行暂定税率。

1.最惠国税率

最惠国税率适用原产于与我国共同适用最惠国待遇条款的WTO成员国或地区的进口货物，或原产于与我国签订有相互给予最惠国待遇条款的双边贸易协定的国家或地区的进口货物，以及原产于我国境内的进口货物。

2.协定税率

协定税率适用原产于我国参加的含有关税优惠条款的区域性贸易协定有关缔约方的进口货物。

3.特惠税率

特惠税率适用原产于与我国签订有特殊优惠关税协定的国家或地区的进口货物。

4.普通税率

普通税率适用原产于上述国家或地区以外的其他国家或地区的进口货物。

5.配额税率

配额内关税是对一部分实行关税配额的货物，按低于配额外税率的进口税率征收的关税。按照国家规定实行关税配额管理的进口货物，如对部分进口农产品和化肥产品实行关税配额制度，关税配额内的，适用较低的关税配额税率；关税配额外的，其税率按上述税率形式的规定执行，适用较高的配额外税率。

6.暂定税率

暂定税率是对某些税号中的部分货物在适用最惠国税率的前提下，通过法律程序暂时实施的进口税率，具有非全税目的特点，低于最惠国税率。

【提示】不同税率的运用是以进口货物的原产地为标准的。确定进境货物原产地的主要原因之一，是便于正确运用进口税则的各栏税率，对产自不同国家或地区的进口货物适用不同的关税税率。

我国对进口货物的税率结构主要体现为产品加工程度越深，关税税率越高，即在不可再生性资源、一般资源性产品及原材料、半成品、制成品中，不可再生性资源税率较低，制成品税率较高。

（二）出口关税税率

出口关税税率没有普通税率和优惠税率之分，主要采用比例税率形式。为鼓励国内企业出口创汇，又做到能够控制一些商品的盲目出口，我国对绝大部分出口货物不征收出口关税，只对少数资源性产品和易于竞相杀价、需要规范出口秩序的半制成品征收出口关税。

【知识链接】

特别关税

特别关税包括报复性关税、反倾销税与反补贴税、保障性关税等。征收特别关税的货物、适用国别、税率、期限和征收办法，由国务院关税税则委员会决定，海关总署负责实施。

（1）报复性关税，是指为报复他国对本国出口货物的关税歧视，而对相关国家的进口货物征收的一种进口附加税。任何国家或地区对其进口的原产于我国的货物征收歧视性关税或给予其他歧视性待遇的，我国对原产于该国或地区的进口货物征收报复性关税。

（2）反倾销税与反补贴税，是指进口国海关对外国的倾销货物，在征收关税的同时附加征收的一种特别关税，其目的在于抵消他国补贴，提高他国的货物在本国的销售价格，保护本国产品。

（3）保障性关税，是指当某类货物进口量剧增，对我国相关产业带来巨大威胁或损害时，按照WTO有关规则，采取的一般保障措施，主要是采取提高关税的形式。

四、了解关税税收优惠

关税减免分为法定减免、特定减免和临时减免。

（一）法定减免

法定减免是税法中明确列出的减税或免税。符合法定减免税的进出口货物，纳税人无须提出申请，海关可按规定直接予以减免。海关对法定减免税货物一般不进行后续管理。我国《海关法》和《进出口关税条例》明确规定了12种情形的进口货物、物品予以减免关税。

（1）起征点以下的货物，包括：关税税额在人民币50元以下的一票货物；边民通过互市贸易进口的每人每天3 000元以下的货物；海关总署规定数额以内的个人自用进境物品。

（2）无商业价值的广告品和货样。

（3）外国政府、国际组织无偿赠送的物资。

（4）进出境运输工具装载的途中必需的燃料、物料和饮食用品。

（5）经海关批准暂时进境或者暂时出境，并在6个月内复运出境或者复运进境的货样、展览品、施工机械、工程车辆、工程船舶、供安装设备时使用的仪器和工具、电视或者电影摄制器械、盛装货物的容器以及剧团服装道具，在货物收发人向海关缴纳相当于税款的保证金或者提供担保后，可予暂时免税。

（6）为境外厂商加工、装配成品和为制造外销产品而进口的原材料、辅料、零件、部件、配套件和包装物料，海关按照实际加工出口的成品数量免征进口关税；或者对进口料、件先征进口关税，再按照实际加工出口的成品数量予以退税。

（7）因故退还的中国出口货物，经海关审查属实，可予免征进口关税，但已征收的出口关税不予退还。

（8）因故退还的境外进口货物，经海关审查属实，可予免征出口关税，但已征收的进口关税不予退还。

（9）进口货物如有以下情形，经海关查明属实，可酌情减免进口关税：①在境外运输途中或者在起卸时，遭受损坏或者损失的；②起卸后海关放行前，因不可抗力遭受损坏或者损失的；③海关查验时已经破漏、损坏或者腐烂，经证明不是保管不慎造成的。

（10）无代价抵偿货物，即进口货物在征税放行后，发现货物残损、短少或品质不良，而由国外承运人、发货人或保险公司免费补偿或者更换的同类货物，可以免税。但有残损或质量问题的原进口货物如未退运国外，其进口的无代价抵偿货物应照章征税。

（11）我国缔结或者参加的国际条约规定减征、免征关税的货物、物品，按照规定予以减免关税。

（12）法律规定减征、免征的其他货物。

（二）特定减免

特定减免也称政策性减免税，是指在法定减免税之外，国家按照国际通行规则和我国实际情况，制定发布的有关货物减免关税的政策。特定减免税货物一般有地区、企业和用途的限制，海关需要进行后续管理，也需要进行减免税统计。

（三）临时减免

临时减免是指以上法定和特定减免税以外的其他减免税，即由国务院根据《海关法》对某个单位、某类商品、某个项目或某批进出口货物的特殊情况，给予特别照顾，一案一批，专文下达的减免税。

任务2　计算关税

引导案例

某市大型商贸公司为增值税一般纳税人，某年10月进口一批化妆品，支付国外买价200万元、国外的采购代理人佣金3万元；支付运抵我国海关地前的运输费用20万元、装卸费用和保险费11万元；支付海关地再运往商贸公司的运输费8万元、装卸费用和保险费3万元。这些相关费用中，哪些应计入完税价格？

引导案例解析

一、计算进口货物关税

（一）确定一般进口货物关税完税价格

关税完税价格是海关计征关税所使用的计税价格，是海关以进出口货物的实际成交价格为基础审定的价格。实际成交价格是一般贸易项下进口或出口货物的买方为购买该项货物向卖方实际支付或应当支付的价格。纳税人向海关申报的价格不一定等于完税价格，只有经海关审核并接受的申报价格才能作为完税价格。

1.以成交价为基础的完税价格

一般进口货物的完税价格为以海关审定的进口应税货物的成交价格为基础的到岸价格（CIF）。货物成交价格，是指卖方向中国境内销售该货物时，买方为进口货物向卖方实付、应付的价款总额。到岸价格包括进口应税货物的成交价格以及该货物运抵我国境内输入地点起卸前的运输及相关费用、保险费。

（1）下列费用应包括在进口货物的完税价格中：

①由买方负担的除购货佣金以外的佣金和经纪费。购货佣金指买方为购买进口货物向自己的采购代理人支付的劳务费用；经纪费指买方为购买进口货物向代表买卖双方利益的

经纪人支付的劳务费用。

②由买方负担的与该货物视为一体的容器的费用。

③由买方负担的包装材料和包装劳务费用。

④与该货物的生产和向我国境内销售有关的，由买方以免费或者以低于成本的方式提供并可以按适当比例分摊的料件、工具、模具、消耗材料及类似货物的价款，以及在境外开发、设计等相关服务的费用。

⑤作为卖方向我国境内销售该货物的一项条件，应当由买方直接或间接支付的、与该货物有关的特许权使用费。

⑥卖方直接或间接从买方获得的该货物进口后转售、处置或者使用的收益。

（2）下列费用、税收，如进口时在货物的价款中列明，不计入该货物的完税价格：

①厂房、机械、设备等货物进口后进行建设、安装、装配、维修和技术服务的费用。

②进口货物运抵境内输入地点起卸后的运输及其相关费用、保险费。

③进口关税及其他国内税收。

2.海关估定的完税价格

进口货物的价格不符合成交价格条件或者成交价格不能确定的，海关应当依次以相同货物成交价格方法、类似货物成交价格方法、倒扣价格方法、计算价格方法及其他合理方法确定的价格为基础，估定完税价格。

（二）确定特殊进口货物关税完税价格

（1）运往境外加工的货物的完税价格。出境时已向海关报明，并在海关规定的期限内复运进境的，应当以境外加工费和料件费，以及复运进境的运输费、保险费及其相关费用审查确定完税价格。

（2）运往境外修理的机械器具、运输工具或者其他货物的完税价格。出境时已向海关报明，并在海关规定的期限内复运进境的，应以境外修理费和料件费审查确定完税价格。

（3）租赁方式进口货物的完税价格。租赁方式进境的货物，以海关审查确定的该货物租金作为完税价格；留购的租赁物，以海关审定的留购价格作为完税价格。

（4）对于国内单位留购的进口货样、展览品和广告陈列品，以海关审定的留购价格作为完税价格。但对于留购货样、展览品和广告陈列品的买方，除按留购价格付款外，又直接或间接给卖方一定利益的，海关可以另行确定上述货物的完税价格。

（5）以易货贸易、寄售、捐赠、赠送等其他方式进口的货物，应当按照一般进口货物估价办法的规定，估定完税价格。

【知识链接】

进口货物完税价格中的运输及相关费用、保险费的计算规定

陆运、海运和空运进口货物的运费和保险费，应当按照实际支付的费用计算。如果进口货物的运费无法确定或未实际发生，海关应当按照该货物进口同期运输行业公布的运费率（额）计算运费，按照"货价加运费"总额的3‰计算保险费。

（三）计算进口货物关税应纳税额

1.从价税应纳税额的计算

关税应纳税额=关税完税价格×进口关税比例税率

进口货物的成交价格，因不同的成交条件而有不同的价格形式，常用的价格条款有

CIF（到岸价格）、CFR（离岸价+运费）、FOB（离岸价）。

（1）以CIF成交的，其成交价格即为完税价格。应纳关税计算公式为：

$$应纳税额=CIF×进口关税比例税率$$

【做中学4-1】某进出口公司从美国进口摩托车，进口申报价格为CIF大连USD200 000，已知当时外汇牌价为USD100=¥685，摩托车进口关税税率为45%，增值税税率为17%，消费税税率为10%。

要求：计算其应纳进口关税。

关税完税价格=200 000×6.85=1 370 000（元）

应纳进口关税=1 370 000×45%=616 500（元）

（2）以CFR价成交的，应另加保险费作为完税价格。应纳关税计算公式为：

$$应纳税额=（CFR+保险费）×进口关税比例税率$$
$$=CFR÷（1-保险费率）×进口关税比例税率$$

【做中学4-2】某进出口公司从日本进口一批电子设备，该设备的总成交价格为CFR上海港JPY 9 000 000，保险费率为3‰，设备进口关税税率为10%，当日外汇牌价为JPY100=¥7.65。

要求：计算其应纳进口关税。

关税完税价格=9 000 000÷（1-3‰）×0.0765=690 571.72（元）

应纳进口关税=690 571.72×10%=69 057.17（元）

（3）以FOB价成交的，应另加从发货口岸或国外交货口岸运到我国口岸以前的运费和保险费作为完税价格。应纳关税的计算公式为：

$$应纳税额=（FOB+运费+保险费）×进口关税比例税率$$
$$=（FOB+运费）÷（1-保险费率）×进口关税比例税率$$

【做中学4-3】某进出口公司从美国进口汽车，进口申报为FOB波士顿USD300 000，运抵我国口岸支付运费USD5 000，保险费率为3‰，该汽车进口关税税率为25%，当时的外汇牌价为USD100=¥680。

要求：计算该批汽车应纳进口关税。

关税完税价格=（300 000+5 000）÷（1-3‰）×6.80=2 080 240.72（元）

应纳进口关税=2 080 240.72×25%=520 060.18（元）

2.从量税应纳税额的计算

$$关税应纳税额=应税进口货物数量×定额税率$$

【做中学4-4】某进出口公司从日本进口富士彩色胶卷8 000卷，成交价格为CIF上海JPY200/卷，当日外汇牌价为JPY100=¥7.60，以上规格胶卷0.05平方米/卷，进口关税单位税额为30元人民币/平方米。

要求：计算该批胶卷应纳进口关税。

应纳进口关税=8 000×0.05×30=12 000（元）

3.复合税应纳税额的计算

关税应纳税额=关税完税价格×进口关税比例税率+应税进口货物数量×定额税率

二、计算出口货物关税

（一）确定出口货物关税完税价格

出口货物的完税价格，由海关以出口货物的成交价格以及该货物运至中国境内输出地点装载前的运输及其相关费用、保险费为基础审查确定。出口货物完税价格不包括离境口岸至境外口岸之间的运输费、保险费和出口关税。

出口货物的成交价格，是指该货物出口时卖方为出口该货物应当向买方直接收取和间接收取的价款总额。

出口货物的成交价格中含有支付给国外的佣金的，如果单独列明应当扣除。

出口货物的成交价格不能确定时，完税价格由海关依次使用下列方法估定：

（1）同时或大约同时向同一国家或地区销售出口的相同货物的成交价格。

（2）同时或大约同时向同一国家或地区销售出口的类似货物的成交价格。

（3）根据境内生产相同或类似货物的成本、利润和境内发生的运输及其他杂费、保险费计算所得的价格。

（4）按照其他合理方法估定的价格。

（二）计算出口货物关税应纳税额

（1）以FOB价格成交的，以成交价格扣除出口关税为完税价格。应纳关税的计算公式为：

$$应纳税额=FOB÷（1+出口关税税率）×出口关税税率$$

【做中学4-5】某进出口公司出口一批产品到美国，成交价格为FOB大连USD100 000，其中含支付国外佣金2%，当日外汇牌价为USD100=¥680，出口关税税率为10%。

要求：计算该批产品应缴纳出口关税。

分析：FOB价格内包含的支付国外的佣金应从完税价格中扣除。

关税完税价格=100 000÷（1+2%）÷（1+10%）×6.80=606 060.61（元）

应交出口关税=606 060.61×10%=60 606.06（元）

（2）以CIF价格成交的，以成交价格扣除离开我国口岸后的保险费、运费后，再扣除出口关税为完税价格。应纳关税的计算公式为：

$$应纳税额=（CIF-保险费-运费）÷（1+出口关税税率）×出口关税税率$$

【做中学4-6】某进出口公司出口一批钨砂矿，成交价格为CIF新加坡USD20 000，其中运费USD1 000，保险费USD200，当日外汇牌价为USD100=¥680，出口关税税率为20%。

要求：计算该批钨砂矿应缴纳出口关税。

关税完税价格=（20 000-1 000-200）÷（1+20%）×6.80=106 533.33（元）

应交出口关税=106 533.33×20%=21 306.67（元）

（3）以CFR价格成交的，以成交价格扣除离开我国口岸后的运费后，再扣除出口关税为完税价格。应纳关税的计算公式为：

$$应纳税额=（CFR-运费）÷（1+出口关税税率）×出口关税税率$$

【课堂能力训练】

1.某公司进口一批货物，该货物的进口关税税率为30%，买卖双方成交价格为FOB巴塞罗那USD20 000，运费为USD1 500，保险费率3‰，当日外汇牌价为USD100=¥6.85。

要求：计算该批货物的进口关税税额。

2.某公司出口一批货物，出口关税税率为15%，双方成交价格为CIF纽约USD1 000，当日外汇牌价为 USD100=￥6.80，已知运费折合为 1 500 元人民币，保险费为 50 元人民币。

要求：计算该批货物的出口关税税额。

任务3　申报关税

引导案例

某进出口公司进口一批货物应缴纳关税 50 000 元，海关开具进出口关税专用缴款书的时间为 2017 年 3 月 1 日，该进出口公司于 3 月 30 日缴纳税款。

请问：该进出口公司应该缴纳关税滞纳金吗？

引导案例解析

一、确定关税纳税期限

进口货物自运输工具申报进境之日起 14 日内，向货物的进境地海关申报，如实填写海关进口货物报关单，并提交进口货物的发票、装箱清单、进口货物提货单或运单、关税免税或免予查验的证明文件等。出口货物在货物运抵海关监管区后装货的 24 小时以前，填报出口货物报关单。

海关根据税则归类和完税价格计算应缴纳的关税和进口环节代征税，并填发《海关进出口关税专用缴款书》（如图 4-1 所示）。纳税义务人应当自海关填发税款缴款书之日起 15 日内，向指定银行缴纳税款。如关税缴纳期限的最后 1 日是周末或法定节假日，则关税缴纳期限顺延至周末或法定节假日过后的第 1 个工作日。

海关进出口关税专用缴款书

收入系统　　　　　　　填发日期　年　月　日　　　　　　　NO

收款单位	收入机关			缴款单位（人）	名　称	
	科　目		预算级次		账　号	
	收款国库				开户银行	

税号	货物名称	数量	单位	完税价格（￥）	税率（%）	税款金额（￥）

金额人民币（大写）			合计（￥）	

申请单位编号		报关单编号		填制单位	收款国库（银行）
合同（批文）号		运输工具（号）			
缴款期限		提/装货单号		制单人　复核人	单证专用章

备注　一般征税　　国际代码

从填发缴款书之日起限 15 日内缴纳（期末遇法定节假日顺延），逾期按日征收税款总额万分之五的滞纳金

图 4-1　海关进出口关税专用缴款书

关税纳税人因不可抗力或在国家税收政策调整的情形下，不能按期缴纳税款的，经海关总署批准，可以延期缴纳税款，但最长不得超过6个月。

二、确定关税纳税地点

根据纳税人的申请及进出口货物的具体情况，关税可以在关境地缴纳，也可在主管地缴纳。关境地缴纳是指进出口货物在哪里通关，纳税人即在哪里缴纳关税，这是最常见的做法。主管地纳税是指纳税人住址所在地海关监管其通关并征收关税，它只适用于集装箱运载的货物。

三、计算关税滞纳金

纳税人未按期缴纳税款的，从关税缴纳期限届满滞纳之日起，至纳税人缴纳关税之日止，按滞纳税款万分之五的比例按日征收滞纳金，周末或法定节假日不扣除。计算公式为：

关税滞纳金金额＝滞纳关税税额×滞纳金征收比率0.5‰×滞纳天数

【做中学4-7】某公司进口货物应缴纳关税30 000元、增值税10 000元，海关于2016年10月12日（星期三）开出税收缴款书，该公司于10月31日（星期一）缴纳税款。

要求：计算该公司应该缴纳的滞纳金。

分析：海关填发"税款缴纳通知书"之日为10月12日（星期三），公司应当最迟于10月26日（星期三）缴纳税款，10月26日之后为滞纳天数，至10月31日共滞纳5天。

关税滞纳金金额＝（30 000+10 000）×0.5‰×5＝100（元）

四、了解关税强制执行

纳税义务人、担保人超过3个月仍未缴纳的，经直属海关关长或者其授权的隶属海关关长批准，海关可以采取下列强制措施：

（1）书面通知其开户银行或者其他金融机构从其存款中扣缴税款；

（2）将应税货物依法变卖，以变卖所得抵缴税款；

（3）扣留并依法变卖其价值相当于应纳税款的货物或者其他财产，以变卖所得抵缴税款。

五、了解关税退还

关税退还是关税纳税人按海关核定的税额缴纳关税后，因某种原因的出现，海关将多征的税款退还给原纳税人的行为。

有下列情形之一的，进出口货物纳税人可以自缴纳税款之日起1年内向海关申请退税并加计银行同期存款利息，逾期不予受理：

（1）因海关误证，多纳税款的。

（2）海关核准免验进口的货物，在完税后发现有短卸情形，经海关审查认可的。

（3）已征出口关税的货物，因故未装运出口，申报退关，经海关查明属实的。

已征进口关税的进口货物和已征出口关税的出口货物，因货物品质或者规格原因（非其他原因）原状复运出境或进境，经海关查验属实的，应退还已征的关税。

海关应自受理退税申请之日30日内作出书面答复并通知退税申请人。

六、了解关税补征和追征

关税补征和追征是海关在关税纳税人按海关核定的税额缴纳关税后，发现实际征收的税额少于应当征收的税额时，责令纳税人补缴所差税款的一种行政行为。

非因纳税人违反海关规定造成少征关税的称为补征。海关应当自缴纳税款或者货物放行之日起1年内，向纳税人补征税款。

由于纳税人违反海关规定造成少征或漏征关税的称为追征。海关可以自缴纳税款之日起3年内追征税款，并从滞纳税款之日起按日加收少征或漏征税款万分之五的滞纳金。

工作任务实例4-1

浙江宁波新光公司为增值税一般纳税人，并具有进出口经营权，2017年3月发生相关经营业务如下：

（1）3月1日，从美国进口小轿车一辆，支付买价USD40 000、相关费用USD3 000，支付到达我国海关起卸点前的运输费用USD4 000、保险费用USD2 000。

（2）3月10日，将生产中使用的价值500 000元设备运往美国修理，出境时已向海关报明，支付给境外的修理费为50 000元、料件费100 000元，并在海关规定的期限内收回该设备。

（3）3月25日，从美国进口卷烟80 000条（每条200支），支付买价USD200 000，运费USD12 000，保险费用USD8 000。

要求：根据上述资料，计算进口小轿车、修理设备和进口卷烟应缴纳的关税（注：进口关税税率均为20%，小轿车消费税税率9%，3月1日和3月25日当日外汇牌价为USD100=¥650元）。

【工作流程】

第一步：分析经济业务类型并确定计税方法和计税依据。

（1）进口小轿车需要缴纳关税，将完税价格加上运输费、保险费等作为计税依据。

（2）运往境外修理的设备需要缴纳关税。出境时已向海关报明，并在海关规定的期限内复运进境的，应以境外修理费和料件费审查作为计税依据。

（3）进口卷烟需要缴纳关税，以买价加运费、保险费作为完税价格。

第二步：计算各项业务应纳关税税额。

（1）应缴纳的进口小轿车关税=（40 000+3 000+4 000+2 000）×6.5×20%=63 700（元）

（2）修理设备应缴纳的关税=（50 000+100 000）×20%=30 000（元）

（3）进口卷烟应缴纳的关税=（200 000+12 000+8 000）×6.5×20%=286 000（元）

第三步：计算该企业3月份应纳的关税合计。

进口小轿车、修理设备和进口卷烟应缴纳的关税=63 700+30 000+286 000=379 700（元）

第四步：缴纳关税。

【课堂能力训练】

某公司进口货物应缴纳关税50 000元，海关于2017年1月6日（星期五）开出税收缴款书，该公司于1月30日（星期一）缴纳税款。

要求：计算该公司应该缴纳多少滞纳金？

任务4　筹划关税

我国关税税目规定明确，税率的适用对象具体，税基、减免优惠等方面的规定相当详尽，因此，关税纳税筹划不像其他税种那样有较大的弹性空间，但也可以通过合理控制完税价格、选择进口货物原产国以适用较低税率等途径进行纳税筹划。

一、利用完税价格进行筹划

关税完税价格，是由海关以该货物的成交价格为基础审查确定的，成交价格不能确定的，由海关依法估定。对于适用从价定率计征的货物，完税价格就是它的计税依据。在税率相同的情况下，完税价格高，则税负重，完税价格低，则税负轻，因此完税价格的确定是关税筹划应重点关注的内容。

进口货物以海关审定的成交价格为基础的到岸价格为完税价格。到岸价格包括货价、货物运抵我国关境内输入地点起卸前的包装费、运费、保险费和其他劳务费等费用，还包括买方向卖方另行支付的佣金。筹划时，应选择同类产品中完税价格比较低、运输等杂项费用相对少的货物进口，这样报关时就能降低完税价格，达到节税的目的。

【做中学4-8】国内一家企业准备进口1 000吨特种原材料，现有两家国外供应商可供选择：一是新加坡甲公司，二是美国乙公司。甲公司的原材料价格为500美元/吨，运费5万美元；乙公司的原材料价格为480美元/吨，但运杂费用高达20万美元，该特种原材料进口关税税率为25%，暂不考虑其他条件。

请问：该企业应该选择哪一个国家进口呢？

分析：

新加坡甲公司完税价格=500×1 000+50 000=550 000（美元）

应纳进口关税税额=550 000×25%=137 500（美元）

美国乙公司完税价格=480×1 000+200 000=680 000（美元）

应纳进口关税税额=680 000×25%=170 000（美元）

根据计算结果，该公司选择从新加坡甲公司进口特种原材料可以节税32 500美元（170 000-137 500）。

当进口货物的价格不符合成交价格条件或成交价格不能确定时，海关可以按照进口货物的海关估价方法估定完税价格。这时利用完税价格进行筹划的关键在于怎样充分利用海关估定完税价格的有关规定。

一般而言，海关应按以下方法依次估定完税价格：相同货物成交价格法、类似货物成交价格法、国际市场价格法、国内市场价格倒扣法、由海关按其他合理方法估定的价格。按规定，进出口货物的收发货人或代理人在向海关递交进出口货物的报关单证时，应交验载明货物真实价格、运费、保险费和其他费用的发票、包装清单和其他有关单证。未交验各项单证的，应按海关估定完税价格计税，事后补交单证的，税款不予调整。因此，进口商可以将所有单证全部交给海关查验，按到岸价格计税；也可以少报或不报部分单证，由海关估定完税价格计税。例如，某公司从国外进口一种最新技术设备，进口价格为400万美元，类似产品的市场价格仅为320万美元，公司向海关申报进口时就可以不完整的单证进行申报。由于单证不齐全，海关会对该进口设备的完税价格进行估价，以该设备的同一出口国或地区购进的类似货物的成交价格作为确定被估进口设备完税价格的依据，即按类似货物成交价格法予以确认。这样该项进口设备的海关估价最多只有320万美元，剩下的80万美元便是纳税筹划空间。但是以上筹划方法仅限于目前市场上还没有或很少出现的产品，这些产品没有确定的进口市场价格，预期市场价格通常远远高于市场类似产品的价格，这为进口完税价格的筹划留下了很大的空间。对于可比性较大的产品来说，这种方法缺乏可操作性。

二、利用关税优惠税率进行筹划

关税条例规定，进口税率分为普通税率和优惠税率两种。对于原产地是与中华人民共和国未订有关税互惠协议的国家或地区的进口货物，按普通税率征税；对于原产地是与中华人民共和国订有关税互惠协议的国家或地区的进口货物，按优惠税率征税。在进口产品时，同等条件下应选择与中华人民共和国签有关税互惠协议的国家和地区。

关于原产地的确认，海关总署在《关于进口货物原产地的暂行规定》中设定了两种标准：一是全部产地标准，即对于完全在一个国家内生产或制造的进口货物，其生产或制造国就是该货物的原产国。二是实质性加工标准，指经过几个国家加工、制造的进口货物，以最后一个对货物进行经济上可以视为实质性加工的国家作为有关货物原产国。这里所说的实质性加工是指产品经过加工后，在《海关税则》中已不按原有的税目税率征税，而应归入另外的税目征税，或者其加工增值部分所占新产品总值的比重已经超过30%的。两个条件具备一项，即可视为实质性加工。

此外需指明的是，对机器、仪器或车辆所用零件、部件、配件、备件以及工具，如与主件同时进口而且数量合理，其原产地按全件的原产地予以确定；如果分别进口的，应按其各自的原产地确定。石油产品以购入国为原产国。

【做中学4-9】某汽车公司是一家从事跨国经营的汽车生产厂商，在韩国、新加坡、马来西亚、菲律宾、越南分别设有零部件供应企业。其中，韩国的子公司生产汽车仪表，新加坡的子公司生产汽车轴承和发动机，马来西亚的子公司生产阀门，菲律宾的子公司生产轮胎，越南的子公司供应玻璃。假设该汽车公司准备将自己的产品打入中国市场。

请问：公司应该如何筹划才能将关税降到最低水平？

分析：本例中，汽车总装配厂的选择成为纳税筹划的重点。根据关税有关规定，应首先了解这些国家、地区是否与中国签订关税互惠协议；接着仔细比较一下，在那些与中国签订关税互惠协定的国家和地区中，哪一个最优惠，哪一个在经济成本上最有利可图，从而作出选择。当然，还要考虑到该国家或地区是否施行外汇管制和出口配额控制、政治经济形势是否稳定以及其他一些影响因素。同时，要使总装厂的加工增值部分在技术和价值含量上达到30%的标准，可以通过转让定价的方法，降低其他地区的零部件生产价格，从而加大总厂增值部分占全部新产品的比重，达到或超过30%，成为实质性加工，这样产品可享受税率的优惠。

【思考】除了以上所述筹划方法外，关税还可以从哪些方面进行纳税筹划呢？

思考与练习　　　　　▼

一、判断题

1.我国关税属于流转税。　　　　　　　　　　　　　　　　　　　　　　（　　）

2.关税是由海关对进出国境的货物征收的一种税。　　　　　　　　（　　）

3.贸易性货物的纳税人是经营进出口货物的收发货人。　　　　　　（　　）

4.出口关税税率分为普通税率和优惠税率。　　　　　　　　　　　（　　）

5.进口货物将以海关审定的成交价格为基础的到岸价格作为完税价格，到岸价格就是货价。　　　　　　　　　　　　　　　　　　　　　　　　　　　　　（　　）

6.确定进口货物完税价格时，如在成交价格之外发生应由买方负担的购货佣金以外的佣金和经纪费，应一并计入完税价格计算关税。　　　　　　　　　　　（　　）

7.确定出口货物完税价格时，在成交价格中含有支付给国外的佣金的，如果单独列明应当扣除。　　　　　　　　　　　　　　　　　　　　　　　　　　（　　）

8.关税纳税人应在海关填发税收缴款书之日起15日内，向指定银行缴纳税款。
　　　　　　　　　　　　　　　　　　　　　　　　　　　　　　（　　）

9.因海关误征而多纳的税款，纳税人可自缴纳税款之日起3年内向海关申请退税，逾期不予受理。　　　　　　　　　　　　　　　　　　　　　　　　　　（　　）

10.进出口货物完税后，如发现少征或者漏征关税税款，海关应当自缴纳税款或者货物放行之日起1年内，向纳税人补征。　　　　　　　　　　　　　　　　（　　）

二、单项选择题

1.我国关税由（　　　）征收。

A.财政部门　　　　　　　　　　　　B.海关

C.工商行政管理部门　　　　　　　　D.税务机关

2.下列各项中，不属于关税纳税义务人的是（　　　）。

A.进口货物的收货人　　　　　　　　B.进出口货物的代理人

C.出口货物的发货人　　　　　　　　D.进出境物品的所有人

3.进口货物将以海关审定的成交价格为基础的（　　　）价格作为完税价格。

A.FOB　　　　　　B.CIF　　　　　　C.CFR　　　　　　D.C & F

4.出口货物完税价格应当是（　　　）。

A.出口离岸价格

B.出口离岸价格／（1+出口关税税率）

C.出口离岸价格／（1+13%或17%）

D.出口离岸价格／（1-出口关税税率）

5.进口货物完税价格中不应包括（　　　）。

A.机器设备进口后的安装费用

B.运抵我国境内起卸前的保险费

C.卖方从买方对该货物进口后转售所得中获得的收益

D.买方支付的特许权使用费

6.下列各项中，属于法定减免的是（　　　）。

A.关税税额在人民币5元以下的一票货物

B.关税税额在人民币10元以下的一票货物

C.关税税额在人民币50元以下的一票货物

D.关税税额在人民币500元以下的一票货物

7.关税纳税义务人因不可抗力或者在国家税收政策调整的情形下，不能按期缴纳税款的，经海关总署批准，可以延期缴纳税款，但最多不得超过（　　　）。

A.3个月　　　　　　　B.9个月　　　　　　　C.6个月　　　　　　　D.12个月

8.海关对逾期未交的关税，按日加收（　　　）滞纳金。

A.2‰　　　　　　　　B.1‰　　　　　　　　C.0.2‰　　　　　　　D.0.5‰

9.关税滞纳金自（　　　）起，至纳税义务人缴纳关税之日止，按滞纳税款万分之五的比例按日征收，周末或法定节假日不予扣除。

A.商品报关之日　　　　　　　　　　B.商品进出关境之日

C.关税缴纳期限届满滞纳之日　　　　D.自海关填发税款缴款书之日

10.纳税人多缴纳的关税税款，经海关查验属实的，可以从缴纳税款之日起的（　　　）年内书面说明理由，申请退税。

A.6　　　　　　　　　B.3　　　　　　　　　C.1　　　　　　　　　D.2

三、多项选择题

1.下列各项中，属于关税征税对象的有（　　　）。

A.贸易型商品

B.运输工具上服务人员携带进口的自用物品

C.个人邮寄物品

D.入境旅客随身携带的行李和物品

2.贸易性商品的关税纳税人是经营进出口货物的（　　　）。

A.收货人　　　　　B.发货人　　　　　C.代理人　　　　　D.中间人

3.下列进口货物，海关可以酌情减免关税的有（　　　）。

A.在境外运输途中或者起卸时遭受损坏或者损失的货物

B.起卸后海关放行前因不可抗力遭受损坏或者损失的货物

C.非保管不慎原因在海关查验时已经破漏、损坏或者腐烂的货物

D.因不可抗力缴税确有困难的纳税人进口的货物

4.进口关税税率形式包括（　　　）。

A.从价税　　　　B.从量税　　　　C.复合税　　　　D.滑准税

5.进口关税的计税方法包括（　　　）。

A.从价定率　　　B.从量定额　　　C.超额累进计税　　D.复合计税

6.进口货物将以海关审定的成交价格为基础的到岸价格作为完税价格。到岸价格包括货价，加上货物运抵中国关境内输入地起卸前的（　　　）等费用。

A.包装费　　　　B.装卸费　　　　C.保险费　　　　D.运输费

7.关于进口货物关税完税价格，下列表述正确的有（　　　）。

A.进口货物将以海关审定的成交价格为基础的到岸价格作为完税价格

B.以FOB价成交的，应再加保险费

C.以FOB价成交的，应再加保险费和运输费

D.以CFR价成交的，应再加保险费

8.下列未包含在进口货物成交价格中的项目，应计入关税完税价格的有（　　　）。

A.由买方负担的包装材料费和包装劳务费

B.由买方负担的购货佣金

C.由买方负担的经纪费用

D.由买方负担的与该货物视为一体的容器费用

9.下列货物，经海关审查无讹，可以免税的有（　　　）。

A.关税税额在人民币100元以下的一票货物

B.无商业价值的广告品和货样

C.外国政府无偿赠送的物资

D.进出境工具装载的途中必备的燃料

10.下列各项中，经海关确定可申请退税的有（　　　）。

A.因海关误征，多缴纳税款的

B.已征收出口关税的货物，因故发生退货的

C.已征收出口关税的货物，因故未装运出口的

D.海关核准免验进口的货物，在完税后发现短缺的

四、业务题

1.某进出口公司从英国进口货物一批，货物以离岸价格成交，成交价折合人民币为1 300万元（不包括因使用该货物而向境外支付的软件费50万元、向卖方支付的佣金15万元），另支付货物运抵我国上海港的运费、保险费等30万元。假设该货物适用的关税税率为20%，增值税税率为17%。

要求：计算该公司应缴纳的关税税额。

2.某进出口公司从日本进口货物一批，成交价折合人民币8 120万元（包括单独计价并经海关审查属实的货物进口后装配调试费用50万元，买方负担的经纪费20万元）。另支付运费18万元，保险费80万元。假设该货物适用的关税税率为20%。

要求：计算该公司应缴的关税税额。

3.某公司进口货物一批，成交价格为人民币500万元，含单独计价并经海关审核属实的进口后装配调试费用20万元，该货物进口关税税率为10%。

要求：计算其应纳的关税税额。

【职业能力目标】

1.掌握企业所得税纳税人、征税对象、税率的具体规定

2.理解并掌握企业所得税应纳税所得额和应纳税额的计算方法

3.掌握企业所得税不同征收方式的适用条件

4.掌握企业所得税纳税申报表的填报规定

5.了解企业所得税纳税筹划方法

【典型工作任务】

1.能判断哪些企业应征收企业所得税，能够区分居民企业和非居民企业，会判断其所适用的税率

2.会计算居民企业和非居民企业的企业所得税应纳税所得额和应纳税额

3.会申报企业所得税，办理年终汇算清缴工作

4.会进行企业所得税简单纳税筹划

任务1　学习企业所得税基本知识

引导案例

某日本企业（实际管理机构不在中国境内）在中国境内设立分支机构，某年该机构在中国境内取得咨询收入500万；在中国境内培训技术人员，取得日方支付的培训收入200万元；在中国取得与该分支机构无实际联系的所得80万元。另一家美国企业在中国无任何分支机构，但某年有来源于中国境内的所得50万元，来源于美国的所得60万元。

请问：这两家企业是不是我国企业所得税的纳税人？各项收入是否要纳税？适用的税率是多少？

引导案例解析

企业所得税是对在我国境内的企业和其他取得收入的组织（包括居民企业和非居民企业）就其生产经营所得和其他所得依法征收的一种税。在我国现行税制中，企业所得税是仅次于增值税的第二大税种，它是国家参与企业利润分配的重要手段，也是目前财政收入的主要来源之一，具有征收范围广、税负公平、税基（应纳税所得额）约束力强、纳税人

与负税人一致等特点。我国现行的企业所得税法律规范，是2007年3月16日第十届全国人民代表大会通过的《中华人民共和国企业所得税法》和2007年11月28日国务院常务会议通过的《中华人民共和国企业所得税法实施条例》。

一、确定企业所得税纳税人和扣缴义务人

（一）确定企业所得税纳税人

企业所得税的纳税人，是指在中华人民共和国境内的企业和其他取得收入的组织。具体包括公司、企业、事业单位、社会团体以及取得收入的其他组织。在我国，个人独资企业、合伙企业不征收企业所得税，而征收个人所得税。为了更好地保障我国税收管辖权的有效行使，按照国际惯例将企业所得税的纳税人分为居民企业和非居民企业，这是确定纳税人是否负有全面纳税义务的基础。

【提示】个人独资企业和合伙企业，由于出资人对外承担的是无限连带责任，因此对其征收个人所得税而非企业所得税。

1.居民企业

居民企业是指依法在中国境内成立的，或者依照外国（地区）法律成立但实际管理机构在中国境内的企业。两个标准符合其中之一就是居民企业。

实际管理机构，是指对企业的生产经营、人员、账务、财产等实施实质性全面管理和控制的机构。一般来说，要同时符合以下三个方面的条件才能被认定为实际管理机构：一是对企业有实质性管理和控制的机构；二是对企业实行全面管理和控制的机构；三是管理和控制的内容是企业的生产经营、人员、账务、财产等。例如，在我国注册成立的一汽大众汽车有限公司、戴尔计算机（中国）有限公司，因其注册地在我国境内，属于我国的居民企业；在开曼群岛、英国等国家注册成立，但实际管理机构在我国境内的企业，也是我国的居民企业。

2.非居民企业

非居民企业是指依照外国（地区）法律成立且实际管理机构不在中国境内，但在中国境内设立机构、场所的企业，或在中国境内未设立机构、场所，但有来源于中国境内所得的企业。

【提示】居民企业和非居民企业的划分标准为：注册地或实际管理机构所在地。

（二）确定扣缴义务人

非居民企业在中国境内未设立机构、场所，或者虽设立机构、场所，但取得的所得与其所设机构、场所没有实际联系，对其来源于中国境内的各项所得应纳的企业所得税实行源泉扣缴，以支付人为扣缴义务人。

二、确定企业所得税征税对象

企业所得税的征税对象是指企业或其他取得收入的组织的收益，包括纳税人的生产经营所得和其他所得。

生产经营所得，是指从事物质生产、交通运输、商品流通、劳务服务，以及经国务院、税务部门确认的其他盈利事业取得的境内外所得；其他所得包括纳税人有偿转让各类财产取得的财产转让所得，购买各种有价证券取得的利息以及因外单位欠款取得的利息所得，出租固定资产、包装物等取得的租金所得，通过转让专利权、非专利技术、商标权、著作权等取得的特许使用费所得，对外投资入股取得的股息、红利所得，固定资产盘盈所得，因债权人原因确实无法支付的应付款项、物资及现金溢余等取得的其他所得。

（一）居民企业的征税对象

凡属我国的居民企业，对我国承担无限纳税义务，应当就其来源于中国境内、境外的全部所得缴纳企业所得税。

（二）非居民企业的征税对象

非居民企业，对我国承担有限纳税义务。

非居民企业在中国境内设立机构、场所的，应当就其所设机构、场所取得的来源于中国境内的所得，以及发生在中国境外但与其在我国境内所设机构、场所有实际联系的所得，向我国缴纳企业所得税。

非居民企业在中国境内未设立机构、场所的，或者虽设立机构、场所但取得的所得与其所设机构、场所没有实际联系的，应当就其来源于中国境内的所得缴纳企业所得税。

"实际联系"，是指非居民企业在中国境内设立的机构、场所拥有的据以取得所得的股权、债权，以及拥有、管理、控制据以取得所得的财产。

【提示】在中国境内注册并生产经营的企业，不论其产品是否用于出口，均属于中国居民企业；而在外国注册经营，实际管理机构不在中国境内的企业，不论其投资者是否为中国人，都不属于中国居民企业。

【知识链接】

所得来源地确定标准

（1）销售货物所得，按照交易活动发生地确定。

（2）提供劳务所得，按照劳务发生地确定。

（3）不动产转让所得按照不动产所在地确定，动产转让所得按照转让动产的企业或者机构、场所所在地确定，权益性投资资产转让所得按照被投资企业所在地确定。

（4）股息、红利等权益性投资所得，按照分配所得的企业所在地确定。

（5）利息所得、租金所得、特许权使用费所得，按照负担、支付所得的企业或者机构、场所所在地确定，或者按照负担、支付所得的个人的住所地确定。

（6）其他所得，由国务院财政、税务主管部门确定。

三、确定企业所得税税率

我国企业所得税实行的是比例税率，现行税率主要有：

（一）法定税率

居民企业适用的企业所得税法定税率为25%。

在中国境内设立机构、场所的非居民企业，应当就其所设机构、场所取得的来源于中国境内的所得或发生在中国境外但与其所设机构、场所有实际联系的所得缴纳企业所得税，税率为25%。

（二）优惠税率

优惠税率是指按低于25%的法定税率，对一部分特殊纳税人征收的特别税率。企业所得税针对不同情况规定了三种优惠税率，具体规定如下：

1.预提所得税税率

非居民企业在中国境内未设立机构场所的，或虽设立机构场所但取得的所得与其所设机构场所没有实际联系的，其在中国境内取得的所得，适用

图片：创业创新小明可以享受这些税收优惠

20%预提所得税税率。由于享受税收优惠，其实际执行税率为10%，以支付人为扣缴义务人。

2.小型微利企业税率

小型微利企业减按20%税率征收企业所得税。

小型微利企业是指从事国家非限制和禁止行业，并符合下列条件的企业：

（1）工业企业，年度应纳税所得额不超过30万元，从业人数不超过100人，资产总额不超过3 000万元。

（2）其他企业，年度应纳税所得额不超过30万元，从业人数不超过80人，资产总额不超过1 000万元。

非居民企业不适用上述规定。

3.高新技术企业税率

国家需要重点扶持的高新技术企业减按15%税率征收企业所得税。

【知识链接】

高新技术企业认定条件

国家需要重点扶持的高新技术企业，是指拥有核心自主知识产权，并同时符合下列条件的企业：

（1）产品服务属于国家重点支持的高新技术领域规定的范围。

（2）研究开发费用占销售收入的比重不低于规定比重。

（3）高新技术产品服务、收入占企业总收入的比重不低于规定比重。

（4）科技人员占企业职工总数的比重不低于规定比重。

（5）高新技术企业认定管理办法规定的其他条件。

国家重点支持的高新技术领域和高新技术企业认定管理办法由国务院科技、财政、税务主管部门同国务院有关部门制定，报国务院批准后公布施行。

【总结】

表5-1　　　　　　**企业所得税纳税人判定标准及其征税对象、适用税率一览表**

纳税人	判定标准	征税对象	税率
居民企业	1. 依照中国法律在中国境内成立的企业 2. 依照外国（地区）法律成立但实际管理机构在中国境内的企业	来源于中国境内、境外的全部生产经营所得和其他所得	25%
非居民企业	依照外国（地区）法律成立且实际管理机构不在中国境内，但在中国境内设立机构、场所的企业	该机构、场所所取得的生产经营所得和其他所得，以及发生在中国境外，但与其所设机构、场所有实际联系的所得	25%
	在中国境内未设立机构、场所，或者虽设立机构、场所但取得的所得与其所设机构、场所没有实际联系的企业	来源于中国境内的所得	20%（实际按10%）

【课堂能力训练】

多项选择题

1.下列各项中，属于企业所得税纳税人的有（　　　　）。

A.在外国成立但实际管理机构在中国境内的企业

B.在中国境内成立的外商独资企业

C.在中国境内成立的个人独资企业

D.在中国境内未设立机构、场所，但有来源于中国境内所得的企业

2.下列各项中，按照我国税法规定属于非居民企业的有（　　　）。

A.登记注册地在中国境内且实际管理机构所在地在中国境内的企业

B.在我国境内设有生产经营机构，有来源于中国境内的所得，但实际管理机构在境外的企业

C.在中国境内未设立机构、场所，但有来源于中国境内所得的企业

D.依照外国（地区）法律、法规成立且实际管理机构不在中国境内，但在中国境内设立机构、场所，有来源于中国境内所得的企业

3.下列有关企业所得税税率的说法，正确的有（　　　）。

A.居民企业所得税的税率为25%

B.在中国境内未设立机构、场所的非居民企业，来源于中国境内的所得适用10%的税率

C.符合条件的小型微利企业适用税率为20%

D.国家需要重点扶持的高新技术企业适用税率为15%

4.下列各项中，属于企业所得税征税范围的有（　　　）。

A.居民企业来源于中国境外的所得

B.非居民企业来源于中国境内的所得

C.在中国境内未设立机构、场所的非居民企业来源于中国境外的所得

D.居民企业来源于中国境内的所得

任务2　计算企业所得税

引导案例

软东电脑有限责任公司某年取得全年销售收入4 000万元，其他业务收入1 000万元，会计利润为85万元。该企业该年度的有关账册资料如下：

（1）企业该年度实际列支工资、津贴、奖金300万元，其中支付给残疾职工的工资30万元；实际发生职工福利费50万元，拨缴职工工会经费10万元，发生职工教育经费15万元。

（2）企业长期借款账户中记载：年初向工行借款10万元，年利率为10%；向其他企业借款20万元，年利率20%。上述借款均用于生产经营，利息支出均已列入财务费用。

（3）管理费用中列支业务招待费25万元。

（4）8月份缴纳税收滞纳金1万元，10月份通过希望工程基金会向希望小学捐赠10万元，均在营业外支出中列支。

请问：在进行年度纳税汇算清缴时，软东电脑有限责任公司财务人员应对以上哪些业务资料进行纳税调整呢？

引导案例解析

企业所得税的计税依据为应纳税所得额，确定应纳税所得额是计算企业所得税的关键所在。应纳税所得额与企业会计核算的利润有所不同，这是因为会计利润是根据会计准则计算得出的，应纳税所得额则是按照企业所得税法的规定确定的。由于会计准则和税法的规定不完全一致，因此应纳税所得额往往需要在年终汇算清缴时，在会计利润的基础上按照税法规定进行纳税调整后得出。

一、计算企业所得税应纳税所得额

企业所得税法规定，企业每一纳税年度的收入总额，减除不征税收入、免税收入、各项扣除以及允许弥补以前年度亏损后的余额，即为应纳税所得额。其计算公式为：

应纳税所得额=收入总额-不征税收入-免税收入-各项扣除-允许弥补的以前年度亏损

实际工作中，应纳税所得额应该根据国家税务总局2014年11月公布的"中华人民共和国企业所得税年度纳税申报表（A类 A100000）"的规定，在企业会计利润的基础上，加减纳税调整额及相关项目金额后计算得出。其计算公式为：

应纳税所得额=利润总额-境外所得+纳税调增额-纳税调减额-免税、减计收入及加计扣除+境外应税所得抵减境内亏损-所得减免-抵扣应纳税所得额-弥补以前年度亏损

下面按顺序分析各项目的计算过程：

（一）确定利润总额

利润总额是指按会计准则核算的会计利润总额，数据可直接取自"利润表"。

$$利润总额=营业收入-营业成本-税金及附加-期间费用-资产减值损失+公允价值变动收益+投资收益+营业外收入-营业外支出$$

1.营业收入

营业收入包括会计核算中的主营业务收入和其他业务收入。

（1）主营业务收入。包括销售商品收入、提供劳务收入、建造合同收入、让渡资产使用权收入和其他收入。

（2）其他业务收入。包括材料销售收入、出租固定资产收入、出租无形资产收入、出租包装物和商品收入以及其他收入。

2.营业成本

营业成本包括会计核算中的主营业务成本和其他业务成本。

（1）主营业务成本。包括销售商品成本、提供劳务成本、建造合同成本、让渡资产使用权成本和其他成本。

（2）其他业务成本。包括材料销售成本、出租固定资产成本、出租无形资产成本、包装物出租成本和其他支出。

3.税金及附加

税金及附加是指企业发生的除企业所得税和允许抵扣的增值税以外的各项税金及其附加。包括消费税、城市维护建设税、资源税、教育费附加及房产税、土地使用税、车船税、印花税等。

【提示】企业缴纳的房产税、车船税、城镇土地使用税、印花税等已经计入管理费用的，不在本项目计算；企业缴纳的增值税因其属于价外税，也不属于本项目。

4.期间费用

期间费用包括企业在生产经营活动中发生的销售费用、管理费用和财务费用。

5.资产减值损失

资产减值损失是指纳税人计提的各项资产减值准备所形成的损失。

6.公允价值变动收益

公允价值变动收益是指纳税人交易性金融资产、交易金融负债、采取公允价值模式计量的投资性房地产、衍生工具、套期保期业务等公允价值变动形成的应计入当期损益的利得或损失。

7.投资收益

投资收益是指纳税人以各种方式对外投资所取得的收益或投资损失。

【提示】企业持有的交易性金融资产处置和出让时，处置收益部分应当自"公允价值变动损益"项目转出，列入本项目，包括境外投资应纳税所得额。

8.营业外收入

营业外收入是指纳税人发生的与其经营活动无直接关系的各项收入。

9.营业外支出

营业外支出是指纳税人发生的与其经营活动无直接关系的各项支出。

（二）境外所得

境外所得是指纳税人发生分国（地区）别取得的境外税后所得计入利润总额的金额。其金额为纳税人中国境外税前所得减去其来源于境外的股息、红利等权益性投资收益由外国企业在境外实际缴纳的企业所得税税额后的余额。

（三）纳税调整项目

计算应纳税所得额时，纳税人按照会计准则、会计制度核算与税收规定不一致的项目，应当进行纳税调整。纳税调整项目分为收入类调整项目、扣除类调整项目、资产类调整项目和特别纳税调整项目。选择部分常见纳税调整项目说明如下：

【提示】纳税调整原则：会计核算确认的收入小于税法确认的收入、会计核算确认的费用大于税法允许扣除的费用的，应调整增加应纳税所得额；会计核算确认的收入大于税法确认的收入、会计核算确认的费用小于税法允许扣除的费用的，应调整减少应纳税所得额。

1.收入类调整项目

（1）视同销售收入。

视同销售是指会计上不作为销售核算，而在税法上应作为应税收入计算缴纳企业所得税的销售货物、转让财产或提供劳务的行为。税法上的视同销售收入主要包括非货币性交换视同销售收入、用于市场推广销售视同销售收入、用于交际应酬视同销售收入、用于职工奖励或福利视同销售收入、用于股息分配视同销售收入、用于对外捐赠视同销售收入、用于对外投资项目视同销售收入、提供劳务视同销售收入和其他视同销售收入。

《企业所得税法实施条例》规定："企业发生非货币性资产交换，以及将货物、财产、劳务用于捐赠、偿债、赞助、集资、广告、样品、职工福利或者利润分配等用途的，应当视同销售货物、转让财产或者提供劳务，但国务院财政、税务主管部门另有规定的除外。"

国家税务总局国税函〔2008〕828号对企业处置资产是否作为企业所得税视同销售处理，以资产所有权属是否转移为标准，具体明确如下：

①企业发生下列情形的处置资产，除将资产转移至境外以外，由于资产所有权属在形式和实质上均不发生改变，应作为内部处置资产，不视同销售确认收入，相关资产的计税基础延续计算：将资产用于生产、制造、加工另一产品；改变资产形状、结构或性能；改变资产用途（如自建商品房转为自用或经营）；将资产在总机构及其分支机构之间转移；上述两种或两种以上情形的混合；其他不改变资产所有权属的用途。

②企业将资产移送他人的下列情形，因资产所有权属已发生改变而不属于内部处置资产，应按规定视同销售确定收入：用于市场推广或销售；用于交际应酬；用于职工奖励或福利；用于股息分配；用于对外捐赠；其他改变资产所有权属的用途。

视同销售行为的计税收入额按下列规定确认：企业自制的资产，按企业同类资产同期对外销售价格确定视同销售收入，按照生产成本确定其视同销售成本；外购的资产或服务不以销售为目的，用于职工福利费用支出，且购置后在一个纳税年度内处置的，按购入时的价格确定视同销售收入，按购入时的价格确认其视同销售成本。

【思考】增值税的视同销售与企业所得税的视同销售一致吗？

【做中学5-1】某企业将一批自产A产品发给职工作福利，该批产品生产成本为30 000元，同类产品不含税售价为40 000元。

请问：该笔业务是否需要进行纳税调整？

分析：（1）该笔业务按企业会计准则进行会计处理时应作为销售，确认利润额10 000元（40 000 - 30 000）。

（2）根据《增值税暂行条例》规定，该笔业务应视同销售，应缴纳增值税：

应纳增值税税额=40 000×17%=6 800（元）

（3）根据企业所得税法规定，该笔业务属于企业所得税视同销售行为，应按同类产品售价确认计税销售收入40 000元，允许抵扣销售成本30 000元，即确认应纳税所得额10 000元。由于应纳所得额与会计利润额相等，不需要进行纳税调整。

【做中学5-2】某企业将一批自产B产品无偿赠送给本企业以外的其他人，该批产品生产成本为30 000元，同类产品不含税售价为40 000元。

请问：该笔业务是否需要进行纳税调整？

分析：（1）该笔业务按企业会计准则进行会计处理时不作为销售，不确认利润额。

（2）据《增值税暂行条例》规定，该笔业务应视同销售，应缴纳增值税：

应纳增值税税额=40 000×17%=6 800（元）

（3）根据企业所得税法规定，该笔业务属于企业所得税视同销售行为，应按同类产品售价确认计税销售收入40 000元，允许扣销售成本30 000元，即确认应纳税所得额10 000元。由于会计不确认利润额，故需调增应纳税所得额10 000元。

（2）未按权责发生制原则确认的收入。

未按权责发生制原则确认的收入是指会计上按照权责发生制原则确认收入，计税时未按权责发生制确认的收入。税法在以权责发生制原则确认收入的同时，对某些收入的确认也在一定程度上遵循了收付实现制原则，比如分期收款销售商品销售收入的确认、利息收入的确认、租金收入的确认、特许权使用费收入的确认等。这些由于企业财务会计处理办法与税收规定不一致而产生的时间性差异项目应进行纳税调整，当税收规定的收入大于会计核算确认的收入时，其差额应调增应纳税所得额；反之，则应调减应纳税所得额。

（3）投资收益。

投资收益是指纳税人核算投资项目的持有收益、处置收益中，会计核算与税收的差异金额。比如税法规定，对来自所有非上市企业，以及连续持有上市公司股票12个月以上取得的股息、红利收入，给予免税；纳税人因收回、转让或清算处置股权投资发生的股权投资损失，可以在税前扣除，但在每一纳税年度扣除的股权投资损失，不得超过当年实现的股权投资收益和投资转让所得，超过部分可按规定向以后年度结转扣除。会计核算确认的投资收益大于税收规定的，其差额应调减应纳税所得额；反之，则应调增应纳税所得额。

（4）按权益法核算长期股权投资对初始投资成本调整确认收益。

按权益法核算长期股权投资对初始投资成本调整确认收益是指纳税人采取权益法核算时，初始投资成本小于取得投资时应享有被投资单位可辨认净资产公允价值份额的，两者之间的差额会计核算中计入取得投资当期的营业外收入的金额。税收规定对这部分收入不征税，应调减应纳税所得额。

（5）交易性金融资产初始投资调整。

交易性金融资产初始投资调整是指纳税人根据税法规定确认交易性金融资产初始投资金额与会计核算的交易性金融资产初始投资账面价值的差额，应调增应纳税所得额。

（6）公允价值变动净收益。

公允价值变动净收益是指企业以公允价值计量且其变动计入当期损益的金融资产、金融负债以及投资性房地产的公允价值，其税法规定的计税基础与会计处理不一致应进行纳税调整的金额。

当纳税人所有的按照公允价值计量且其变动计入当期损益的金融资产、金融负债以及投资性房地产按照税收规定确认的期末与期初的差额大于根据会计准则核算的期末与期初的差额时，其差额应调增应纳税所得额；反之，则应调减应纳税所得额。

（7）不征税收入。

不征税收入包括财政拨款、依法收取并纳入财政管理的行政事业性收费、政府性基金及国务院规定的其他不征税收入。

①财政拨款，是指各级人民政府对纳入预算管理的事业单位、社会团体等组织拨付的财政资金，但国务院和国务院财政、税务主管部门另有规定的除外。

②行政事业性收费，是指依照法律、法规等有关规定，按照国务院规定程序批准，在实施社会公共管理，以及在向公民、法人或者其他组织提供特定公共服务的过程中，向特定对象收取并纳入财政管理的费用。

③政府性基金，是指企业依照法律、行政法规等有关规定，代政府收取的具有专项用途的财政资金。

④国务院规定的其他不征税收入，是指企业取得的，由国务院财政、税务主管部门规定专项用途并经国务院批准的财政性资金。

【提示】直接减免的增值税和即征即退、先征后退、先征后返的各种税收，只有由国务院财政、税务主管部门规定专项用途，并经国务院批准的财政性资金才准予作为不征税收入，如软件企业即征即退的增值税用于研究开发软件产品和扩大再生产的，可以免征企业所得税；没有特殊规定，均应缴纳企业所得税。

纳税人取得符合税法规定不征税收入条件但已计入当期损益的不征税收入，应调减应纳税所得额。纳税人以前年度取得财政性资金且已作为不征税收入处理，在5年（60个月）内未发生支出且未缴回财政部门或其他拨付资金政府部门的，应调增应纳税所得额。

（8）销售折扣、折让和退回。

销售折扣、折让和退回是指不符合税收规定的销售折扣和折让应进行纳税调整的金额和发生的销售退回因会计处理与税法规定有差异需纳税调整的金额。税收规定对折扣额另开发票的，不得从销售中减除折旧额，应调增应纳税所得额；销货退回影响损益的跨期时间性差异，应调减应纳税所得额。

2.扣除类调整项目

（1）视同销售成本。

视同销售成本是指纳税人按税收规定计算的与视同销售收入对应的成本。每一笔被确认为视同销售的经济事项，在确认计算应税收入的同时，均有与此收入相配比的应税成本。主要包括非货币性交换视同销售成本、用于市场推广或销售视同销售成本、用于交际应酬视同销售成本、用于职工奖励或福利视同销售成本、用于股息分配视同销售成本、用于对外捐赠视同销售成本、用于对外投资项目视同销售成本、提供劳务视同销售成本和其他视同销售成本。

（2）职工薪酬。

职工薪酬包括工资薪金支出、职工福利费支出、工会经费支出、职工教育经费支出、各类基本社会保障性缴款、住房公积金、补充养老保险、补充医疗保险和其他。

①工资薪金支出是指纳税人每一纳税年度支付给在本企业任职或者受雇的员工的所有现金形式或者非现金形式的劳动报酬，包括基本工资、奖金、津贴、补贴、年终加薪、加班工资，以及与员工任职或者受雇有关的其他支出。

企业实际发生的合理的工资薪金，准予扣除。合理的工资薪金，是指企业按照股东大会、董事会、薪酬委员会或相关管理机构制定的工资薪金制度规定实际发放给职工的工资薪金。

【提示】允许税前扣除的工资薪金支出，应该是企业已经实际支付给其职工的金额，而不是应该支付的职工薪酬。例如，企业"应付职工薪酬"账户贷方发生额600万元，借方实际发放工资500万元，企业所得税税前只能扣除500万元，而不是600万元。

②企业发生的职工福利费支出，不超过工资薪金总额14%的部分，准予扣除；超过部分不予税前扣除，应调增应纳税所得额。

职工福利费包括尚未实行分离办社会职能的企业，其内设福利部门发生的设备、设施和人员费用；为职工保健、生活、住房、交通发放的各项补贴和非货币性福利；按照其他规定发生的其他职工福利费，包括丧葬补助费、抚恤费、安家费、探亲假路费等。

③企业的工会经费支出，不超过工资薪金总额2%的部分，准予扣除；超过部分不予

税前扣除，应调增应纳税所得额。

④除国务院财政、税务主管部门另有规定外，企业发生的职工教育经费支出，不超过工资薪金总额2.5%（含）的，准予扣除；超过部分，准予在以后纳税年度结转扣除，本年度应调增应纳税所得额。当本年度职工教育经费低于工资薪金总额的2.5%时，差额准予结转以前年度累计未扣除的职工教育经费金额，此时应调减应纳税所得额。

【提示】软件生产企业发生的职工教育经费中的职工培训费用，可以全额扣除；其余部分按法定比例扣除。

经认定的技术先进型服务企业（限于21个城市）、动漫企业、中关村示范区科技创新创业企业发生的职工教育经费，不超过工资薪金总额8%的部分准予扣除，超过部分准予结转以后纳税年度扣除。

在中国境内注册、实行查账征收、经认定的高新技术企业发生的职工教育经费支出，不超过工资薪金总额8%的部分，准予在计算企业所得税应纳税所得额时扣除；超过部分，准予在以后年度结转扣除。

【做中学5-3】某企业某年发生工资薪金支出100万元，实际发生职工福利费20万元，拨缴工会经费5万元，发生职工教育经费支出8万元。

要求：计算工资和三项经费的税前扣除额及应调整的应纳税所得额。

分析：

（1）允许在税前扣除的工资薪金支出=100（万元）

（2）职工福利费扣除限额=100×14%=14（万元）

　　　调增应纳税所得额=20-14=6（万元）

（3）工会经费扣除限额=100×2%=2（万元）

　　　调增应纳税所得额=5-2=3（万元）

（4）职工教育经费扣除限额=100×2.5%=2.5（万元）

　　　调增应纳税所得额=8-2.5=5.5（万元）

该5.5万元可以结转下年继续抵扣。

⑤企业按照国务院有关主管部门或省级人民政府规定的范围和标准，为职工缴纳的"五险一金"，包括基本养老保险费、基本医疗保险费、失业保险费、工伤保险费、生育保险费等基本社会保险费和住房公积金，准予税前扣除。超过规定范围和标准的，不予税前扣除，应调增应纳税所得额。

⑥企业为投资者或者职工支付的补充养老保险费、补充医疗保险费，在国务院财政部门、税务主管部门规定的范围和标准内（分别为工资总额的5%）的部分，准予扣除。超过规定范围和标准的，不予税前扣除，应调增应纳税所得额。

⑦除纳税人依照国家有关规定为特殊工种职工支付的人身安全保险费和国务院财政、税务主管部门规定可以扣除的其他商业保险费外，纳税人为投资者或者职工支付的商业保险费，不予税前扣除，应调增应纳税所得额。

【做中学5-4】（多选题）下列各项保险费可以在计算企业所得税时在税前扣除的有（　　）。

A.企业为其投资者或职工支付的国务院税务主管部门规定的补充养老保险费

B.企业为其投资者或职工支付的省级政府规定标准的基本医疗保险费

C.企业为其投资者或职工支付的商业养老分红型保险费

D.企业为其投资者或职工支付的家庭财产保险费

分析：正确答案为 A、B。

（3）业务招待费。

企业发生的与生产经营活动有关的业务招待费支出，按照发生额的60%扣除，但最高不得超过当年销售（营业）收入的5‰；超过扣除标准的，不予税前扣除，应调增应纳税所得额。

微课：企业所得税税前扣除——业务招待费

【提示】销售（营业）收入包括主营业务收入、其他业务收入和企业所得税视同销售收入，但不包括营业外收入、投资收益。允许扣除的标准是业务招待费实际发生额的60%与销售（营业）收入的5‰两者相比较小者。

【做中学5-5】某企业某年度取得销售货物收入2 800万元，让渡专利使用权收入800万元，债务重组收益100万元，对外赠送不含税市场价值200万元的货物，固定资产转让收入50万元，包装物出租收入200万元，接受捐赠收入20万元，国债利息收入30万元；当年实际发生的业务招待费100万元。

要求：计算该企业业务招待费税前扣除额及应调整的应纳税所得额。

分析：销售货物收入、让渡专利使用权收入、包装物出租收入属于"主营业务收入"或"其他业务收入"，对外赠送货物属于"视同销售收入"，债务重组收益、固定资产转让收入、接受捐赠收入属于"营业外收入"，国债利息收入属于"投资收益"，因此：

销售（营业）收入＝2 800+800+200（对外赠送货物价款）+200（包装物出租收入）
　　　　　　　　＝4 000（万元）

当年销售（营业）收入的5‰＝4 000×5‰＝20（万元）

业务招待费的60%＝100×60%＝60（万元）

因此，税前扣除限额为20万元

调增应纳税所得额＝100-20＝80（万元）

（4）广告费和业务宣传费支出。

企业发生的符合条件的广告费和业务宣传费支出，除国务院财政、税务主管部门另有规定外，不超过当年销售（营业）收入15%的部分，准予扣除；超过部分，准予在以后纳税年度结转扣除，本年度应调增应纳税所得额。当本年度广告费和业务宣传费支出低于当年扣除限额时，差额准予结转以前年度累计未扣除的广告费和业务宣传费金额，此时应调减应纳税所得额。

企业申报扣除的广告费和业务宣传费支出应与赞助支出严格区分。广告性质的赞助支出按广告费标准扣除；对于非广告性质的赞助支出，由于与企业取得应税收入不直接相关，不允许税前扣除。同时需要注意的是，根据国家有关法律法规和行业自律规定的要求，对不得进行广告宣传的产品和企业，发生的广告费和业务宣传费支出不得税前扣除，如会计师事务所等中介机构发生的宣传费、烟草广告等。

【提示】广告费和业务宣传费税前扣除限额的计算依据"销售（营业）收入"，与业务招待费税前扣除限额计算依据一致，主要涉及会计核算中主营业务收入、其他业务收入以及企业所得税视同销售收入三部分，但不包括营业外收入和投资收益。

【思考】广告宣传费超过税法规定扣除标准部分的税务处理方法与上述哪项费用相似？

【做中学5-6】A企业某年度支出广告费1 600万元，该企业该年度取得销售收入8 000万元，转让技术使用权收入2 000万元，发生现金折扣100万元。

要求：计算该企业广告费税前扣除标准及应调整的应纳税所得额。

广告费税前扣除限额＝（8 000+2 000）×15%＝1 500（万元）

广告费当年调增应纳税所得额＝1 600-1 500＝100（万元）

该100万元可以结转下年继续扣除。

（5）捐赠支出。

捐赠分为公益性捐赠和非公益性捐赠。

公益性捐赠是指企业通过公益性社会团体或者县级以上人民政府及其部门，用于《中华人民共和国公益事业捐赠法》规定的公益事业的捐赠。

企业发生的公益性捐赠支出，不超过年度会计利润总额12%的部分，准予据实扣除。超过部分和非公益性捐赠支出不允许税前扣除，应调增应纳税所得额。

微课：企业所得税税前扣除——捐赠支出

【提示】年度利润总额，是指按国家统一会计制度核算的年度会计利润。

公益性捐赠必须同时符合两个条件：（1）必须通过公益性社会团体或者县级以上人民政府及其部门进行捐赠；（2）必须是用于《中华人民共和国公益事业捐赠法》规定的公益事业的捐赠。不同时符合以上条件的为非公益性捐赠。非公益性捐赠全额不得在税前扣除。

【做中学5-7】某企业某年度实现会计利润100万元，通过红十字会向四川灾区捐款20万元，另外捐助某贫困儿童学费0.5万元。

要求：计算该企业捐赠支出税前扣除额及应调整的应纳税所得额。

通过红十字会向四川灾区捐赠为公益性捐赠，捐助某贫困儿童学费为非公益性捐赠。

公益性捐赠扣除限额＝100×12%＝12（万元）

非公益性捐赠不得在税前扣除。

因此，捐赠允许税前扣除12万元，应调增应纳税所得额8.5万元（8+0.5）。

（6）利息支出。

企业在生产经营中发生的利息支出，准予按以下规定扣除：

①非金融企业向金融企业借款的利息支出，金融企业的各项存款利息支出，同业拆借利息支出和企业经批准发行债券的利息支出，准予按照实际发生数扣除。

②非金融企业之间借款的利息支出，不超过按照金融企业同期同类贷款利率计算的数额的部分，准予扣除；超过部分不予税前扣除，应调增应纳税所得额。

③纳税人（金融企业除外）从关联方取得的借款，借款金额在其注册资本50%以内的部分，借款利率不超过金融机构同期利率的部分，准予扣除；超过金融机构同期利率部分利息以及借款金额超过纳税人注册资本50%部分的全部利息均不予扣除，应调增应纳税所得额。

企业资本化的利息支出应计入有关资产的成本，不计入利息费用在税前扣除，这点与会计核算的规定相一致，无须进行纳税调整。

【做中学5-8】A企业某年度共发生借款项目如下：从银行借款100万元，年利率为

4%，其中40万元是生产用借款，60万元是为建造固定资产借入的，该固定资产尚未完工；从B企业借款30万元，年利率为7%。

要求：计算A企业允许在税前扣除的借款利息。

分析：向银行借入的借款用于生产经营的利息支出准予全额扣除，用于建造固定资产的利息支出应计入固定资产成本；从B企业借入的借款利息支出按银行同类同期借款利率计算扣除。

允许在税前扣除的借款利息＝40×4%＋30×4%＝2.8（万元）

（7）罚金、罚款和被没收财物的损失。

纳税人因违反国家法律法规而被有关部门处以的罚款、罚金、被没收财物的损失，属于企业正常经营活动以外的支出，不得在税前扣除，应调增应纳税所得额。

【提示】纳税人按照经济合同规定支付违约金（包括银行罚息）、罚款和诉讼费，均与经济合同直接相关，属于生产经营中的责任赔偿行为，并非违反国家法规的行政处罚行为，允许在税前扣除。

（8）税收滞纳金、加收利息。

纳税人未按照规定期限缴纳税款、扣缴义务人未按照规定期限扣缴税款而缴纳的税收滞纳金，不得在税前扣除，应调增应纳税所得额。

税务机关对企业作出纳税调整而补征的企业所得税税款按日加收的利息，不得在税前扣除，应调增应纳税所得额。

（9）赞助支出。

纳税人会计核算计入当期损益的不符合税法规定的公益性捐赠的赞助支出，包括直接向受赠人的捐赠、赞助支出等，不得在税前扣除，应调增应纳税所得额。

【提示】赞助支出是指各种非广告性质的赞助支出，如果属于广告性赞助支出，可参照广告费用的相关规定扣除。

（10）佣金和手续费支出。

企业发生的与生产经营有关的手续费和佣金支出，按与具有合法经营资格中介服务机构或个人所签订服务协议或合同确认的收入金额的5%计算税前扣除限额，超过限额及不符合规定的佣金和手续费不得在税前扣除，应调增应纳税所得额。

【提示】企业应与具有合法经营资格的中介服务机构或个人签订服务协议或合同，并按国家有关规定支付手续费及佣金。除委托个人代理外，企业以现金等非转账方式支付的手续费及佣金，不得在税前扣除。

3.资产类调整项目

（1）资产折旧、摊销。

①固定资产折旧。

下列差异可能导致固定资产税法折旧额与会计折旧额不一致，在计算企业所得税应纳税所得额时，应作纳税调整。

A.固定资产初始成本与计税基础的差异。

税法规定，固定资产以历史成本为计税基础，企业会计准则规定固定资产一般应以历史成本为计量基础，因此，两者一般不存在差异。但下列情况可能导致固定资产初始成本与计税基础的差异。

一是超过正常信用条件购入固定资产。税法规定，外购固定资产以购买价款和支付的相关税费以及直接归属于使该资产达到预定用途发生的其他支出为计税基础。企业会计准则规定，超过正常信用条件购入固定资产，按应付购买价款的现值为固定资产的入账价值，应付购买价款与其现值之间的差额作为未确认融资费用。由此将造成固定资产的初始成本与计税基础之间的差异。

二是融资租入固定资产。税法规定，融资租入的固定资产，以租赁合同约定的付款总额和承租人在签订租赁合同过程中发生的相关费用为计税基础，租赁合同未约定付款总额的，以该资产的公允价值和承租人在签订租赁合同过程中发生的相关费用为计税基础。企业会计准则规定，融资租入固定资产，以租赁开始日租赁资产的公允价值与最低租赁付款额的现值两者中的较低者为基础确定租入固定资产的入账价值，以最低租赁付款额为长期应付款，其差额作为未确认融资费用。由此将造成固定资产的初始成本与计税基础之间的差异。

【提示】税法规定，准予税前扣除的固定资产折旧，是以按税法确定的固定资产计税基础为基数计算的计税折旧额，固定资产初始成本与计税基础的不同将直接导致会计折旧与计税折旧之间存在差异，从而导致应纳税所得额与会计利润不同，必须进行纳税调整。

B.固定资产折旧范围的差异。

税法规定，除房屋建筑物以外未投使用的固定资产、已足额提取折旧仍继续使用的固定资产、与经营活动无关的固定资产和单独估价作为固定资产入账的土地不得计提折旧。

企业会计准则规定，除已提足折旧继续使用的固定资产和单独估价作为固定资产入账的土地外，所有的固定资产均应计提折旧。

【提示】当税法规定的折旧范围与会计确定折旧范围不一致时，必将造成计税折旧与会计折旧之间的差异，因此需进行纳税调整。

C.固定资产折旧方法的差异。

税法规定，固定资产应采用直线法计提折旧，但因特殊原因确需加速折旧的，可缩短折旧年限或采取加速折旧的方法。采取缩短折旧年限方法的，最低折旧年限不得低于企业所得税法规定折旧年限的60%；采取加速折旧方法的，可以采取双倍余额递减法或年数总和法。采取加速折旧计算方法的企业不得缩短折旧年限。

【提示】所谓"特殊原因"是指由于技术进步，产品更新换代较快；常年处于强震动、高腐蚀状态。

企业会计准则规定，企业应根据与固定资产有关的经济利益的预期实现方式合理选择固定资产折旧方法，如年限平均法、工作量法、双倍余额递减法和年数总和法等。固定资产的折旧方法一经选择，不得随意变更。

图片：加速折旧政策扩围

【提示】当企业采用的折旧方法不符合税法规定时，就会造成会计折旧与计税折旧的差异，因此需进行纳税调整。

D.固定资产折旧年限的差异。

企业所得税法按不同种类固定资产分别规定了计算折旧的最低年限：房屋、建筑物为20年；飞机、火车、轮船、机器、机械和其他生产设备为10年；与生产经营活动有关的器具、工具、家具等为5年；飞机、火车、轮船以外的运输工具为4年；电子设备为3年。

【提示】对2014年1月1日后新购进的下列固定资产，单位价值不超过100万元的，允许一次性计入当期成本费用在计算应纳税所得额时扣除，不再分年度计算折旧，单位价值超过100万元的，可缩短折旧年限或采取加速折旧的方法：（1）所有行业企业专门用于研发的仪器、设备；（2）生物药品制造业，专用设备制造业，铁路、船舶、航空航天和其他运输设备制造业，计算机、通信和其他电子设备制造业，仪器仪表制造业，信息传输、软件和信息技术服务业等6个行业和2015年1月1日以后购进的轻工、纺织、机械、汽车等4个领域重点行业的小型微利企业供研发和生产经营使用的仪器、设备。

对所有行业企业持有的单位价值不超过5 000元的固定资产，允许一次性计入当期成本，费用在计算应纳税所得额时扣除，不再分年度计算折旧。

企业会计准则要求企业根据固定资产的性质和使用情况，合理确定固定资产的使用寿命，并按使用寿命分期计提折旧。

【提示】当税法规定的折旧年限与会计确定的折旧年限不一致时，必将造成计税折旧与会计折旧之间的差异，因此需进行纳税调整。

E.固定资产减值的差异。

税法规定，不符合国务院财政、税务主管部门规定的各项资产减值准备、风险准备等准备金支出，不得在计算应纳税所得额时扣除。企业持有各项资产期间的资产增值或减值，除国务院财政、税务主管部门规定可以确认损益外，不得调整该项资产的计税基础。

企业会计准则规定，在会计期末，当固定资产存在减值迹象，经测试可收回金额低于其账面价值的，应确认资产的减值损失，同时计提固定资产减值准备。计提减值准备后的固定资产，应当按照计提减值准备后的账面价值及尚可使用年限重新计算确定折旧率、折旧额。由此将造成以后期间计税折旧和会计折旧的差异，因此需进行纳税调整。

【做中学5-9】某企业某年4月购进一台机械设备，取得的增值税专用发票上注明价款为100万元，当月投入使用。企业将设备购入成本一次性计入费用在税前作了扣除，按税法规定该设备应按直线法计提折旧，期限为10年，残值率5%。

要求：计算此项业务应调整的应纳税所得额。

准予税前扣除的折旧额＝100×（1－5%）÷10÷12×8＝6.33（万元）

应调增的应纳税所得额＝100－6.33＝93.67（万元）

②无形资产摊销。

税法规定，无形资产按照直线法计算的摊销费用准予扣除，摊销年限不得低于10年；作为投资或受让的无形资产，有关法律或者合同约定了使用年限的，可以按照规定或者约定的使用年限分期摊销。因此，税法主要考虑的是无形资产的法定使用寿命，如果没有法律规定或者合同约定的使用年限，规定摊销年限不得低于10年。

会计应当于取得无形资产时分析判断其使用寿命，使用寿命有限的无形资产需要摊销，而使用寿命不确定的无形资产不需要摊销。在估计无形资产的使用寿命时，必须考虑无形资产的经济使用寿命。

【提示】当会计核算与税收规定不一致时，需要按税法规定进行纳税调整。

【做中学5-10】某企业某年1月购入一项无形资产，入账价值60万元，会计上按5年采用直线法摊销。

要求：计算企业当年应调整的应纳税所得额。

会计上按5年采用直线法摊销时，每年摊销额＝60÷5＝12（万元）。

税法规定无形资产摊销年限不低于10年，则每年摊销额=60÷10＝6（万元）。

应调增应纳税所得额=12-6=6（万元）

（2）资产减值准备。

纳税人未经核定的准备，如坏账准备、存货跌价准备、短期投资跌价准备、固定资产减值准备、长期投资减值准备、无形资产减值准备以及国家税收法规规定可提取的准备之外的任何形式的准备，不得在税前扣除，应调增应纳税所得额。企业按会计准则因价值恢复、资产转让等原因转回准备时，应调减应纳税所得额。

企业资产损失实际发生时，经报主管税务机关核定后，在实际发生年度按其发生额扣除。

（3）资产损失。

企业在生产经营活动中发生的固定资产和存货的盘亏、毁损、报废损失，转让财产损失，呆账损失，坏账损失，自然灾害等不可抗力因素造成的损失以及其他损失，减除责任人赔偿和保险赔款后的余额，依照税务主管部门的规定扣除。

企业因存货盘亏、毁损、报废等原因不得从销项税额中抵扣的进项税额，应视同企业财产损失，准予与存货损失一起在企业所得税税前按规定扣除。

【做中学5-11】某企业某年因管理不善毁损一批库存外购材料（已抵扣进项税额），账面成本10 000元，保险公司审理后同意赔付8 000元，该企业的损失得到税务机关的审核和确认。

要求：计算企业所得税税前可扣除的损失金额。

不得抵扣的进项税额=10 000×17%=1 700（元）

税前可扣除的损失金额=10 000+1 700-8 000=3 700（元）

企业的各项财产损失，应在损失发生当年申报扣除，不得提前或延后。非因计算错误或其他客观原因，企业未及时申报的财产损失，逾期不得扣除。确因税务机关原因未能按期扣除的，经税务机关批准后，应调整该财产损失发生年度的纳税申报表，并相应抵退税款，不得改变财产损失所属纳税年度。

【提示】企业已经作为损失处理的资产，在以后纳税年度又全部或部分收回时，应当计入当期收入。

4.特别纳税调整项目

特别纳税调整是指税务机关出于实施反避税目的而对纳税人特定纳税事项所作的税务调整，包括针对纳税人的转让定价、资本弱化、避税港避税及其他避税情况所进行的税务调整。

企业与其关联方共同开发、受让无形资产，或者共同提供、接受劳务发生的成本，在计算应纳税所得额时，应当按照独立交易原则进行分摊。企业与其关联方分摊成本时，应当按照成本与预期收益相配比的原则进行，并在税务机关规定的期限内，按照税务机关的要求报送有关资料。企业与其关联方分摊成本时违反独立交易原则或配比原则的，其自行分摊的成本不得在计算应纳税所得额时扣除。

由居民企业，或者由居民企业和中国居民控制的设立在实际税负明显低于12.5%的国家（地区）的企业，并非由于合理的经营需要而对利润不作分配或者减少分配的，上述利润中应归属于该居民企业的部分，应当计入该居民企业的当期收入。

企业从其关联方接受的债权性投资与权益性投资的比例超过规定标准而发生的利息支

出，不得在计算应纳税所得额时扣除。

企业与其关联方之间的业务往来，不符合独立交易原则，或者企业实施其他不具有合理商业目的的安排的，税务机关有权在该业务发生的纳税年度起10年内，进行纳税调整。

【提示】关联企业关联方，是指与企业有下列关系之一的企业、个人和其他组织：

（1）在资金、经营、购销等方面，存在直接或者间接的拥有或者控制关系。

（2）直接或者间接地同为第三者所拥有或者控制。

（3）在利益上具有相关联的其他关系。

独立交易原则，是指没有关联关系的企业之间、企业与个人或其他组织之间，按照公平成交价格和营业常规进行业务往来所遵循的原则。

税务机关根据规定对企业做出特别纳税调整的，应当对补征的税款，自税款所属纳税年度的次年6月1日起至补缴税款之日止的期间，按日加收利息。利率按照税款所属纳税年度中国人民银行公布的与补税期间同期的人民币贷款基准利率加5个百分点计算，为此加收的利息也不得在计算应纳税所得额时扣除。

（四）免税、减计收入及加计扣除

1.免税收入

（1）国债利息收入

国债利息收入免税，是指国债到期时取得的利息收入免税，不包括国债未到期之前转让的收益。

（2）符合条件的居民企业之间的股息、红利等权益性投资收益

"符合条件"是指：①居民企业之间，不包括投资于独资企业、合伙企业、非居民企业；②直接投资，不包括间接投资；③连续持有居民企业公开发行并上市流通的股票1年（12个月）以上取得的投资收益。

（3）在中国境内设立机构、场所的非居民企业从居民企业取得与该机构、场所有实际联系的股息、红利等权益性投资收益

【提示】股息、红利等权益性投资收益，不包括连续持有居民企业公开发行并上市流通的股票不足12个月取得的投资收益。

（4）符合条件的非营利组织的收入

符合条件的非营利组织的下列收入为免税收入：

（1）接受其他单位或者个人捐赠的收入。

（2）除界定为不征税收入的财政拨款以外的其他政府补助收入，但不包括因政府购买服务取得的收入。

（3）按照省级以上民政、财政部门规定收取的会费。

（4）不征税收入和免税收入孳生的银行存款利息收入。

（5）财政部、国家税务总局规定的其他收入。

【提示】非营利组织从事盈利性活动取得的收入不属于免税收入。

【知识链接】

非营利组织

非营利组织是指符合下列条件的组织：

（1）依法履行非营利法人登记手续。

（2）从事公益性或非盈利性活动。

（3）取得的收入除用于与组织有关的、合理的支出外，全部用于章程规定的公益性或非营利性事业。

（4）财产及其孳息不用于分配。

（5）注销后的剩余财产应当按照其章程的规定用于公益性或非营利性目的；无法按照章程规定处理的，由登记管理机关转赠给与该组织性质、宗旨相同的组织，并向社会公告。

（6）投入人对投入该组织的财产不保留或享有任何财产权利。

（7）工作人员及其高级管理人员的报酬控制在当地平均工资水平一定的幅度内，不得变相分配组织财产。

符合以上条件的组织经过国务院主管财政、税务机关的认定，为非营利组织。

【思考】不征税收入与免税收入是不是一回事？

2.减计收入

企业以《资源综合利用目录》内的资源为主要原材料，生产非国家限定并符合国家和行业相关标准的产品所取得的收入，减按90%计入收入总额。

3.加计扣除

企业的下列支出，可以在计算应纳税所得额时加计扣除。

（1）开发新技术、新产品、新工艺发生的研究开发费用。

企业为开发新技术、新产品、新工艺发生的研究开发费用，未形成无形资产计入当期损益的，在按规定实行100%扣除基础上，按研究开发费用的50%加计扣除；形成无形资产的，按无形资产成本的150%进行分期摊销。

图片：研发费用加计扣除政策解读

【做中学5-12】某企业某年度发生新技术研究开发费用3 000万元，其中研究阶段的支出1 000万元，开发阶段符合资本化条件的支出2 000万元。

要求：计算当年税前可以扣除的研究开发费用以及应调整的应纳税所得额。

研究开发费用中未形成无形资产计入当期损益部分。

税前扣除额=1 000+1 000×50%=1 500（万元）

形成无形资产的部分，除另有规定外，至少分10年摊销。

每年税前扣除摊销额=2 000×150%÷10=300（万元）

当年税前可以扣除的研究开发费用合计=1 500+300=1 800（万元）

按会计准则计入当期成本费用的研究开发费用=1 000+2 000÷10=1 200（万元）

应调减应纳税所得额=1 800-1 200=600（万元）

（2）安置残疾人员及国家鼓励安置的其他就业人员所支付的工资。

企业安置残疾职工所支付的工资，按实际支付给残疾职工工资的100%加计扣除。

企业安置国家鼓励安置的其他就业人员所支付的工资的加计扣除办法，由国务院另行规定。

【做中学5-13】某企业有残疾职工20人，某年度发生工资支出300万元，其中支付给残疾职工的工资60万元。

要求：计算该企业工资薪金的税前扣除额以及应调整的应纳税所得额。

允许税前扣除的工资薪金=300+60=360（万元）

企业实际发生工资支出300万元。

应调减应纳税所得额=360-300=60（万元）

（五）境外应税所得抵减境内亏损

境外应税所得抵减境内亏损是指纳税人在计算缴纳企业所得税时，其境外营业机构的盈利可以抵减境内营业机构的亏损，即当"利润总额-境外所得+纳税调整增加额-纳税调整减少额-免税、减计收入及加计扣除"后的余额为负数时，境外应税所得可以用于抵减境内亏损，最大不得超过企业当年的全部境外应税所得；当"利润总额-境外所得+纳税调整增加额-纳税调整减少额-免税、减计收入及加计扣除"后的余额为正数时，如以前年度无亏损额，则不需要抵减；如以前年度有亏损额，则可以抵减以前年度亏损额，最大不得超过企业当年的全部境外应税所得。

（六）所得减免

1.从事农、林、牧、渔业项目的所得

（1）以下各项所得免征企业所得税：蔬菜、谷物、薯类、油料、豆类、棉花、麻类、糖料、水果、坚果的种植；中药材的种植；林木的培育和种植；牲畜、家禽的饲养；林产品的采集；灌溉、农产品初加工、兽医等农、林、牧、渔服务业项目；远洋捕捞。

（2）以下各项所得减半征收企业所得税：花卉、饮料和香料作物的种植；海水养殖、内陆养殖。

2.从事国家重点扶持的公共基础设施项目投资经营的所得

企业从事《公共基础设施项目税收优惠目录》内的港口码头、机场、铁路、公路、电力、水利等项目的投资经营所得，从项目取得第一笔生产经营收入所属纳税年度起，第一至第三年免征企业所得税，第四至第六年减半征收企业所得税。

3.从事符合条件的环境保护、节能节水项目的所得

企业从事符合条件的环境保护、节能节水项目的所得，从项目取得第一笔生产经营收入所属纳税年度起，第一至第三年免征企业所得税，第四至第六年减半征收企业所得税。

符合条件的环境保护、节能节水项目，包括公共污水处理、公共垃圾处理、风力发电、潮汐发电、海水淡化等。

4.符合条件的技术转让所得

一个纳税年度内，居民企业转让技术所有权所得不超过500万元的部分，免征企业所得税，超过500万元的部分，减半征收企业所得税。

（七）抵扣应纳税所得额

创业投资企业采取股权投资方式投资于未上市的中小高新技术企业2年以上（含2年），可按其对中小高新技术企业投资额的70%抵扣该创业投资企业的应纳税所得额。符合抵扣条件并在当年不足抵扣的，可在以后纳税年度逐年延续抵扣。

【做中学5-14】甲企业2015年1月1日向乙企业（未上市的中小高新技术企业）投资100万元，股权持有到2016年12月31日。甲企业2016年应纳税所得额为50万元，2017年应纳税所得额为30万。

要求：计算甲企业2016年度、2017年度可抵扣的应纳税所得额及应纳企业所得税税额。

甲企业创业投资额可抵扣的应纳税所得额共70万元（100×70%）。

甲企业2016年应纳税所得额为50万元<70万元，2016年可抵扣应纳税所得额50万元，未抵扣完的20万元可以留待2017年继续抵扣。

2016年应纳企业所得税税额为0。

2017年应纳企业所得税税额=（30-20）×25%=2.5（万元）

（八）弥补以前年度亏损

企业某一年度发生亏损的，可以用下一纳税年度的所得弥补；下一纳税年度的所得不足弥补的，可以逐年延续弥补，但延续弥补期最长不得超过5年。

亏损弥补应注意以下问题：

（1）亏损的含义。亏损是指将每一纳税年度的收入总额减除不征税收入、免税收入和各项扣除后小于零的数额，即应纳税所得额小于零。

（2）亏损的弥补时间。企业发生年度亏损的，可以用下一纳税年度的所得弥补；下一纳税年度所得不足弥补的，可以逐年延续弥补，但延续弥补期最长不得超过5年。5年内不论企业是盈利还是亏损，都作为弥补年限计算。企业如果连续发生亏损，其亏损弥补期应按每个年度分别计算，先亏先补，按顺序连续计算弥补期。

（3）企业在汇总计算缴纳企业所得税时，其境外营业机构的亏损不得抵减境内营业机构的盈利。

【提示】弥补亏损要点：（1）只能弥补5年，5年内无论盈亏，都作为实际弥补年限。（2）弥补期间需要连续计算，不得间断。（3）先亏先补，不得将亏损弥补期相加。（4）境外同一国内盈亏可互补，不同国间不得互补。

【做中学5-15】某国有企业一直执行5年亏损弥补期，表5-2是该企业7年盈亏情况。

要求：请分步说明如何弥补亏损并计算企业各年应纳税所得额。

表5-2　　　　　　　　　　　　各年度应纳税所得额表　　　　　　　　　　　单位：万元

年度	2010	2011	2012	2013	2014	2015	2016
应纳税所得额	-165	-56	30	30	40	60	60

2010年亏损额：2011—2015年为弥补期，到2015年末尚有未弥补的亏损5万元。

2011年亏损额：2012—2016年为弥补期，56万元的亏损额全部得到弥补。

2012—2015年弥补亏损后，应纳税所得额为0。

2016年弥补亏损后应纳税所得额=60-56=4（万元）

【做中学5-16】某企业某年度税前会计利润总额为300万元，全年销售额为5 000万元。当年列支了工资支出200万元，其中因安置残疾人员支付给残疾职工的工资为40万元；全年发生职工福利费支出30万元，拨缴工会经费6万元，发生职工教育经费支出10万元；为职工支付商业保险费10万元；向银行借款10万元，年利率为10%，向其他企业借款20万元，年利率为20%，上述借款均用于生产经营；全年列支业务招待费30万元；发生广告费50万元；新产品的研究费用为30万元，已列入"管理费用"；10月份通过民政部门向希望工程捐赠20万元，直接捐赠给灾区农民现金1万元；因未按期纳税交纳滞纳金和罚款3万元。

要求：试确认纳税调整项目及纳税调整金额，并计算应纳税所得额。

（1）合理的工资薪金可以全额扣除，残疾职工的工资调减40万元。

（2）职工福利费扣除限额=200×14%=28（万元）

调增额=30-28=2（万元）

（3）职工工会经费扣除限额=200×2%=4（万元）

调增额=6-4=2（万元）

（4）职工教育经费扣除限额=200×2.5%=5（万元）

调增额=10-5=5（万元）

（5）为职工支付商业保险费不得在税前扣除，调增10万元。

（6）利息调增额=20×（20%-10%）=2（万元）

（7）销售收入的5‰=5000×5‰=25（万元）

业务招待费的60%=30×60%=18（万元）

调增额=30-18=12（万元）

（8）广告费扣除限额=5 000×15%=750万元，实际发生额为50万元，不需纳税调整。

（9）研究开发费用可以加计扣除，调减15万元。

（10）公益性捐赠扣除限额=300×12%=36万元，实际捐赠20万元，不需纳税调整。

（11）非公益性捐赠不得在税前扣除，调增1万元。

（12）违反税法的滞纳金和罚款不得在税前扣除，调增3万元。

该公司应纳税所得额=300-40+2+2+5+10+2+12-15+1+3=282（万元）

二、计算企业所得税应纳税额

企业所得税实行按年计征、分月（季）预缴、年终汇算清缴、多退少补的办法。

（一）计算应预缴的企业所得税

企业应当自月份或者季度终了之日起15日内，向税务机关报送预缴企业所得税纳税申报表。居民纳税人以及在中国境内设立机构的非居民纳税人在月度或季度预缴企业所得税时可采用如下方法：

1.按照实际利润额预缴

按照实际利润额预缴是指按本年一个月或一个季度的实际利润额计算缴纳。计算公式为：

本月（季）度应缴所得税额=实际利润累计额×税率-减免所得税额-已累计预缴的所得税额

【提示】实际利润累计额是指纳税人按会计制度核算的利润总额，暂不作纳税调整，待会计年度终了再作纳税调整。税率统一按25%计算应纳所得税额。

2.按照上一纳税年度应纳税所得额平均额预缴

按上一个纳税年度应纳税所得额实际数除以12或4，得出每个月或每个季度应纳税所得额，再统一按25%的税率计算应纳税额。

3.按照税务机关确定的其他方法预缴

除了以上两种方法计算预缴所得税外，还可以按税务机关确定的其他方法预缴。

【提示】预缴方法一经确定，一个纳税年度内不得随意变更。

（二）年终汇算清缴

企业应当自年度终了之日起5个月内，向税务机关报送年度企业所得税纳税申报表、财务会计报告和其他有关资料，完成企业所得税的汇算清缴工作。

应纳企业所得税税额计算公式为：

$$\begin{array}{l}\text{实际应纳}\\\text{所得税额}\end{array}=\begin{array}{l}\text{应纳税}\\\text{所得额}\end{array}\times\text{税率}-\begin{array}{l}\text{减免}\\\text{所得税额}\end{array}-\begin{array}{l}\text{抵免}\\\text{所得税额}\end{array}+\begin{array}{l}\text{境外所得}\\\text{应纳所得税额}\end{array}-\begin{array}{l}\text{境外所得抵免}\\\text{所得税额}\end{array}$$

本年应补（退）的所得税额＝实际应纳所得税额−本年累计实际已预缴的所得税额

【提示】应纳税所得额是指在企业会计利润总额的基础上，加减纳税调整等相关项目金额后得出，税率按25%计算。

1.减免所得税额

减免所得税额是指纳税人按照税收优惠政策规定实际减免的企业所得税税额，主要包括以下内容：

（1）小型微利企业的减征税额。

纳税人从事国家非限制或禁止行业并符合规定条件的小型微利企业，享受20%的优惠税率。

小型微利企业的减征税额＝应纳税所得额×（25%−20%）

【提示】自2015年1月1日至2017年12月31日，对年应纳税所得额低于20万元（含20万元）的小型微利企业，其所得减按50%计入应纳税所得额，按20%的税率缴纳企业所得税。

自2015年10月1日至2017年12月31日，对年应纳税所得额在20万元到30万元（含30万元）之间的小型微利企业，其所得减按50%计入应纳税所得额，按20%的税率缴纳企业所得税。

此时，符合以上条件的小型微利企业的减征税额计算如下：

小型微利企业的减征税额＝应纳税所得额×（25%−20%）＋应纳税所得额×50%×20%

（2）高新技术企业的减征税额。

纳税人从事国家需要重点扶持的高新技术企业，享受15%的优惠税率。

高新技术企业的减征税额＝应纳税所得额×（25%−15%）

（3）民族自治地方企业的减征额。

民族自治地方的自治机关对本民族自治地方的企业应缴纳的企业所得税中属于地方分享的部分，可以决定免征或者减征。

（4）其他专项优惠减征额。

其他专项优惠减征额是指除了以上已列明减征额外，按税收规定可以减征的其他企业的减征额。比如经济特区和上海浦东新区新设立的高新技术企业、受灾地区损失严重的企业、技术先进型服务企业等。

2.抵免所得税额

企业购置并实际使用规定的环境保护、节能节水、安全生产等专用设备，其专用设备投资额的10%可以从企业当年的应纳税额中抵免；当年不足抵免的，可以在以后5个纳税年度结转抵免。

上述专用设备，应当是企业实际购置并自身实际投入使用的设备；企业购置上述设备在5年内转让、出租的，应当停止执行本条规定的企业所得税优惠政策，并补缴已经抵免的企业所得税税款。

图片：小型微利企业再迎发展春天

【提示】税额抵免是直接抵免应纳所得税额，而不是抵扣应纳税所得额。

设备的投资额不包括购进设备时允许抵扣的增值税进项税额，无法抵扣的进项税额计入专用设备投资额；购买专用设备取得普通发票的，其专用设备投资额为普通发票上注明的金额。

【做中学5-17】某增值税一般纳税人某年购买并实际使用国产环保设备一台，取得的普通发票上注明的价税合计金额为11.7万元，当年经审核的应纳税所得额为5万元。

要求：计算该企业该年度实际应缴纳的企业所得税。

国产设备投资抵免限额=11.7×10%=1.17（万元）

当年应纳税额=5×20%=1（万元）<抵免限额1.17万元

因此，国产设备投资额可以在当年抵免1万元，抵免后当年的应纳税额为0；剩余0.17万元可以在以后5个纳税年度结转抵免。

3.境外所得已纳税额的抵免

纳税人来源于中国境外的所得已在境外实际缴纳的企业所得税税额，准予在汇总纳税时从其当期应纳税额中抵免，抵免限额为该项所得按照我国企业所得税法计算的应纳税额；超过抵免限额的部分，可以在以后5个年度内，用每年抵免限额抵免当年应抵税额后的余额进行抵补。

允许抵免的境外所得是指纳税人取得的境外收入按照我国税法规定计算的计税所得，包括：（1）居民企业来源于中国境外的应税所得；居民企业从其直接或者间接控制的外国企业分得的来源于中国境外的股息、红利等权益性投资收益。（2）非居民企业在中国境内设立机构、场所，取得发生在中国境外但与该机构、场所有实际联系的应税所得。以上所得，均应按我国税法规定在我国汇总计算缴纳企业所得税。

【提示】境外缴纳的税款，是指在境外实际缴纳的企业所得税税款，不包括减免税或纳税后又得到补偿以及由他人代为承担的税款（中外双方已签订避免双重征税协定的，按协定的规定执行）。

境外所得按照我国税法计算的应纳税额称为"抵免限额"。除国务院财政、税务主管部门另有规定外，该抵免限额应当分国（地区）不分项计算，其计算公式如下：

境外所得已纳税额抵免限额=境内外全部所得按我国税法计算的应纳税总额×（来源于某外国（地区）的应纳税所得额÷境内外应纳税所得总额）

纳税人来源于境外的所得在境外实际缴纳的所得税款，低于按照税法计算的抵免限额的，可以从应纳税额中如数抵免，若有前5年境外所得已缴税款未抵免完的余额，可在限额内继续抵免；高于抵免限额的，其超过部分不得在本年度的应纳税额中抵免，也不得列为费用支出，但可用以后年度税额抵免的余额补抵，补抵期限最长不得超过5年。

汇总纳税的应纳税额计算公式为：

应纳税额=境内外应纳税所得总额×税率−境外已纳税额（抵免限额>境外已纳税额时）

　　　　=境内外应纳税所得总额×税率−抵免限额（抵免限额<境外已纳税额时）

【做中学5-18】甲企业在A国设有分公司甲A，在B国设有分公司甲B。某纳税年度内，甲在国内取得所得1 000万元，甲A取得所得500万元，甲B取得所得300万元。A国所得税税率为40%，B国所得税税率为20%。

要求：计算甲企业应纳所得税额。

（1）甲A在A国已纳所得税=500×40%=200（万元）

A国抵免限额=（1 000+500+300）×25%×500÷（1 000+500+300）=125（万元）

因此，甲A在A国已纳的所得税税额可抵免125万元。

（2）甲B在B国已纳所得税=300×20%=60（万元）

B国抵免限额=（1 000+500+300）×25%×300÷（1 000+500+300）=75（万元）

因此，甲B在B国已纳的所得税税额可抵免60万元。

（3）甲应纳企业所得税税额=（1 000+500+300）×25%-125-60=265（万元）

甲A所得未抵免完的75万元可以在以后5年内用抵免限额抵免当年应抵税额后的余额进行抵补。

三、企业所得税的核定征收

为了加强企业所得税的征收管理，对部分中小企业采取核定征收办法计算其应纳税额。根据《中华人民共和国企业所得税法》及其实施条例、《中华人民共和国税收征收管理法》及其实施细则的有关规定，核定征收企业所得税的有关规定如下：

（一）确定核定征收企业所得税的范围

纳税人具有下列情形之一的，应采取核定征收方式征收企业所得税：

（1）依照法律、行政法规的规定可以不设置账簿的。

（2）依照法律、行政法规的规定应当设置但未设置账簿的。

（3）擅自销毁账簿或者拒不提供纳税资料的。

（4）虽设置账簿，但账目混乱或者成本资料、收入凭证、费用凭证残缺不全，难以查账的。

（5）发生纳税义务，未按照规定的期限办理纳税申报，经税务机关责令限期申报，逾期仍不申报的。

（6）申报的计税依据明显偏低，又无正当理由的。

【提示】特殊行业、特殊类型的纳税人和一定规模以上的纳税人不适用核定征收方法，而只能采用查账征收方式征税。这类"特定纳税人"包括以下类型的企业：享受特定所得税优惠政策的企业；汇总纳税企业；上市公司；银行等金融企业；会计师事务所等社会中介机构；国家税务总局规定的其他企业。

（二）确定核定征收办法

核定征收方式包括核定应税所得率和定额征收两种方法。税务机关应根据纳税人具体情况，对核定征收企业所得税的纳税人，核定应税所得率或者核定应纳所得税额。

1.核定应税所得率征收

核定应税所得率征收是税务机关采用一定的标准、程序和方法，预先核定纳税人的应税所得率，由纳税人根据纳税年度内的收入总额或成本费用等项目的实际发生额，按预先由税务机关核定的应税所得率计算缴纳企业所得税的办法。

纳税人具有下列情形之一的，核定其应税所得率：

（1）能正确核算（查实）收入总额，但不能正确核算（查实）成本费用总额的。

（2）能正确核算（查实）成本费用总额，但不能正确核算（查实）收入总额的。

（3）通过合理方法，能计算和推定纳税人收入总额或成本费用总额的。

计算公式为：

$$应纳所得税额=应纳税所得额×适用税率$$

$$应纳税所得额=应税收入额×应税所得率$$

或：　　　　　　$$应纳税所得额=成本（费用）支出额÷（1-应税所得率）×应税所得率$$

应税所得率统一执行标准见表5-3。

表5-3　　　　　　　　　　　　　　　**应税所得率表**

行　业	应税所得率（%）
农、林、牧、渔业	3～10
制造业	5～15
批发和零售贸易业	4～15
交通运输业	7～15
建筑业	8～20
饮食业	8～25
娱乐业	15～30
其他行业	10～30

实行应税所得率方式核定征收企业所得税的纳税人，经营多业的，无论其经营项目是否单独核算，均由税务机关根据其主营项目，核定其适用某一行业的应税所得率。

【做中学5-19】某年某居民企业向主管税务机关申报应税收入总额120万元，成本费用支出总额127.5万元，全年亏损7.5万元。经税务机关检查，成本费用核算准确，但收入总额不能确定。税务机关对该企业采取核定征税办法，应税所得率为25%。

要求：计算该年度该企业应缴纳的企业所得税。

应纳税所得额=127.5÷（1-25%）×25%=42.5（万元）

应纳所得税额= 42.5×25%=10.63（万元）

2.定额征收

定额征收是指税务机关按照一定的标准、程序和方法，直接核定纳税人年度应纳企业所得税税额，由纳税人按规定进行申报缴纳的办法。对纳税人既不能正确核算收入，又不能正确核算成本、费用，以及不能履行纳税义务的纳税人采取核定定额的征收方式。

工作任务实例5-1

2017年1月，某会计师事务所派小李负责A企业代理报税业务，面对A企业所得税的年终汇算清缴工作的展开，小李查阅了企业相关资料，收集A企业2016年的信息如下：

（1）A企业2016年企业会计报表利润为205万元，应依25%的税率缴纳企业所得税。该公司2016年已预缴了企业所得税10万元。

（2）A企业全年境内主营业务收入6 000万元，销售成本4 500万元，销售税金420万元（其中，含增值税220万元）。

（3）A企业2016年度实际列支工资、津贴、奖金400万元。其中，支付给残疾职工的工资30万元，实际发生职工福利费60万元，拨缴职工工会经费10万元，发生职工教育经费15万元。以上各项均已计入相关的成本、费用。

（4）A企业长期借款账户中记载：年初向工行借款20万元，年利率10%；向其他企业借款10万元，年利率15%，上述借款均用于生产经营，利息支出均已列入财务费用。本年度财务费用共发生155万元。

（5）发生管理费用297万元。其中：业务招待费25万元；全年发生新产品研究费用30万元，未形成无形资产。

（6）发生销售费用650万元，其中广告费550万元。

（7）营业外收入5万元为企业固定资产盘盈收入；营业外支出25万元，其中，年中因违法经营被罚款1万元，通过红十字会向某灾区捐款20万元，向困难职工捐赠1万元，固定资产出售净损失3万元。

（8）A企业共取得投资收益27万元，其中含国债利息收入2万元，取得12个月以上的权益性投资收益25万元（向同方股份有限公司投资，被投资方所在地按20%的税率缴纳企业所得税）。

（9）2016年度购置安全生产专用设备80万元，已投入生产。

要求：运用企业所得税相关政策，分别对A企业的相关业务进行纳税调整，并帮助A企业计算应缴企业所得税。

【工作流程】

第一步：计算会计利润总额

会计利润=6 000-4 500-（420-220）-297-650-155+5-25+27=205（万元）

第二步：计算纳税调整增加额

（1）职工福利费扣除限额=400×14%=56（万元）

　　 纳税调增额=60-56=4（万元）

（2）职工工会经费扣除限额=400×2%=8（万元）

　　 纳税调增额=10-8=2（万元）

（3）职工教育经费扣除限额=400×2.5%=10（万元）

　　 纳税调增额=15-10=5（万元）

（4）利息纳税调增额=10×（15%-10%）=0.5（万元）

（5）业务招待费的60%=25×60%=15（万元）

　　 销售收入的5‰=6 000×5‰=30（万元）

　　 业务招待费扣除限额=15万元

　　 纳税调增额=25-15=10（万元）

（6）广告费扣除限额=6 000×15%=900（万元），实际发生550万元，无须纳税调整。

（7）违法经营罚款不得在税前扣除，应纳税调增1万元。

（8）公益性捐赠扣除限额=205×12%=24.6（万元），实际捐款20万元，无须纳税调整。

非公益性捐赠不得扣除，应纳税调增1万元。

纳税调整增加额合计=4+2+5+0.5+10+1+1=23.5（万元）

第三步：计算免税、减计收入及加计扣除金额

（1）残疾人员工资可以加计100%扣除，应纳税调减30万元。

（2）国债利息为免税收入，应纳税调减2万元。

（3）权益性的投资收益为免税收入，应纳税调减25万元。

（4）研究开发费用加计扣除=30×50%=15（万元），应纳税调减15万元。

免税、减计及加计扣除合计=30+2+25+15=72（万元）

第四步：计算应纳税所得额

应纳税所得额=205+23.5-72=156.5（万元）

第五步：计算抵免所得税额

安全生产专用设备投资抵免所得税额=80×10%=8（万元）

第六步：计算应纳税额

应纳税额=156.5×25%-8=31.125（万元）

第七步：计算本年应补（退）所得税额

本年应补所得税额=31.125-10=21.125（万元）

【课堂能力训练】

1.某年某生产企业发放的合理工资总额200万元；实际发生职工福利费用35万元、工会经费3.5万元、职工教育经费8万元；另为职工支付补充养老保险12万元、补充医疗保险8万元。

要求：计算当年企业申报企业所得税时上述费用应调整的应纳税所得额。

2.某食品生产企业某年度生产经营情况如下：

（1）取得产品销售收入总额1 000万元，已扣除折扣销售20万元，销售额和折扣金额在同一张发票上。

（2）准予扣除的产品销售成本为540万元。

（3）发生产品销售费用80万元，其中广告费用25万元；发生管理费用120万元，其中业务招待费10万元；发生不需资本化的借款利息40万元，其中20万元为向非金融机构借款发生的利息，年利率为5.5%，同期金融机构贷款年利率为5%。

（4）应缴纳的增值税为30万元，其他销售税费70万元。

（5）发生营业外支出14万元，其中通过县政府向山区某农村义务教育捐款8万元，直接向遭受自然灾害的学校捐款2万元，缴纳税收滞纳金4万元。

要求：计算该企业本年度应纳的企业所得税税额。

3.某企业某年度境内总机构的应纳税所得额为440万元。其设在A国的分支机构取得应税所得240万元，其中生产经营所得200万元，该国规定的税率为40%；特许权使用费所得40万元，税率为20%。设在B国的分支机构应税所得120万元，其中，生产经营所得80万元，该国税率为30%；利息所得40万元，税率为10%。假设境外应税所得与我国税法规定计算的应纳税所得额相一致；境外所得均已分别按各国规定的税率缴纳了所得税。

要求：计算该企业本年度应纳企业所得税税额。

任务3 申报企业所得税

引导案例

2017年1月1日起，某会计师事务所指派小张负责某企业代理报税业务，每月应在税务机关指定的日期前完成各税种的纳税申报工作。该企业2016年全年正常经营，主管税务机关确定该企业按月预缴企业所得税。

请问：小张应该如何进行该企业的企业所得税预缴申报和年度纳税申报工作？

引导案例解析

一、确定企业所得税征收方式

企业所得税征收方式鉴定工作每年进行一次，时间为当年的第一季度。企业应填写《企业所得税征收方式鉴定表》（见表5-4），报主管税务机关审核。征收方式确定后，在一个纳税年度内一般不得变更。

表5-4

企业所得税征收方式鉴定表

纳税人编码： 　　　　　鉴定期： 年度 　　　　金额单位：元

申报单位			
地　　址			
经济性质		行业类别	
开户银行		账　　号	
邮政编码		联系电话	
上年收入总额		上年成本费用额	
上年注册资本		上年原材料耗费量(额)	
上年职工人数		上年燃料、动力耗费量(额)	
上年固定资产原值		上年商品销售量(额)	
上年所得税税额		上年征收方式	

行次	项目	纳税人自报情况	主管税务机关审核意见
1	账簿设置情况		
2	收入核算情况		
3	成本费用核算情况		
4	纳税申报情况		
5	履行纳税义务情况		
6	其他情况		

纳税人对征收方式的意见： 　　　　　　　主管税务机关意见：

经办人签章： （公章） 经办人签章： （公章）
　　　　　　　　　　　年　月　日 　　　　　　　　　年　月　日

县级税务机关审核意见：

经办人签章：

（公章）
年　月　日

鉴定表中的项目对应填列"合格"或"不合格"，五个项目均合格的，可实行纳税人自行申报、税务机关查账征收的方式征收企业所得税；有一项或以上项目不合格的，可实行核定征收方式征收企业所得税。

实行核定征收方式的，鉴定表1、4、5项中有一项不合格的，或2、3项均不合格的，可实行定额征收的办法征收企业所得税；2、3项中有一项合格，另一项不合格的，可实行核定应税所得率的办法征收企业所得税。

二、确定企业所得税纳税期限

企业所得税实行按年计算，按月或季预缴，年终汇算清缴，多退少补的征收办法。

企业所得税按纳税年度计算，自公历1月1日起至12月31日止为一个纳税年度。企业在一个纳税年度中间开业，或者由于合并、终止经营活动等原因使该纳税年度的实际经营期不足12个月的，以其实际经营期为一个纳税年度。企业依法清算时，应当以清算期间作为一个纳税年度。企业应当在办理注销登记前，就其清算所得向税务机关申报并依法缴纳企业所得税。

企业应当自月份或者季度终了之日起15日内，向税务机关报送预缴企业所得税纳税申报表，预缴税款；自年度终了之日起5个月内，向税务机关报送企业所得税年度纳税申报表、财务会计报告和其他有关资料并汇算清缴，结清应缴应退税款。

纳税人在纳税年度无论盈利或亏损，均应按照规定的期限申报和报送会计资料。

纳税申报期限的最后1日是法定休假日的，以休假日期满的次日为期限的最后1日；在期限内有连续3日以上法定休假日的，按休假日天数顺延。

三、确定企业所得税纳税地点

（一）居民企业纳税地点

除税收法律、行政法规另有规定外，居民企业以企业登记注册地为纳税地点；但登记注册地在境外的，以实际管理机构所在地为纳税地点。

居民企业在中国境内设立不具有法人资格的营业机构的，应当汇总计算并缴纳企业所得税。

【提示】除国务院另有规定外，企业之间不得合并缴纳企业所得税。

（二）非居民企业纳税地点

非居民企业的纳税地点按其是否在中国境内设立机构、场所确定。

非居民企业在中国境内设立机构、场所的，应当就其所设机构、场所取得的来源于中国境内的所得，以及发生在中国境内但与其所设机构、场所有实际联系的所得，以机构、场所所在地为纳税地点。非居民企业在中国境内设立两个或者两个以上机构、场所的，经税务机关审核批准，可以选择由其主要机构、场所汇总缴纳企业所得税。

非居民企业在中国境内未设立机构、场所的，或者虽设立机构、场所但取得的所得与其所设机构、场所没有实际联系的所得，以扣缴义务人所在地为纳税地点。

四、申报缴纳

（一）企业所得税预缴纳税申报

企业在纳税年度内无论盈利或者亏损，都应当自月份或者季度终了之日起15日内，向税务机关报送企业所得税月（季）度预缴纳税申报表。

查账征收企业所得税的居民纳税人及在中国境内设立机构的非居民纳税人在月（季）度预缴企业所得税时，应填制《中华人民共和国企业所得税月（季）度预缴纳税申报表》（A类）（见表5-5）；实行核定征收管理办法缴纳企业所得税的纳税人在月（季）度预缴企业所得税时，应填制《中华人民共和国企业所得税月（季）度预缴纳税申报表》（B类）（见表5-6）。

表5-5　　**中华人民共和国企业所得税月（季）度预缴纳税申报表（A类）**

税款所属期间：　　　年　月　日至　　年　月　日

纳税人识别号：□□□□□□□□□□□□□□□

金额单位：人民币元（列至角分）

纳税人名称：

行次	项　目	本期金额	累计金额
1	一、按照实际利润额预缴		
2	营业收入		
3	营业成本		
4	利润总额		
5	加：特定业务计算的应纳税所得额		
6	减：不征税收入和税基减免应纳税所得额（请填附表1）		
7	固定资产加速折旧（扣除）调减额（请填附表2）		
8	弥补以前年度亏损		
9	实际利润额（4行+5行－6行－7行－8行）		
10	税率(25%)		
11	应纳所得税额（9行×10行）		
12	减：减免所得税额（请填附表3）		
13	实际已预缴所得税额		—
14	特定业务预缴（征）所得税额		
15	应补（退）所得税额（11行－12行－13行－14行）		—
16	减：以前年度多缴在本期抵缴所得税额		
17	本月（季）实际应补（退）所得税额		—
18	二、按照上一纳税年度应纳税所得额平均额预缴		
19	上一纳税年度应纳税所得额		—
20	本月（季）应纳税所得额（19行×1/4或1/12）		
21	税率(25%)		
22	本月（季）应纳所得税额（20行×21行）		
23	减：减免所得税额（请填附表3）		
24	本月（季）实际应纳所得税额（22行－23行）		
25	三、按照税务机关确定的其他方法预缴		
26	本月（季）税务机关确定的预缴所得税额		
27	总分机构纳税人		
28	总机构	总机构分摊所得税额(15行或24行或26行×总机构分摊预缴比例)		
29		财政集中分配所得税额		
30		分支机构分摊所得税额(15行或24行或26行×分支机构分摊比例)		
31		其中：总机构独立生产经营部门应分摊所得税额		
32	分支机构	分配比例		
33		分配所得税额		

是否属于小型微利企业：　　　　　是 □　　　　　　　　　否 □

谨声明：此纳税申报表是根据《中华人民共和国企业所得税法》、《中华人民共和国企业所得税法实施条例》和国家有关税收规定填报的，是真实的、可靠的、完整的。

法定代表人（签字）：　　　　　　　年　月　日

纳税人公章：	代理申报中介机构公章：	主管税务机关受理专用章：
会计主管：	经办人：	受理人：
	经办人执业证件号码：	
填表日期：　　年　月　日	代理申报日期：　　年　月　日	受理日期：　　年　月　日

表 5-6　　　　　**中华人民共和国企业所得税月（季）度预缴纳税申报表（B类）**

税款所属期间：　　　年　月　日至　　年　月　日

纳税人识别号：□□□□□□□□□□□□□□□

纳税人名称　　　　　　　　　　　　　　　　　　金额单位：人民币元（列至角分）

项　目			行次	累计金额
一、以下由按应税所得率计算应纳所得税额的企业填报				
应纳税所得额的计算	按收入总额核定应纳税所得额	收入总额	1	
		减：不征税收入	2	
		免税收入	3	
		其中：国债利息收入	4	
		地方政府债券利息收入	5	
		符合条件居民企业之间股息、红利等权益性收益	6	
		符合条件的非营利组织收入	7	
		其他免税收入	8	
		应税收入额（1行-2行-3行）	9	
		税务机关核定的应税所得率（%）	10	
		应纳税所得额（9行×10行）	11	
	按成本费用核定应纳税所得额	成本费用总额	12	
		税务机关核定的应税所得率（%）	13	
		应纳税所得额[12行÷(100%-13行)×13行]	14	
应纳所得税额的计算		税率（25%）	15	
		应纳所得税额（11行×15行或14行×15行）	16	
应补（退）所得税额的计算		减：符合条件的小型微利企业减免所得税额	17	
		其中：减半征税	18	
		已预缴所得税额	19	
		应补（退）所得税额（16行-17行-19行）	20	
二、以下由税务机关核定应纳所得税额的企业填报				
税务机关核定应纳所得税额			21	

预缴申报时填报	是否属于小型微利企业：　　　　是□　　　　否□		
年度申报时填报	所属行业：	从业人数：	
	资产总额：	国家限制和禁止行业：	是□ 否□

　　谨声明：此纳税申报表是根据《中华人民共和国企业所得税法》、《中华人民共和国企业所得税法实施条例》和国家有关税收规定填报的，是真实的、可靠的、完整的。

　　　　　　　　　　法定代表人（签字）：　　　　　　年　月　日

纳税人公章： 会计主管： 填表日期：　　年　月　日	代理申报中介机构公章： 经办人： 经办人执业证件号码： 代理申报日期：　　年　月　日	主管税务机关受理专用章： 受理人： 受理日期：　　年　月　日

国家税务总局监制

（二）企业所得税年度纳税申报

查账征收企业所得税的纳税人在年度汇算清缴时，无论盈利或亏损，都必须在年度终了后5个月内进行纳税申报，填写企业基础信息表、企业所得税年度纳税申报表及其有关附表。

从2015年1月1日修订后实施的企业所得税年度纳税申报表共有43张，除了1张纳税申报表填报表单（见表5-7）、1张基础信息表（见表5-8）和1张主表（见表5-9）外，还有附表40张（其中部分申报表见表5-10至表5-24），即6张收入费用明细表、15张纳税调整表、1张亏损弥补表、12张税收优惠表、4张境外所得抵免表、2张汇总纳税表。其中，作为主表的附表12张，作为附表的附表28张（由于篇幅有限，除项目任务工作实例所用附表及部分常用附表外，企业所得税年度纳税申报表附表不在此一一列示，可至国家税务总局网站自行下载）。

表5-7　　　　　　　　　　　企业所得税年度纳税申报表填报表单

表单编号	表单名称	选择填报情况	
		填报	不填报
A000000	企业基础信息表	√	×
A100000	中华人民共和国企业所得税年度纳税申报表（A类）	√	×
A101010	一般企业收入明细表	□	□
A101020	金融企业收入明细表	□	□
A102010	一般企业成本支出明细表	□	□
A102020	金融企业支出明细表	□	□
A103000	事业单位、民间非营利组织收入、支出明细表	□	□
A104000	期间费用明细表	□	□
A105000	纳税调整项目明细表	□	□
A105010	视同销售和房地产开发企业特定业务纳税调整明细表	□	□
A105020	未按权责发生制确认收入纳税调整明细表	□	□
A105030	投资收益纳税调整明细表	□	□
A105040	专项用途财政性资金纳税调整明细表	□	□
A105050	职工薪酬纳税调整明细表	□	□
A105060	广告费和业务宣传费跨年度纳税调整明细表	□	□
A105070	捐赠支出纳税调整明细表	□	□
A105080	资产折旧、摊销情况及纳税调整明细表	□	□
A105081	固定资产加速折旧、扣除明细表	□	□
A105090	资产损失税前扣除及纳税调整明细表	□	□
A105091	资产损失（专项申报）税前扣除及纳税调整明细表	□	□
A105100	企业重组纳税调整明细表	□	□
A105110	政策性搬迁纳税调整明细表	□	□
A105120	特殊行业准备金纳税调整明细表	□	□
A106000	企业所得税弥补亏损明细表	□	□
A107010	免税、减计收入及加计扣除优惠明细表	□	□
A107011	符合条件的居民企业之间的股息、红利等权益性投资收益优惠明细表	□	□
A107012	综合利用资源生产产品取得的收入优惠明细表	□	□
A107013	金融、保险等机构取得的涉农利息、保费收入优惠明细表	□	□
A107014	研发费用加计扣除优惠明细表	□	□
A107020	所得减免优惠明细表	□	□
A107030	抵扣应纳税所得额明细表	□	□
A107040	减免所得税优惠明细表	□	□
A107041	高新技术企业优惠情况及明细表	□	□
A107042	软件、集成电路企业优惠情况及明细表	□	□
A107050	税额抵免优惠明细表	□	□
A108000	境外所得税收抵免明细表	□	□
A108010	境外所得纳税调整后所得明细表	□	□
A108020	境外分支机构弥补亏损明细表	□	□
A108030	跨年度结转抵免境外所得税明细表	□	□
A109000	跨地区经营汇总纳税企业年度分摊企业所得税明细表	□	□
A109010	企业所得税汇总纳税分支机构所得税分配表	□	□

说明：企业应当根据实际情况选择需要填表的表单

税费计算申报与筹划

表 5-8   **企业基础信息表（A000000）**

正常申报□	更正申报□	补充申报□
	100 基本信息	

101 汇总纳税企业	是（总机构□ 按比例缴纳总机构□）　否□	
102 注册资本（万元）	106 境外中资控股居民企业	是□否□
103 所属行业明细代码	107 从事国家非限制和禁止行业	是□否□
104 从业人数	108 存在境外关联交易	是□否□
105 资产总额（万元）	109 上市公司	是（境内□境外□）否□

200 主要会计政策和估计

201 适用的会计准则或会计制度	企业会计准则(一般企业□银行□证券□保险□担保□) 小企业会计准则□ 企业会计制度□ 事业单位会计准则(事业单位会计制度□科学事业单位会计制度□ 医院会计制度□高等学校会计制度□中小学校会计制度□ 彩票机构会计制度□) 民间非营利组织会计制度□ 村集体经济组织会计制度□ 农民专业合作社财务会计制度（试行）□ 其他□	
202 会计档案的存放地	203 会计核算软件	
204 记账本位币	人民币□其他□	205 会计政策和估计是否发生变化	是□否□
206 固定资产折旧方法	年限平均法□工作量法□双倍余额递减法□年数总和法□其他□	
207 存货成本计价方法	先进先出法□移动加权平均法□月末一次加权平均法□ 个别计价法□毛利率法□零售价法□计划成本法□其他□	
208 坏账损失核算方法	备抵法□直接核销法□	
209 所得税计算方法	应付税款法□资产负债表债务法□其他□	

300 企业主要股东及对外投资情况

301 企业主要股东（前5位）

股东名称	证件种类	证件号码	经济性质	投资比例	国籍（注册地址）

302 对外投资（前5位）

被投资者名称	纳税人识别号	经济性质	投资比例	投资金额	注册地址

表5-9　　　　　**中华人民共和国企业所得税年度纳税申报表（A类）（A100000）**　　　　单位：元

行次	类别	项　　目	金额
1	利润总额计算	一、营业收入(填写A101010\101020\103000)	60 000 000
2		减：营业成本(填写A102010\102020\103000)	45 000 000
3		税金及附加	2 000 000
4		销售费用(填写A104000)	6 500 000
5		管理费用(填写A104000)	2 970 000
6		财务费用(填写A104000)	1 550 000
7		资产减值损失	
8		加：公允价值变动收益	
9		投资收益	270 000
10		二、营业利润(1-2-3-4-5-6-7+8+9)	2 250 000
11		加：营业外收入(填写A101010\101020\103000)	50 000
12		减：营业外支出(填写A102010\102020\103000)	250 000
13		三、利润总额（10+11-12）	2 050 000
14	应纳税所得额计算	减：境外所得（填写A108010）	
15		加：纳税调整增加额（填写A105000）	235 000
16		减：纳税调整减少额（填写A105000）	
17		减：免税、减计收入及加计扣除（填写A107010）	720 000
18		加：境外应税所得抵减境内亏损（填写A108000）	
19		四、纳税调整后所得（13-14+15-16-17+18）	1 565 000
20		减：所得减免（填写A107020）	
21		减：抵扣应纳税所得额（填写A107030）	
22		减：弥补以前年度亏损（填写A106000）	
23		五、应纳税所得额（19-20-21-22）	1 565 000
24	应纳税额计算	税率（25%）	
25		六、应纳所得税额（23×24）	391 250
26		减：减免所得税额（填写A107040）	
27		减：抵免所得税额（填写A107050）	80 000
28		七、应纳税额（25-26-27）	311 250
29		加：境外所得应纳所得税额（填写A108000）	
30		减：境外所得抵免所得税额（填写A108000）	
31		八、实际应纳所得税额（28+29-30）	311 250
32		减：本年累计实际已预缴的所得税额	100 000
33		九、本年应补（退）所得税额（31-32）	211 250
34		其中：总机构分摊本年应补（退）所得税额(填写A109000)	
35		财政集中分配本年应补（退）所得税额（填写A109000）	
36		总机构主体生产经营部门分摊本年应补（退）所得税额(填写A109000)	
37	附列资料	以前年度多缴的所得税额在本年抵减额	
38		以前年度应缴未缴在本年入库所得税额	

表5-10   **一般企业收入明细表（A101010）**   单位：元

行次	项目	金额
1	一、营业收入（2+9）	60 000 000
2	（一）主营业务收入（3+5+6+7+8）	60 000 000
3	1.销售商品收入	60 000 000
4	其中：非货币性资产交换收入	
5	2.提供劳务收入	
6	3.建造合同收入	
7	4.让渡资产使用权收入	
8	5.其他	
9	（二）其他业务收入（10+12+13+14+15）	
10	1.销售材料收入	
11	其中：非货币性资产交换收入	
12	2.出租固定资产收入	
13	3.出租无形资产收入	
14	4.出租包装物和商品收入	
15	5.其他	
16	二、营业外收入（17+18+19+20+21+22+23+24+25+26）	50 000
17	（一）非流动资产处置利得	50 000
18	（二）非货币性资产交换利得	
19	（三）债务重组利得	
20	（四）政府补助利得	
21	（五）盘盈利得	
22	（六）捐赠利得	
23	（七）罚没利得	
24	（八）确实无法偿付的应付款项	
25	（九）汇兑收益	
26	（十）其他	

表 5-11   **一般企业成本支出明细表（A102010）**   单位：元

行次	项目	金额
1	一、营业成本（2+9）	45 000 000
2	（一）主营业务成本（3+5+6+7+8）	45 000 000
3	1.销售商品成本	45 000 000
4	其中：非货币性资产交换成本	
5	2.提供劳务成本	
6	3.建造合同成本	
7	4.让渡资产使用权成本	
8	5.其他	
9	（二）其他业务成本（10+12+13+14+15）	
10	1.材料销售成本	
11	其中：非货币性资产交换成本	
12	2.出租固定资产成本	
13	3.出租无形资产成本	
14	4.包装物出租成本	
15	5.其他	
16	二、营业外支出（17+18+19+20+21+22+23+24+25+26）	250 000
17	（一）非流动资产处置损失	30 000
18	（二）非货币性资产交换损失	
19	（三）债务重组损失	
20	（四）非常损失	
21	（五）捐赠支出	210 000
22	（六）赞助支出	
23	（七）罚没支出	10 000
24	（八）坏账损失	
25	（九）无法收回的债券股权投资损失	
26	（十）其他	

表 5-12   **期间费用明细表（A104000）**   单位：元

行次	项目	销售费用	其中：境外支付	管理费用	其中：境外支付	财务费用	其中：境外支付
		1	2	3	4	5	6
1	一、职工薪酬		*		*	*	*
2	二、劳务费					*	*
3	三、咨询顾问费					*	*
4	四、业务招待费		*		*	*	*
5	五、广告费和业务宣传费		*		*	*	*
6	六、佣金和手续费						
7	七、资产折旧摊销费		*		*	*	*
8	八、财产损耗、盘亏及毁损损失		*		*	*	*
9	九、办公费		*		*	*	*
10	十、董事会费		*		*		
11	十一、租赁费					*	*
12	十二、诉讼费		*		*	*	*
13	十三、差旅费		*		*	*	*
14	十四、保险费		*		*	*	*
15	十五、运输、仓储费					*	*
16	十六、修理费						
17	十七、包装费		*		*		
18	十八、技术转让费					*	*
19	十九、研究费用					*	*
20	二十、各项税费		*		*		*
21	二十一、利息收支	*	*	*	*		
22	二十二、汇兑差额	*	*	*	*		
23	二十三、现金折扣	*	*	*	*		*
24	二十四、其他						
25	合计（1+2+3+…+24）	6 500 000		2 970 000		1 550 000	

表5-13　　　　　　　　　　　纳税调整项目明细表（A105000）　　　　　　　　　　单位：元

行次	项　　目	账载金额	税收金额	调增金额	调减金额
		1	2	3	4
1	一、收入类调整项目（2+3+4+5+6+7+8+10+11）	*	*		
2	（一）视同销售收入（填写A105010）	*			*
3	（二）未按权责发生制原则确认的收入（填写A105020）				
4	（三）投资收益（填写A105030）				
5	（四）按权益法核算长期股权投资对初始投资成本调整确认收益	*	*	*	
6	（五）交易性金融资产初始投资调整	*	*		*
7	（六）公允价值变动净损益		*		
8	（七）不征税收入	*	*		
9	其中：专项用途财政性资金（填写A105040）	*	*		
10	（八）销售折扣、折让和退回				
11	（九）其他				
12	二、扣除类调整项目（13+14+15+16+17+18+19+20+21+22+23+24+26+27+28+29）	*	*	235 000	
13	（一）视同销售成本（填写A105010）	*		*	
14	（二）职工薪酬（填写A105050）	4 850 000	4 740 000	110 000	
15	（三）业务招待费支出	250 000	150 000	100 000	*
16	（四）广告费和业务宣传费支出（填写A105060）	*	*	0	0
17	（五）捐赠支出（填写A105070）	200 000	200 000	0	*
18	（六）利息支出	15 000	10 000	5 000	
19	（七）罚金、罚款和被没收财物的损失	10 000	*	10 000	*
20	（八）税收滞纳金、加收利息		*		*
21	（九）赞助支出	10 000	*	10 000	*
22	（十）与未实现融资收益相关在当期确认的财务费用				
23	（十一）佣金和手续费支出				*
24	（十二）不征税收入用于支出所形成的费用	*	*		*
25	其中：专项用途财政性资金用于支出所形成的费用（填写A105040）	*	*		*
26	（十三）跨期扣除项目				
27	（十四）与取得收入无关的支出		*		*
28	（十五）境外所得分摊的共同支出	*	*		*
29	（十六）其他				
30	三、资产类调整项目（31+32+33+34）	*	*		
31	（一）资产折旧、摊销（填写A105080）				
32	（二）资产减值准备金		*		
33	（三）资产损失（填写A105090）				
34	（四）其他				
35	四、特殊事项调整项目（36+37+38+39+40）	*	*		
36	（一）企业重组（填写A105100）				
37	（二）政策性搬迁（填写A105110）	*	*		
38	（三）特殊行业准备金（填写A105120）				
39	（四）房地产开发企业特定业务计算的纳税调整额(填写A105010)	*			
40	（五）其他	*	*		
41	五、特别纳税调整应税所得	*	*		
42	六、其他	*	*		
43	合计（1+12+30+35+41+42）	*	*	235 000	

表5-14　　　　　　视同销售和房地产开发企业特定业务纳税调整明细表（A105010）

行次	项目	税收金额	纳税调整金额
		1	2
1	一、视同销售（营业）收入（2+3+4+5+6+7+8+9+10）		
2	（一）非货币性资产交换视同销售收入		
3	（二）用于市场推广或销售视同销售收入		
4	（三）用于交际应酬视同销售收入		
5	（四）用于职工奖励或福利视同销售收入		
6	（五）用于股息分配视同销售收入		
7	（六）用于对外捐赠视同销售收入		
8	（七）用于对外投资项目视同销售收入		
9	（八）提供劳务视同销售收入		
10	（九）其他		
11	二、视同销售（营业）成本（12+13+14+15+16+17+18+19+20）		
12	（一）非货币性资产交换视同销售成本		
13	（二）用于市场推广或销售视同销售成本		
14	（三）用于交际应酬视同销售成本		
15	（四）用于职工奖励或福利视同销售成本		
16	（五）用于股息分配视同销售成本		
17	（六）用于对外捐赠视同销售成本		
18	（七）用于对外投资项目视同销售成本		
19	（八）提供劳务视同销售成本		
20	（九）其他		
21	三、房地产开发企业特定业务计算的纳税调整额（22-26）		
22	（一）房地产企业销售未完工开发产品特定业务计算的纳税调整额（24-25）		
23	1.销售未完工产品的收入		*
24	2.销售未完工产品预计毛利额		
25	3.实际发生的税金及附加、土地增值税		
26	（二）房地产企业销售的未完工产品转完工产品特定业务计算的纳税调整额（28-29）		
27	1.销售未完工产品转完工产品确认的销售收入		*
28	2.转回的销售未完工产品预计毛利额		
29	3.转回实际发生的税金及附加、土地增值税		

表5-15 　　　　　　　　　　**职工薪酬纳税调整明细表（A105050）**　　　　　　　单位：元

行次	项目	账载金额	税收规定扣除率	以前年度累计结转扣除额	税收金额	纳税调整金额	累计结转以后年度扣除额
		1	2	3	4	5（1-4）	6（1+3-4）
1	一、工资薪金支出	4 000 000	*	*	4 000 000		*
2	其中：股权激励		*	*			*
3	二、职工福利费支出	600 000	14%	*	560 000	40 000	*
4	三、职工教育经费支出	150 000	*		100 000	50 000	50 000
5	其中：按税收规定比例扣除的职工教育经费	150 000	2.5%		100 000	50 000	
6	按税收规定全额扣除的职工培训费用			*			*
7	四、工会经费支出	100 000	2%	*	80 000	20 000	*
8	五、各类基本社会保障性缴款		*	*			*
9	六、住房公积金		*	*			*
10	七、补充养老保险			*			*
11	八、补充医疗保险			*			*
12	九、其他		*				
13	合计（1+3+4+7+8+9+10+11+12）	4 850 000	*		4 740 000	110 000	50 000

表5-16 　　　　**广告费和业务宣传费跨年度纳税调整明细表（A105060）**　　　　单位：元

行次	项目	金额
1	一、本年广告费和业务宣传费支出	5 500 000
2	减：不允许扣除的广告费和业务宣传费支出	
3	二、本年符合条件的广告费和业务宣传费支出（1-2）	5 500 000
4	三、本年计算广告费和业务宣传费扣除限额的销售（营业）收入	60 000 000
5	税收规定扣除率	15%
6	四、本企业计算的广告费和业务宣传费扣除限额（4×5）	9 000 000
7	五、本年结转以后年度扣除额（3>6，本行=3-6；3≤6，本行=0）	0
8	加：以前年度累计结转扣除额	
9	减：本年扣除的以前年度结转额[3>6，本行=0；3≤6，本行=8或（6-3）孰小值]	
10	六、按照分摊协议归集至其他关联方的广告费和业务宣传费（10≤3或6孰小值）	
11	按照分摊协议从其他关联方归集至本企业的广告费和业务宣传费	
12	七、本年广告费和业务宣传费支出纳税调整金额（3>6，本行=2+3-6+10-11；3≤6，本行=2+10-11-9）	0
13	八、累计结转以后年度扣除额（7+8-9）	0

表5-17　　　　　　　　捐赠支出纳税调整明细表（A105070）　　　　　　　　单位：元

行次	受赠单位名称	公益性捐赠				非公益性捐赠	纳税调整金额
		账载金额	按税收规定计算的扣除限额	税收金额	纳税调整金额	账载金额	
		1	2	3	4	5（2-4）	6	7（5+6）
1	某灾区	200 000	*	*	*	*	*
2	某困难职工	*	*	*	10 000	*
3		*	*	*		*
4		*	*	*		*
5		*	*	*		*
6		*	*	*		*
7		*	*	*		*
8		*	*	*		*
9		*	*	*		*
10	合计	200 000	246 000	200 000	0	10 000	10 000

表5-18　　　　　　　　企业所得税弥补亏损明细表（A106000）

行次	项目	年度	纳税调整后所得	合并、分立转入（转出）可弥补的亏损额	当年可弥补的亏损额	以前年度亏损已弥补额					本年度实际弥补的以前年度亏损额	可结转以后年度弥补的亏损额
						前四年度	前三年度	前二年度	前一年度	合计		
		1	2	3	4	5	6	7	8	9	10	11
1	前五年度											*
2	前四年度					*						
3	前三年度					*	*					
4	前二年度					*	*	*				
5	前一年度					*	*	*	*	*		
6	本年度					*	*	*	*	*		
7	可结转以后年度弥补的亏损额合计											

表5-19 　　**免税、减计收入及加计扣除优惠明细表（A107010）** 　　单位：元

行次	项目	金额
1	一、免税收入（2+3+4+5）	270 000
2	（一）国债利息收入	20 000
3	（二）符合条件的居民企业之间的股息、红利等权益性投资收益（填写A107011）	250 000
4	（三）符合条件的非营利组织的收入	
5	（四）其他专项优惠（6+7+8+9+10+11+12+13+14）	
6	1.中国清洁发展机制基金取得的收入	
7	2.证券投资基金从证券市场取得的收入	
8	3.证券投资基金投资者获得的分配收入	
9	4.证券投资基金管理人运用基金买卖股票、债券的差价收入	
10	5.取得的地方政府债券利息所得或收入	
11	6.受灾地区企业取得的救灾和灾后恢复重建款项等收入	
12	7.中国期货保证金监控中心有限责任公司取得的银行存款利息等收入	
13	8.中国保险保障基金有限责任公司取得的保险保障基金等收入	
14	9.其他	
15	二、减计收入（16+17）	
16	（一）综合利用资源生产产品取得的收入（填写A107012）	
17	（二）其他专项优惠（18+19+20）	
18	1.金融、保险等机构取得的涉农利息、保费收入（填写A107013）	
19	2.取得的中国铁路建设债券利息收入	
20	3.其他	
21	三、加计扣除（22+23+26）	450 000
22	（一）开发新技术、新产品、新工艺发生的研究开发费用加计扣除（填写A107014）	150 000
23	（二）安置残疾人员及国家鼓励安置的其他就业人员所支付的工资加计扣除（24+25）	300 000
24	1.支付残疾人员工资加计扣除	
25	2.国家鼓励的其他就业人员工资加计扣除	
26	（三）其他专项优惠	
27	合计（1+15+21）	720 000

符合条件的居民企业之间的股息、红利等权益性投资收益优惠明细表（A107011）

表5-20　　　　　　　　　　　　　　　　　　　　　　　　　　　　　　　　单位：元

行次	被投资企业(1)	投资性质(2)	投资成本(3)	投资比例(4)	被投资企业作出利润分配或转股决定时间(5)	依决定归属于本公司的股息、红利等权益性投资收益金额(6)	被清算企业累计未分配利润和累计盈余公积应享有部分(7)	被清算企业累计未分配利润和累计盈余公积应计应享有部分(8)	应确认的股息所得 9(7与8孰小)	从被投资企业撤回或减少投资取得的资产(10)	减少投资比例(11)	收回初始投资成本 12(3×11)	取得资产中超过收回初始投资成本部分 13(10−12)	减少投资应享有被投资企业累计未分配利润和累计盈余公积部分(14)	应确认的股息所得 15(13与14孰小)	合计 16(6+9+15)
1	同方股份有限公司					250 000										250 000
2																
3																
4																
5																
6																
7																
8	合计	*	*	*	*	250 000	*	*		*	*	*	*	*		250 000

表5-21

研发费用加计扣除优惠明细表（A107014）

单位：元

研发项目	本年研发费用明细										费用化部分		资本化部分				本年研发费用加计扣除额合计
	研发活动直接消耗的材料、燃料和动力费用	直接从事研发活动人员的人工费用	专门用于研发活动的有关折旧费、租赁费、运行维护费	专门用于研发活动的有关无形资产摊销费	中间试验和产品试制用有关仪器及一般测试手段购置费	研发成果的有关费用	勘探开发技术的现场试验费、新药研制的临床试验费	设计、制定、资料和翻译费用	年度研发费用合计	减：作为不征税收入处理的财政性资金用于研发的部分	可加计扣除的研发费用合计	计入本年损益的金额	计入本年研发费用加计扣除额	本年形成无形资产的金额	本年形成无形资产本年加计摊销额	以前年度形成无形资产本年加计摊销额	无形资产本年加计摊销额合计	
行次	2	3	4	5	6	7	8	9	10 (2+3+4+5+6+7+8+9)	11	12 (10-11)	13	14 (13×50%)	15	16	17	18 (16+17)	19 (14+18)
1 某项目									300 000		300 000	300 000	150 000					150 000
2																		
3																		
4																		
5																		
6																		
7																		
8 合计									300 000		300 000	300 000	150 000					150 000

表5-22 **所得减免优惠明细表（A107020）**

行次	项目	项目收入	项目成本	相关税费	应分摊期间费用	纳税调整额	项目所得额	减免所得额
		1	2	3	4	5	6(1-2-3-4+5)	7
1	一、农、林、牧、渔业项目(2+13)							
2	（一）免税项目（3+4+5+6+7+8+9+11+12）							
3	1.蔬菜、谷物、薯类、油料、豆类、棉花、麻类、糖料、水果、坚果的种植							
4	2.农作物新品种的选育							
5	3.中药材的种植							
6	4.林木的培育和种植							
7	5.牲畜、家禽的饲养							
8	6.林产品的采集							
9	7.灌溉、农产品初加工、兽医、农技推广、农机作业和维修等农、林、牧、渔服务业项目							
10	其中：农产品初加工							
11	8.远洋捕捞							
12	9.其他							
13	（二）减半征税项目（14+15+16）							
14	1.花卉、茶以及其他饮料作物和香料作物的种植							
15	2.海水养殖、内陆养殖							
16	3.其他							
17	二、国家重点扶持的公共基础设施项目(18+19+20+21+22+23+24+25)							
18	（一）港口码头项目							
19	（二）机场项目							
20	（三）铁路项目							
21	（四）公路项目							
22	（五）城市公共交通项目							
23	（六）电力项目							
24	（七）水利项目							
25	（八）其他项目							
26	三、符合条件的环境保护、节能节水项目(27+28+29+30+31+32)							
27	（一）公共污水处理项目							
28	（二）公共垃圾处理项目							
29	（三）沼气综合开发利用项目							
30	（四）节能减排技术改造项目							
31	（五）海水淡化项目							
32	（六）其他项目							
33	四、符合条件的技术转让项目（34+35）						*	
34	（一）技术转让所得不超过500万元部分	*	*	*	*	*	*	
35	（二）技术转让所得超过500万元部分	*	*	*	*	*	*	
36	五、其他专项优惠项目（37+38+39）							
37	（一）实施清洁发展机制项目							
38	（二）符合条件的节能服务公司实施合同能源管理项目							
39	（三）其他							
40	合计（1+17+26+33+36）							

表5-23　　　　　　　　　　　**减免所得税优惠明细表（A107040）**

行次	项目	金额
1	一、符合条件的小型微利企业	
2	其中：减半征税	
3	二、国家需要重点扶持的高新技术企业（4+5）	
4	（一）高新技术企业低税率优惠（填写A107041）	
5	（二）经济特区和上海浦东新区新设立的高新技术企业定期减免（填写A107041）	
6	三、其他专项优惠（7+8+9+10+11···+14+15+16+···+31）	
7	（一）受灾地区损失严重的企业（7.1+7.2+7.3）	
7.1	其中：1.	
7.2	2.	
7.3	3.	
8	（二）受灾地区农村信用社（8.1+8.2+8.3）	
8.1	其中：1.	
8.2	2.	
8.3	3.	
9	（三）受灾地区的促进就业企业（9.1+9.2+9.3）	
9.1	其中：1.	
9.2	2.	
9.3	3.	
10	（四）支持和促进重点群体创业就业企业(10.1+10.2+10.3)	
10.1	其中：1.下岗失业人员再就业	
10.2	2.高校毕业生就业	
10.3	3.退役士兵就业	
11	（五）技术先进型服务企业	
12	（六）动漫企业	
13	（七）集成电路线宽小于0.8微米（含）的集成电路生产企业	
14	（八）集成电路线宽小于0.25微米的集成电路生产企业（14.1+14.2）	
14.1	其中：1.定期减免企业所得税	
14.2	2.减按15%税率征收企业所得税	
15	（九）投资额超过80亿元人民币的集成电路生产企业（15.1+15.2）	
15.1	其中：1.定期减免企业所得税	
15.2	2.减按15%税率征收企业所得税	
16	（十）新办集成电路设计企业（填写A107042）	
17	（十一）国家规划布局内重点集成电路设计企业	
18	（十二）集成电路封装、测试企业	
19	（十三）集成电路关键专用材料生产企业或集成电路专用设备生产企业	
20	（十四）符合条件的软件企业（填写A107042）	
21	（十五）国家规划布局内重点软件企业	
22	（十六）经营性文化事业单位转制企业	
23	（十七）符合条件的生产和装配伤残人员专门用品企业	
24	（十八）设在西部地区的鼓励类产业企业	
25	（十九）新疆困难地区新办企业	
26	（二十）新疆喀什、霍尔果斯特殊经济开发区新办企业	
27	（二十一）横琴新区、平潭综合实验区和前海深港现代化服务业合作区企业	
28	（二十二）享受过渡期税收优惠企业	
29	（二十三）其他1	
30	（二十四）其他2	
31	（二十五）其他3	
32	四、减：项目所得额按法定税率减半征收企业所得税叠加享受减免税优惠	
33	五、减免地方分享所得税的民族自治地方企业	
34	合计（1+3+6-32+33）	

表 5-24

税额抵免优惠明细表（A107050）

单位：元

行次	项目	年度 (1)	本年抵免前应纳税额 (2)	本年允许抵免的专用设备投资额 (3)	本年可抵免税额 (4=3×10%)	以前年度已抵免额 前五年度 (5)	前四年度 (6)	前三年度 (7)	前二年度 (8)	前一年度 (9)	小计 10 (5+6+7+8+9)	本年实际抵免的各年度税额 (11)	可结转以后年度抵免的税额 12 (4-10-11)
1	前五年度												*
2	前四年度					*							
3	前三年度					*	*						
4	前二年度					*	*	*					
5	前一年度					*	*	*	*				
6	本年度	2016年	391 250	800 000	80 000	*	*	*	*	*	*	80 000	0
7	本年实际抵免税额合计											80 000	*
8	可结转以后年度抵免的税额合计												0
9	专用设备投资情况	本年允许抵免的环境保护专用设备投资额											
10		本年允许抵免的节能节水专用设备投资额											
11		本年允许抵免的安全生产专用设备投资额											

（三）企业所得税税款缴纳

纳税人在向税务机关报送了纳税申报表后，取得税务机关开具的税收缴款书，纳税人应在规定期限内完成税款的缴纳工作。

工作任务实例5-2

根据本项目任务2的工作任务实例，跟着事务所小李完成A企业2016年度企业所得税的纳税申报工作。

【工作流程】

第一步：填报一般企业收入明细表（A101010）、一般企业成本明细表（A102010）、期间费用明细表（A104000）。

收入明细表（见表5-10）、成本费用明细表（见表5-11）、期间费用明细表（见表5-12），根据企业的会计资料直接填入。

第二步：填写纳税调整项目明细表（A105000）及附表。

先根据会计资料填写附表，在本项目中，纳税调整项目明细表的附表主要有职工薪酬纳税调整明细表（见表5-15）、广告费和业务宣传费跨年度纳税调整明细表（见表5-16）、捐赠支出纳税调整明细表（见表5-17），再根据这些附表资料及会计核算资料填报纳税调整项目明细表（见表5-13）。

第三步：填报免税、减计收入及加计扣除优惠明细表（A107010）及附表。

本项目中，免税、减计收入及加计扣除优惠明细表的附表主要有符合条件的居民企业之间的股息、红利等权益性投资收益优惠明细表（表5-20）、研发费用加计扣除优惠明细表（见表5-21），再根据这些附表资料及会计核算资料填报免税、减计收入及加计扣除优惠明细表（见表5-19）。

第四步：填报税额抵免优惠明细表（A107050）。

第五步：填报企业所得税年度纳税申报表（A类）（A100000）（见表5-18），主表根据前面涉及的附表填列。

【课堂能力训练】

红珊纺织品有限公司（纳税人识别号330102001000000）主要从事纺织品的生产销售，2016年度利润表见表5-25。

表5-25

利 润 表

编制单位：红珊纺织品有限公司　　　　　　　2016年度　　　　　　　单位：万元

项目	本期金额	上期金额
一、营业收入	5 000	
减：营业成本	4 200	
税金及附加	149	
销售费用	160	
管理费用	300	
财务费用	105	
资产减值损失		

项目	本期金额	上期金额
加：公允价值变动收益（损失以"-"号填列）		
投资收益（损失以"-"号填列）	5	
其中：对联营企业和合营企业的投资收益		
二、营业利润（亏损以"-"号填列）	91	
加：营业外收入	5	
减：营业外支出	11	
其中：非流动资产处置损失		
三、利润总额（亏损总额以"-"号填列）	85	
减：所得税费用		
四、净利润（净亏损以"-"号填列）		
五、每股收益		
（一）基本每股收益		
（二）稀释每股收益		

公司2016年度有关账册资料如下：

（1）全年取得产品销售收入4 600万元，销售材料收入400万元；产品销售成本3 900万元，材料销售成本300万元。

（2）该年度实际列支工资、津贴、奖金300万元，其中支付给残疾职工的工资30万元；实际发生职工福利费50万元，拨缴职工工会经费10万元，发生职工教育经费15万元，均已计入相关的成本费用。

（3）企业长期借款账户中记载：年初向工行借款10万元，年利率10%；向其他企业借款20万元，年利率20%，上述借款均用于生产经营，利息支出均已列入"财务费用"。

（4）企业在"管理费用"中列支业务招待费25万元，列支新产品研究开发费用30万元。

（5）发生广告费160万元，已列入"销售费用"。

（6）企业"投资收益"中有国债利息收入2万元。

（7）8月份缴纳税收滞纳金1万元，10月份通过希望工程基金会向希望小学捐赠10万元，均在"营业外支出"中列支。

（8）接受现金捐赠5万元，已列入"营业外收入"。

其他相关资料：

（1）当年购置安全生产专用设备100万元投入生产。

（2）已预缴企业所得税21.25万元。

要求：

（1）确认纳税调整项目及纳税调整金额，计算应纳税所得额及应纳税额。

（2）填制该公司企业所得税年度纳税申报表及附表。

任务4　筹划企业所得税

企业开展企业所得税纳税筹划的方法很多，从实践看，通常是围绕减轻税收负担和免除纳税义务所采用手段（结合经营活动）的不同方式展开研究。

一、企业所得税纳税人筹划

在现行税收制度下，不一样的企业组织形式，享受不一样的税收待遇，这是由国家宏观经济调控的意图决定的。因此，企业必须选择适合自己的，既有利于业务发展又能够在一定程度上减轻税收负担的组织形式，这是企业纳税筹划中应该考虑的问题。

在市场经济条件下，许多公司发展到一定规模后，基于稳定供货渠道、开辟新的地域市场或方便服务客户等方面的考虑，不可避免地需要在异地设立分支机构，这也是企业扩张的必经之路，此时就会面临分公司和子公司的选择问题。其中，新设立的分支机构性质的不同，将决定公司所得税的缴纳方式，这又会进一步影响公司的整体税负水平。根据税法规定，我国企业所得税以具有法人资格的企业或组织为纳税人。分公司，不具有法人资格，与总公司汇总缴纳企业所得税；子公司，具有独立的法人资格，需要单独缴纳企业所得税。

【做中学5-20】上海一家公司某年年初在武汉设立一个销售子公司，该子公司具备独立纳税人条件。经过会计核算，年底时武汉销售子公司产生亏损50万，而当年该公司盈利150万元，假设不考虑应纳税所得额的调整因素，适用25%企业所得税税率，该公司及子公司当年应纳企业所得税为：

该公司企业所得税应纳税额=150×25%=37.5（万元）

子公司当年亏损，企业所得税应纳税额为0。

要求：请对上述业务进行纳税筹划。

分析：假设公司设立一个销售分公司，由于分公司不具备独立纳税人条件，年所得额需要汇总到总公司集中纳税。

该公司当年汇总缴纳企业所得税税额=（150-50）×25%=25（万元）。

在本例中，企业将分支机构设立为分公司，可以实现汇总纳税，总机构与分支机构以盈亏相抵后的所得缴纳企业所得税。因此，当年总分公司合并缴纳企业所得税，可节约税款12.5万元（37.5-25）。

如果武汉成立的是子公司，则当年的亏损只能在发生亏损之后的连续5年内弥补，过期不得弥补。而通过设立分公司，汇总纳税方式可以降低公司当期税负，推迟了公司的纳税期，获得了资金时间价值。

二、收入确认的纳税筹划

在计算企业所得税时，计税收入包括收入总额、不征税收入、免税收入和允许弥补的以前年度亏损4个项目。

应税收入的大小直接决定了应纳税所得额的大小，由于企业利润最大化的目标要求，压缩应税收入规模的筹划空间不大。但是可以对收入确认时间进行合理安排，尽量推迟应税收入确认的时间，扩大和增加不征税收入以及免税收入的范围，使企业获得更多的资金时间价值，从而达到筹划目标。

【做中学5-21】某居民企业对外转让其拥有的一项专利技术，同时还为对方提供咨询、培训、维护等后续服务，双方签订了2年协议，共收取款项1 000万元。该企业适用25%的企业所得税税率。

请问：对此项收入该如何进行纳税筹划？

分析：根据税法规定，1个纳税年度内，居民企业转让技术所有权所得不超过500万元的部分，免征企业所得税；超过500万元的部分，减半征收企业所得税。

采取直接收款方式转让，当年需要确认收入1 000万元。

应纳企业所得税税额＝（1 000－500）×25%÷2＝62.5（万元）

如果采用分期收款方式，分两年收取款项，每年500万元，则每年均可以充分享受免征企业所得税的税收优惠，应纳企业所得税税额为0。

因此，企业可以通过合理选择销售结算方式进行纳税筹划，控制收入的实现时间，以充分利用国家的税收优惠政策，取得最好的节税效果。

三、税前扣除项目的纳税筹划

企业所得税法允许税前扣除的费用划分为三类：

（1）允许据实全额扣除的项目，包括合理的工资薪金支出，企业依照法律、行政法规等有关规定提取的用于环境保护、生态恢复等方面的专项资金，向金融机构借款的利息支出等。

（2）有比例限制部分扣除的项目，包括公益性捐赠支出、业务招待费、广告和业务宣传费、工会经费等。企业要控制这些支出的规模和比例，使其保持在可扣除范围之内，否则，将增加企业的税收负担。

（3）允许加计扣除的项目，包括企业的研究开发费用和企业安置残疾人员所支付的工资等。企业可以考虑适当增加该类支出的金额，以充分发挥其抵税的作用，减轻企业税收负担。

一般来说，税前扣除项目的纳税筹划应依次考虑如下因素：

（1）准予扣除项目首先要做到名实相符，有关支出必须符合税法的相关条件和规定。

（2）对准予据实扣除的项目，可以通过对其数量规模的安排达到对应纳税所得额和应纳税额的控制。

（3）对税法规定扣除规模或比例的项目，应尽量在规定范围内安排支出，尽量减少因超出标准的纳税调整；在不违背财务会计规定的前提下，可以将此类项目的支出向允许据实扣除的项目转化，以增加企业对纳税的调控能力。

（4）企业不能单纯为了减少企业所得税负担而多安排支出，还必须结合税后净收益指标来考虑。

【做中学5-22】某企业2017年和2018年预计会计利润分别为100万元和110万元，企业所得税税率为25%。该企业为树立良好的社会形象，决定向贫困地区捐赠现金20万元。现提出3套方案：第一套方案是2017年末直接捐给某贫困地区20万元；第二套方案是2017年末通过省级民政部门捐赠给贫困地区20万元；第三套方案是2017年末通过省级民政部门捐赠现金10万元，2018年初通过省级民政部门捐赠现金10万元。

要求：请从纳税筹划角度分析并选择捐赠方案。

方案一：

直接捐赠为非公益性捐赠，不得在税前扣除。

2017年应纳企业所得税税额＝（100+20）×25%＝30（万元）

2018年应纳企业所得税税额＝110×25%＝27.5（万元）

方案二：

2017年捐赠税前扣除额＝100×12%＝12（万元）＜20万元

应调增8万元。

2017年应纳企业所得税税额＝（100＋8）×25%＝27（万元）

2018年应纳企业所得税税额＝110×25%＝27.5（万元）

方案三：

2017年捐赠税前扣除额＝100×12%＝12（万元）>10万元

2017年应纳企业所得税税额＝100×25%＝25（万元）

2018年捐赠税前扣除额＝110×12%＝13.2（万元）>10万元

2018年应纳企业所得税税额＝110×25%＝27.5（万元）

通过以上比较，该企业采取方案3最好，尽管都是对外捐赠20万元，但方案3与方案2相比可以节税2万元，与方案1相比可以节税5万元。

四、企业所得税税率的纳税筹划

目前，我国企业所得税基本税率为25%。但为了体现产业优惠政策，企业所得税法规定了两档优惠税率，即高新技术企业执行15%的优惠税率，小型微利企业执行20%的优惠税率。税率的纳税筹划无外乎尽可能降低企业适用的税率，这就要求企业能够符合企业所得税法的低税率优惠政策。比如说企业想要享受小型微利企业的低税率优惠，必须符合税法规定的小型微利企业的认定条件。

假设企业已经满足作为小型微利企业的其他条件，还需考虑企业盈利水平的变化。年度应纳税所得额30万元是小型微利企业所得税税率变化的临界点。年度应纳税所得额在30万元以下的，税率为20%，应纳税所得额也可以享受减半的优惠；年度应纳税所得额在30万元以上的，税率为25%。

应纳税所得额为30万元时，应纳企业所得税税额和净所得（假设应纳税所得额与会计利润一致，下同）分别为：

应纳企业所得税税额＝30×50%×20%＝3（万元）

净所得＝30－3＝27（万元）

当应纳税所得额为30.5万元时，应纳企业所得税税额和净所得分别为：

应纳企业所得税税额＝30.5×25%＝7.625（万元）

净所得＝30.5－7.625＝22.875（万元）

即在税率变化的临界点附近，应纳税所得额增加0.5万元时，净所得却减少了4.125万元（27－22.875）。当然，随着应纳税所得额的继续增加，其净所得会逐步提高。那么应纳税所得额增加到什么程度时，净所得不低于27万元（应纳税所得额为30万元时的情况）呢？假设此时应纳税所得额为X，则：

X－X×25%≥27

解方程，得：X≥36万元。

36万元即应纳税所得额高于30万元的净所得增减平衡点。也就是说，当应纳税所得额处于30万元～36万元之间时，相比应纳税所得额为30万元的情况，净所得不升反降。只有应纳税所得额高于36万元，才可以获得净所得的增加。

因此，当应纳税所得额介于30万元～36万元时，企业应设法减少自己的应纳税所得额，选择低档税率以达到节约企业所得税的目的。

【做中学5-23】某服装厂是一家民营服装加工企业，全厂职工人数最多时为80人，全年资产总额均不超过3 000万元。某年年终决算，该厂实现销售收入600万元，年度会计利润和年度应纳税所得额均为31万元。财务经理在公司决策层会议上建议，年底结账前通过指定机构进行公益性捐赠1.1万元。

要求：请从纳税筹划角度分析财务经理的建议是否可行。

捐赠前：

应纳企业所得税税额=31×25%=7.75（万元）

净所得=31-7.75=23.25（万元）

捐赠后：

公益性捐赠扣除限额=31×12%=3.72（万元）>1.1万元

因此，公益性捐赠1.1万元准予全额在税前扣除，捐赠后应纳税所得额降低到29.9万元。由于人数和资产总额条件符合税法规定，此时该服装厂完全符合小型微利企业条件，可以按照20%的税率，且应纳税所得额减半征收计算缴纳企业所得税。

应纳企业所得税税额=29.9×50%×20%=2.99（万元）

净所得=29.9-2.99=26.91（万元）

比较捐赠前后两种情况可发现，企业发生捐赠支出1.1万元，使得所得税负担减少了4.76万元，而税后净所得反而增加了3.66万元（26.91-23.25）。

捐赠支出不仅为企业树立了社会形象、增加了知名度，还减少了应纳企业所得税税额，增加了企业的税后净所得，可谓"一举两得"。

思考与练习

一、判断题

1.我国企业所得税法对居民企业的判定标准采取的是登记注册地标准和实际管理控制地标准相结合的原则，依照这一标准在境外登记注册的企业属于非居民企业。（　　）

2.企业为开发新技术、新产品、新工艺发生的研究开发费用，形成无形资产的，按照无形资产成本的150%加以摊销。（　　）

3.企业与其关联方之间的业务往来，不符合独立交易原则，或者企业实施其他不具有合理商业目的的安排的，税务机关有权在该业务发生的纳税年度起5年内，进行纳税调整。（　　）

4.一个纳税年度内居民企业转让技术所有权所得不超过500万元的部分免征企业所得税，超过500万元的部分不能享受减免企业所得税的优惠。（　　）

5.企业接受其他单位的捐赠物资，不计入应纳税所得额。（　　）

6.限额抵免法适用于非居民企业在中国境内设立机构、场所，取得发生在中国境外但与该机构、场所有实际联系的应税所得。（　　）

7.企业发生非货币性资产交换，以及将货物、财产、劳务用于捐赠、偿债、赞助、集资、广告、样品、职工福利或者利润分配等用途的，应当视同销售货物、转让财产或者提供劳务，确认计税收入、结转计税成本、确定应纳税所得额。（　　）

8.某设备生产企业2016年营业收入为1 500万元，广告费支出为52万元。2015年超标广告费90万元，则2016年税前准许扣除的广告费为142万元。（　　）

9.企业发生的损失，减除责任人赔偿和保险赔款后的余额，准予在所得税前扣除。但企业已经作为损失处理的资产，在以后纳税年度又全部收回或者部分收回时，应当计入当期收入。 （　　）

10.按照企业所得税法的规定准予在计算应纳税所得额时扣除的税金，是指企业在生产经营活动中发生的增值税、消费税、城市维护建设税、教育费附加、资源税和土地增值税。 （　　）

11.除国务院财政、税务主管部门另有规定外，企业发生的职工教育经费支出，不超过工资薪金总额2.5%的部分，准予扣除；超过部分，不得扣除。 （　　）

12.居民企业来源于中国境外的应税所得，可以从其当期应纳税额中抵免，抵免限额为该项所得依照企业所得税法规定计算的应纳税额；超过抵免限额的部分，不得抵免。 （　　）

13.企业在纳税年度内无论盈利或者亏损,都应当向税务机关报送预缴企业所得税纳税申报表、年度企业所得税纳税申报表、财务会计报告和税务机关规定应当报送的其他有关资料。 （　　）

二、单项选择题

1.按照新企业所得税法的规定，下列企业不缴纳企业所得税的是 （　　）。

A.国有企业 B.私营企业 C.合伙企业 D.外商投资企业

2.某企业当年应纳税所得额50万元，以其弥补上年度亏损后，余额为8万元，企业当年从业人数50人，资产总额800万元，则企业当年适用的企业所得税税率为 （　　）。

A.18% B.20% C.25% D.27%

3.国家需要重点扶持的高新技术企业，减按 （　　） 的税率征收企业所得税。

A.10% B.12% C.15% D.20%

4.企业的下列收入中，是应税收入的是 （　　）。

A.国债利息收入

B.符合条件的居民企业之间的股息、红利等权益性投资收益

C.符合条件的非营利组织的收入

D.银行存款利息收入

5.下列各项中，能作为业务招待费税前扣除限额计算依据的是 （　　）。

A.转让无形资产使用权的收入 B.因债权人原因确实无法支付的应付款项
C.转让无形资产所有权的收入 D.出售固定资产的收入

6.某汽车制造企业某年实现销售（营业收入）1 000万元，实际发生广告费和业务宣传费支出300万元，则该企业该年计算应纳税所得额可以税前扣除的广告费和业务宣传费为 （　　） 万元。

A.20 B.80 C.150 D.300

7.甲企业某年度实际发生的与经营活动有关的业务招待费为100万元，当年销售收入为4 000万元，则该公司予以税前扣除的业务招待费为 （　　） 万元。

A.60 B.100 C.240 D.20

8.下列各项中，计算企业所得税应纳税所得额时，不准从收入总额中扣除的项目是 （　　）。

A.转让固定资产发生的费用   B.按规定支付的财产保险费
C.购建固定资产的费用   D.生产经营过程中发生的广告费用

9.依据企业所得税相关规定，采取缩短折旧年限方法进行加速折旧时，最低折旧年限不得低于规定折旧年限的（   ）。

A.40%   B.50%   C.60%   D.70%

10.某服装厂某年毁损一批库存成衣，账面成本20 000元，成本中外购比例60%，该企业的损失得到税务机关的审核和确认，在所得税前可扣除的损失金额为（   ）元。

A.23 400   B.22 040   C.21 360   D.20 000

11.企业为开发新技术、新产品、新工艺发生的研究开发费用，未形成无形资产计入当期损益的，在按照规定据实扣除的基础上，按照研究开发费用的（   ）加计扣除。

A.10%   B.20%   C.50%   D.100%

12.甲公司某年度会计利润为1 000万元，当年通过某乡政府向该乡的一所小学捐赠50万元，通过某县民政局向当地贫困人口捐赠100万元。请问该年度允许扣除的捐赠为（   ）万元。

A.50   B.150   C.132   D.100

13.某生产企业（一般纳税人）因意外事故损失外购钢材30万元，保险公司调查后同意赔付4万元，其余损失已报税务机关，且其同意扣除，则该企业确定应纳税所得额时，不正确的是（   ）。

A.税前准予扣除的损失为26万元

B.税前准予扣除的损失为31.1万元

C.税前不得扣除的损失为4万元

D.损失原材料而转出的进项税额准予所得税前扣除

14.下列项目中，准予在计算企业所得税应纳税所得额时从收入总额中扣除的是（   ）。

A.资本性支出   B.无形资产开发未形成资产的部分
C.违法经营的罚款支出   D.各项税收滞纳金、罚金、罚款支出

15.某公司某年度实现会计利润总额25.36万元。经某注册税务师审核，"财务费用"账户中列支两笔利息费用：向银行借入生产用资金200万元，借用期限6个月，支付借款利息5万元；经过批准向本企业职工借入生产用资金60万元，借用期限10个月，支付借款利息3.5万元。该公司该年度的应纳税所得额为（   ）万元。

A.21.86   B.26.36   C.30.36   D.33.36

16.某公司外购一专利权，使用期限为6年，该公司为此支付价款和税费600万元。同时，该公司自行开发一商标权，开发费用为500万元，则就专利权和商标权所支付的费用，该公司应当每年摊销的费用合计（   ）万元。

A.100   B.150   C.110   D.183.33

17.某企业2010年度亏损20万元，2011年度亏损10万元，2012年度盈利5万元，2013年度亏损15万元，2014年度盈利8万元，2015年度盈利6万元，2016年度盈利74万元，则2016年度的应纳税所得额为（   ）万元。

A.47   B.48   C.49   D.74

18.某企业是生产电机的企业，在境外设有营业机构。某年该企业的境内营业机构盈

利 1 000 万元，境外营业机构亏损 100 万元。企业在汇总计算缴纳企业所得税时，对境外营业机构的亏损能否抵减境内营业机构的盈利，有不同意见。你认为下列意见正确的是（　　）。

  A.境外营业机构的亏损不得抵减境内营业机构的盈利

  B.境外营业机构的亏损可以抵减境内营业机构的盈利

  C.境外营业机构的亏损是否抵减境内营业机构的盈利，适用境外机构的营业地国的法律

  D.以上意见都不正确

  19.在汇总缴纳所得税时，企业境外所得已纳税额超过规定抵免限额的部分，可以在以后（　　）个年度内，用每年度抵免限额抵免当年应抵税额后的余额进行抵补。

  A.3   B.5   C.8   D.10

  20.企业应当自年度终了之日起（　　）个月内，向税务机关报送年度企业所得税纳税申报表，并汇算清缴，结清应缴应退税款。

  A.2   B.3   C.4   D.5

三、多项选择题

  1.下列有关企业所得税税率的说法，正确的有（　　）。

  A.企业所得税的税率为 25%

  B.非居民企业在中国境内未设立机构、场所的，其来源于中国境内的所得适用税率为 20%

  C.符合条件的小型微利企业适用税率为 20%

  D.国家需要重点扶持的高新技术企业适用税率为 15%

  2.按照我国企业所得税法的相关规定，下列收入或所得不纳入企业所得税计征范围的有（　　）。

  A.财政拨款   B.行政事业收费   C.政府性基金   D.其他不征税收入

  3.根据企业所得税法律制度的规定，下列各项应计入应纳税所得额的有（　　）。

  A.股权转让收入

  B.因债权人缘故确实无法支付的应付款项

  C.依法收取并纳入财政管理的行政事业性收费

  D.接受捐赠收入

  4.可在所得税前扣除的税金包括（　　）。

  A.增值税   B.土地增值税   C.出口关税   D.资源税

  5.企业实际发生的与取得收入有关的、合理的支出，包括（　　）和其他支出，准予在计算应纳税所得额时扣除。

  A.成本   B.费用   C.税金   D.损失

  6.下列企业支出项目中，不准所得税前扣除的有（　　）。

  A.被没收财物的损失   B.赞助支出

  C.存货跌价准备   D.向环保部门缴纳的罚款

  7.下列各项在计算应纳税所得额时，不得扣除的有（　　）。

  A.被没收财物的损失   B.计提的固定资产减值损失

C.迟纳税款的滞纳金   D.非公益性捐赠

8.按照企业所得税实施条例，下列各项可以全额在税前扣除的有（   ）。

A.非金融机构向金融机构借款的利息支出

B.金融机构的各项存款利息支出和同业拆借利息支出

C.企业经批准发行债券的利息支出

D.非金融企业之间的借款利息支出

9.下列各项中，超过税法规定的扣除限额部分，可以结转到以后年度扣除的有（   ）。

A.职工教育经费支出超过工资薪金总额2.5%的部分

B.向非金融企业借款的利息支出超过按照金融企业同期同类贷款利率计算的数额的部分

C.业务招待费超过税法规定标准的部分

D.广告费和业务宣传费支出超过当年销售（营业）收入15%的部分

10.企业的下列支出，可以在计算应纳税所得额时加计扣除的有（   ）。

A.开发新技术、新产品、新工艺发生的研究开发费用

B.安置残疾人员及国家鼓励安置的其他就业人员所支付的工资

C.购买国产设备

D.创业投资企业从事国家需要重点扶持和鼓励的创业投资

四、业务题

1.我国某生产企业于某年1月注册成立进行生产经营，当年度生产经营情况如下：

（1）销售产品取得不含税收入9 000万元。

（2）产品销售成本3 300万元。

（3）税金及附加200万元。

（4）销售费用1 000万元（其中，广告费350万元）；财务费用200万元。

（5）管理费用1 200万元（其中，业务招待费85万元，新产品研究开发费30万元）。

（6）营业外支出800万元（其中，通过政府部门向贫困地区捐款150万元，存货盘亏损失60万元，赞助支出50万元）。

（7）全年提取并实际支付工资1 000万元，职工工会经费、职工教育经费、职工福利费，分别按工资总额的2%、2.5%、14%提取，并且均实际支出。

（8）经过税务机关的核定，该企业当年合理的工资支出标准是800万元，已知成本、费用中未包含工资和三项经费。

要求：根据所给资料，确定纳税调整项目及调整金额，计算该年度应纳税所得额及应纳税额。

2.某生产企业某年度有关会计资料如下：

（1）该企业全年销售收入为2 000万元，年度会计利润总额为200万元。

（2）"管理费用"中列支的业务招待费为25万元，广告费和业务宣传费350万元。

（3）"营业外支出"中列支的税收罚款为1万元，公益性捐赠支出为25万元。

（4）"投资收益"中国债利息收入为5万元，从深圳某联营企业分回利润17万元，已知联营企业的所得税税率为15%。

假设该企业所得税税率为25%。

要求：计算该企业该年度应缴纳多少企业所得税。

3.某企业某年度发生下列经济业务：

（1）销售产品取得收入2 000万元，全年销售成本1 000万元。

（2）接受捐赠材料一批，取得捐赠方开具的增值税发票，注明价款10万元，增值税1.7万元。

（3）转让一项商标所有权，取得营业外收入60万元。

（4）收取当年让渡资产使用权的专利实施许可费，取得其他业务收入10万元。

（5）取得国债利息收入2万元。

（6）全年销售费用500万元，含广告费400万元；全年管理费用300万元，含业务招待费80万元，新产品开发费用70万元；全年财务费用50万元。

（7）全年营业外支出40万元，含通过政府部门对灾区捐款20万元。直接对私立小学捐款10万元；违反政府规定被工商局罚款2万元。

要求：

（1）计算该企业的会计利润总额。

（2）计算该企业应纳所得税额。

4.泰达公司某纳税年度境内所得1 500万元，同年在甲国的分支机构取得所得折合人民币500万元，其中生产经营所得400万元，特许权使用费所得100万元，甲国生产经营所得税率为30%，特许权使用费所得税率为20%。假设特许权使用费100万元来自乙国另一分支机构，税率不变。

要求：计算该公司当年应缴纳的企业所得税。

5.某企业为居民企业，某年发生经营业务如下：

（1）取得产品销售收入4 000万元。

（2）发生产品销售成本2 600万元。

（3）发生销售费用770万元（其中，广告费650万元）；管理费用480万元（其中，业务招待费25万元，新技术开发费用40万元）；财务费用60万元。

（4）销售税金40万元。

（5）营业外收入100万元，营业外支出50万元（含通过公益性社会团体向贫困山区捐款30万元，支付税收滞纳金6万元）。

（6）取得国债利息收入10万元。

（7）经审定的上年度亏损20万元。

（8）计入成本、费用中的实发工资总额200万元，拨缴职工工会经费5万元，发生职工福利费31万元，发生职工教育经费7万元。

要求：计算该企业该年度应纳企业所得税税额。

五、项目实训

远东贸易有限公司2016年度税前会计利润总额为300万元，其中，公司全年销售收入为5 000万元,销售成本为4 200万元，期间费用为300万元，营业外支出为24万元，全年缴纳增值税为407万元、消费税为123万元、城市维护建设税和教育费附加为53万元。2016年度利润表见表5-26。

表 5-26   **利 润 表**

编制单位：远东贸易有限公司   2016年度   单位：元

项目	本期金额	上期金额
一、营业收入	50 000 000	
减：营业成本	42 000 000	
税金及附加	1 760 000	
销售费用	500 000	
管理费用	2 450 000	
财务费用	50 000	
资产减值损失		
加：公允价值变动收益（损失以"-"号填列）		
投资收益（损失以"-"号填列）		
其中：对联营企业和合营企业的投资收益		
二、营业利润（亏损以"-"号填列）	3 240 000	
加：营业外收入		
减：营业外支出	240 000	
其中：非流动资产处置损失		
三、利润总额（亏损总额以"-"号填列）	3 000 000	
减：所得税费用		
四、净利润（净亏损以"-"号填列）		
五、每股收益：		
（一）基本每股收益		
（二）稀释每股收益		

公司其他资料如下：

（1）当年列支了人员工资支出200万元。其中，因安置残疾人员支付给残疾职工的工资为40万元，全年发生职工福利费支出30万元，拨缴工会经费6万元，发生职工教育经费支出10万元。

（2）"财务费用"5万元为借款利息支出。其中，向银行借款10万元，年利率为10%，向其他企业借款20万元，年利率为20%，上述借款均用于生产经营。

（3）"管理费用"中列支全年业务招待费30万元，开发新产品的研究费用30万元，为职工支付商业保险费10万元。

（4）"销售费用"50万元为广告费支出。

（5）"营业外支出"中列支了通过民政部门向希望工程捐赠20万元，直接捐赠给灾区农民现金1万元，因未按期纳税缴纳滞纳金和罚款3万元。

要求：

（1）确认纳税调整项目及纳税调整金额，计算应纳税所得额及应纳税额。

（2）填制企业所得税年度纳税申报表及附表。

项目六　**个人所得税计算申报与筹划**

▼

【职业能力目标】

1. 掌握个人所得税纳税人、征税对象、税率的具体规定
2. 理解并掌握各项应税所得应纳税所得额的确定方式
3. 熟悉个人所得税各项税收优惠政策
4. 掌握个人所得税的填报规定
5. 了解个人所得税纳税筹划方法

【典型工作任务】

1. 能判定个人所得税居民纳税义务人和非居民纳税义务人，能判定哪些所得应征收个人所得税，适用何种税率
2. 会运用个人所得税优惠政策
3. 会计算个人所得税各项所得应纳税额
4. 会填制代扣代缴个人所得税纳税申报表、个人所得税年度纳税申报表
5. 会进行个人所得税简单纳税筹划

任务1　学习个人所得税基本知识 ▼

引导案例 ◄

> 某年6月，高校教师李扬从学校领取工资收入4 500元，课时补贴3 000元；到其他高校授课取得报酬2 500元；购买国债取得到期利息2 000元；转让商品房一套，取得转让所得20万元。
>
> 请问：李扬老师6月份的5项所得，是否属于个人所得税的应税所得？如果需要交税，是否可以合并计算个人所得税？这些所得属于个人所得税的哪个税目？

引导案例解析

个人所得税是以纳税人个人（自然人）取得的各项应税所得为征税对象征收的一种税。我国现行的个人所得税法，是2011年6月30日第十一届全国人民代表大会修改通过并于2011年9月1日实施的《中华人民共和国个人所得税法》和2011年7月19日国务院修订并于2011年9月1日实施的《中华人民共和国个人所得税法实施条例》。

现行个人所得税具有以下特点：

（1）我国个人所得税实行分类征收。世界各国的个人所得税制大体分为三种类型：分类所得税制、综合所得税制和混合所得税制。我国现行个人所得税采用的是分类所得税制，即将个人取得的各项所得区分开来，划分类别，每一类别分别适用不同的费用减除规定、不同的税率和不同的计税方法。这种计税方法，更有利于发挥税收对个人收入的调节作用。

（2）累进税率与比例税率并用。我国现行个人所得税根据各类个人所得的不同性质和特点，将累进税率与比例税率并用于个人所得税制中。其中，对工资、薪金所得，个体工商户的生产、经营所得，对企事业单位的承包经营、承租经营所得采用累进税率，实行量能负担；对劳务报酬、稿酬、财产租赁等其他所得，采用比例税率，实行等比负担。这样，既能充分发挥累进税制的调节作用，又有利于降低计税难度，方便纳税人计算纳税额度。

（3）个人所得税采取定额或定率方式扣除费用。我国个人所得税本着费用扣除从宽、从简的原则，对费用采用定额扣除和定率扣除办法，并且扣除额较宽。

（4）个人所得税采取课源制和申报制两种征纳方法。为方便纳税人纳税，减轻税务机关工作强度，并且防止偷漏税行为的发生，我国对个人所得税的征纳采用课源制和申报制两种方法，由单位团体发放的个人收入如工资薪金等，均由发放单位代为扣缴个人所得税。

一、确定个人所得税纳税人

个人所得税的纳税人是指在中国境内有住所，或者虽无住所但在境内居住满一年，以及在中国境内无住所又不居住或者无住所而在境内居住不满一年但有来源于中国境内所得的个人，包括中国公民，个体工商户，外籍个人，中国香港、澳门、台湾同胞等。我国的个人独资企业和合伙企业，也是个人所得税的纳税人。

依据"住所"和"居住时间"两个标准，可将上述纳税义务人区分为居民纳税人和非居民纳税人。

（一）居民纳税人

居民纳税人，是指在中国境内有住所，或者无住所而在中国境内居住满1年的个人。居民纳税义务人负有无限纳税义务，应就其来源于中国境内和境外的所得缴纳个人所得税。

在中国境内有住所的个人，是指因户籍、家庭、经济利益关系而在中国境内习惯性居住的个人。在境内居住满1年，是指一个纳税年度（公历1月1日起至12月31日止）内，在中国境内居住满365日。在计算居住天数时，对临时离境应视同在华居住，不扣减其在华居住的天数。这里所说的"临时离境"，是指在一个纳税年度内，一次不超过30日，或者多次累计不超过90日的离境。纳税人只要符合以上两个判定条件其中之一，就构成中国的居民纳税人。

【提示】税收上所说的居民，我们称为"税收居民"，指对某国承担无限纳税义务的人，它与我们日常生活中所说的居民不一样，不以国籍来判定。因此，外国人也可能是中国的税收居民。

对在中国境内无住所，但居住满1年而未超过5年的个人，其来源于中国境外的所得，经主管税务机关批准，可以只就中国境内公司以及其他经济组织或者个人支付的部分缴纳个人所得税；居住超过5年的个人，从第6年起，应当就其来源于中国境外的全部所得缴纳个人所得税。这里的"个人在中国境内居住满5年"，是指个人在中国境内连续居住满5年，即在连续5年中的每一纳税年度内均居住满1年。

【提示】居住时间5年以上的个人，从第6年起以后的各年度中，凡在境内居住满1年的，应当就其来源于境内、境外的所得申报纳税；凡在境内居住不满1年的，仅就其该年内来源于境内的所得申报纳税。

（二）非居民纳税人

非居民纳税人，是指在中国境内无住所又不居住，或无住所且居住不满1年的个人。非居民纳税人负有限纳税义务，仅就其来源于中国境内的所得缴纳个人所得税。

在中国境内无住所，但是在一个纳税年度中在中国境内连续或者累计居住不超过90日的个人（享受税收协议待遇身份者为183日），其来源于中国境内的所得，由境外雇主支付并且不由该雇主在中国境内的机构、场所负担的部分，免予缴纳个人所得税。

居民纳税人和非居民纳税人的纳税义务见表6-1。

表6-1 **居民纳税人和非居民纳税人的纳税义务**

纳税人性质	居住时间	来源于境内所得		来源于境外所得	
		境内支付	境外支付	境内支付	境外支付
非居民	90日（183日）以内	√	免税	×	×
非居民	90日（183日）～1年	√	√	×	×
居民	1～5年	√	√	√	免税
居民	5年以上	√	√	√	√

【做中学6-1】请分析下列人员在2016年属于居民纳税人还是非居民纳税人：

（1）外籍个人甲2015年9月1日入境，2016年10月1日离境；

（2）外籍个人乙2015年9月1日入境，2016年10月1日回国探亲，2016年10月8日返回中国，2017年2月1日离境；

（3）外籍个人丙2015年9月1日入境，2016年5月1日回国探亲5天，2016年10月1日再次回国探亲7天，2017年2月1日离境。

分析：（1）外籍个人甲未在"一个纳税年度内"在中国居住满365日，不属于居民纳税人。

（2）外籍个人乙2016年一次离境未超过30日，属于临时离境，不扣减其在华天数，满足一个纳税年度内在中国境内居住满365日的要求，属于居民纳税人。

（3）外籍个人丙在2016年多次离境，但累计天数未超过90日，依然满足一个纳税年度内在中国境内居住满365日的要求，属于居民纳税人。

（三）所得来源地的确定

由于税法对居民纳税人和非居民纳税人的纳税义务有不同的规定，居民纳税人应就其来源于中国境内外的所得缴纳个人所得税，非居民纳税人仅就来源于中国境内所得缴纳个人所得税，因此，判断哪些所得为来源于中国境内的所得就显得十分重要。

下列所得不论支付地点是否在中国境内，均为来源于中国境内的所得：

（1）在中国境内的公司、事业单位、机关、社会团体、部队、学校等单位或经济组织中任职、受雇，而取得的工资、薪金所得。

（2）在中国境内提供各种劳务，而取得的劳务报酬所得。

（3）在中国境内从事生产、经营活动，而取得的所得。

（4）财产出租给承租人在中国境内使用而取得的所得。

（5）转让中国境内的建筑物、土地使用权等财产或者在中国境内转让其他财产取得的所得。

（6）许可各种特许权在中国境内使用而取得的所得。

（7）因持有中国的各种债券、股票、股权而从中国境内的公司以及其他经济组织或者个人取得的利息、股息、红利所得。

（8）在中国境内参加各种竞赛活动取得名次的奖金所得；参加中国境内有关部门和单位组织的有奖活动而取得的中奖所得；购买中国境内有关部门和单位发行的彩票取得的中彩所得。

（9）在中国境内以图书、报刊方式出版、发表作品取得的稿酬所得。

【提示】所得来源地和所得支付地不是一个概念。来源于中国境内的所得支付地可能在境内，也可能在境外；来源于中国境外的所得支付地可能在境外，也可能在境内。

【做中学6-2】（多选题）某外籍个人受某外国公司委派于2016年8月开始赴中国担任其驻华代表处首席代表，截至2016年12月31日未离开中国。该外籍个人2016年取得的下列所得中，属于来源于中国境内所得的有（　　　）。

A.9月出席境内某经济论坛做主题发言取得的收入

B.因在中国任职而取得的由境外总公司发放的工资收入

C.10月将其拥有的境外房产出租给中国一公司驻该国常设机构取得的租金收入

D.11月将其拥有的专利技术许可一境外公司在大陆的分支机构使用取得的收入

分析：ABD。A为劳务报酬所得，在中国境内提供劳务取得的所得属于境内所得；B为工资薪金所得，在中国境内公司任职取得的工资薪金所得属于境内所得；C为财产租赁所得，出租不动产以不动产的坐落地确定所得来源地，因出租的是境外房产，不属于来源于中国境内的所得；D为特许权使用费所得，许可特许权在中国境内使用属于境内所得。

二、确定个人所得税征税对象及范围

个人所得税的征税对象是纳税人取得的各项应税所得，个人所得税法中用列举的方式列出了个人所得税应税所得项目，共11项。

（一）工资、薪金所得

工资、薪金所得是指个人因任职或者受雇而取得的工资、薪金、奖金、年终加薪、劳动分红、津贴、补贴以及与任职或者受雇有关的其他所得，包括现金、实物和有价证券。

退休人员再任职取得的收入，也按工资、薪金所得项目征税。

（二）个体工商业户的生产、经营所得

（1）个体工商业户的生产、经营所得，是指个体工商户提供有偿服务取得的所得，包括工业、手工业、建筑业、交通运输业、商业、饮食业、服务业、修理业以及其他行业生产、经营取得的所得；个人经政府有关部门批准，取得执照，从事办学、医疗、咨询等有偿服务活动取得的所得。

（2）对于个人独资企业和合伙企业，投资者所取得的生产经营所得，参照个体工商户的生产经营所得征税。

（3）个人独资企业、合伙企业的个人投资者以企业资金为本人、家庭成员及其相关人员支付与企业生产经营无关的消费性支出及购买汽车、住房等财产性支出，视为企业对个人投资者的利润分配，并入投资者个人的生产经营所得，依照"个体工商户的生产经营所得"项目计征个人所得税。

【提示】其他企业（法人）的个人投资者，取得上述所得依照"利息、股息、红利所得"项目计征个人所得税。

（三）对企事业单位的承包经营、承租经营所得

对企事业单位的承包经营、承租经营所得，是指个人承包、承租经营以及转包、转租取得的所得，包括个人按月或者按次取得的工资、薪金性质的所得。

（1）承包承租后，工商登记改为个体工商户的，按"个体工商户的生产经营所得"缴纳个人所得税。

（2）承包承租后，不改变企业性质的，按分配方式分为两种情况：

①承包、承租人对企业经营成果不拥有所有权，仅按合同（协议）规定取得一定所得的，应按"工资、薪金所得"项目征收个人所得税。

②承包、承租人按合同（协议）规定只向发包方、出租人缴纳一定的费用，缴纳承包、承租费后的企业的经营成果归承包、承租人所有的，其取得的所得按"对企事业单位承包、承租经营所得"项目征收个人所得税。

（四）劳务报酬所得

劳务报酬所得，是指个人独立从事各种非雇佣的劳务所取得的所得，包括从事设计、装潢、安装、制图、化验、测试、医疗、法律、会计、咨询、讲学、新闻、广播、翻译、审稿、书画、雕刻、影视、录音、录像、演出、表演、广告、展览、技术服务、介绍服务、经纪服务、代办服务以及其他劳务的所得。

对商品营销活动中，企业和单位对营销业绩突出的非雇员以培训班、研讨会、工作考察等名义组织旅游活动，通过免收差旅费、旅游费对个人实行营销业绩奖励（包括实物、有价证券等），应根据所发生费用的全额作为该营销人员当期的劳务收入，按照劳务报酬所得项目征收个人所得税，并由提供上述费用的企业和单位代扣代缴。

【提示】个人担任公司董事监事且不在公司任职受雇所取得的董事费收入，按"劳务报酬所得"项目征税。个人在公司任职、受雇，同时兼任董事、监事的，应将董事费、监事费与个人工资收入合并，统一按"工资、薪金所得"项目缴纳个人所得税。

工资薪金所得与劳务报酬的区别主要在于：劳务报酬所得是个人独立从事自由职业或独立提供某种劳务取得的所得，不存在雇佣与被雇佣的关系；工资、薪金所得则是个人从事非独立劳动，从所在单位领取的报酬，存在着雇佣与被雇佣的关系。比如演员从剧团领

取工资应属于工资、薪金范围，演员利用业余时间从事非本单位组织的商业性演出取得的报酬则属于劳务报酬范围。

（五）稿酬所得

稿酬所得，是指个人因其作品以图书、报刊形式出版、发行而取得的所得。

作者去世后，财产继承人取得的遗作稿酬，也应按稿酬所得征收个人所得税。

【提示】稿酬所得主要是指与图书、报刊相关的翻译、审稿、书画所得。

（六）特许权使用费所得

特许权使用费所得，是指个人提供专利权、商标权、著作权、非专利技术以及其他特许权的使用权取得的所得。

（1）提供著作权的使用权取得的所得，不包括稿酬的所得，对于作者将自己的文字作品手稿原件或复印件公开拍卖（竞价）取得的所得，应按"特许权使用费所得"征收个人所得税。

（2）个人取得特许权的经济赔偿收入，应按"特许权使用费所得"项目缴纳个人所得税。

【思考】提供著作使用权和稿酬所得缴纳个人所得税有什么区别？

（七）利息、股息、红利所得

利息、股息、红利所得，是指个人拥有债权、股权而取得的利息、股息、红利所得。

（八）财产租赁所得

财产租赁所得，是指个人出租建筑物、土地使用权、机器设备、车船以及其他财产取得的所得。

【提示】个人取得的财产转租收入，也属于"财产租赁所得"的征税范围，由财产转租人缴纳个人所得税。

（九）财产转让所得

财产转让所得，是指个人转让有价证券、股权、建筑物、土地使用权、机器设备、车船以及其他财产取得的所得。

【提示】股票转让所得暂不征收个人所得税。

（十）偶然所得

偶然所得，是指个人得奖、中奖、中彩以及其他偶然性质的所得。

个人因参加企业的有奖销售活动而取得的赠品所得，应按照"偶然所得"项目计征个人所得税。

（十一）经国务院财政部门确定征税的其他所得

国务院财政部门确定的除了上述十项个人应税所得外的其他所得。

个人取得的难以界定应税项目的个人所得，由主管税务机关确定。

三、确定个人所得税税率

我国个人所得税采用的是分类所得税制，对不同的所得项目分别确定不同的适用税率。税率的形式可分为比例税率和超额累进税率两种。

（一）工资、薪金所得

工资、薪金所得，适用3%～45%的七级超额累进税率，见表6-2。

表6-2 个人所得税税率表

（工资、薪金所得适用）

级数	全月应纳税所得额（含税级距）	全月应纳税所得额(不含税级距)	税率（%）	速算扣除数（元）
1	不超过1 500元的	不超过1 455元的	3	0
2	1 500元至4 500元的部分	1 455元至4 155元的部分	10	105
3	4 500元至9 000元的部分	4 155元至7 755元的部分	20	555
4	9 000元至35 000元的部分	7 755元至27 255元的部分	25	1 005
5	35 000元至55 000元的部分	27 255元至41 255元的部分	30	2 755
6	55 000元至80 000元的部分	41 255元至57 505元的部分	35	5 505
7	超过80 000元的部分	超过57 505元的部分	45	13 505

注：含税级距适用于由纳税人负担税款的工资、薪金所得；不含税级距适用于由单位代付税款的工资、薪金所得。

（二）个体工商户的生产、经营所得和对企事业单位的承包经营、承租经营所得

个体工商户的生产、经营所得和对企事业单位的承包经营、承租经营所得适用于5%～35%的五级超额累计税率，见表6-3。

表6-3 个人所得税税率表

（个体工商户的生产、经营所得和对企事业单位的承包经营、承租经营所得适用）

级数	全年应纳税所得额	税率（%）	速算扣除数（元）
1	不超过15 000元的部分	5	0
2	15 000元至30 000元的部分	10	750
3	30 000元至60 000元的部分	20	3 750
4	60 000元至100 000元的部分	30	9 750
5	超过100 000元的部分	35	14 750

注：本表从2011年9月1日起执行；

个人独资企业和合伙企业的生产经营所得，也适用5%～35%的五级超额累进税率。

（三）劳务报酬所得

劳务报酬所得适用比例税率，税率为20%。对劳务报酬一次收入畸高的，实行加成征收。所谓畸高，是指个人一次取得的劳务报酬的应纳税所得额超过了20 000元。具体来说：对一次收入的应纳税所得额高于20 000元低于50 000元的部分，加征5成；对一次收入的应纳税所得额高于50 000元的部分，加征10成。因此，劳务报酬所得实际上适用三级超额累进税率，具体税率见表6-4。

表6-4 个人所得税税率表

（劳务报酬所得适用）

级数	每次应纳税所得额	税率（%）	速算扣除数（元）
1	不超过20 000元的部分	20	0
2	20 000元至50 000元的部分	30	2 000
3	超过50 000元的部分	40	7 000

（四）稿酬所得

稿酬所得，适用20%的比例税率，并按应纳税额减征30%。

（五）特许权使用费所得，财产租赁所得，财产转让所得，利息、股息、红利所得，偶然所得和其他所得

特许权使用费所得，财产租赁所得，财产转让所得，利息、股息、红利所得，偶然所得和其他所得，均适用20%的比例税率。

对个人按市场价格出租的居民住房取得的财产租赁所得，减按10%的税率征收个人所得税。

【提示】对银行存款利息所得，1999年10月31日以前银行存款利息免征个人所得税，对自1999年11月1日起至2007年8月14日期间孳生的储蓄存款利息所得，个人所得税的适用税率为20%。自2007年8月15日起孳生的储蓄存款利息所得个人所得税的适用税率为5%。自2008年10月9日以后孳生的银行存款利息的个人所得税暂停征收。

2008年居民储蓄存款利息应缴纳的税款是分段计算的，并不是说自2008年10月9日起从银行取出的所有利息都不征税，只是从2008年10月9日之后存款产生的利息才不征税。

四、了解个人所得税税收优惠

微课：个人所得税的税收优惠

（一）免税项目

下列各项个人所得，免征个人所得税：

（1）省级人民政府、国务院部委和中国人民解放军军以上单位，以及外国组织、国际组织颁发的科学、教育、技术、文化、卫生、体育、环境保护等方面的奖金。

（2）国债和国家发行的金融债券利息。

（3）按照国家统一规定发给的补贴、津贴。

（4）福利费、抚恤金、救济金。

（5）保险赔款。

（6）军人的转业费、复员费。

（7）按照国家统一规定发给干部、职工的安家费、退职费、退休工资、离休工资、离休生活补助费。

（8）依照我国有关法律规定应予免税的各国驻华使馆、领事馆的外交代表、领事官员和其他人员的所得。

（9）中国政府参加的国际公约、签订的协议中规定免税的所得。

（10）经国务院财政部门批准的其他免税所得。

（二）减税项目

有下列情形之一的，经批准可以减征个人所得税：

（1）残疾、孤老人员和烈属的所得。

（2）因严重自然灾害造成重大损失的。

（3）其他经国务院财政部门批准减免的项目。

上述减税项目的减征幅度和期限，由省、自治区、直辖市人民政府规定。

（三）暂免征税项目

下列所得暂免征收个人所得税：

（1）外籍个人以非现金形式或实报实销形式取得的住房补贴、伙食补贴、搬迁费、洗衣费。

（2）外籍个人按合理标准取得的境内、境外出差补贴。

（3）外籍个人取得的探亲费、语言训练费、子女教育费等，经当地税务机关审核认定为合理的部分。

（4）外籍个人从外商投资企业取得的股息、红利所得。

（5）个人举报、协查各种违法、犯罪行为而获得的奖金。

（6）个人办理代扣代缴税款手续，按规定取得的扣缴手续费。

（7）个人转让自用达5年以上，并且是唯一的家庭生活用房取得的所得。

（8）对个人购买福利彩票、体育彩票，一次中奖收入在1万元以下的（含1万元）暂免征收个人所得税，超过1万元的全额征收个人所得税。

（9）个人取得单张有奖发票奖金所得不超过800元（含800元）的，暂免征收个人所得税；个人取得单张有奖发票奖金超过800元的，应全额征收个人所得税。

（10）达到离、退休年龄，但确因工作需要，适当延长离、退休年龄的高级专家（指享受国家发放的政府特殊津贴的专家、学者），其在延长离、退休期间的工资、薪金所得，视同离、退休工资免征个人所得税。

（11）符合下列条件的外籍专家取得的工资、薪金所得可免征个人所得税：

①根据世界银行专项贷款协议由世界银行直接派往我国工作的外国专家；

②联合国组织直接派往我国工作的专家；

③联合国援助项目来华工作的专家；

④援助国派往我国专为该国无偿援助项目工作的专家；

⑤根据两国政府签订文化交流项目来华工作两年以内的文教专家，其工资、薪金所得由该国负担的；

⑥根据我国大专院校国际交流项目来华工作两年以内的文教专家，其工资、薪金所得由该国负担的；

⑦通过民间科研协定来华工作的专家，其工资、薪金所得由该国政府机构负担的。

【课堂能力训练】

1.张某系美籍华人，某年1月1日来华工作，当年3次离境回美国，两次各20天，另一次15天。

请问：张某是否属于我国的居民纳税人？

2.李某在通信技术公司任职，同时担任该公司的董事，某月取得工资5 000元，取得董事费1 800元。

请问：李某取得的工资和董事费应按何种税目计税？

3.请分析王某在中国境内取得的以下所得是否属于个人所得税的应纳税所得，如果是，请判断其适用的税目：

（1）5月外出讲课取得报酬2 500元。

（2）6月取得国债利息500元。

（3）7月转让名下的其中一套商品房，转让所得为15万元。

（4）12月取得年终加薪5 000元。

任务2　计算个人所得税

引导案例

中国公民王某某年12月份取得工资8 500元，同时领取全年12个月的奖金6 000元，当月被公司扣缴个人所得税625元。王某想请教公司财务人员，这笔个人所得税会不会多交了？它是如何计算出来的呢？

引导案例解析

一、计算工资、薪金所得应纳税额

（一）计算应纳税所得额

工资、薪金所得按月计征个人所得税。应纳税所得额为个人取得的工资、薪金所得减除规定的减除费用标准每月3 500元后的余额。

对部分纳税人每月工资、薪金所得在减除3 500元费用的基础上，再减除1 300元附加减除费用，共计4 800元。该部分纳税人包括：

（1）在中国境内的外商投资企业和外国企业中工作的外籍人员。

（2）应聘在中国境内的企事业单位、社会团体、国家机关中工作的外籍专家。

（3）在中国境内有住所而在中国境外任职或受雇取得工资、薪金所得的个人。

（4）华侨和中国香港、澳门、台湾同胞。

（5）财政部确定的其他人员。

另外，个人按照国家和地方政府规定比例承担的基本养老保险、基本医疗保险、失业保险、住房公积金，可以从纳税义务人的应纳税所得额中扣除。

下列收入不计入工资、薪金所得，也不缴纳个人所得税：

（1）独生子女补贴。

（2）托儿补助费。

（3）差旅费津贴。

（4）误餐补助。

（5）执行公务员工资制度未纳入基本工资总额的补贴、津贴差额和家属成员的副食品补贴等。

【提示】2006年1月1日，工资薪金所得免征额由800元调整为1 600元，2008年3月1日起由1 600元提高到2 000元，2011年9月1日起提高到3 500元。

（二）计算应纳税额

1.计算一般工资、薪金所得应纳税额

应纳税额=应纳税所得额×适用税率-速算扣除数

=（每月收入额-3 500或4 800）×适用税率-速算扣除数

【做中学6-3】某纳税人某年12月工资为8 200元，该纳税人不适用附加减除费用的规定。

要求：计算其当月应纳个人所得税税额。

应纳税所得额=8 200-3 500=4 700（元）

应纳税额=4 700×20%-555=385（元）

另一种算法：根据超额累进税率原理计算。

应纳税额=1 500×3%+（4 500-1 500）×10%+（4 700-4 500）×20%=385（元）

【做中学6-4】Peter为一外商投资企业雇用的美国专家，假定某年5月，该外商投资企业支付给Peter的薪金为8 500元。

要求：计算外商投资企业应为Peter扣缴多少个人所得税。

扣缴个人所得税税额=（8 500-4 800）×10%-105=265（元）

2.计算个人取得全年一次性奖金应纳税额

全年一次性奖金是指行政机关、企事业单位等扣缴义务人根据其全年经济效益和对雇员全年工作业绩的综合考核情况，向雇员发放的一次性奖金。一次性奖金包括年终加薪、实行年薪制和绩效工资办法的单位根据考核情况兑换的年薪和绩效工资。

微课：年终奖个税的计算

个人取得的全年一次性奖金，单独作为一个月工资、薪金所得计算纳税，由扣缴义务人发放时代扣代缴相应的个人所得税。具体来说，计算方法如下：

（1）个人取得全年一次性奖金当月发放的工资所得高于（或等于）税法规定的费用扣除额的，以个人取得的全年一次性奖金除以12，根据商数在税率表中查找适用的税率和速算扣除数，再按下列公式计算：

应纳税额=全年一次性奖金总额×适用税率-速算扣除数

（2）全年一次性奖金发放当月的工资所得低于税法规定的费用扣除额的，以全年一次性奖金减去当月工资薪金所得与费用扣除额之间的差额，用其余额除以12，根据商数在税率表中查找适用的税率和速算扣除数，再按下列公式计算：

应纳税额=［全年一次性奖金总额-（3 500-当月发放的工资）］×适用税率-速算扣除数

【提示】在一个纳税年度内，对每一个纳税人，该计税办法只允许采用一次。

个人取得的除全年一次性奖金以外的其他各种名目奖金，如半年奖、季度奖、加班奖、先进奖、考勤奖等，一律与当月工资、薪金收入合并，按税法规定缴纳个人所得税。

【做中学6-5】某居民某年12月取得全年一次性奖金收入20 000元。假设该居民当月工资收入分两种情况：（1）当月工资5 000元；（2）当月工资3 000元。

要求：请分别计算两种情况下应缴纳的个人所得税。

（1）当月工资5 000元，高于3 500元。

工资应纳个人所得税=（5 000-3 500）×3%=45（元）

年终一次性奖金税额计算如下：

20 000÷12=1 666.67（元），适用的税率为10%，速算扣除数为105。

年终奖金应纳个人所得税=20 000×10%-105=1 895（元）

（2）当月工资3 000元，低于3 500元，工资不需缴纳个人所得税。

年终一次性奖金税额计算如下：

[20 000－（3 500－3 000）]÷12=1 625（元），适用的税率为10%，速算扣除数为105。

年终奖金应纳个人所得税=（20 000－500）×10%－105=1 845（元）

3.计算不满一个月的工资、薪金所得应纳税额

不满一个月的工资、薪金所得应先折算成全月工资、薪金所得，以月工资薪金所得为依据计算应纳税额，再按实际取得的工资薪金计算实际应纳税额。其计算公式为：

$$应纳税额=（全月工资、薪金应纳税所得税额×适用税率-速算扣除数）×\frac{当月任职实际天数}{当月天数}$$

【做中学6-6】某公司外籍员工A于某年12月11日离职，其该月工作10天实际取得工资4 000美元，假设汇率为1美元=6.3元人民币。

要求：计算其工资、薪金所得应纳个人所得税税额。

推算月工资=4 000÷10×31=12 400（美元）

应纳税额=[（12 400×6.3－4 800）×35%－5 505]×10÷31=6 502.26（元）

4.计算雇佣单位和派遣单位分别支付工资、薪金应纳税额

在外商投资企业、外国企业和外国驻华机构工作的中方人员取得的工资、薪金收入，凡是由雇佣单位和派遣单位分别支付的，支付单位应扣缴应纳的个人所得税，以纳税人每月全部工资、薪金收入减除规定费用后的余额为应纳税所得额。为了有利于征管，由雇佣单位在支付工资、薪金时，按税法规定减除费用后计算扣缴税款；派遣单位支付的工资、薪金不再减除费用，以支付全额直接确定适用税率计算扣缴税款。纳税人在取得双方支付的工资薪金后，应将其合并，自行计算应纳个人所得税税额，多退少补。

【做中学6-7】王某为一外商投资企业雇佣的中方人员，假定某年5月，该外商投资企业支付王某工资7 200元，同月王某还收到其所在派遣单位发放的工资1 900元。

请问：该外商投资企业、派遣单位应如何扣缴个人所得税？王某实际应补缴多少个人所得税？

（1）外商投资企业应为王某扣缴的个人所得税为：

扣缴税额=（7 200－3 500）×10%－105=265（元）

（2）派遣单位应为王某扣缴的个人所得税为：

扣缴税额=1 900×10%－105=85（元）

（3）王某实际应缴的个人所得税为：

应纳税额=（7 200+1 900－3 500）×20%－555=565（元）

因此，王某到税务机关申报时还应补缴个人所得税215元（565－265－85）。

5.计算雇主为其雇员负担个人所得税应纳税额

在实际工作中，有的雇主为吸引人才，常常为纳税人负担税款，即支付给纳税人的报酬为不含税的净所得，纳税人的应纳税额由雇主代其缴纳。这种情况下，应先将纳税人的不含税收入换算为含税收入计算应纳税所得额，再据以计算应纳税额。

（1）雇主全额为雇员负担税款的，将雇员取得的工资、薪金所得换算成应纳税所得额后，计算单位应代为缴纳的个人所得税税款。其计算公式为：

应纳税所得额=（不含税收入额－费用扣除标准－速算扣除数）÷（1－税率）

应纳税额=应纳税所得额×适用税率－速算扣除数

　　计算应纳税所得额公式中的税率，是指不含税所得按不含税级距（见表6-2）对应的税率；计算应纳税额的公式中的税率，是指应纳税所得额按含税级距对应的税率。

　　【做中学6-8】境内某公司代其雇员（中国居民）缴纳个人所得税。某年10月支付陈某的不含税工资为6 000元人民币。

　　要求：计算该公司为陈某代付的个人所得税。

　　应纳税所得额＝（6 000－3 500－105）÷（1－10%）＝2 661.11（元）

　　应代付的个人所得税税额＝2 661.11×10%－105＝161.11（元）

　　（2）雇主为其雇员负担部分税款的，可分为定额负担部分税款和定率负担部分税款两种情况。

　　雇主为其雇员定额负担税款的，应将雇员取得的工资、薪金所得换算成应纳税所得额后，计算缴纳个人所得税。其计算公式为：

　　　　应纳税所得额＝雇员取得的工资＋雇主代雇员负担的税款－费用扣除标准

　　　　应纳税额＝应纳税所得额×适用税率－速算扣除数

　　雇主为其雇员负担一定比例的工资应纳的税款或者负担一定比例的实际应纳税款的，应将"不含税收入额"替换为"未含雇主负担的税款的收入额"，同时将速算扣除数和税率两项分别乘以上述的"负担比例"，按此调整后的公式，以其未含雇主负担税款的收入额换算成应纳税所得额并计算应纳税款，即：

$$\frac{应纳税}{所得额}=\left(\frac{未含雇主负担的}{税款的收入额}-费用扣除标准-速算扣除数×负担比例\right)÷（1-税率×负担比例）$$

　　　　应纳税额＝应纳税所得额×适用税率－速算扣除数

　　二、计算个体工商户的生产、经营所得应纳税额

　　（一）计算个体工商户的生产、经营所得应纳税所得额

　　个体工商户的生产、经营所得，以每一纳税年度的收入总额，减除成本、费用、税金、损失、其他支出以及允许弥补的以前年度亏损后的余额，为应纳税所得额。

　　1.收入总额

　　收入总额是指个体工商户的年生产经营所得，即个体工商户从事生产、经营以及与生产经营有关的活动所取得的货币形式和非货币形式的各项收入，包括主营业务收入、其他业务收入和营业外收入。

　　2.成本、费用和损失

　　成本、费用和损失是指个体工商户从事生产经营所发生的各项直接费用、间接费用、期间费用和营业外支出。

　　（1）个体工商户实际支付给从业人员的、合理的工资薪金支出，准予扣除。个体工商户业主的工资薪金支出不得税前扣除。个体工商户业主的费用扣除标准，依照相关法律、法规和政策规定执行。

　　【提示】个体工商户业主的费用扣除标准，自2011年9月1日起由每月2 000元提高至3 500元。

　　（2）个体工商户按照国务院有关主管部门或者省级人民政府规定的范围和标准为其业主和从业人员缴纳的基本养老保险费、基本医疗保险费、失业保险费、生育保险费、工伤

保险费和住房公积金，准予扣除。

个体工商户为从业人员缴纳的补充养老保险费、补充医疗保险费，分别在不超过从业人员工资总额5%标准内的部分据实扣除；超过部分，不得扣除。

【提示】个体工商户业主本人缴纳的补充养老保险费、补充医疗保险费，以当地（地级市）上年度社会平均工资的3倍为计算基数，分别在不超过该计算基数5%标准内的部分据实扣除；超过部分，不得扣除。

除个体工商户依照国家有关规定为特殊工种从业人员支付的人身安全保险费和财政部、国家税务总局规定可以扣除的其他商业保险费外，个体工商户业主本人或者为从业人员支付的商业保险费，不得扣除。

个体工商户参加财产保险，按照规定缴纳的保险费，准予扣除。

（3）个体工商户在生产经营活动中发生的合理的不需要资本化的借款费用，准予扣除。

个体工商户为购置、建造固定资产、无形资产和经过12个月以上的建造才能达到预定可销售状态的存货发生借款的，在有关资产购置、建造期间发生的合理的借款费用，应当作为资本性支出计入有关资产的成本，并依照本办法的规定扣除。

（4）个体工商户在生产经营活动中发生的下列利息支出，准予扣除：①向金融企业借款的利息支出；②向非金融企业和个人借款的利息支出，不超过按照金融企业同期同类贷款利率计算的数额的部分。

（5）个体工商户向当地工会组织拨缴的工会经费、实际发生的职工福利费支出、职工教育经费支出分别在工资薪金总额的2%、14%、2.5%的标准内据实扣除。

职工教育经费的实际发生数额超出规定比例当期不能扣除的数额，准予在以后纳税年度结转扣除。

【提示】个体工商户业主本人向当地工会组织缴纳的工会经费、实际发生的职工福利费支出、职工教育经费支出，以当地（地级市）上年度社会平均工资的3倍为计算基数，在工资薪金总额的2%、14%、2.5%的标准内据实扣除。

（6）个体工商户发生的与生产经营活动有关的业务招待费，按照实际发生额的60%扣除，但最高不得超过当年销售（营业）收入的5‰。

业主自申请营业执照之日起至开始生产经营之日止所发生的业务招待费，按照实际发生额的60%计入个体工商户的开办费。

（7）个体工商户每一纳税年度发生的与其生产经营活动直接相关的广告费和业务宣传费不超过当年销售（营业）收入15%的部分，可以据实扣除；超过部分，准予在以后纳税年度结转扣除。

（8）个体工商户代其从业人员或者他人负担的税款，不得税前扣除。

（9）个体工商户根据生产经营活动的需要租入固定资产支付的租赁费，按照以下方法扣除：①以经营租赁方式租入固定资产发生的租赁费支出，按照租赁期限均匀扣除；②以融资租赁方式租入固定资产发生的租赁费支出，按照规定构成融资租入固定资产价值的部分应当提取折旧费用，分期扣除。

（10）个体工商户自申请营业执照之日起至开始生产经营之日止所发生符合本办法规定的费用，除为取得固定资产、无形资产的支出，以及应计入资产价值的汇兑损益、利息支出外，作为开办费，个体工商户可以选择在开始生产经营的当年一次性扣除，也可自生产经营月份起在不短于3年的期限内摊销扣除，但一经选定，不得改变。

（11）个体工商户通过公益性社会团体或者县级以上人民政府及其部门，用于《中华人民共和国公益事业捐赠法》规定的公益事业的捐赠，捐赠额不超过其应纳税所得额30%的部分可以据实扣除。个体工商户直接对受益人的捐赠不得扣除。

（12）个体工商户研究开发新产品、新技术、新工艺所发生的开发费用，以及研究开发新产品、新技术而购置单台价值在10万元以下的测试仪器和试验性装置的购置费准予直接扣除；单台价值在10万元以上（含10万元）的测试仪器和试验性装置，按固定资产管理，不得在当期直接扣除。

（13）个体工商户生产经营活动中，应当分别核算生产经营费用和个人、家庭费用。对于生产经营与个人、家庭生活混用难以分清的，其40%视为生产经营有关费用，准予扣除。

3.个体工商户不得在税前扣除的支出

个体工商户的下列支出不得在税前扣除：

（1）个人所得税税款。

（2）税收滞纳金。

（3）罚金、罚款和被没收财物的损失。

（4）不符合扣除规定的捐赠支出。

（5）赞助支出。

（6）用于个人和家庭的支出。

（7）与取得生产经营收入无关的其他支出。

（8）国家税务总局规定不准扣除的支出。

4.个人独资企业、合伙企业投资者的经营所得比照"个体工商户的生产、经营所得"项目征收个人所得税

个人独资企业以投资者为纳税人，以企业的全部生产、经营所得为应纳税所得额。合伙企业以每一个合伙人为纳税人，按照企业的全部生产、经营所得和合伙协议约定的分配比例确定应纳税所得额；合伙协议没有约定分配比例的，以全部生产、经营所得和合伙人数量平均计算每个合伙人的应纳税所得额。

（二）计算个体工商户的生产、经营所得应纳税额

个体工商户的应纳税额按年计算，分月或分季预缴，年终汇算清缴，多退少补。

全年应纳税额=应纳税所得额×适用税率-速算扣除数

　　　　　=（收入总额-成本、费用、税金、损失、其他支出-规定的费用扣除）×适用税率-速算扣除数

在实际工作中，需要分别计算按月预缴税额和年终汇算清缴税额。按月预缴税额的计算公式为：

全年应纳税所得额=本月累计应纳税所得额×（全年月份÷当月月份）

全年应纳税额=全年应纳税所得额×适用税率-速算扣除数

本月累计应纳税额=全年应纳税额×（当月月份÷全年月份）

本月应预缴税额=本月累计应纳税额-上月累计已预缴税额

【做中学6-9】某个体工商户，账证健全，某年12月份取得营业额38 500元，购进原料费16 600元，全月共交纳水电、房租、煤气费等3 500元，缴纳其他税费合计190元。当月支付给雇员工资3 000元，支付业主工资5 000元。1~11月份累计应纳税所得额56 200元，1~11月累计已预缴个人所得税7 110元。

要求：计算该个体工商户该年度应补缴的个人所得税。

12月份雇员工资3 000元可在税前全额扣除，而业主的工资只能按每月3 500元计算扣除。

12月份应纳税所得额=38 500-16 600-3 500-190-3 000-3 500=11 710（元）

全年应纳税所得额=11 710+56 200=67 910（元）

全年应纳税额=67 910×30%-9 750=10 623（元）

12月份应纳税额=10 623-7 110=3 513（元）

三、计算对企事业单位的承包经营、承租经营所得应纳税额

（一）计算应纳税所得额

个人对企事业单位的承包经营、承租经营所得，实行按年计算，分月或分季预缴，年末汇算清缴，多退少补的方法，以纳税人纳税年度的收入总额，减除必要费用后的余额为应纳税所得额。

其中，"纳税年度的收入总额"是指纳税人按照承包经营、承租经营合同规定分得的经营利润和承包人的工资、薪金所得的总额；"减除必要费用"自2011年9月1日起按月减除3 500元。

【提示】纳税年度收入总额包括承包人个人工资，但不包括上缴的承包费。

（二）计算应纳税额

应纳税额=应纳税所得额×适用税率-速算扣除数

=（纳税年度的收入总额-必要费用每月3 500元）×适用税率-速算扣除数

实行承包、承租经营的纳税人，原则上虽要求其应以每一纳税年度取得的承包、承租经营所得计算纳税，但承包、承租经营期不足12个月的，以实际承包、承租经营期为纳税年度。其计算公式为：

应纳税额=应纳税所得额×适用税率-速算扣除数

=（纳税年度收入总额-必要费用每月3 500元×该年度实际承包或承租月份）×适用税率-速算扣除数

【做中学6-10】范某某年承包某商店，承包期限1年，取得承包经营所得47 000元。此外，范某还按月从商店领取工资，每月2 500元。

要求：计算范某全年应缴纳的个人所得税。

全年应纳税所得额=（47 000+12×2 500）-12×3 500=35 000（元）

应纳税额=35 000×20%-3 750=3 250（元）

【做中学6-11】王某某年5月承包某企业，合同规定定额上交承包费50 000元。当年承包经营利润226 400元，按规定缴纳企业所得税36 400元。

要求：计算王某当年应纳的个人所得税。

应纳税所得额=226 400-50 000-36 400-3 500×8=122 000（元）

应纳税额=122 000×10%-750=11 450（元）

【思考】对企事业单位的承包承租经营所得分月预缴个人所得税时，应如何计算？

四、计算劳务报酬所得应纳税额

（一）计算应纳税所得额

劳务报酬所得以个人每次取得的收入，定额或定率减除规定费用后的余额为应纳税所得额。每次收入不超过 4 000 元的，定额减除费用 800 元；每次收入在 4 000 元以上的，定率减除 20%的费用。

【提示】劳务报酬所得按"次"征。属于一次性收入的，以取得该项收入为一次；属于同一项目连续性收入的，以同一地（县、县级市、区）一个月内取得的收入为一次。

（二）计算应纳税额

劳务报酬所得应纳税额的计算公式为：

（1）每次收入不超过 4 000 元的：

$$应纳税额=（每次收入-800）\times 20\%$$

（2）每次收入超过 4 000 元的：

$$应纳税额=每次收入\times（1-20\%）\times 适用税率-速算扣除数$$

【做中学 6-12】某居民甲某年 6 月份为某单位提供法律咨询服务，每次报酬为 5 000 元，6 月份共提供了 8 次。

要求：计算其应缴纳的个人所得税。

计算：应纳税所得额=5 000×8×（1-20%）=32 000（元）

应纳税额=32 000×30%-2 000=7 600（元）

【做中学 6-13】王某某年 10 月外出参加营业性演出，在 A 省一次演出取得劳务报酬 21 000 元。在 B 省 M 市第一场演出取得 12 000 元收入，第二场演出取得 20 000 元，在 C 省一次演出取得 3 200 元收入。

要求：计算其 10 月份应缴纳的个人所得税（不考虑其他税费）。

王某的收入属于三次收入：

在 A 省取得收入应纳税所得额=21 000×（1-20%）=16 800（元）

应纳税额=16 800×20%=3 360（元）

在 B 省取得收入应纳税所得额=（12 000+20 000）×（1-20%）=25 600（元）

应纳税额=25 600×30%-2 000=5 680（元）

在 C 省取得收入应纳税所得额=3 200-800=2 400（元）

应纳税额=2 400×20%=480（元）

其 10 月份应缴纳的个人所得税=3 360+5 680+480=9 520（元）

五、计算稿酬所得应纳税额

（一）计算应纳税所得额

稿酬所得以个人每次取得的收入，定额或定率减除规定费用后的余额为应纳税所得额。每次收入不超过 4 000 元的，定额减除费用 800 元；每次收入在 4 000 元以上的，定率减除 20%的费用。费用扣除计算方法与劳务报酬所得相同。

稿酬的应纳税额按次计算。稿酬的"每次收入"，是指以每次出版、发表作品取得的收入为一次。具体规定如下：

（1）个人每次以图书、报刊方式出版、发表同一作品，不论出版单位是预付还是分笔支付稿酬，或者加印该作品后再付稿酬，均应合并其稿酬所得按一次计征个人所得税。

（2）在两处或两处以上出版、发表或再版同一作品而取得稿酬所得，可分别各处取得的所得或再版所得按分次所得计征个人所得税。

（3）个人的同一作品在报刊上连载，应合并其因连载取得的所有稿酬所得。

【思考】对于合作出书的稿酬收入，该怎么计算合作者个人所得税呢？

（二）计算应纳税额

稿酬所得应纳税额的计算公式为：

（1）每次收入不超过 4 000 元的：

$$应纳税额=（每次收入-800）×20\%×（1-30\%）$$

（2）每次收入超过 4 000 元的：

$$应纳税额=每次收入×（1-20\%）×20\%×（1-30\%）$$

【做中学 6-14】某作者于某年 1 月出版一部长篇小说，取得稿酬 60 000 元，3 月加印又取得稿酬 10 000 元；此后该长篇小说在某报纸上连载，共取得稿酬 20 000 元。另外，该作者当年 11 月在某报纸发表文章一篇，取得稿酬 1 000 元。

要求：计算该作者应缴纳的个人所得税。

（1）出版时应纳税额=60 000×（1-20\%）×20\%×（1-30\%）=6 720（元）

（2）加印时取得的稿酬应与出版时取得的稿酬合并为一次计税：

应纳税额=（60 000+10 000）×（1-20\%）×20\%×（1-30\%）-6 720=1 120（元）

（3）连载取得的稿酬单独计税一次：

应纳税额=20 000×（1-20\%）×20\%×（1-30\%）=2 240（元）

（4）在报纸上发表文章应纳税额=（1 000-800）×20\%×（1-30\%）=28（元）

该作家应纳个人所得税税额=6 720+1 120+2 240+28=10 108（元）

六、计算特许权使用费所得应纳税额

（一）计算应纳税所得额

特许权使用费所得以个人每次取得的收入，定额或定率减除规定费用后的余额为应纳税所得额。每次收入不超过 4000 元的，定额减除费用 800 元；每次收入在 4000 元以上的，定率减除 20%的费用。

特许权使用费所得按次计税。"每次收入"是指一项特许权的一次许可使用所取得的收入，如果该次转让收入是分笔支付的，应将各笔收入加总为一次收入计税。

（二）计算应纳税额

特许权使用费所得应纳税额的计算公式为：

（1）每次收入不超过 4 000 元的：

$$应纳税额=（每次收入-800）×20\%$$

（2）每次收入超过 4 000 元的：

$$应纳税额=每次收入×（1-20\%）×20\%$$

【做中学 6-15】某工程师将自己研制的一项非专利技术使用权提供给甲企业，取得技术转让收入 3 000 元，又将自己发明的一项专利转让给乙企业，取得收入 45 000 元。

要求：计算该工程师应纳的个人所得税。

应纳税额＝（3 000－800）×20%＋45 000×（1－20%）×20%＝7 640（元）

七、计算财产租赁所得应纳税额

（一）计算应纳税所得额

财产租赁所得按次计税，通常将一个月的租赁收入计为一次纳税。财产租赁所得一般以个人每次取得的收入，按定额或定率减除规定费用后的余额为应纳税所得额。规定费用扣除的范围和顺序包括：

微课：财产租赁所得如何计算个人所得税？

（1）财产租赁过程中缴纳的税费。相关税费主要包括城市维护建设税、教育费附加、房产税，必须提供有效准确的凭证，才能从其财产租赁收入中扣除。

（2）由纳税人负担的该出租财产实际开支的修缮费用。该项费用扣除额以每次800元为限，一次扣除不完的，准予在下一次继续扣除，直至扣完为止。

（3）税法规定的费用扣除标准。每次收入扣除前两项后不超过4 000元，定额减除费用800元；每次收入扣除前两项后在4 000元以上的，定率减除20%的费用。

【提示】租赁合同可以规定租金"月付""季付""半年付""年付"，但是在计算财产租赁所得的个人所得税时，均将1个月内取得的收入作为一次，按次征收。

（二）计算应纳税额

财产租赁所得应纳税额计算公式为：

（1）每次（月）收入不超过4 000元的：

应纳税额＝［每次（月）收入－准予扣除的税费－修缮费用（800元为限）－800元］×适用税率

（2）每次（月）收入超过4 000元的：

应纳税额＝［每次（月）收入－准予扣除的税费－修缮费用（800元为限）］×（1－20%）×适用税率

【提示】自2001年1月1日起，对个人按市场价格出租的居民住房取得的所得，暂减按10%的税率征收个人所得税。

【做中学6-16】某居民将自有住房从某年3月开始出租，月租金收入3 000元，每月缴纳有关税费320元，9月份发生修缮费用2 000元，由房东承担。

要求：计算王某当年应缴纳的个人所得税。

（1）3～8月及12月应纳税所得额＝3 000－320－800＝1 880（元）

应纳税额＝1 880×10%＝188（元）

（2）9～10月应纳税所得额＝3 000－320－800－800＝1 080（元）

应纳税额＝1 080×10%＝108（元）

（3）11月应纳税所得额＝3 000－320－400－800＝1 480（元）

应纳税额＝1 480×10%＝148（元）

当年王某应纳税额＝188×7＋108×2＋148＝1 680（元）

八、计算财产转让所得应纳税额

（一）计算应纳税所得额

财产转让所得以个人每次转让财产取得的收入额减除财产原值和合理费用后的余额为应纳税所得额。

财产原值是指：

（1）有价证券，为买入价以及买入时按照规定缴纳的有关费用。

（2）建筑物，为建造费或者购进价格以及其他有关费用。

（3）土地使用权，为取得土地使用权所支付的金额、开发土地的费用以及其他有关费用。

（4）机器设备、车船，为购进价格、运输费、安装费以及其他有关费用。

（5）其他财产，参照以上方法确定。

【提示】纳税人未提供完整、准确的财产原值凭证，不能正确计算财产原值的，由主管税务机关核定其财产原值。

合理费用，是指卖出财产时按照规定支付的有关费用。

（二）计算应纳税额

财产转让所得应纳税额计算公式为：

应纳税额＝应纳税所得额×税率＝（每次财产转让收入－财产原值－合理费用）×20%

【做中学6-17】某居民于某年5月转让一套设备，取得转让收入15 000元，该设备原价14 000元，转让时支付有关费用200元。

要求：计算应纳个人所得税。

应纳税所得额＝15 000－14 000－200＝800（元）

应纳税额＝800×20%＝160（元）

九、计算利息、股息、红利所得，偶然所得和其他所得应纳税额

（一）计算应纳税所得额

利息、股息、红利所得，偶然所得和其他所得按次计税，以每次收入为应纳税所得额。

对于股份制企业在分配股息、红利时以股票形式向股东个人支付的股息、红利（派发红股），应以派发红利的股票票面金额为收入额计算缴纳个人所得税，不得扣除任何费用。

【提示】自2015年9月8日起，个人从公开发行和转让市场取得的上市公司股票，持股期限在1个月以内（含1个月）的，其股息红利所得全额计入应纳税所得额；持股期限在1个月以上至1年（含1年）的，暂减按50%计入应纳税所得额；持股期限超过1年的，股息红利所得暂免征收个人所得税。上述所得统一适用20%的税率计征个人所得税。

（二）计算应纳税额

应纳税额＝每次收入×20%

【做中学6-18】某居民某年全年取得银行存款利息3 600元。另外，该居民10月购买体育彩票获得奖金20 000元，购买福利彩票获得奖金500元。

要求：计算该居民当年应纳的个人所得税。

微课：财产转让所得如何计算个人所得税？

（1）银行存款利息免税。

（2）体育彩票应纳税额＝20 000×20%＝4 000（元）。

（3）福利彩票奖金未达起征点，不征税。

因此，该居民当年应纳个人所得税4 000元。

【总结】

各应税项目的费用减除标准和适用税率见表6-5。

表6-5　　　　　　　　　　　**各应税项目的费用减除标准和适用税率**

应税项目	计税期	减除费用标准	适用税率
1.工资、薪金所得	月	定额减除3 500元或4 800元	3%～45%七级超额累进税率
2.个体工商户生产、经营所得	年	纳税年度收入总额减除成本、费用、税金、损失及其他支出	5%～35%五级超额累进税率
3.对企事业单位承包、承租经营所得	年	纳税年度收入总额减除必要费用（每月3 500元）	（1）对经营成果拥有所有权：5%～35%五级超额累进税率（2）对经营成果不拥有所有权：3%～45%七级超额累进税率
4.劳务报酬所得	次	每次收入≤4 000元的，减除800元费用每次收入＞4 000元的，减除20%的费用	20%～40%三级超额累进税率
5.稿酬所得	次	每次收入≤4 000元的，减除800元费用每次收入＞4 000元的，减除20%的费用	20%比例税率（按应纳税额减征30%）
6.特许权使用费所得	次	每次收入≤4 000元的，减除800元费用每次收入＞4 000元的，减除20%的费用	20%比例税率
7.财产租赁所得	次	每次收入≤4 000元的，减除800元费用每次收入＞4 000元的，减除20%的费用	20%比例税率（个人出租住房减按10%征收）
8.财产转让所得	次	财产转让收入减除财产原值和合理费用	20%比例税率
9.利息、股息、红利所得	次	不减除任何费用	20%比例税率
10.偶然所得	次	不减除任何费用	20%比例税率
11.其他所得	次	不减除任何费用	20%比例税率

十、计算特殊情况下应纳税额

（一）计算个人发生公益、救济性捐赠的应纳税额

税法规定，个人将其所得通过非营利性的社会团体和国家机关向公益性、救济性事业捐赠的部分，允许从应纳税所得额中扣除，但扣除额以不超过纳税人申报应纳税所得额的30%为限。其计算公式为：

捐赠扣除限额＝扣除捐赠额前的应纳税所得额×30%

若实际捐赠额＜扣除限额，则允许扣除的捐赠额＝实际捐赠额

若实际捐赠额＞扣除限额，则允许扣除的捐赠额＝扣除限额

$$应纳税额＝\left(\begin{array}{c}扣除捐赠额前的\\应纳税所得额\end{array}-\begin{array}{c}允许扣除\\的捐赠额\end{array}\right)×适用税率-速算扣除数$$

微课：个人发生公益性捐赠时个人所得税的计算

个人通过非营利性的社会团体和国家机关向红十字事业、公益性青少年活动场所、农村义务教育、非营利性老年服务机构的捐赠，在计算缴纳个人所得税时，准予在应纳税所得额中全额扣除。

【提示】能够扣除的捐赠必须是通过中国境内的非营利性社会团体、县级以上（含县级）国家机关进行的间接捐赠，而不是直接捐赠。由于个人所得税是分类所得税制，因此允许扣除的额度是指纳税人用来捐赠的某一项收入的比例，而不是全部收入的比例。

【做中学6-19】作家刘某于某年10月份取得稿酬收入30 000元，从中取出8 000元通过中国境内非营利性社会团体向灾区捐赠。

要求：计算该作家应缴纳的个人所得税。

捐赠前稿酬所得应纳税所得额＝30 000×（1-20%）＝24 000（元）

捐赠扣除限额＝24 000×30%＝7 200（元）

实际捐赠额8 000大于扣除限额7 200，因此允许扣除的捐赠额为7 200元。

应缴纳的个人所得税＝（24 000-7200）×20%×（1-30%）＝2 352（元）

【做中学6-20】某歌星参加某单位举办的演唱会，取得出场费收入80 000元，将其中30 000元通过当地县教育局捐赠给某希望小学。

要求：计算该歌星应缴纳的个人所得税。

捐赠前劳务报酬所得应纳税所得额＝80 000×（1-20%）＝64 000（元）

捐赠扣除限额＝64 000×30%＝19 200（元）

实际捐赠额30 000大于扣除限额19 200，因此允许扣除的捐赠额为19 200元。

应缴纳的个人所得税＝（64 000-19 200）×30%-2 000＝11 440（元）

（二）计算一人兼有多项应税所得的应纳税额

纳税人同时取得两项或两项以上应税所得时，除按税法规定应同项合并计税的外，其他应税项目应就其所得分项分别计算纳税。税法规定应同项合并计税的应税所得有：工资、薪金所得，个体工商户的生产经营所得，对企事业单位的承包、承租经营所得等。由于实行分类所得税制，纳税人兼有不同项目所得时，应分别减除费用，分别计算缴纳个人所得税。

【做中学6-21】某中国公民，某年2月份共取得以下收入：从任职单位取得工资3 600元，奖金600元；业余时间从事翻译，取得收入1 000元；另有稿酬收入5 000元，房产租赁收入700元，银行存款利息收入200元。

要求：计算该公民2月份应缴纳的个人所得税。

（1）工资、薪金所得应纳税额＝（3 600＋600－3 500）×3%＝21（元）

（2）劳务报酬所得应纳税额＝（1 000－800）×20%＝40（元）

（3）稿酬所得应纳税额＝5 000×（1－20%）×20%×（1－30%）＝560（元）

（4）房产租赁收入小于800元，不需纳税。

（5）银行存款利息所得免税。

该公民2月份应纳税额＝21＋40＋560＝621（元）

（三）计算两个或两个以上的纳税人共同取得同一项所得的应纳税额

两个或两个以上的纳税人共同取得同一项所得的，应当对每一个人分得的收入分别减除费用，各自计算应纳税款，即实行"先分、后扣、再税"的办法。

【做中学6-22】甲、乙两人合著一本书，共取得稿费收入8 500元，其中甲分得6 000元，乙分得2 500元。

要求：计算甲、乙两人应分别缴纳的个人所得税。

甲稿酬所得应纳税额＝6 000×（1－20%）×20%×（1－30%）＝672（元）

乙稿酬所得应纳税额＝（2 500－800）×20%×（1－30%）＝238（元）

（四）计算境外所得已纳税额的抵免

我国个人所得税的居民纳税人负有无限纳税义务，应就其来源于中国境内和境外取得的所得计算缴纳个人所得税。但纳税人的境外所得一般均已在境外缴纳或负担了该国的所得税额，为了避免国家间对同一所得的重复征税，税法规定，纳税人从中国境外取得的所得已在境外缴纳的个人所得税，准予在应纳税额中抵免，但抵免额不得超过该纳税人境外所得依照个人所得税法规定计算的应纳税额。

上述"已在境外缴纳的个人所得税"，是指纳税人从中国境外取得的所得依照该所得来源国家或者地区的法律应当缴纳并且实际已经缴纳的税额。

"依照个人所得税法规定计算的应纳税额"，是指纳税人从中国境外取得的所得，区别不同国家或者地区和不同应税项目，依照我国个人所得税法规定的费用减除标准和适用税率计算的应纳税额。同一国家或者地区内不同应税项目的应纳税额之和，为该国家或者地区的抵免限额。

【提示】个人所得税境外所得抵免限额的计算方法采用的是分国又分项计算的方法，不同于企业所得税的分国不分项计算。

纳税人在中国境外一个国家或者地区实际已经缴纳的个人所得税税额，低于按规定计算出的该国家或者地区抵免限额的，应当在中国缴纳差额部分的税款；超过该国家或者地区抵免限额的，其超过部分不得在本纳税年度的应纳税额中抵免，但可以在以后纳税年度该国家或者地区抵免限额的余额中补抵，补抵期限最长不得超过5年。

境外所得应纳税额的具体计算步骤如下：

1.计算来自某国或地区所得的抵免限额

$$\text{来自某国或地区所得的抵免限额} = \sum \left(\text{来自某国或地区的某一应税项目的所得} - \text{费用减除标准} \right) \times \text{适用税率} - \text{速算扣除数}$$

2.判断允许抵免额

若在境外实际缴纳税款＜抵免限额，则允许抵免额＝实际缴纳税款

若在境外实际缴纳税款＞抵免限额，则允许抵免额＝抵免限额

3.计算应纳税额

$$应纳税额=\sum\left(\frac{来自某国或}{地区的所得}-\frac{费用减}{除标准}\right)\times适用税率-速算扣除数-允许抵免额$$

【做中学6-23】某美国国籍来华人员已在中国境内连续居住7年，某年10月取得新加坡一家公司支付的劳务报酬10 000元（折合成人民币，下同），被扣缴个人所得税1 000元；在新加坡出版一部小说，获得稿酬20 000元，被扣缴个人所得税2 000元。同月还在美国提供咨询服务，获得劳务报酬20 000元，被扣缴个人所得税4 000元。经核查，境外完税凭证无误。

要求：计算其境外所得在我国境内应补缴的个人所得税。

（1）新加坡所得：

劳务报酬所得抵免限额=10 000×（1-20%）×20%=1 600（元）

稿酬所得抵免限额=20 000×（1-20%）×20%×（1-30%）=2 240（元）

新加坡所得抵免限额=1 600+2 240=3 840（元）

两项所得已在新加坡缴纳税额=1 000+2 000=3 000（元）

由于两项所得已在新加坡缴纳税款3 000元，低于该国两项所得的抵免限额3 840元，因此已纳税额可以全额抵免。

应补缴个人所得税税额=3 840-3 000=840（元）

（2）美国所得：

劳务报酬所得抵免限额=20 000×（1-20%）×20%=3 200（元）

在美国已纳税额=4 000元

在美国所得已纳税额4 000元大于抵免限额3 200元，按规定只能按3 200元抵免，超过的800元可以在以后年度从美国的抵免限额中继续抵免，但最长不超过5年。

因此，该来华人员境外所得在我国应补缴个人所得税840元。

工作任务实例6-1

中国公民李东先生任职于境内某市A公司，2016年取得各项收入如下：

（1）每月工资18 000元；每个季度末分别获得季度奖金5 000元；12月份另外从A公司取得绩效奖励50 000元。A公司已扣缴其个人所得税。

（2）应邀到国内大学举行讲座，取得报酬14 000元。该大学已扣缴其个人所得税。

（3）发表专著，取得稿费收入8 000元。出版社已扣缴其个人所得税。

（4）2016年1月1日，将自有商铺出租给乙公司，租期为3年，月租金为3 500元，按规定缴纳除个人所得税外的其他税费200元。乙公司已扣缴其个人所得税。

（5）购买国债，取得利息收入3 000元。

（6）取得股票转让收益20 000元。

（7）将其拥有的一项专利让渡给甲公司，双方约定转让价40 000元。甲公司已扣缴其个人所得税。

（8）取得企业债券利息收入1 500元。支付方已扣缴其个人所得税。

2017年2月，李东先生想知道，他的2016年各项收入是如何计算个人所得税的，是否需要补交税款？

【工作流程】

第一步：判断各项所得所属税目

（1）业务（1）取得工资、薪金所得

（2）业务（2）取得劳务报酬所得

（3）业务（3）取得稿酬所得

（4）业务（4）取得财产租赁所得

（5）业务（5）、（8）取得利息、股息、红利所得

（6）业务（6）取得财产转让所得

（7）业务（7）取得特许权使用费所得

第二步：分别确定各项所得应纳税所得额，计算应纳税额

（1）工资、薪金所得：

①每月工资薪金所得18 000元，共8个月

应纳税额=［（18 000-3 500）×25%-1 005］×8=20 960（元）

②季度奖应并入当月工资薪金所得纳税，共4个月

应纳税额=［（18 000+5000-3 500）×25 %-1 005］×4=15 480（元）

③12月份绩效奖励应按全年一次性奖金纳税

适用税率的确定：50 000÷12<4 500，适用税率为10%，速算扣除数为105。

应纳税额=50 000×10%－105 = 4 895（元）

工资薪金所得应纳税额合计=20 960 + 15 480 + 4 895 = 41 335 （元）

工资薪金所得由A公司代扣代缴个人所得税。

（2）劳务报酬所得：

大学讲座所得应纳税额=14 000×（1－20%）×20%= 2 240（元）

由支付报酬的学校代扣代缴个人所得税。

（3）稿酬所得：

稿费应纳税额=8 000×（1－20%）×20%×（1－30%）=896（元）

由支付稿费的出版社代扣代缴个人所得税。

（4）财产租赁所得：

商铺租赁所得应纳税额=（3 500-200-800）×20%×12=6 000（元）

由承租方代扣代缴个人所得税。

（5）利息、股息、红利所得：

国债利息免税。

企业债券利息应纳税额=1 500×20%=300（元）

企业债券利息由支付利息的单位代扣代缴个人所得税。

（6）财产转让所得：

股票转让所得暂不征收个人所得税。

（7）特许权使用费所得：

让渡专利权应纳税额=40 000×（1－20%）×20%=6 400（元）

由购买该专利的甲公司代扣代缴个人所得税。

第三步：汇总李东先生2016年度应纳个人所得税，确定是否需要补交个人所得税

本年度应纳个人所得税=41 335+2 240+896+6 000+300+6 400=57 171（元）

由于李东各项所得都由其扣缴义务人在支付时代扣代缴，因此本年度不需要补交个人所得税。

【课堂能力训练】

1.中国公民李某某年在我国境内1至12月每月的工资为3 800元，12月31日又一次性领取年终含税奖金60 000元。

要求：计算李某12月份应缴纳的个人所得税。

2.中国公民王某6月与一家培训机构签订了半年的劳务合同，合同规定从6月起每周六为该培训中心授课1次，每次报酬为1 200元。6月份为培训中心授课4次。

要求：计算培训中心6月支付王某授课费应代扣代缴的个人所得税。

3.某年12月，王某为境内某企业提供咨询取得劳务报酬40 000元，通过境内非营利性社会团体将其中9 000元捐赠给贫困地区。

要求：计算王某上述所得应该缴纳的个人所得税。

4.中国居民李某为一中外合资企业的职员，7月份，与同事杰克（外籍）合作出版了一本中外文化差异的书籍，共获得稿酬56 000元，李某与杰克事先约定按6∶4比例分配稿酬。

要求：计算李某稿酬所得应缴纳的个人所得税。

5.中国公民张某某年从A、B两国分别取得应税收入，其中：在A国一公司任职，取得工资、薪金收入69 600元（平均每月5 800元），因提供一项专利技术使用权，一次取得特许权使用费收入30 000元，两项收入在A国共缴纳个人所得税5 100元；因在B国出版著作获得稿酬收入15 000元，并在B国缴纳个人所得税1 720元。

要求：计算其抵免限额及需要在我国补交的个人所得税。

任务3 申报个人所得税

引导案例

2016年初，公司财务通知李东先生由于其年所得超过了12万元，还需自行申报个人所得税，按规定填制个人所得税纳税申报表，并在规定的申报期限内进行纳税申报。李东先生很困惑，日常取得收入时都已经由支付方代扣代缴了个人所得税，为什么还需要自行申报呢？而且他了解到个人所得税的纳税申报表有好几类，他应该填制哪类纳税申报表呢？

引导案例解析

一、确定个人所得税征收方式

为了实现有效征管，目前我国个人所得税采用以代扣代缴为主，纳税人自行申报纳税为辅的征收方式。

（一）支付单位源泉扣缴方式

1.扣缴义务人

税法规定，个人所得税以所得人为纳税义务人，以支付所得的单位或者个人为扣缴义务人。除"个体工商户的生产、经营所得"税目外，扣缴义务人向个人支付应纳税所得（包括现金、实物和有价证券）时，不论纳税人是否属于本单位人员，均应代扣代缴其应纳的个人所得税税款。

税务机关应根据扣缴义务人所扣缴的税款，付给2%的手续费，由扣缴义务人用于代扣代缴费用开支和奖励代扣代缴工作做得较好的办税人员。但由税务机关查出并由扣缴义务人补扣的个人所得税税款，不向扣缴义务人支付手续费。

扣缴义务人应扣未扣、应收未收税款的，由税务机关向纳税人追缴税款，对扣缴义务人处应扣未扣、应收未收税款50%以上3倍以下的罚款。

2.代扣代缴税款的范围

纳税人的11项应税所得项目中，除个体工商户的生产、经营所得之外，均属代扣代缴个人所得税的范围。

（二）自行申报方式征税

自行申报方式征税是指由纳税人取得应税所得后，根据取得应纳税所得的项目、数额，计算出应纳的个人所得税额，并在税法规定的申报期限内，如实填写相应的个人所得税纳税申报表，报送税务机关，申报缴纳个人所得税。

1.自行申报的范围

纳税人有下列情形之一的，应当按照规定到主管税务机关进行自行申报：

（1）年所得12万元以上的。

（2）从中国境内两处或两处以上取得工资、薪金所得的。

（3）从中国境外取得所得的。

（4）取得应税所得，没有扣缴义务人的。

（5）国务院规定的其他情形。

2.年所得12万元以上纳税人自行纳税申报的确认

"年所得12万元"是指纳税人在一个纳税年度中各项应税所得的合计数达到12万元。这些所得不包括个人所得税法规定的1～10项免税所得。

各项应税所得的所得额按照下列方法计算：

（1）工资、薪金所得，按照未减除费用（每月3 500元）及附加减除费用（每月1 300元）的收入额计算。

（2）个体工商户的生产、经营所得，按照应纳税所得额计算。实行查账征收的，按照每一纳税年度的收入总额减除成本、费用、税金、损失以及其他支出后的余额计算；实行定期定额征收的，按照纳税人自行申报的年度应纳税所得额计算，或者按照其自行申报的年度应纳税收入乘以应税所得率计算。

（3）对企事业单位的承包经营、承租经营所得，按照每一纳税年度的收入总额计算，即按照承包经营、承租经营者实际取得的经营所得，加上从承包、承租的企事业单位中取得的工资、薪金性质的所得计算。

（4）劳务报酬所得、稿酬所得、特许权使用费所得，按照未减除费用（每次800元或者每次收入的20%）的收入额计算。

（5）财产租赁所得，按照未减除费用（每次800元或者每次收入的20%）和修缮费用的收入额计算。

（6）财产转让所得，按照应纳税所得额计算，即按照以转让财产的收入额减除财产原值和转让财产过程中缴纳的税金及有关合理费用后的余额计算。

（7）利息、股息、红利所得，偶然所得和其他所得，按照收入额全额计算。

【提示】年12万元以上所得不含以下各项所得：

（1）个人所得税法规定的"免税所得"。

（2）个人所得税法实施条例规定可以免税的来源于中国境外的所得。

（3）个人所得税法实施条例规定的按照国家规定单位为个人缴付和个人缴付的基本养老保险费、基本医疗保险费、失业保险费、住房公积金。

二、确定纳税期限

（1）扣缴义务人每月所扣的税款，自行申报纳税人每月应纳的税款，都应当在次月15日内缴入国库，并向税务机关报送纳税申报表。

（2）年所得12万元以上的纳税人，在纳税年度终了后3个月内向主管税务机关办理纳税申报。

（3）工资、薪金所得应纳的税款，按月计征，由扣缴义务人或者纳税义务人在次月15日内缴入国库，并向税务机关报送纳税申报表。特定行业的工资、薪金所得应纳的税款，可以按年计算、分月预缴的方式计征，具体办法由国务院规定。

（4）个体工商户的生产、经营所得应纳的税款，按年计算，分月预缴，由纳税义务人在次月15日内预缴，年度终了后3个月内汇算清缴，多退少补。

（5）对企事业单位的承包经营、承租经营所得应纳的税款，按年计算，由纳税义务人在年度终了后30日内缴入国库，并向税务机关报送纳税申报表。纳税义务人在一年内分次取得承包经营、承租经营所得的，应当在取得每次所得后15日内预缴，年度终了后3个月内汇算清缴，多退少补。

（6）从中国境外取得所得的纳税义务人，应当在年度终了后30日内，将应纳的税款缴入国库，并向税务机关报送纳税申报表。

申报缴纳期限的最后一日是法定休假日的，以休假日期满的次日为期限的最后一日；在期限内有连续3日以上法定休假日的，按休假日天数顺延。

三、确定纳税地点

一般来说，纳税人应当向取得所得所在地主管税务机关申报纳税，但以下情况除外：

（1）年所得12万元以上的纳税人，纳税申报地点分别为：

①在中国境内有任职、受雇单位的，向任职、受雇单位所在地主管税务机关申报。

②在中国境内有两处或者两处以上任职、受雇单位的，选择并固定向其中一处单位所在地主管税务机关申报。

③在中国境内无任职、受雇单位，年所得项目中有个体工商户的生产、经营所得或者对企事业单位的承包经营、承租经营所得（以下统称生产、经营所得）的，向其中一处实际经营所在地主管税务机关申报。

④在中国境内无任职、受雇单位，年所得项目中无生产、经营所得的，向户籍所在地主管税务机关申报。在中国境内有户籍，但户籍所在地与中国境内经常居住地不一致的，选择并固定向其中一地主管税务机关申报。在中国境内没有户籍的，向中国境内经常居住地主管税务机关申报。

（2）从两处或者两处以上取得工资、薪金所得的，选择并固定向其中一处单位所在地主管税务机关申报。

（3）从中国境外取得所得的，向中国境内户籍所在地主管税务机关申报。在中国境内有户籍，但户籍所在地与中国境内经常居住地不一致的，选择并固定向其中一地主管税务机关申报。在中国境内没有户籍的，向中国境内经常居住地主管税务机关申报。

（4）个体工商户向实际经营所在地主管税务机关申报。

纳税人不得随意变更纳税申报地点，因特殊情况变更纳税申报地点的，须报原主管税务机关备案。

四、申报缴纳

（一）扣缴义务人代扣代缴申报

每月1日至15日内，扣缴义务人办税人员可前往主管税务机关办税服务厅领取并按上月个人所得税代扣代缴情况填制《个人所得税基础信息表（A表）》（见表6-6）和《扣缴个人所得税报告表》（见表6-7）。

主管税务机关将申报数据录入后，打印并交付中华人民共和国税收通用缴款书。

（二）自行纳税申报

自行纳税申报除提交以下申报表外，同时附报《个人所得税基础信息表（B表）》（见表6-8）：

（1）办理年所得12万元以上个人所得税自行纳税申报的，应填制《个人所得税纳税申报表（适用于年所得12万元以上的纳税人申报）》（见表6-9），并与个人身份证复印件一并报送主管税务机关。

（2）对个体工商户业主、企事业单位承包经营及承租经营者、个人独资企业投资者、合伙企业合伙人取得生产、经营所得的，按查账征收办理预缴纳税申报，或者按核定征收申报时，填报《生产、经营所得个人所得税申报表（A表）》（见表6-10），按查账征收办理年度纳税申报时，填报《生产、经营所得个人所得税申报表（B表）》（见表6-11）。

（3）从中国境内两处或者两处以上取得工资、薪金所得，取得应税所得且没有扣缴义务人的，应填制《个人所得税自行纳税申报表（A表）》（见表6-12）；从中国境外取得所得的，应填制《个人所得税纳税申报表（B表）》（见表6-13），并报送主管税务机关。

主管税务机关将申报数据录入后，打印并交付中华人民共和国税收通用缴款书。

个人所得税基础信息表（A表）

表6-6

扣缴义务人名称：

扣缴义务人编码：□□□□□□□□□□□□□□□

序号	姓名	国籍(地区)	身份证件类型	身份证件号码	是否残疾/烈属/孤老	雇员 电话	雇员 电子邮箱	非雇员 联系地址	非雇员 电话	非雇员 工作单位	股东、投资者 公司股本(投资)总额	股东、投资者 个人股本(投资)额	纳税人识别号	境内无住所个人 来华任职时间	境内无住所个人 预计离境时间	境内无住所个人 预计离境期限	境内无住所个人 离境地点	境内职务	境外职务	境外支付地	境外支付地(国别/地区)	备注
1																						
2																						
3																						
4																						
5																						
6																						
7																						
8																						
9																						
10																						
11																						
12																						

谨声明：此表是根据《中华人民共和国个人所得税法》及其实施条例和国家相关法律法规规定填报的，是真实的、完整的、可靠的。

法定代表人（负责人）签字：

扣缴义务人公章：

经办人：

填表日期：　　年　月　日

代理机构（人）签章：

经办人：

经办人执业证件号码：

代理申报日期：　　年　月　日

主管税务机关受理专用章：

受理人：

受理日期：　　年　月　日

国家税务总局监制

表6-7

扣缴个人所得税报告表

税款所属期：　　　年　月　日至　　　年　月　日

扣缴义务人名称：

扣缴义务人编码：□□□□□□□□□□□□□□

扣缴义务人所属行业：□一般行业 □特定行业月份申报

金额单位：人民币元（列至角分）

序号	姓名	身份证件类型	身份证件号码	所得项目	所得期间	收入额	免税所得	基本养老保险费	基本医疗保险费	失业保险费	住房公积金	财产原值	允许扣除的税费	合计	减除费用	准予扣除的捐赠额	应纳税所得额	税率（%）	速算扣除数	应纳税额	减免税额	应扣缴税额	已扣缴税额	应补（退）税额	备注
													税前扣除项目												
1	2	3	4	5	6	7	8	9	10	11	12	13	14	15	16	17	18	19	20	21	22	23	24	25	26	27
合　计																										

谨声明：此扣缴报告表是根据《中华人民共和国个人所得税法》及其实施条例和国家有关税收法律法规规定填写的，是真实的、完整的、可靠的。

法定代表人（负责人）签字：

扣缴义务人公章：

经办人：

填表日期：　　　年　月　日

代理机构（人）签章：

经办人：

经办人执业证件号码：

代理申报日期：　　　年　月　日

主管税务机关受理专用章：

受理人：

受理日期：　　　年　月　日

国家税务总局监制

表 6-8

个人所得税基础信息表（B表）

姓名		身份证件类型			身份证件号码														
纳税人类型	☐有任职受雇单位　☐无任职受雇单位（不含股东投资者）（可多选）								☐投资者				☐无住所个人						
任职受雇单位名称及纳税人识别号																			
"三费一金"缴纳情况	☐基本养老保险费　☐基本医疗保险费 ☐失业保险费　　　☐住房公积金　☐无　（可多选）							电子邮箱											
境内联系地址	_____省_____市_____区（县）_____							邮政编码											
联系电话	手机：_____固定电话：_____							职业											
职务	○高层　　○中层　　○普通　（只选一个）							学历											
是否残疾人/烈属/孤老	☐残疾　　☐烈属　　☐孤老　　☐否							残疾等级情况											
该栏仅由有境外所得纳税人填写	○户籍所在地 ○经常居住地	_____省_____市_____区（县）_____邮政编码_____																	
该栏仅由投资者纳税人填写	投资者类型		☐个体工商户　　　☐个人独资企业投资者　☐合伙企业合伙人 ☐承包、承租经营者　☐股东　　　　　☐其他投资者（可多选）																
	被投资单位信息	名称						扣缴义务人编码											
		地址						邮政编码											
		登记注册类型						行业											
		所得税征收方式	○查账征收　○核定征收 （只选一个）					主管税务机关											
	以下由股东及其他投资者填写																		
	公司股本（投资）总额							个人股本（投资）额											
该栏仅由无住所纳税人填写	纳税人识别号																		
	国籍（地区）							出生地											
	性别							出生日期			年　月　日							
	劳动就业证号码							是否税收协定缔约国对方居民		○是　○否								
	境内职务							境外职务											
	来华时间							任职期限											
	预计离境时间							预计离境地点											
	境内任职受雇单位	名称						扣缴义务人编码											
		地址						邮政编码											
	境内受聘签约单位	名称						扣缴义务人编码											
		地址						邮政编码											
	境外派遣单位	名称						地址											
	支付地	○境内支付　○境外支付 ○境内、外同时支付　（只选一个）							境外支付国国别（地区）											

谨声明：此表是根据《中华人民共和国个人所得税法》及其实施条例和国家相关法律法规规定填写的，是真实的、完整的、可靠的。

纳税人签字：　　　　　年　月　日

代理机构（人）签章： 经办人： 经办人执业证件号码： 填表（代理申报）日期：　年　月　日	主管税务机关受理专用章： 受理人： 受理日期：　年　月　日

国家税务总局监制

表6-9

个人所得税纳税申报表
（适用于年所得12万元以上的纳税人申报）

所得年份：2016年　　填表日期：2017年3月10日　　金额单位：人民币元（列至角分）

纳税人姓名	李东	国籍（地区）	中国	身份证照类型	身份证	身份证照号码	××	职业	××
任职、受雇单位	A公司	任职、受雇单位税务代码	××	所属行业	××	职务	××	职业	××
在华天数		境内有效联系地址				境内有效联系地址邮编		联系电话	××

所得项目	年所得额 境内	年所得额 境外	年所得额 合计	应纳税所得额	应纳税额	已缴（扣）税额	抵扣税额	减免税额	应补税额	应退税额	备注
1. 工资、薪金所得	286 000		286 000	244 000	41 335	41 335					
2. 个体工商户的生产、经营所得											
3. 对企事业单位的承包经营、承租经营所得											
4. 劳务报酬所得	14 000		14 000	11 200	2 240	2 240			0		
5. 稿酬所得	8 000		8 000	6 400	896	896		384	0		
6. 特许权使用费所得	40 000		40 000	32 000	6 400	6 400			0		
7. 利息、股息、红利所得	1 500		1 500	1 500	300	300			0		
8. 财产租赁所得	39 600		39 600	30 000	6 000	6 000			0		
9. 财产转让所得	20 000		20 000	0	0	0					
其中：股票转让所得	20 000		20 000	—	—	—					
个人房屋转让所得											
10. 偶然所得											
11. 其他所得											
合　计	409 100		409 100	325 100	57 171	57 171		384	0		

我声明，此纳税申报表是根据《中华人民共和国个人所得税法》及有关法律法规的规定填报的，我保证它是真实的、可靠的、完整的。

纳税人（签字）：　　　　　经营单位纳税人名称（盖章）：

代理人（签字）：　　　　　税务机关受理人（签字）：　　　　　受理申报税务机关名称（盖章）：

税务机关受理时间：　　年　　月　　日　　联系电话：

表6-10 **生产、经营所得个人所得税纳税申报表（A表）**

税款所属期： 年 月 日至 年 月 日 金额单位：人民币元（列至角分）

投资者信息	姓名		身份证件类型		身份证件号码						
	国籍（地区）				纳税人识别号						
被投资单位信息	名称				纳税人识别号						
	征收方式	□查账征收　□核定征收			类型	□个体工商户　　□承包、承租经营者 □个人独资企业　□合伙企业						

项目	行次	金额
一、本期收入总额	1	
二、本期成本费用总额	2	
三、本期利润总额	3	
四、分配比例（%）	4	
五、应纳税所得额	5	
查账征收　1.按本期实际计算的应纳税所得额	6	
2.上年度应纳税所得额的1/12或1/4	7	
核定征收　1.税务机关核定的应税所得率（%）	8	
2.税务机关认可的其他方法确定的应纳税所得额	9	
六、按上述内容换算出的全年应纳税所得额	10	
七、税率（%）	11	
八、速算扣除数	12	
九、本期预缴税额	13	
十、减免税额	14	
十一、本期实际应缴税额	15	

谨声明：此表是根据《中华人民共和国个人所得税法》及其实施条例和国家相关法律法规的规定填写的，是真实的、完整的、可靠的。

纳税人签字： 年 月 日

代理申报机构（人）公章： 经办人： 经办人执业证件号码：	主管税务机关受理专用章： 受理人：
代理申报日期： 年 月 日	受理日期： 年 月 日

国家税务总局监制

表6-11　　　　　　　生产、经营所得个人所得税纳税申报表（B表）

税款所属期：　　年　月　日至　　年　月　日　　　　　　　　金额单位：人民币元（列至角分）

投资者信息	姓名		身份证件类型		身份证件号码												
	国籍（地区）				纳税人识别号												
被投资单位信息	名称				纳税人识别号												
	类型		□个体工商户		□承包、承租经营者		□个人独资企业		□合伙企业								

项目	行次	金额	补充资料
一、收入总额	1		
减：成本	2		
营业费用	3		
管理费用	4		
财务费用	5		
税金及附加	6		
营业外支出	7		
二、利润总额	8		
三、纳税调整增加额	9		
1.超过规定标准扣除的项目	10		
（1）职工福利费	11		
（2）职工教育经费	12		
（3）工会经费	13		
（4）利息支出	14		
（5）业务招待费	15		
（6）广告费和业务宣传费	16		
（7）教育和公益事业捐赠	17		
（8）住房公积金	18		
（9）社会保险费	19		
（10）折旧费用	20		
（11）无形资产摊销	21		
（12）资产损失	22		
（13）其他	23		
2.不允许扣除的项目	24		
（1）资本性支出	25		1.年平均职工人数：＿＿＿人
（2）无形资产受让、开发支出	26		
（3）税收滞纳金、罚金、罚款	27		2.工资总额：＿＿＿元
（4）赞助支出、非教育和公益事业捐赠	28		
（5）灾害事故损失赔偿	29		3.投资者人数：＿＿＿人
（6）计提的各种准备金	30		
（7）投资者工资薪金	31		
（8）与收入无关的支出	32		
其中：投资者家庭费用	33		
四、纳税调整减少额	34		
1.国债利息收入	35		
2.其他	36		
五、以前年度损益调整	37		
六、经纳税调整后的生产经营所得	38		
减：弥补以前年度亏损	39		
乘：分配比例（%）	40		
七、允许扣除的其他费用	41		
八、投资者减除费用	42		
九、应纳税所得额	43		
十、税率（%）	44		
十一、速算扣除数	45		
十二、应纳税额	46		
减：减免税额	47		
十三、全年应缴税额	48		
加：期初未缴税额	49		
减：全年已预缴税额	50		
十四、应补（退）税额	51		

谨声明：此表是根据《中华人民共和国个人所得税法》及其实施条例和国家相关法律法规的规定填写的，是真实的、完整的、可靠的。

纳税人签字：　　　　　　年　月　日

代理申报机构（人）公章： 经办人： 经办人执业证件号码： 代理申报日期：　年　月　日	主管税务机关受理专用章： 受理人： 受理日期：　年　月　日

国家税务总局监制

表6-12

个人所得税自行纳税申报表（A表）

税款所属期：自 年 月 日至 年 月 日

金额单位：人民币元（列至角分）

姓名		国籍（地区）		身份证件类型		身份证件号码	

自行申报情形 □从中国境内两处或者两处以上取得工资、薪金所得 □没有扣缴义务人 □其他情形

任职受雇单位名称	所得项目	所得期间	收入额	免税所得	税前扣除项目							减除费用	准予扣除的捐赠额	应纳税所得额	税率（%）	速算扣除数	应纳税额	减免税额	已缴税额	应补（退）税额
					基本养老保险费	基本医疗保险费	失业保险费	住房公积金	财产原值	允许扣除的税费	其他 合计									
1	2	3	4	5	6	7	8	9	10	11	12	13	14	15	16	17	18	19	20	21	22

谨声明：此表是根据《中华人民共和国个人所得税法》及其实施条例和国家相关法律法规的规定填写的，是真实的、完整的、可靠的。

纳税人签字： 年 月 日

主管税务机关受理专用章：

受理人：

受理日期： 年 月 日

代理机构（人）公章：

经办人：

经办人执业证件号码：

代理申报日期： 年 月 日

国家税务总局监制

表6-13

个人所得税自行纳税申报表（B表）

税款所属期：自 年 月 日至 年 月 日

金额单位：人民币元（列至角分）

姓名		身份证件类型														
国籍（地区）		身份证件号码														

所得来源国（地区）	所得项目	收入额	税前扣除项目								工资薪金所得应纳税所得额	应纳税所得额	税率（%）	速算扣除数	应纳税额
			基本养老保险费	基本医疗保险费	失业保险费	住房公积金	财产原值	允许扣除的税费	合计	减除费用	准予扣除的捐赠额				
	2	3	4	5	6	7	8	9	10	11	12	13	14	15	16	17	18

本期应缴税额计算

国别（地区） 19	扣除限额 20	境外已纳税额 21	5年内超过扣除限额未扣除余额 22	本期应补缴税额 23	未扣除余额 24

谨声明：此表是根据《中华人民共和国个人所得税法》及其实施条例和国家相关法律法规的规定填写的，是真实的、完整的、可靠的。

纳税人签字： 年 月 日

主管税务机关受理专用章：

代理机构（人）签章：
经办人：
经办人执业证件号码：
代理申报日期： 年 月 日

受理人：
受理日期： 年 月 日

国家税务总局监制

工作任务实例6-2

接本项目工作任务6-1的任务设计实例，判断李东先生是否需要填报"个人所得税年度申报表（适用于年所得12万元以上的纳税人申报）"，如果需要，请填报2016年度"个人所得税纳税申报表"，办理个人所得税的自行申报工作。

【工作流程】

第一步：计算李东2016年度所得额和应纳税所得额，判断其申报方式。

李东2016年度应纳税所得额=年工资、薪金所得+年劳务报酬所得+年稿酬所得+年财产租赁所得+年利息、股息、红利所得+年特许权使用费所得−按规定可扣除的项目

其中：

（1）年工资薪金所得=各月所得+年终奖金=18 000×12+5 000×4+50 000=286 000（元）

应纳税所得额=（18 000−3 500）×8+（18 000+5 000−3 500）×4+50 000=244 000（元）

（2）年劳务报酬所得=14 000元

应纳税所得额=14 000×（1−20%）=11 200（元）

（3）年稿酬所得=8 000元

应纳税所得额=8 000×（1−20%）=6 400（元）

（4）年财产租赁所得=（3 500−200）×12=39 600（元）

应纳税所得额=（3 500−200−800）×12=30 000（元）

（5）年利息、股息、红利所得=1 500元（不含免税国债利息）

应纳税所得额=1 500元

（6）年财产转让所得20 000元，应纳税所得额为0元。

（7）年特许权使用费所得=40 000元

应纳税所得额=40 000×（1−20%）=32 000（元）

2016年李东年所得=286 000+14 000+8 000+39 600+1 500+20 000+40 000=409 100（元）

很显然，李东2016年所得超过12万元，需自行申报并填制《个人所得税年度申报表（适用于年所得12万元以上的纳税人申报）》。

第二步，填写纳税申报表。

李东根据2016年度取得的所得情况，填写《个人所得税年度申报表（适用于年所得12万元以上的纳税人申报）》（见表6-9）。

第三步，自行申报纳税。

李东需要在2017年3月31日前，向A公司所在地主管地方税务机关报送《个人所得税年度申报表（适用于年所得12万元以上的纳税人申报）》和身份证复印件，办理个人所得税的申报工作。

【课堂能力训练】

张某（身份证号330102197011020927）2016年共取得以下收入：

（1）境内每月工薪收入10 000元，个人每月缴纳"三费一金"1 800元，单位已按规定扣缴个人所得税。

（2）提供两次劳务，分别取得收入3 000元、50 000元，已被支付单位全额扣缴个人

所得税。

（3）在报刊上发表1篇文章，取得稿酬1 500元，已被报社全额扣缴个人所得税。

（4）将发明的一项专利让渡给某公司使用，取得收入60 000元，已被该公司全额扣缴个人所得税。

（5）取得公司股权分红20 000元，银行储蓄存款账户孳生利息收入1 200元，持有某上市公司A股股票，取得股息3 000元，持股期限3个月，已分别被扣缴个人所得税。

（6）将自有住房出租给某公司，每月租金3 500元，缴纳其他税费200元，并已缴纳个人所得税。

（7）全年在上交所转让A股股票获利60 000元。

（8）购买体育彩票一次性中奖20 000元，已被体彩中心全额扣缴个人所得税。

（9）取得一项收入10 000元，经国家税务总局确认为"其他所得"，已按税法规定缴纳个人所得税。

要求：

（1）计算张某2016年各项所得应纳个人所得税税额。

（2）请替张某填制"个人所得税纳税申报表"（适用于年所得12万元以上的纳税人申报）。

任务4　筹划个人所得税

个人所得税是对个人取得的各项应税所得征收的一种税。随着经济的发展和人民生活水平的提高，越来越多的人被纳入个人所得税纳税人的范围，如何对个人所得进行纳税筹划已得到高收入群体的重视。在法律允许的情况下，对个人所得的应纳税额和纳税时间进行筹划，可以实现纳税人利益的最大化。

一、个人所得税纳税人的纳税筹划

个人所得税的纳税义务人，既包括居民纳税义务人，也包括非居民纳税义务人。居民纳税义务人负有无限纳税义务，必须就其来源于中国境内、境外的全部所得缴纳个人所得税；而非居民纳税义务人仅就其来源于中国境内的所得缴纳个人所得税。

显然，居民纳税义务人和非居民纳税义务人所承担的税负大不相同，非居民纳税人的税负远轻于居民纳税人。因而个人在进行纳税筹划时，如果能将居民纳税人的身份变为非居民纳税人身份，就可以达到减轻税负的目的。

非居民纳税人需要同时满足以下条件：一是该纳税人必须是外籍人员、华侨或港澳台同胞；二是纳税人在一个纳税年度内没有在中国境内居住，或在中国境内居住不满一年。因此，利用居民或者非居民身份的认定进行纳税筹划的方法主要有：利用临时离境的规定，恰当安排离境日，使自己成为非居民纳税人以减轻税负；利用有关住所的规定，改变国籍变更住所，从而达到节税目的。

【做中学6-24】查尔斯是英国某跨国公司的工程师，2015年底被派到中国境内的分公司帮助筹建某工程。2016年度内，曾离境55天回英国向其总公司述职，又分别两次离境共30天回英国探亲。2016年度除了取得在中国境内工作的薪金外，还从英国总公司获取96 000元年终奖。

分析：由于查尔斯在该年度离境时间合计未超过90天，根据规定，他属于我国居民纳税义务人，需要就其来源于境内和境外的所得在中国境内缴纳个人所得税。除了来源于境内的工资需在我国纳税外，其从英国总公司获得的年终奖金也需要在我国缴纳个人所得税。

如果该工程师可增加5天因公离境或者探亲，即可以成为非居民纳税人，可以仅就其在中国境内的所得纳税，而从英国总公司取得的96 000元的年终奖可以经主管税务机关批准后不需要在我国缴纳个人所得税，从而合理利用"非居民纳税人"身份节约了在中国境内应缴纳的个人所得税。

二、年终奖的纳税筹划

根据国家税务总局《关于调整个人取得全年一次性奖金等计算征收个人所得税方法问题的通知》（国税发〔2005〕9号）的规定，雇员当月取得的全年一次性奖金，除以12个月，按其商数确定适用税率和速算扣除数。如果在发放年终一次性奖金的当月，雇员当月工资薪金所得低于税法规定的费用扣除额，应将全年一次性奖金减除"雇员当月工资薪金所得与费用扣除额的差额"后的余额，确定全年一次性奖金的适用税率和速算扣除数。根据这一优惠政策，可以根据实际情况将年终奖的发放时间和年终奖与工资的比例进行调整以达到节税目的。

但是年终奖发放需要尽量避开"盲区"，否则，多发奖金还有可能不能多得，甚至还会遇到"要为多发的1元年终奖而多缴纳百元、千元甚至万元的个人所得税"这种极端情况。

【做中学6-25】高萌和李晓均为某公司销售人员，某年12月两人取得的应税工资薪金所得都为5 000元。根据当年业绩考核情况，高萌应发年终奖54 000元，李晓应发年终奖60 000元，但是李晓实际发到手的年终奖却比高萌少。

请问：这是什么原因造成的呢？

分析：两人的工资没有区别，应纳税额和实发工资都一样，但年终奖的应纳税额却有很大差异。

两人工资应纳税额＝（5 000－3 500）×25%＝375（元），实发工资为5 000－375＝4 625（元）（不考虑其他影响）。

高萌的年终奖＝54 000÷12＝4 500（元），适用10%的税率和105的速算扣除数。

年终奖应纳税额＝54 000×10%－105＝5 295（元）

高萌税后实得年终奖＝54 000－5 295＝48 705（元）

李晓的年终奖＝60 000÷12＝5 000（元），适用20%的税率和555的速算扣除数。

年终奖应纳税额＝60 000×20%－555＝11 445（元）

李晓税后实得年终奖＝60 000－11 445＝48 555（元）

从以上计算可以看出，虽然李晓的业绩较好，名义年终奖比高萌高出6 000元，但扣除个人所得税后，实际拿到的反而比高萌少150元。这是由于在计算两人的年终奖应纳税额时，两者适用了不同的税率，造成了多发少得的现象。

实发年终奖无法反映员工业绩的好坏，不但起不到应有的激励作用，还会打击员工的积极性。所以作为领导和会计人员，应合理安排年终奖的发放时间，使员工尽可能避免承担不必要的税负，使年终奖起到预期的激励作用。

由于当前年终奖计税方法的特殊性，这种极端现象的确存在。年终奖相差1元，适用的税率却不同，从而导致所缴纳的个人所得税存在较大差异。根据测算，单位发放年终奖存在"盲区"，在"临界点"附近，年终奖的数额稍微变化，可能带来的是高达几万元的税负，这也是企业在发放年终奖时需要注意的地方。

通过计算，我们发现当月工资超过 3 500 元时，发放的年终奖为 18 001 元比 18 000 元多缴纳税款 1 154.10 元；发放年终奖 54 001 元比 54 000 元多缴纳税款 4 950.20 元；发放年终奖 10 8001 元比 108 000 元多缴纳税款 4 950.20 元；发放年终奖 420 001 元比 420 000 元多缴纳税款 19 250.30 元；发放年终奖 660 001 元比 660 000 元多缴纳税款 30 250.35 元；发放年终奖 960 001 元比 960 000 元多缴纳税款 88 000.45 元。

可以发现，当单位发给员工的年终奖为 960 001 元时，会比发放 960 000 元多交近 90 000 余元的个人所得税，我们建议，如果单位发放的年终奖处于上述盲区，单位可以将年终奖的其中一部分并入工资或通过实物等其他福利形式发给员工；对员工而言，甚至可以通过与单位沟通，放弃部分年终奖，以取得实发金额最大化。

三、劳务报酬与工资、薪金转化的纳税筹划

劳务报酬所得是个人独立从事自由职业或独立提供某种劳务取得的所得，不存在雇佣与被雇佣的关系；工资、薪金所得则是个人从事非独立劳动，从所在单位领取的报酬，存在着雇佣与被雇佣的关系。按照税法规定，相同金额的工资薪金所得与劳务报酬所得适用的税率不同，应纳的个人所得税也不同。有时将工资薪金所得转化为劳务报酬所得税负低，有时将劳务报酬所得转化为工资薪金所得税负低，对其进行合理的纳税筹划可以为纳税人节约一定的个人所得税。

进行具体纳税筹划时主要根据个人取得的报酬额来确定筹划思路，即结合适用税率，根据报酬额的高低进行选择。如果经测算按劳务报酬所得纳税税负低，个人可以选择不与公司签订劳动合同，由于不存在稳定的雇佣与被雇佣关系，税法上就按劳务报酬所得纳税；如果经测算按工资薪金所得纳税税负低，个人应选择与公司签订劳动合同，建立稳定的雇佣与被雇佣关系。

【做中学 6-26】常先生每月工资收入 1 500 元，应某咨询公司之邀，每月均为该公司技术服务一次，每次收入 5 000 元。

请问：常先生可怎样减轻自己的税负？

方案一：如果常先生与该公司没有固定的雇佣关系，按照税法规定，工资、薪金所得与劳务报酬所得应分开计算缴纳个税。常先生工资、薪金所得 1 500 元没有超过费用扣除标准 3 500 元，不用纳税，而其劳务报酬则需要纳税：

劳务报酬所得应纳个人所得税税额=5 000× （1-20%） ×20%=800 （元）

方案二：如果常先生与该公司有固定的雇佣关系，则由该公司支付的 5 000 元应作为工资、薪金收入和单位支付的工资合并缴纳个人所得税：

应纳个人所得税税额＝ （1 500+5 000-3 500） ×10%-105=195 （元）

经过两个方案的对比，常先生应与该咨询公司签订劳动合同，这样常先生就成为该公司的一名兼职人员，每月的技术服务费成了常先生因兼职而取得的工资。按现行税法规定，兼职人员从兼职单位取得的工资应与原所在单位的工资合并，统一按工资、薪金所得项目征税。这样做可使常先生每月节省税额 605 元，全年可节省税额 7 260 （605×12） 元。因此，在应纳税所得额较少时，工资、薪金所得适用的税率比劳务报酬适用的税率

低，在这种时候将劳务报酬所得转化为工资、薪金所得可减轻纳税人的税负。

四、个人所得税税率的纳税筹划

我国个人所得税采用分项征税办法，不同应税所得的费用扣除标准和适用税率各不相同，即便是同种所得，也会由于该项所得采用累进税率，而有适用不同边际税率的情形，这些都给个人所得税的纳税筹划提供了较大的空间。一般而言，个人所得税税率的筹划思路是通过一定的筹划方法，使应税所得由适用高边际税率转向适用低边际税率，或者使应税所得由适用累进税率转向适用比例税率，从而达到节税的目的。

当个体工商户生产经营所得适用较高税率时，可通过分设多个经营实体的方式达到减轻个人所得税税负的目的。分设多个经营实体是指将经营实体分设为两个或两个以上的机构，自己负责其中的一个，将其余机构的所有权或经营权虚设为其他人，一般为自己的亲人或比较好的朋友，然后通过这些机构的联合经营，互相提供有利条件，以达到减轻税收负担的目的。这一筹划方法，通常是通过机构分设，使所得分散，排除适用高边际税率所带来的税负增长，使总体税负下降。

【做中学6-27】蒋某经注册开设了一家经营建材的公司，由其儿子负责经营管理。蒋某也经常承接一些安装装饰工程。每年销售建材的应纳税所得额为5万元，安装装饰应纳税所得额为2万元。蒋某觉得每年承担的个人所得税税负较重。

请问：应如何帮助蒋某进行纳税筹划？

筹划前每年应纳个人所得税=70 000×30%-9 750=11 250（元）

如果蒋某和儿子成立两个个人独资企业，蒋某的企业专门承接安装装饰工程，儿子的公司只销售销售建材。假定收入同上，蒋某和蒋某儿子每年应纳的个人所得税分别为：

蒋某应纳个人所得税=20 000×10%-750=1 250（元）

蒋某儿子应纳个人所得税=50 000×20%-3 750=6 250（元）

两人合计纳税=1 250+6 250=7 500（元）

每年可少交个人所得税税额=11 250-7 500=3 750（元）

思考与练习

一、判断题

1. 财产租赁所得以纳税人1个月的租赁收入为一次。　　　　　　　　　　（　　）

2. 企业和个人超过规定比例提取并缴付的住房公积金免征个人所得税。　（　　）

3. 对个人转让上市公司股票取得的所得，应按财产转让所得征收个人所得税。
　　　　　　　　　　　　　　　　　　　　　　　　　　　　　　　（　　）

4. 凡在中国境内无住所，并且在中国境内居住不满2年的个人就是非居民纳税人。
　　　　　　　　　　　　　　　　　　　　　　　　　　　　　　　（　　）

5. 凡是由雇佣单位和派遣单位分别支付工资、薪金的，雇佣单位和派遣单位在支付工资、薪金时，均可以按税法规定减除费用，计算扣缴个人所得税。　　　　（　　）

6. 纳税从中国境外取得的所得，准予其在应纳税额中扣除已在境外缴纳的全部个人所得税税额。　　　　　　　　　　　　　　　　　　　　　　　　　　（　　）

7. 特许权使用费所得以每次收入减除费用800元后的余额为应纳税所得额。（　　）

8.两个或者两个以上的个人共同取得同一项目收入的,应当对每个人取得的收入分别按照税法规定减除费用后计算纳税。 （　　）

9.从中国境内两处或者两处以上取得工资、薪金所得的,应在取得收入的次月15日内自行向主管税务机关办理纳税申报。 （　　）

10.个人的同一作品在报刊上连载,应以其每次刊载取得的稿酬所得为一次。（　　）

11.个人所得税的代扣代缴单位,只对本单位职工的工资、薪金所得负有代扣代缴义务。 （　　）

12.某设计师从企业取得的设计业务收入,肯定按"劳务报酬所得"计征个人所得税。 （　　）

13.对在中国境内有住所的个人一次取得数月奖金或年终加薪、劳动分红的,可单独作为一个月的工资、薪金计算个人所得税。 （　　）

二、单项选择题

1.下列各项所得中,不属于个人所得税法定免税所得的是（　　）。

A.国债利息收入　　B.保险赔款　　C.救济性款项　　D.年终加薪

2.下列各项所得中,适用个人所得税减征规定的是（　　）。

A.劳务报酬所得　　　　　　B.稿酬所得

C.个体工商户的生产经营所得　　D.特许权使用费所得

3.下列各项所得中,适用个人所得税加成征税规定的是（　　）。

A.个体工商户的生产经营所得　　B.稿酬所得

C.劳务报酬所得　　　　　　D.偶然所得

4.纳税人通过国内非盈利的社会团体的公益救济性捐赠,在（　　）30%以内的部分准予扣除。

A.收入总额　　B.利润总额　　C.应纳税所得额　　D.应纳所得税额

5.个体工商户在计征个人所得税时,不允许扣除的项目是（　　）。

A.成本　　B.期间费用　　C.汇兑损失　　D.增值税

6.财产租赁所得计算个人所得税时,不得扣除的项目是（　　）。

A.城建税及教育费附加　　B.有合法凭证的出租财产的修缮费用

C.财产所有者缴纳的个人所得税　　D.定额扣除800元或定率扣除20%的费用

7.属于同一项目连续性收入的劳务报酬所得,以（　　）取得的收入为一次。

A.一个季度内　　B.一个月内　　C.每天　　D.每周

8.下列各项中,叙述错误的是（　　）。

A.劳务报酬所得的费用扣除采用定额和定率两种扣除方法

B.利息、股息、红利所得的费用扣除采用定额和定率两种扣除方法

C.工资、薪金所得的费用扣除采用定额扣除方法

D.个体工商户的生产经营所得以会计核算为基础,按照税收有关规定计算扣除相关费用

9.在中国境内无住所的个人,临时离境不扣减天数,在一个纳税年度中一次离境不超过（　　）天的是临时离境。

A.50　　B.70　　C.30　　D.20

10.下列说法中，不正确的是（　　　）。

A.若个人发表一作品，出版单位分3次支付稿酬，则这3次稿酬应合并为1次征税

B.若个人在两处出版同一作品而分别取得稿酬，应分别单独纳税

C.若因作品加印而获得稿酬，应就此稿酬单独纳税

D.个人的同一作品连载之后又出书取得稿酬的，应视同再版稿酬分别纳税

11.某人一次性获得录音收入30 000元，其应纳的个人所得税额为（　　　）元。

A.8 760　　　　　　　　B.9 000　　　　　　　　C.5 200　　　　　　　　D.6 500

12.年所得12万元以上的纳税义务人，在（　　　）到主管税务机关办理纳税申报。

A.年度终了后45日内　　　　　　　　　　B.收入的次月15日内

C.年度终了后1个月内　　　　　　　　　　D.年度终了后3个月内

三、多项选择题

1.下列个人所得在计算应纳税所得额时，按月减除费用3 500元的有（　　　）。

A.财产转让所得　　　　　　　　　　B.个体工商户的生产经营所得

C.对企事业单位的承包、承租经营所得　　D.工资、薪金所得

2.享受附加减除费用的个人包括（　　　）。

A.华侨和港澳台同胞　　　　　　　　B.在国外工作的中国居民

C.在我国工作的外籍专家　　　　　　D.在我国境内的外国企业中工作的中方人员

3.个人所得税法中，将纳税义务人区分为居民和非居民所依据的标准有（　　　）。

A.意愿标准　　　　B.国籍标准　　　　C.居住时间标准　　　　D.住所标准

4.下列说法中，正确的有（　　　）。

A.劳务报酬所得按月征收所得税

B.劳务报酬所得按次征收所得税

C.如果在同一活动中，个人兼有不同的劳务报酬所得，则应合并各项所得统一纳税

D.劳务报酬所得，凡属于同一项目连续性收入的，以一个月内取得的收入为一次

5.下列各项中，允许在个人所得税前扣除一部分费用的有（　　　）。

A.分得的红利　　　　　　　　　　B.劳务所得

C.有奖销售中奖　　　　　　　　　　D.财产租赁所得

6.下列各项中，适用超额累进税率的有（　　　）。

A.工资、薪金所得　　　　　　　　　　B.个体工商户生产、经营所得

C.对企事业单位的承包、承租经营所得　　D.财产转让所得

7.下列对我国负有纳税义务的人员中，属于我国居民纳税义务人的有（　　　）。

A.某外籍人员2016年1月1日来华工作，当年有3次离境：两次各25天，一次10天

B.某华侨2016年1月20日来华工作，当年仅一次离境25天

C.某外籍人员在国外居住，但2016年从我国境内一家企业取得一笔特许权使用费所得

D.某中国公民在中国驻外使馆工作，2016年全年没有回国居住

8.下列所得中，必须自行申报缴纳个人所得税的有（　　　）。

A.年所得在12万元以上的

B.从两处或两处以上取得工资、薪金所得的

C.取得应税所得而没有扣缴义务人的

D.取得应税所得而扣缴义务人未按规定扣缴税款的

9.依据个人所得税的相关规定，下列各项公益、救济性捐赠支出准予税前全额扣除的有（　　）。

A.通过非营利性的社会团体向红十字事业的捐赠

B.通过国家机关向农村义务教育的捐赠

C.通过非营利性社会团体对新建公益性青少年活动场所的捐赠

D.通过非营利性社会团体向重点文物保护单位的捐赠

10.下列各项经批准可减征个人所得税的有（　　）。

A.达到离、退休年龄，但确因工作需要，适当延长离休、退休年龄的高级专家，延长离休、退休期间的工资、薪金所得

B.烈属的所得

C.残疾人员取得的所得

D.因自然灾害遭受重大损失

四、业务题

1.建筑设计师金某，某年5月起在长城建设集团公司任职，5月份取得工资收入20 000元，稿费9 000元，购买国债利息收入2 000元。

要求：计算金某5月份应纳的个人所得税。

2.李某发明一项化工专利技术，某年8月转让给甲公司，转让价15 000元，甲公司8月支付使用费6 000元，9月支付使用费9 000元；9月，李某将该项使用权转让给丙公司，获得转让费收入8 000元。

要求：计算李某转让特许权使用费所得应纳的个人所得税。

3.周某于某年取得以下所得：

（1）为A服装厂设计服装3次，分别于3月、7月、10月取得设计费3 800元、28 000元、63 000元。

（2）8月客串B电视台某时尚节目，取得劳务收入5 000元。

（3）9月出版一部服装设计专著，取得收入50 000元，并将其中10 000元通过宋庆龄基金会捐赠给某受灾地区。

（4）10月购买企业债券，取得利息收入1 500元；取得国债利息收入2 500元。

要求：计算周某该年度以上所得应纳的个人所得税。

4.一中国公民，某年1月至12月从中国境内取得工资、薪金收入44 400元，取得稿酬收入2 000元；当年还从A国取得特许权使用费收入8 000元，从B国取得银行存款利息收入3 000元，劳务报酬收入20 000元，该纳税人已按A、B两国税法规定分别缴纳了个人所得税1 400元和1 700元。

要求：计算该纳税人应纳个人所得税税额。

5.中国公民王某12月份取得工资、薪金所得4 400元，同时领取全年12个月的奖金5 000元；为某建筑工程设计图纸，取得设计费10 000元；取得单位集资利息收入2 000元；取得特许权使用费2 500元。

要求：计算王某12月份应纳的个人所得税。

6.公民李某是高校教授，某年取得以下各项收入：

（1）每月取得工资 4 000 元，6 月份取得上半学期奖金 6 000 元，12 月份取得下半学期奖金 8 000 元，12 月份学校为其家庭财产购买商业保险 4 000 元，其所在学校选择将下半学期奖金按照一次性奖金办法代扣代缴个人所得税。

（2）2 月份以 100 000 元购买 A 企业股权，并于 10 月份以 250 000 元将股权转让给 B，不考虑相关的税费。

（3）5 月份出版一本专著，取得稿酬 40 000 元，李某当即拿出 10 000 元通过政府部门捐给农村义务教育。

（4）6 月份为 B 公司进行营销筹划，取得报酬 35 000 元。

要求：根据所给资料，回答下列问题：

（1）计算该年李某取得的工资、学期奖金以及学校为其购买的商业保险应缴纳的个人所得税。

（2）李某股权转让行为应缴纳的个人所得税。

（3）李某取得的稿酬所得应缴纳的个人所得税。

（4）李某营销策划取得的所得应缴纳的个人所得税。

五、项目实训

中国公民王某就职于国内 A 上市公司，2016 年收入情况如下：

（1）1 月 1 日起，将其位于市区的一套公寓住房按市价出租，每月收取租金 3 800 元。1 月，因卫生间漏水发生修缮费用 1 200 元，已取得合法有效的支出凭证。

（2）在国内另一家公司担任独立董事，3 月，取得该公司支付的上年度独立董事津贴 35 000 元。

（3）10 月，取得国内 B 上市公司分配的红利 18 000 元，王某于 2015 年 1 月购买该公司股票。

（4）5 月，赴国外进行技术交流期间，在甲国演讲取得收入，折合人民币 12 000 元；在乙国取得专利转让收入，折合人民币 60 000 元，分别按照收入来源国的税法规定缴纳了个人所得税折合人民币 1 800 元和 12 000 元。

（5）5 月，在业余时间为一家民营企业开发了一项技术，取得收入 40 000 元。通过有关政府部门向非营利性的老年服务机构捐款 28 000 元，取得了相关捐赠证明。

（6）6 月，与一家培训机构签订了半年的劳务合同，合同规定从 6 月起每周六为该培训中心授课 1 次，每次报酬为 1 200 元。6 月份为培训中心授课 4 次。

（7）1～8 月每月取得派遣公司发给的工资 4 500 元。9 月开始，被 A 上市公司派遣到所属的某外商投资企业工作，合同期内作为该外商投资企业雇员，每月从该外商投资企业取得薪金 18 000 元，同时每月取得派遣公司发给的工资 4 500 元。

（8）9 月，取得当年一次性奖金 36 000 元，王某当月的工资为 4 500 元。

要求：

（1）计算王某 1～12 月出租房屋应缴纳的个人所得税（不考虑其他税费）。

（2）计算王某 3 月取得的独立董事津贴应缴纳的个人所得税。

（3）计算王某 10 月取得的红利应缴纳的个人所得税。

（4）计算王某 5 月从国外取得收入应在国内补缴的个人所得税。

（5）计算民营企业 5 月支付王某技术开发费应代扣代缴的个人所得税。

（6）计算培训中心6月支付王某授课费应代扣代缴的个人所得税。

（7）计算王某9月从外资企业取得收入时，应由外资企业扣缴的个人所得税；计算王某9月从派遣单位取得工资收入时，应由派遣单位扣缴的个人所得税。

（8）计算王某9月取得全年一次性奖金应当缴纳的个人所得税。

（9）填写《个人所得税纳税申报表（适用于年所得12万元以上的纳税人申报）》。

其他税种计算申报与筹划

【职业能力目标】

1.了解房产税、城镇土地使用税、车船税、印花税、土地增值税、契税、城市维护建税与教育费附加的基本知识

2.根据企业实际情况判断是否应缴纳房产税、城镇土地使用税、车船税、印花税、土地增值税、契税、城市维护建税与教育费附加,并选择适用的税率

3.掌握房产税、城镇土地使用税、车船税、印花税、土地增值税、契税、城市维护建税与教育费附加应纳税额的基本计算方法

4.掌握房产税、城镇土地使用税、车船税、印花税、土地增值税、契税和城市维护建税与教育费附加的纳税申报方法

5.了解其他税种的纳税筹划方法

【典型工作任务】

1.能确定房产税、城镇土地使用税、车船税、印花税、土地增值税、契税、城市维护建税与教育费附加的纳税人、征税对象、范围和适用税率

2.会运用房产税、城镇土地使用税、车船税、印花税、土地增值税、契税、城市维护建税与教育费附加的优惠政策

3.会计算房产税、城镇土地使用税、车船税、印花税、土地增值税、契税、城市维护建税与教育费附加的应纳税额

4.会申报缴纳房产税、城镇土地使用税、车船税、印花税、土地增值税、契税、城市维护建税与教育费附加

5.会进行其他税种的简单纳税筹划

任务1　房产税计算申报与筹划

引导案例

　　某税务机关在进行日常纳税检查时，发现某企业将其临街的一幢厂房出租给某商贸公司使用，该企业认为现在这幢厂房正由商贸公司使用，本企业不应缴纳房产税。而商贸公司认为厂房归某企业所有，本公司不应缴纳房产税。故此，双方均未缴纳房产税。

　　请问：这种情况下，应由哪一方缴纳房产税呢？

引导案例解析

一、学习房产税的基本知识

　　房产税是以房屋为征税对象，按照房屋的计税余值或出租房屋的租金收入向产权所有人或经营人征收的一种财产税。对房产征税的目的是运用税收杠杆，加强对房产的管理，提高房产使用效率，控制固定资产投资规模和配合国家房产政策的调整，合理调节房产所有人和经营人的收入。

　　（一）确定房产税纳税人

　　房产税以房屋产权的所有人为纳税人。

　　对纳税人的具体规定如下：产权属于国家所有的，由经营管理单位缴纳；产权属于集体和个人所有的，由集体单位和个人缴纳；产权出典的，由承典人缴纳；产权所有人、承典人不在房产所在地的，或者产权未确定及租典纠纷未解决的，由房产代管人或者使用人缴纳。

　　无租使用其他单位房产的，房产税由实际使用人代缴纳。

　　（二）确定房产税征税对象和征税范围

　　1.房产税的征税对象

　　房产税的征税对象是房产。房产是以房屋形态表现的财产，是指有屋面和围护结构（有墙或两边有柱），能遮风避雨，可供人们在其中生产、工作、学习、娱乐、居住或储藏物资的场所。凡以房屋为载体，不可随意移动的附属设备和配套设施，如给排水、采暖、消防、中央空调、电气及智能化楼宇设备等，无论在会计核算中是否单独记账与核算，都应计入房产原值，计征房产税。具备房屋功能的地下建筑，包括与地上房屋相连的地下建筑，如地下室、地下停车场等以及完全建在地下的建筑，也属房产税的征税范围。

　　独立于房屋之外的建筑物，如围墙、烟囱、水塔、变电塔、油池油柜、酒精池、室外游泳池、玻璃暖房、砖瓦石灰窑以及各种油气罐等，不属于房产。

　　2.房产税的征税范围

　　房产税的征税范围是位于城市、县城、建制镇和工矿区的房产。房产税的征税范围不包括农村房产，这主要是为了减轻农民的负担。

　　【提示】对房地产开发企业建造的商品房，在售出前，不征收房产税；但对售出前房地产开发企业已使用或出租、出借的商品房，应按规定征收房产税。

　　纳税人因房屋大修导致连续停用半年以上的，在房屋大修理期间，免征房产税。而纳税人对原有房屋进行改建、扩建的，要相应增加房屋的原值。

（三）确定房产税税率

目前，我国房产税区别房屋的经营使用方式规定不同的征税办法，分别按从价计征和从租计征设置了两种税率：对占有使用房产的，从价计征，税率为1.2%；对出租房产的，从租计征，税率为12%。

对个人按市场价格出租的居民住房，用于居住的，可暂减按4%的税率征收房产税。

（四）了解房产税税收优惠

房产税的税收优惠政策主要有：

（1）国家机关、人民团体、军队自用的房产免税。

但上述免税单位的出租房屋以及非自身业务使用的生产、经营用房，不属于免税范围。

（2）由国家财政部门拨付经费的单位，其自身业务范围内使用的房产免税。企业办的各类学校、医院、托儿所、幼儿园自用的房产，可以比照由国家财政部门拨付事业经费的单位自用的房产，免征房产税。

（3）宗教寺庙、公园、名胜古迹自用的房产免税。

（4）个人所有非营业用的房产免税。

（5）经财政部、省地税局批准免税的其他房产。

【提示】自2011年1月28日起，在上海、重庆等地开始对某些非经营性的个人住房试行征收房产税。

二、计算房产税税额

（一）确定房产税计税依据

房产税的计税依据为房产的计税价值或房产的租金收入。按房产的计税价值征税的，为从价计征；按房产的租金收入征税的，为从租计征。

1.从价计征

从价计征的计税依据是房产原值减除一定比例后的余值，称为"计税余值"。房产原值是"固定资产"账户中记载的房屋原价；减除的比例由省、自治区、直辖市人民政府在10%~30%范围内确定。

无租使用房产，按房产计税余值计算缴纳房产税。

2.从租计征

从租计征的计税依据为房产租金收入，即房屋产权所有人出租房产使用权所取得的报酬，包括货币收入和实物收入。计征房产税的租金收入不含增值税。

3.其他规定

对于企业投资联营的房产，应当根据投资联营的具体情况确定房产税的计税方法。对于以房产投资联营，投资者参与投资利润分红，共担风险的，以房产计税余值作为计税依据计征房产税；对于以房产投资，收取固定收入，不承担风险，实际上是以联营名义收取租金的，由出租方按租金收入计征房产税。

对融资租赁方式租入的房屋，由于其实际是一种变相的分期收款购买固定资产的形式，应以房产余值计征房产税。

（二）计算房产税税额

1.从价计征情况下，应纳税额的计算

从价计征的计税依据是房产原值减除一定比例后的计税余值，其计算公式为：

$$应纳税额=应税房产原值×（1-扣除比例）×1.2\%$$

2.从租计征情况下，应纳税税额的计算

从租计征的计税依据为房产租金收入，其计算公式为：

$$应纳税额=租金收入×12\%$$

【做中学7-1】某企业拥有两栋经营用房，原值均是1 000万元，按当地政府规定允许按减除30%后的余值计税，某年1月1日起，出租其中一栋，年租金收入为8万元（不含增值税）。

要求：计算当年其应纳房产税。

分析：自用的房产从价计征，出租的房产从租计征。

应纳房产税税额=1 000×（1-30%）×1.2%+8×12%=9.36（万元）

三、申报缴纳房产税

（一）确定房产税纳税义务发生时间

（1）纳税人将原有房屋用于生产经营的，从生产经营之月起，计征房产税。

（2）纳税人自建的房屋用于生产经营的，自建成之次月起征收房产税。

（3）纳税人委托施工企业建设的房屋，从办理验收手续之次月起征收房产税。

（4）纳税人新建、扩建、翻建的房屋，从建成验收的次月起缴纳房产税；未办理验收手续而已使用的，自使用的次月起缴纳房产税。

（5）购置新建商品房，自房屋交付使用之次月起计征房产税。

（6）购置存量房，自办理房屋权属转移、变更登记手续，房地产权属登记机关签发房屋权属证书之次月起计征房产税。

（7）出租、出借房产，自交付出租、出借房产之次月起计征房产税。

（8）房地产开发企业自用、出租、出借本企业建造的商品房，自房屋使用或交付之次月起计征房产税。

【提示】房地产开发企业建造用于出售的商品房，在出售前，不缴纳房产税，但如果在出售前已经使用或出租、出借的，应按规定缴纳房产税。

（二）确定房产税纳税期限

房产税实行按年征收，分期缴纳。纳税期限一般为一个季度或半年，具体由各省、自治区、直辖市人民政府确定。

（三）确定房产税纳税地点

房产税在房产所在地缴纳。房产不在同一地方的纳税人，应按房产的坐落地点分别向房产所在地的税务机关缴纳。

（四）申报房产税

纳税人在申报房产税前，应按照房产税条例的要求，将现有房屋的地点、结构、原值等情况，如实向房屋所在地税务机关申报，并填制房产税纳税申报表的附表，即《房产税减免税明细申报表》、《从价计征房产税税源明细表》和《从租计征房产税税源明细表》。首次申报或变更申报时，纳税人提交《从价计征房产税税源明细表》和《从租计征房产税税源明细表》后，《房产税纳税申报表》由税务系统自动生成，无须纳税人手工填写，仅需签章确认。后续申报，纳税人税源明细无变更的，税务机关提供免填单服务，根据纳税人识别号，系统根据当期有效的房产税源明细信息自动生成申报表，纳税人签章确认即可完成申报。申报房产数量大于10个（不含10）的纳税人，并可选用的《房产税纳税申报表》汇总版进行申报。《房产税纳税申报表》见表7-1（附表略）。

四、筹划房产税

（一）合理确定房产原值的筹划

房产税法规对"房产"有明确的规定，非房产不征收房产税。企业应当仔细区分房屋、非房屋建筑物以及附属设施、配套设施。将企业除厂房、办公用房外的建筑物，如露天停车场、露天游泳池、玻璃暖房、砖瓦石灰窑等单独记载，单独进行会计核算，与厂房、办公用房分开，这部分建筑物不符合房屋范畴，所以其造价不计入房产原值，不用缴纳房产税。

上海市房产税实施细则

重庆市房产税实施细则

（二）选择房产经营使用方式的筹划

房产税的征税对象是房屋，但房产的经营使用方式不同，其计税依据和税率不同。按房产余值计税的，按1.2%的税率征收；按出租收入计税的，按12%的税率征收。按不同的基数计算税金，企业缴纳的税金就不同，这其中就有纳税筹划的空间。纳税人应根据具体情况，合理选择房产经营使用方式，最大程度地降低房产税应纳税额。如将空余房屋对外出租改变为用空余房屋进行仓储保管服务。当然这种情况下，不仅需比较按租金收入计税与按房产余值计税两种方法下应纳房产税税额，还应综合考虑仓储保管服务相较单纯房屋出租带来的其他税负与成本支出，如出租不动产与提供仓储服务增值税计税方法的不同，增加保管人员及其工资等经营成本的增加以及仓储物保管不善可能带来的赔偿损失等。

（三）利用税收优惠政策进行纳税筹划

由于房产税属于地方税种，除统一的房产税法规中规定了许多政策性减免优惠外，省级地方税务局可以根据本省具体情况，制定一些地方性税收优惠政策。纳税人应在充分了解国家及本省税收政策的基础上，进行合理的纳税筹划。如企业自办的学校、医院、幼儿园、托儿所可以免征房产税；对损坏不能使用的房屋和危险房屋，经有关部门鉴定，在停止使用后，可免征房产税。企业将这些房屋单独核算，就可用税收优惠政策，减少房产税支出，以达到节税目的。

【思考】如果某企业要对一幢旧车间进行大修理，耗用时间大概为5个半月，有没有房产税筹划空间？

工作任务实例7-1

锦华电子技术服务有限责任公司，注册资金400万元，为增值税一般纳税人。纳税人识别号为330112233445566789，经营期限为20年。

该公司主要从事电子技术服务，注册及经营地点为XX市开发区振华路185号；邮编310006；电话8642135；职工人数60人。开户银行为**市建设银行振华支行，账号3456789000009，币种为人民币，此账号即为缴税账号。该企业执行企业会计制度。法人代表李新民，身份证号码3301021951110278**，电话65433456，手机13358812123。财务负责人张向前，身份证号码3301031982051321**，电话85858556，手机13358232323。办税人员陈胜利，身份证号码：3301021983010632**，电话85665456，手机135058213456。

该公司拥有两栋经营用房，原值均是1 000万元，按当地政府规定允许减除30%后的余值计税。2016年8月15日，其出租其中一栋，当月交付使用，月租金收入为8万元（不含增值税），计算当年其应纳房产税并进行纳税申报。

【工作流程】

第一步：分析经济业务类型并确定计税方法和计税依据

纳税人自己使用的经营用房按照房产余值交纳房产税，出租房产自交付房产之次月起按照租金计征房产税。

第二步：计算各项业务应纳房产税

（1）按房产余值从价计征部分

应纳房产税税额=1000×（1-30%）×1.2%+1000×（1-30%）×1.2%×8÷12=8.4+5.6=14（万元）

（2）按租金从租计征部分

应纳房产税税额=8×4×12%=3.84（万元）

第三步：计算本年应纳房产税

应纳房产税税额=14+3.84=17.84（万元）

第四步：填制纳税申报表（见表7-1）

表7-1 **房产税纳税申报表**

税款所属期：自2016年1月1日至2016年12月31日　　　　填表日期：2017年1月9日

金额单位：元（列至角分）；面积单位：平方米

纳税人识别号	3 3 0 1 1 2 2 3 3 4 4 5 5 6 6 7 8 9								

纳税人信息	名称	锦华电子技术服务有限责任公司	纳税人分类	单位☑ 个人☐
	登记注册类型	有限责任公司	所属行业	生活服务
	身份证件类型	身份证☐ 护照☐ 其他☐	身份证件号码	
	联系人	陈胜利	联系方式	85665456

一、从价计征房产税

	房产编号	房产原值	其中：出租房产原值	计税比例	税率	所属期起	所属期止	本期应纳税额	本期减免税额	本期已缴税额	本期应补（退）税额
1	*	10 000 000.00		70%	1.2%	2016.1.1	2016.12.31	84 000.00	0.00	0.00	84 000.00
2	*	10 000 000.00		70%	1.2%	2016.1.1	2016.8.31	56 000.00	0.00	0.00	56 000.00
3	*										
4	*										
5	*										
6	*										
7	*										
8	*										
9	*										
合计	*	*	*	*	*	*	*	140 000.00	0.00	0.00	140 000.00

二、从租计征房产税

	本期申报租金收入	税率	本期应纳税额	本期减免税额	本期已缴税额	本期应补（退）税额
1	320 000.00	12%	38 400.00	0.00	0.00	38 400.00
2						
3						
合计	320 000.00	*	38 400.00	0.00	0.00	38 400.00

以下由纳税人填写：

纳税人声明此纳税申报表是根据《中华人民共和国房产税暂行条例》和国家有关税收规定填报的，是真实的、可靠的、完整的

纳税人签章		代理人签章		代理人身份证号	

以下由税务机关填写：

受理人		受理日期	年 月 日	受理税务机关签章	

本表一式两份，一份纳税人留存，一份税务机关留存。

【课堂能力训练】

坐落在县城的某外商投资企业，某年用于生产经营的厂房原值 5 000 万元，该企业还创办了一所学校和一所职工医院，房产原值分别为 300 万元和 200 万元。另外，该企业还有一个用于出租的仓库，年租金为 4 万元（不含增值税）。按当地规定，允许以减除房产原值 20% 后的余值为计税依据。

请分析：

（1）该外商投资企业是不是房产税纳税人？其所拥有的厂房、学校、职工医院以及用于出租的仓库是否属于房产税征税范围？

（2）计算该企业全年应纳的房产税。

任务 2　城镇土地使用税计算申报与筹划

引导案例

引导案例解析

　　某企业坐落于某中等城市，实际占地面积为 8 000 平方米。其中，绿化面积为 300 平方米，企业自办幼儿园占地面积为 100 平方米，其余为生产用地。该企业财务人员在计算应纳城镇土地使用税时，认为绿化面积是不用算入计税依据的，但幼儿园占地应算入计税依据。

　　请问：该财务人员的想法对吗？

一、学习城镇土地使用税基本知识

城镇土地使用税是以城镇土地为征税对象，对拥有土地使用权的单位和个人征收的一种税。该税是一种资源税性质的税种。开征城镇土地使用税，有利于加强对土地的控制与管理，调节土地级差收入，提高土地使用效益。

（一）确定城镇土地使用税纳税人

城镇土地使用税的纳税人是在中国境内的城市、县城、建制镇和工矿区范围内使用土地的单位和个人。所称单位，包括国有企业、集体企业、私营企业、股份制企业、外商投资企业、外国企业以及其他企业和事业单位、社会团体、国家机关、军队以及其他单位；所称个人，包括个体工商户以及其他个人。

对纳税人的具体规定如下：拥有土地使用权的单位或个人不在土地所在地的，由代管人或实际使用人缴纳；土地使用权属尚未确定，或权属纠纷未解决的，由实际使用人缴纳；土地使用权共有的，由共有各方分别缴纳。

（二）确定城镇土地使用税征税对象和征税范围

城镇土地使用税的征税对象是土地。

城镇土地使用税的征税范围包括城市、县城、建制镇和工矿区内的国家所有和集体所有的土地，不包括农村的土地。

（三）确定城镇土地使用税税率

城镇土地使用税根据不同地区和各地经济发展状况实行等级幅度税额标准。税额标准见《城镇土地使用税税额标准表》（见表7-2），各省级人民政府根据当地实际情况在规定的税额幅度内确定本地区适用的税额幅度。

表7-2 城镇土地使用税税额标准表

地 区	税额标准
一、大城市（人口50万以上）	每平方米每年 1.50～30.00元
二、中等城市（人口20万～50万）	每平方米每年 1.20～24.00元
三、小城市（人口20万以下）	每平方米每年 0.90～18.00元
四、县城、建制镇、工矿区	每平方米每年 0.60～12.00元

（四）了解城镇土地使用税税收优惠

《中华人民共和国城镇土地使用税暂行条例》规定，以下土地免缴城镇土地使用税：

（1）国家机关、人民团体、军队自用的土地。

（2）由国家财政部门拨付事业经费的单位自用的土地。

（3）宗教寺庙、公园、名胜古迹自用的土地。

（4）市政街道、广场、绿化地带等公共用地。

（5）直接用于农、林、牧、渔业的生产用地。

（6）经批准开山填海整治的土地和改造的废弃土地，从使用的月份起免缴城镇土地使用税5～10年。

（7）非营利性医疗机构、疾病控制中心和妇幼保健机构自用土地。营利性医疗机构自用地自取得执照之日起免征3年。

（8）企业办学校、医院、托儿所、幼儿园，其用地能与其他用地明确划分的，免征税。

（9）由财政部门另行规定免税的能源、交通、水利设施用地和其他用地。

纳税人缴纳土地使用税确有困难需要定期减免的，由省、自治区、直辖市税务机关审核后，报国家税务局批准。

【提示】对免税单位无偿使用纳税单位的土地，免征土地使用税；对纳税单位无偿使用免税单位的土地，纳税单位应照章缴纳土地使用税。

二、计算城镇土地使用税税额

（一）确定城镇土地使用税计税依据

城镇土地使用税以纳税人实际占用的土地面积为计税依据，按照适用税额标准计算应纳税额。具体按下列办法确定：

（1）凡由省、直辖市人民政府确定的单位组织测定土地面积的，以测定的土地面积为准。

（2）未经组织测定，但纳税人持有政府部门核发的土地使用证书的，以证书确认的土地面积为准。

（3）尚未核发土地使用证书的，应由纳税人据实申报土地面积，待核发土地使用证书后再作调整。

（二）计算城镇土地使用税应纳税额

城镇土地使用税按纳税人实际占用的土地面积和规定的税额按年计算，分期纳税。其计算公式为：

$$年度应纳税额 = 应税土地实际占用面积 \times 适用单位税额$$

或：

$$年应纳税额 = \sum (各级次应税土地面积 \times 该级次土地单位税额)$$

如果属于高层建筑并多家共用一宗土地，每一产权者应缴纳的土地使用税应按拥有建筑面积占总建筑面积比重计算，计算公式为：

$$年应纳税额 = \sum (\frac{应税土地}{面积} \times \frac{该级次土地}{单位税额}) \times \frac{某纳税人使用建筑面积}{该宗地总建筑面积}$$

【做中学7-2】某市星光购物中心实行统一核算，土地使用证上载明，该企业实际占用土地情况为：中心店占地面积为8 200平方米，一分店占地3 600平方米，二分店占地5 800平方米，企业仓库占地6 300平方米，企业自办托儿所占地360平方米。经税务机关确认，该企业所占用土地分别适用市政府确定的以下税额：中心店位于一等地段，每平方米年税额7元；一分店和托儿所位于二等地段，每平方米年税额5元；二分店位于三等地段，每平方米年税额4元；仓库位于五等地段，每平方米年税额1元。

要求：计算星光购物中心年应纳城镇土地使用税税额。

（1）中心店占地应纳税额 = 8 200×7=57 400（元）

（2）一分店占地应纳税额 = 3 600×5=18 000（元）

（3）二分店占地应纳税额 = 5 800×4=23 200（元）

（4）仓库占地应纳税额 = 6 300×1=6 300（元）

（5）全年应纳城镇土地使用税税额=57 400+18 000+23 200+6 300=104 900（元）

三、申报缴纳城镇土地使用税

（一）确定城镇土地使用税纳税义务发生时间

城镇土地使用税实行按年计算、分期缴纳的征收方法。

（1）购置新建商品房，自房屋交付使用之次月起计征城镇土地使用税。

（2）购置存量房，自办理房屋权属转移、变更登记手续、房地产权属登记机关签发房屋权属证书之次月起计征城镇土地使用税。

（3）出租、出借房产，自交付出租、出借房产之次月起计征城镇土地使用税。

（4）房地产开发企业自用、出租、出借本企业建造的商品房，自房屋使用或交付之次月起计征城镇土地使用税。

（5）纳税人新征用的耕地，自批准征用之日起满1年时开始计征城镇土地使用税。

（6）纳税人新征用的非耕地，自批准征用次月起计征城镇土地使用税。

（二）确定城镇土地使用税纳税期限

城镇土地使用税实行按年计算、分期缴纳的征收方法，具体纳税期限由省、自治区、直辖市人民政府确定。

（三）确定城镇土地使用税纳税地点

城镇土地使用税的纳税地点为土地所在地。

纳税人使用的土地不属于同一省、自治区、直辖市管辖的，由纳税人分别向所在地的税务机关纳税；在同一省、自治区、直辖市管辖范围内，纳税人跨地区使用的土地，其纳税地点由各省、自治区、直辖市地方税务局确定。土地使用税由土地所在地的地方税务机关征收，其收入纳入地方财政预算管理。

（四）申报城镇土地使用税

城镇土地使用税的纳税人应按照条例的有关规定及时办理纳税申报，填制城镇土地使用税的附表"城镇土地使用税减免税明细申报表"和"城镇土地使用税税源明细表"。首次申报或变更申报时，纳税人提交"城镇土地使用税税源明细表"后，"城镇土地使用税纳税申报表"主表（见表7-3）由税务系统自动生成，无须纳税人手工填写，仅需签章确认，完成申报。后续申报，纳税人税源明细无变更的，税务机关提供免填单服务，根据纳税人识别号，系统自动打印申报表，纳税人签章确认即可完成申报。

四、筹划城镇土地使用税

（一）用地所属区域的筹划

因城镇土地使用税根据不同地区和各地经济发展状况实行等级幅度税额标准，纳税人占有并实际使用的土地，因其所在区域不同，缴纳土地使用税数额的大小也不同。因此，纳税人可以结合实际生产经营需要，在征税区与非征税区之间选择，在高税额区与低税额区之间选择。如在确定的省份内，合理选择利用大、中、小城市或者县城、工矿区，而在确定的城市内，合理选择利用不同等级的土地等。

同时，土地使用税在纳税地点上，为"原则上在土地所在地缴纳"。对于跨省份或虽在同一个省、自治区、直辖市但跨地区的纳税人的纳税地点，也是有筹划空间的，纳税人应尽可能选择税额标准低的地方纳税。

（二）土地用途划分的筹划

纳税人实际占有并使用的土地用途不同，是可享受不同的土地使用税政策的，纳税人应充分考虑。如企业直接用于农、林、牧、渔业的生产用地，办学校、医院、托儿所、幼儿园，其用地能与其他用地明确划分的，免征税。企业如将这些土地单独核算，也可充分利用税收优惠政策，减少土地使用税的税负。

工作任务实例7-2

锦华电子技术服务有限责任公司（企业相关资料见本项目工作任务实例7-1）的土地使用证书上记载占地面积共20 000平米，土地使用证书号为国用（2013）字第1370号，其中企业自办医院占地100平方米，能与其他用地明确区分。按当地市政府确定，锦华公司占地位于二级地段，每平方米年税额7元，城镇土地使用税每年申报一次。

要求：计算并申报锦华公司2016年应纳城镇土地使用税。

【工作流程】

第一步：分析经济业务类型并确定计税方法和计税依据

企业按实际占地面积以每平方米年税额7元计算缴纳城镇土地使用税，但企业自办医院占地能够与生产经营用地区分开，免税。

第二步：计算应纳城镇土地使用税

城镇土地使用税应纳税额＝（20 000－100）×7＝139 300（元）

第三步：填制纳税申报表（表7-3）

表7-3

城镇土地使用税纳税申报表

税款所属期：自2016年1月1日至2016年12月31日　　　填表日期：2017年1月9日

金额单位：元（列至角分）；面积单位：平方米

| 纳税人识别号 | 3 3 0 1 1 2 2 3 3 4 4 5 5 6 6 7 8 9 3 3 | | | | | | | | | | |

纳税人信息	名称		锦华电子技术服务有限责任公司		纳税人分类		单位☑　个人□				
	登记注册类型		有限责任公司		所属行业		生活服务				
	身份证件类型		身份证□　护照□　其他□_____		身份证件号码						
	联系人		陈胜利		联系方式		85665456				

申报纳税信息	土地编号	宗地的地号	土地等级	税额标准	土地总面积	所属期起	所属期止	本期应纳税额	本期减免税额	本期已缴税额	本期应补（退）税额
	*	国用(2013)字第1370号	二级土地	7.00	20000	2016.1.1	2016.12.31	140000.00	700.00	0.00	139300.00
	*										
	*										
	*										
	*										
	*										
	*										
	*										
	合计		*		20000	*	*	140000.00	700.00	0.00	139300.00

以下由纳税人填写：

纳税人声明	此纳税申报表是根据《中华人民共和国城镇土地使用税暂行条例》和国家有关税收规定填报的，是真实的、可靠的、完整的		
纳税人签章		代理人签章	代理人身份证号

以下由税务机关填写：

受理人		受理日期	年　月　日	受理税务机关签章

本表一式两份，一份纳税人留存，一份税务机关留存。

【课堂能力训练】

某超级市场与某娱乐中心共同使用一块面积为1 800平方米的土地，其中，超级市场实际使用的土地面积占这块土地总面积的2/3，另外1/3归娱乐中心使用。当地每平方米城镇土地使用税年税额为5元，税务机关每半年征收一次城镇土地使用税。

请分析：

（1）某超级市场、某娱乐中心是否属于城镇土地使用税纳税人？

（2）计算某超级市场每季度应缴纳多少城镇土地使用税。

任务3　车船税计算申报与筹划

引导案例 ◀

> 　　某企业某年初拥有4辆送货的大型载货汽车、两辆挂车和两辆小货车。以上车辆均依法在车辆管理部门进行了登记并缴纳了车船税。但当年7月12日，一辆大货车因车祸报废。新来的办税员段某向财务主管建议，可以向主管税务机关申请退还该辆大货车已经缴纳的某年7～12月的车船税。
>
> 　　请问：段某的说法对吗？

引导案例解析

一、学习车船税基本知识

车船税是依照法律规定，对在我国境内的车辆、船舶，按照规定的税目、计税单位和年税额标准计算征收的一种税。征收车船税，是为了加强对车船的管理，增加交通运输业建设资金。

（一）确定车船税纳税人

车船税的纳税人为中华人民共和国境内车辆、船舶的所有人或管理人，包括涉外企业和外籍人员。

管理人是指对车船具有管理使用权，但不具有所有权的单位和个人（如国家机关拥有所使用车船的管理使用权，其所有权属于国家所有）。对于车船的所有人或管理人与使用人不是同一人，且所有人或者管理人未缴纳车船税的，使用人应当代为缴纳车船税。车船所有人和使用人不一致时，应由双方协商确定纳税人；未商定的，使用人为纳税人。

从事机动车交通事故责任强制保险业务的保险机构为机动车车船税的法定扣缴义务人，应当在收取保险费时依法代收车船税，并出具代收税款凭证。

纳税人没有按照规定期限缴纳车船税的，扣缴义务人在代收代缴税款时，可以一并代收代缴欠缴税款的滞纳金。

（二）确定车船税征税对象和征税范围

1.征税对象

车船税的征税对象为在我国境内使用的车船，包括：

（1）依法应当在车船登记管理部门登记的机动车辆和船舶。

（2）依法不需要在车船登记管理部门登记的在单位内部场所行驶或者作业的机动车辆和船舶。

2.征税范围

（1）车辆的征税范围为机动车，指以燃油、电力等能源作为动力而运行的车辆，包括乘用车、商用客车、商用货车（包括低速载货汽车）、挂车、摩托车、专项作业车和轮式专用机械车等。

（2）船舶的征税范围包括机动船（客轮、货船等，以燃料为动力）、游艇和非机动驳船（本身无自航能力，需拖船或顶推船拖带的货船）。

【提示】省、自治区、直辖市人民政府根据当地实际情况，可以对公共交通车船，农村居民拥有并主要在农村地区使用的摩托车、三轮汽车和低速载货汽车，定期减征或者免征车船税。

（三）确定车船税税率

车船税采用幅度定额税率，《车船税税目、税额表》见表7-4。其中，车辆的具体适用税额由省、自治区、直辖市人民政府在规定的子税目税额幅度内确定。船舶、游艇的适用税额由国务院在规定的幅度内确定。

表7-4

车船税税目、税额表

税　目		计税单位	年基准税额	备　注
乘用车[按发动机汽缸容量（排气量）分档]	1.0升（含）以下的	每辆	60～300元	核定载客人数为9人（含）以下
	1.0升以上至1.6升(含)的		300～360元	
	1.6升以上至2.0升(含)的		360～660元	
	2.0升以上至2.5升(含)的		660～1 200元	
	2.5升以上至3.0升(含)的		1200～2 400元	
	3.0升以上至4.0升(含)的		2400～3 600元	
	4.0升以上的		3600～5 400元	
商用车	客车	每辆	480～1 440元	核定载客人数为9人以上，包括电车
	货车	整备质量每吨	16～120元	包括半挂牵引车、三轮汽车和低速载货汽车等
	挂车	整备质量每吨		按照货车税额的50%计算
其他车辆	专用作业车	整备质量每吨	16～120元	不包括拖拉机
	轮式专用机械车		16～120元	
	摩托车	每辆	36～180元	
船舶	机动船舶	净吨位每吨	3～6元	拖船、非机动驳船分别按照机动船舶税额的50%计算
	游艇	艇身长度每米	600～2 000元	

【提示】客货两用车按载货汽车的计税单位和税额标准计税。

（四）了解车船税税收优惠

1.法定优惠

（1）非机动车船，指以人力或畜力驱动的车辆以及符合国家标准的残疾人机动轮椅车、电动自行车等和靠外力驱动的船舶（不包括非机动驳船）。

（2）拖拉机，指在农业管理部门登记为拖拉机的车辆。

（3）捕捞、养殖渔船，指在渔业船舶登记管理部门登记为捕捞船或者养殖船的船舶。

（4）军队、武装警察部队专用的车船，指按照规定在军队、武装警察部队车船登记管理部门登记，并领取军队、武警牌照的车船。

（5）警用车船，指公安机关、国家安全机关、监狱、劳动教养管理机关和人民法院、人民检察院领取警用牌照的车辆和执行警务的专用船舶。

（6）依照法律规定应当予以免税的外国驻华使领馆、国际组织驻华代表机构及其有关人员的车船。

图片：关于节约能源使用新能源车船车船税优惠政策

2.特殊减免

省、自治区、直辖市人民政府根据当地实际情况，可以对公共交通车船，农村居民拥有并主要在农村地区使用的摩托车、三轮汽车和低速载货汽车，定期减征或者免征车船税。

对节约能源、使用新能源的车船，可以减征或者免征车船税。

对受严重自然灾害影响纳税困难以及有其他特殊原因确需减税、免税的，可以减征或者免征车船税。

具体办法由国务院规定，并报全国人民代表大会常务委员会备案。

【提示】依法不需要在车船管理部门登记的机场、港口、铁路站场内部行驶或者作业的车船，自2012年1月1日起5年内免征车船税。

【思考】为什么对乘用车按排气量设置不同基准税额？

二、计算车船税税额

（一）确定车船税计税依据

车船税根据车船的种类、性能、构造和使用情况，分别以辆、整备质量和净吨位、长度为计税依据。具体如下：

（1）乘用车、商用客车、摩托车，按"辆"计税。

（2）载货汽车、挂车、其他车辆，按"整备质量吨位"计税。

（3）机动船按"净吨位"计税，拖船按"发动机功率每千瓦折合0.67净吨位"计算。

（4）游船按"艇身长度"计税。

车辆整备质量尾数在0.5吨以下的，按0.5吨计算；超过0.5吨的，按1吨计算。整备质量不超过1吨的，按1吨计算。船舶净吨位尾数在0.5吨（含）以下的，不予计算；超过0.5吨的，按1吨计算。船舶净吨位不超过1吨的，按1吨计算。

（二）计算车船税应纳税额

车船税根据不同类型的车船及其使用的计税标准分别计算应纳税额。其计算公式为：

$$年应纳税额＝计税依据×适用税额$$

购置的新车船，购置当年的应纳税额自纳税义务发生的当月起按月计算。其计算公式为：

$$应纳税额 = （年应纳税额 \div 12）\times 应纳税月份数$$

【提示】在一个纳税年度内，已完税的车船被盗抢、报废、灭失的，纳税人可以凭有关管理机关出具的证明和完税证明，向纳税所在地主管税务机关申请退还自被盗抢、报废、灭失月份起至该纳税年度终了期间的税款。

已办理退税的被盗抢车船失而复得的，纳税人应当从公安机关出具相关证明的当月起计算缴纳车船税。

【做中学 7-3】某年度某运输公司拥有载货汽车 40 辆（每辆整备质量 10 吨），其中 10 辆为 2016 年 5 月份新购置，车船管理部门核发的行驶证书所记载日期为 5 月 15 日，载货汽车年应纳税额为每吨 100 元。

要求：计算该运输公司 2016 年车船税应纳税额。

年应纳税额 = ［（40-10）×10×100］+［（10×10×100）÷12×8］= 36 666.67（元）

三、申报缴纳车船税

（一）确定车船税纳税义务发生的时间

车船税纳税义务发生时间，为取得车船所有权或者管理权的当月。具体规定如下：为车船管理部门核发的车船登记证书或者行驶证书所记载日期的当月；纳税人未按照规定到车船管理部门办理应税车船登记手续的，以车船购置发票所载开具时间的当月作为车船税的纳税义务发生时间；对未办理车船登记手续且无法提供车船购置发票的，由主管地方税务机关核定纳税义务发生时间。

已缴车船税的车船同一纳税年度内转让过户能退税吗？

由扣缴义务人代扣代缴机动车车船税的，纳税人应当在购买第三者责任强制保险的同时，由保险机构代扣代缴机动车的车船税。

（二）确定车船税纳税期限

车船税按年申报，分月计算，一次性缴纳。具体申报纳税期限由省、自治区、直辖市人民政府规定。

（三）确定车船税纳税地点

车船税的纳税地点为车船的登记地或者车船税扣缴义务人所在地。依法不需要办理登记的车船，车船税的纳税地点为车船的所有人或者管理人所在地。由扣缴义务人代扣代缴的，纳税地点为扣缴义务人所在地。

（四）申报缴纳车船税

车船税以办理机动车交通事故责任强制保险业务的保险机构为机动车车船税的法定扣缴义务人，依法不需要购买机动车交强险的车辆，纳税人应自行向主管税务机关申报缴纳车船税。

机动车车船税的扣缴义务人代收代缴车船税时，纳税人不得拒绝。

中华人民共和国境内自行申报车船税的纳税人填报《车船税纳税申报表》（见表7-5）（附表略）。申报表分为一主表和两附表，车辆车船税纳税人填报纳税申报表和税源明细表（车辆），船舶车船税纳税人填报纳税申报表和税源明细表（船舶）。对首次进行车船税纳税申报的纳税人，需要申报其全部车船的主附表信息。此后办理纳税申报时，如果纳税人的车船及相关信息未发生变化，可不再填报信息，仅提供相关证件，由税务机关按上次申报信息生成申报表后，纳税人进行签章确认即可。车船或纳税人有关信息发生变化的，纳税人仅就变化的内容进行填报。

四、筹划车船税

（一）利用税额、税率临界点进行筹划

现行车船税法对货车、三轮汽车、低速汽车、专项作业车和轮式专用机械车以整备质量为单位，对船舶以净吨位为单位分级规定税额，从而就产生了应纳车船税税额相对于整备质量、吨位数变化的临界点。在临界点上，吨位数虽然仅相差1吨，但临界点两边的税额却有较大变化，这种情况下纳税人在对生产影响不大的情况下，可以考虑选择较小吨位的车船进行纳税筹划。

同样道理，对乘用车来说，由于按发动机汽缸容量（排气量）分档计税，则纳税人在不影响使用的情况下，选择购买排气量较小的乘用汽车，也可以节约税金支出。

（二）利用税收优惠政策进行筹划

现行车船税法对于农业用拖拉机和渔业用船舶，是免征车船税的。纳税人如果有用于农业或渔业的车船，一定要注明用途，并与其他用途的车船分开，这样可以避免多交车船税。同时，对节约能源、使用新能源的车船也可以减征或者免征车船税，纳税人应在可能的情况下尽量选用利用新能源的车船，这样既符合环保要求，又节约了税款支出。

工作任务实例7-3

锦华电子技术服务有限公司（企业相关资料见本项目工作任务实例7-1）2016年车辆相关信息如下：

（1）拥有3辆客货两用汽车，其载客人数为6人以下，整备质量为5.6吨。

（2）拥有1辆货车，整备质量为8吨。

（3）拥有1辆排气量为2.0的小轿车。

根据当地政府的规定，客车车船税年税额为800元/辆，货车车船税年税额为100元/吨。小轿车年税额为480元/辆。

要求：计算并申报锦华公司2016年应缴纳的车船税。

【工作流程】

第一步：分析经济业务，确定计税方法和计税依据

（1）客货两用车、货车按照货车的计税单位和税额标准计征车船税。车辆整备质量尾数在0.5吨以下的，按0.5吨计算；超过0.5吨的，按1吨计算，故计税依据为6吨。

（2）小轿车按乘用车的计税单位和税额标准计征车船税。

第二步：计算各种车辆2016年车船税应纳税额

（1）货车、客货两用汽车应缴纳的车船税税额＝（3×6+8）×100=2 600（元）

（2）当年购入的小轿车应缴纳的车船税税额=1×480=480（元）

第三步：计算2016年该公司车船税总应纳税额

2016年车船税应纳税额=2 600+480=3 080（元）

第四步：填制车船税纳税申报表（见表7-5）

车船税纳税申报表

表7-5

税款所属期限：自2016年1月1日至2016年12月31日	填表日期：2017年1月10日	金额单位：元（列至角分）

纳税人识别号	3 3 0 1 1 2 2 3 4 5 6 6 7 8 9 3 3 3			纳税人身份证照类型								
纳税人名称	锦华电子技术服务有限责任公司			纳税人身份证照号码								
联系人	陈胜利			居住（单位）地址	××市开发区振华路185号							
				联系方式	85665456							

序号	（车辆）号牌号码/（船舶）登记号码（车船识别代码（车架号/船舶识别号码））	征收品目	计税单位	计税的数量	单位税额	年应缴税额	本年减免税额	减免性质代码	减免税证明号	当年应缴税额	本年已缴税额	本期应补（退）税额
	1	2	3	4	5	6	7=5*6	8	9	10	11=7-8	12	13=11-12
1	**********	货车	吨	8	100	800.00				800.00		800.00
2	**********	货车	吨	6	100	600.00				600.00		600.00
3	**********	货车	吨	6	100	600.00				600.00		600.00
4	**********	货车	吨	6	100	600.00				600.00		600.00
5	***********	乘用车	辆	1	480	480.00				480.00		480.00
合计	—	—	—	—	—	3080.00		—	—	3080.00	0	3080.00

申报车辆总数（辆）：5　　　申报船舶总数（艘）：

以下由申报人填写：

纳税人声明　此纳税申报表是根据《中华人民共和国车船税法》和国家有关税收规定填报的，是真实的、可靠的、完整的。

纳税人签章	代理人签章	代理人身份证号

以下由税务机关填写：

受理人	受理日期	受理税务机关（签章）

本表一式两份，一份纳税人留存，一份税务机关留存。

【课堂能力训练】

某公司拥有载货汽车两辆，其中 A 车整备质量为 10 吨，B 车整备质量为 20 吨，当地规定的车船税税率为 30 元/吨；其拥有载客汽车 5 辆，当地规定的车船税税率为 200 元/辆；其拥有机动船一艘，净吨位为 40 吨，当地规定的车船税税率为 50 元/吨。

要求：计算该公司每年应纳的车船税税额。

任务4　印花税计算申报与筹划

引导案例

某年 6 月，美达公司与庆丽公司签订运输合同，由美达公司为庆丽公司提供运输服务，合同金额为 30 万元，美达公司依法缴纳了印花税，但庆丽公司新来的会计小王认为庆丽公司不属于提供服务方，所以不用缴纳印花税。

请问：小王的想法正确吗？

引导案例解析

一、学习印花税基本知识

印花税是对经济活动和经济交往中书立、领受各种具有法律效力的应税凭证的行为征收的一种税。印花税属于行为税。

印花税具有征税范围广、税率低、税负轻等特点，并实行由纳税人自行计算应纳税额、自行购买印花税票并贴花、自行盖章注销或划销的"三自"纳税办法。

（一）确定印花税纳税人

印花税的纳税人，是指在我国境内书立、使用、领受印花税法所列举的应税凭证的单位和个人。按照书立、使用、领受应税凭证的不同，印花税纳税人可以分别确定为立合同人、立据人、立账簿人、领受人和使用人五种。

（1）立合同人。各类合同的纳税人是立合同人。立合同人是指签订合同的当事人，是与应税凭证有直接权利义务关系的单位和个人，但不包括合同的担保人、证人和鉴定人。

（2）立据人。产权转移书据的纳税人是立据人。

（3）立账簿人。营业账簿的纳税人是立账簿人。立账簿人，是指设立并使用账簿的单位和个人。

（4）领受人。权利许可证照的纳税人是领受人。领受人是指领取或接受并持有该凭证的单位和个人。比如，向工商行政管理部门领取营业执照的企业，或申请依法取得国家专利机关颁发的专利证书的个人就是领受人。

（5）使用人。在国外书立、领受，但在国内使用的应税凭证，其纳税人是该凭证的使用人。

【提示】 对于双方或双方以上当事人共同书立的应税凭证，其当事人各方都是印花税的纳税人，应各自就其所持凭证的计税金额全额缴税。

（二）确定印花税征税对象和征税范围

印花税的征税对象是税法列举的各种应税凭证。征税范围主要包括：

（1）合同或具有合同性质的凭证。具体包括购销合同、加工承揽合同、建设工程勘察设计合同、建筑安装工程承包合同、财产租赁合同、货物运输合同、仓储保管合同、借款合同、财产保险合同和技术合同10种。

（2）产权转移书据。产权转移书据，是指单位和个人产权的买卖、继承、赠与、交换、分割等所立的书据。产权转移书据的征税范围是指经政府管理机关登记注册的动产、不动产的所有权转移所立的书据，以及企业股权转让所立的书据，包括财产所有权和版权、商标专用权、专利权、专有技术使用权等转移书据。对土地使用权出让合同、土地使用权转让合同、商品房销售合同，按产权转移书据征收印花税。

（3）营业账簿。营业账簿按其反映内容的不同，可分为记载资金的账簿和其他账簿。记载资金的账簿，是指反映生产经营单位资本金数额增减变化的账簿；其他账簿，是指除上述账簿以外的账簿，包括日记账簿和各明细分类账簿。

（4）权利许可证照。权利许可证照包括政府部门发放的房屋产权证、工商营业执照、商标注册证、专利证、土地使用证等。

（5）经财政部确定征税的其他应税凭证。

（三）确定印花税税率

印花税税目、税率表见表7-6。

表7-6　　　　　　　　　　　　　　印花税税目、税率表

税　目	范　围	计税依据	税率
1.购销合同	包括供应、预购、采购、购销结合及协作、调剂、补偿等合同	合同记载的购销金额	0.3‰
2.加工承揽合同	包括加工、定作、修缮、修理、印刷、广告、测绘、测试等合同	加工或承揽收入的金额	0.5‰
3.建设工程勘察设计合同	包括勘察设计合同	收取的费用	0.5‰
4.建筑安装工程承包合同	包括建筑、安装工程承包合同	承包金额	0.3‰
5.财产租赁合同	包括租赁房屋、船舶、飞机、机动车辆、机械、器具、设备等合同	租赁金额	1‰
6.货物运输合同	包括民航、铁路、海上、内河、公路运输和联合运输等合同	运费收入，但不包括所运货物的金额、装卸费和保险费	0.5‰
7.仓储保管合同	包括仓储、保管合同	仓储保管费用	1‰
8.借款合同	银行及其他金融机构和借款人（不包括银行同业拆借）所签订的借款合同	借款金额	0.05‰
9.财产保险合同	包括财产、责任、保证、信用等保险合同	支付或收取的保险费收入	1‰
10.技术合同	包括技术开发、转让、咨询、服务等合同	合同所载价款、报酬、使用费的金额	0.3‰
11.产权转移书据	包括财产所有权和版权、商标专用权、专利权、专有技术使用权等转移书据	合同所载金额	0.5‰
12.营业账簿	记载资金的账簿	按"实收资本""资本公积"两项合计金额贴花，以后年度资金总额比已贴花资金总额有所增加的，按增加部分贴花	0.5‰
	其他账簿	应税凭证件数	5元/件
13.权利许可证照	包括政府部门发放的房屋产权证、工商营业执照、土地使用证、商标注册证、专利证	应税凭证件数	5元/件

【提示】2008年9月19日起，调整证券（股票）交易印花税征收方式，改为单边征收，即对买卖、继承、赠与所书立的A股、B股股权转让书据的出让方按1‰的税率征收证券（股票）交易印花税，对受让方不再征税。

（四）了解印花税税收优惠

下列凭证免征印花税：

（1）已缴纳印花税的凭证的副本或抄本。

（2）财产所有者将财产赠给政府、社会福利机构、学校所书立的书据。

（3）国家指定的收购部门与村民委员会、农民个人书立的农副产品收购合同。

（4）无息、贴息贷款合同。

（5）外国政府或国际金融组织向我国政府及国家金融机构提供优惠贷款所书立的合同。

（6）房地产管理部门与个人签订的用于生活居住的租赁合同。

（7）农牧业保险合同。

（8）特殊的货运凭证，如军需物资运输凭证、抢险救灾物资运输凭证。

二、计算印花税税额

（一）确定印花税计税依据

1.印花税计税依据的一般规定

印花税的计税依据是应税凭证的计税金额或应税凭证的件数。具体有以下几种情况：

（1）购销合同的计税依据为购销金额。

（2）加工承揽合同的计税依据为收取的费用。

（3）建设工程勘察设计合同的计税依据为承包金额勘察设计收取的费用。

（4）建筑安装工程承包合同的计税依据为承包金额。

（5）财产租赁合同的计税依据为租赁金额。

（6）货物运输合同的计税依据为运输费用，但不包括所运货物金额、装卸费、保险费。

（7）仓储保管合同的计税依据为仓储保管费用。

（8）借款合同的计税依据为借款金额。

（9）财产保险合同的计税依据为保险费，不包括所保财产的金额。

（10）技术合同的计税依据为合同所载金额、报酬或使用费。

（11）产权转移书据的依据为合同所载金额。

（12）营业账簿税目中记载金额的账簿的计税依据为"实收资本"和"资本公积"两项的合计金额。其他账簿的计税依据为应税凭证件数。

（13）权利许可证的计税依据为应税凭证件数。

2.印花税计税依据的特殊规定

确定印花税的计税依据还要注意以下特殊规定：

（1）同一凭证，因载有两个或者两个以上经济事项而适用不同税目税率，如分别记载金额的，应分别计算应纳税额，相加后按合计税额贴花；如未分别记载金额的，按税率高的计税贴花。例如：由受托方提供原材料的加工、定作合同，凡在合同中分别记载加工费金额与原材料金额的，应分别按"加工承揽合同""购销合同"计税，两项税额相加数，即为合同应贴印花金额；合同中不划分加工费金额与原材料金额的，应按全部金额，依照"加工

图片：无期限房屋租赁合同印花税案例

承揽合同"计税贴花。

（2）有些合同在签订时无法确定计税金额，如技术转让合同中的转让收入，是按销售收入的一定比例收取或是按实现利润分成的；财产租赁合同，只是规定了月（天）租金标准而无租赁期限。对这类合同，可在签订时先按定额5元贴花，以后结算时再按实际金额计税，补贴印花。

（3）商品购销活动中，采用以货换货方式进行商品交易签订的合同，是反映既购又销双重经济行为的合同。对此，应按合同所载的购、销合计金额计税贴花。合同未列明金额的，应按合同所载购、销数量依照国家牌价或市场价格计算应纳税金额。

（二）计算印花税应纳税额

根据应税凭证的性质，印花税的计算可采用从价定率计算和从量定额计算两种方法，其计算公式为：

从价定率计算公式：

$$应纳税额=计税金额×适用比例税率$$

从量定额计算公式：

$$应纳税额=计税凭证数量×适用单位税额$$

【做中学7-4】某企业某年发生以下业务：领受房屋产权证、工商营业执照、土地使用证各1件；订立易货合同1份，以100万元的产品交换100万元的原材料；企业记载资金的账簿中"实收资本"和"资本公积"金额之和为500万元；其他账簿共3本。

要求：计算该企业当年应纳印花税税额。

从价定率计征应纳税额=（1 000 000+1 000 000）×0.3‰+5 000 000×0.5‰=3 100（元）

从量定额计征应纳税额=（3+3）×5=30（元）

年应纳印花税总额=3 100+30=3 130（元）

三、申报缴纳印花税

（一）确定纳税申报方式

1.自行贴花办法

自行贴花办法一般适用于应税凭证较少或者贴花次数较少的纳税人。纳税人书立、领受或使用印花税法列举的应税凭证的同时，纳税义务即已产生，应自行计算应纳税额，自行购买印花税票，自行一次贴足印花税票并加以注销或划销，纳税义务才算全部履行完毕。

应纳税额不足1角的，免纳印花税。应纳税额在1角以上的，其税额尾数不满5分的不计，满5分的按1角计算缴纳。财产租赁合同税额超过1角不足1元的，按1元纳税。

对已贴花的凭证，修改后所载金额增加的，其增加部分应当补贴印花税票。凡多贴印花税票的，不得申请退税或抵用。

2.汇贴或汇缴办法

汇贴或汇缴办法一般适用于应纳税额较大或者贴花次数较多的纳税人。

汇贴办法是指一份凭证应纳税额超过500元的，纳税人可以采取将税收缴款书、完税证明其中一联粘贴在凭证上或者由地方税务机关在凭证上加注完税标记代替贴花。

汇缴办法是指同一种类应税凭证，需要频繁贴花的，可由纳税人根据实际情况自行决定是否采用按期汇总申报缴纳印花税的方式。汇总申报缴纳的期限不得超过1个月。采用按期汇总申报缴纳方式的，1年内不得改变。

3.委托代征办法

委托代征办法是指通过税务机关的委托，由发放或者办理应纳税凭证的单位代为征收印花税税款。比如，工商行政管理机关在核发营业执照的同时，负责代售印花税票并监督纳税；国家工商行政管理局商标局在核发商标注册证的同时，负责代售印花税票并监督纳税。税务机关与代征单位签订代征委托书，并按代售金额的5%支付代征手续费。

【提示】印花税票应当粘贴在应纳税凭证上，并由纳税人在每枚税票的骑缝处盖戳注销或者划销。已贴用的印花税票不得重复使用。同一凭证，由两方或者两方以上当事人签订并各执一份的，应当由各方就所执的一份各自全额贴花。

（二）印花税纳税期限

印花税应当在应税凭证书立或领受时贴花。具体是指，在合同签订时、账簿启用时和证照领受时贴花。如果合同是在国外签订，并且不便在国外贴花的，应在将合同带入境时办理贴花纳税手续。

企业发生的业务未签合同，是否需要缴纳印花税？

【提示】签订的合同不论是否兑现或是否按期兑现，一律按规定贴花。

（三）印花税纳税地点

印花税一般实行就地纳税。如果是全国性订货会所签合同应缴纳的印花税，由纳税人回其所在地办理贴花；对地方主办，不涉及省际关系的订货会、展销会上所签合同的印花税，由省级政府自行确定纳税地点。

（四）印花税纳税申报

汇缴印花税的纳税人应按照条例的有关规定及时办理纳税申报，如实填写《印花税纳税申报（报告）表》（见表7-7）。

四、筹划印花税

（一）利用分开核算或分期签订合同进行筹划

按照现行印花税法的规定，同一凭证，载有两个或两个以上经济事项而适用不同税目、税率且分别记载金额的，按各自的税率分别计算印花税；未分别记载金额的，从高适用税率计税。因此企业在签订合同时，应尽量分别记载有着不同税率的经济事项，以免承担不必要的税收负担。

另外，因印花税应于合同书立时贴花，如果某些合同可以分期签订，则最好分期签订，这样总的印花税金额虽然没有减少，但却延缓了纳税时间，利用了货币的时间价值，也达到了纳税筹划的目的。当然，前提是不影响企业正常的生产经营，同时不会因分期签订可能遇上物价变化造成合同金额增大，而导致筹划失败。

（二）合理估计合同金额进行筹划

按照现行印花税法的规定，纳税人只要存在签订应税合同的行为，就应该按规定全额计算应缴纳的印花税。不论合同是否执行或者是否全部执行，企业均应贴花，而且对已履行并贴花的合同，所载金额大于合同履行后实际结算金额的，不办理退税手续。而现实中很多企业在签订经济合同的过程中，往往会根据预计的情况估算合同数量和金额，但实际

执行的数量和金额却大大低于原合同上的数额。因此，纳税人在签订合同时，应合理估计合同金额，以降低印花税税负。

现行印花税法规定，有些合同在签订时无法确定计税金额，如财产租赁合同，只规定了月（天）租金标准而无租赁期限，可在签订时先按定额5元贴花，以后结算时再按实际金额计税，补贴印花。因此，签订这类合同时，不确定租赁期限可以延缓纳税，利用了货币的时间价值，也可以达到筹划的目的。

工作任务实例7-4

锦华电子技术服务有限公司（企业相关资料见本项目工作任务实例7-1）2016年2月发生以下业务：

（1）领受商标注册证1件。

（2）签订了10份购销合同，合同金额共计1 000万元。

（3）签订了1份借款合同，所载金额为300万元。

（4）签订了2份运输合同，记载运费共计20万元。

经主管税务机关确定，锦华公司采用按月汇贴办法缴纳印花税。

要求：计算并申报其2月份应纳的印花税。

【工作流程】

第一步：分析经济业务确定计税方法和计税依据

（1）企业领受商标注册证应按件贴花纳税，每件5元。

（2）企业订立购销合同，按照购销金额的0.3‰贴花。

（3）企业签订借款合同，按借款金额的0.05‰贴花。

（4）企业签订运输合同，按合同记载运费金额0.5‰贴花。

第二步：计算每笔业务年印花税应纳税额

（1）业务（1）应缴纳的印花税税额＝1×5＝5（元）

（2）业务（2）应缴纳的印花税税额＝10 000 000×0.3‰＝3 000（元）

（3）业务（3）应缴纳的印花税税额＝3 000 000×0.05‰＝150（元）

（4）业务（4）应缴纳的印花税税额＝200 000×0.5‰＝100（元）

第三步：计算当月总印花税应纳税额

年印花税应纳税额＝5＋3 000＋150＋100＝3 255（元）

第四步：填制印花税申报表（见表7-7）

表7-7　　　　　　　　　　　**印花税纳税申报（报告）表**

税款所属期限：自2016年2月1日至2016年2月29日

填表日期：2016年3月5日　　　　　　　　　　　　　　　　　金额单位：元（列至角分）

| 纳税人识别号 | 3 3 0 1 1 2 2 3 3 4 4 5 5 6 6 7 8 9 3 3 | | | | | | | | |

纳税人信息	名称		锦华电子技术服务有限责任公司			☑单位　　□个人			
	登记注册类型		有限责任公司		所属行业	生活服务			
	身份证件类型			身份证件号码					
	联系方式			85665456					

应税凭证	计税金额或件数	核定征收		适用税率	本期应纳税额	本期已缴税额	本期减免税额		本期应补（退）税额
		核定依据	核定比例				减免性质代码	减免额	
	1	2	3	4	5＝1×4+2×3×4	6	7	8	9＝5-6-8
购销合同	10 000 000.00			0.3‰	3 000.00	0		0	3 000.00
加工承揽合同				0.5‰					
建设工程勘察设计合同				0.5‰					
建筑安装工程承包合同				0.3‰					
财产租赁合同				1‰					
货物运输合同	200 000.00			0.5‰	100.00			0	100.00
仓储保管合同				1‰					
借款合同	3 000 000.00			0.05‰	150.00			0	150.00
财产保险合同				1‰					
技术合同				0.3‰					
产权转移书据				0.5‰					
营业账簿（记载资金的账簿）		—		0.5‰					
营业账簿（其他账簿）		—		5					
权利、许可证照	1	—		5	5.00			0	5.00
合计	—	—		—	3 255.00				3 255.00

以下由纳税人填写：

纳税人声明	此纳税申报表是根据《中华人民共和国印花税暂行条例》和国家有关税收规定填报的，是真实的、可靠的、完整的
纳税人签章	代理人签章　　　　　　　代理人身份证号

以下由税务机关填写：

受理人		受理日期	年　月　日	受理税务机关签章	

本表一式两份，一份纳税人留存，一份税务机关留存。

【课堂能力训练】

某地下列纳税人发生如下业务：

（1）甲签订运输合同一份，总金额为46 100万元（含装卸费5万元），并进行货物国际联运。

（2）乙出租居住用房一间给某单位，双方签订一份租赁合同，月租金为500元，租期不定。

（3）丙签订销售合同，数量5 000件，无金额，当期市价为50元/件。

（4）房管部门与个人签订租房合同（用于生活居住），月租金为600元，租期为2年。

（5）企业与他人签订一份仓储合同，保管费为50 000元，但未履行，企业已将贴用的印花税票揭下留用。

要求：计算各纳税人应纳的印花税，并说明是否有违章行为，如有，应如何处理。

任务5　城市维护建设税和教育费附加计算申报与筹划

引导案例

引导案例解析

兴华实业公司位于某县城，某年3月缴纳增值税200 000元、消费税50 000元，另外补缴了2月漏缴的增值税30 000元。

请问：该公司适用的城市维护建设税税率和教育费附加征收率是多少？当月应交的城市维护建设税和教育费附加的计算依据是什么？

一、认识与计算城市维护建设税

城市维护建设税（简称城建税）是国家对缴纳增值税、消费税（简称"两税"）的单位和个人以其实际缴纳的"两税"税额为计税依据而征收的一种税。城建税是一种具有附加税性质的税种，是国家为加强城市的维护建设，扩大和稳定城市维护资金的来源而采取的一项税收措施。

（一）确定城市维护建设税的纳税人

城市维护建设税的纳税人，是指负有缴纳"两税"义务的单位和个人，包括外商投资企业、外国企业和外籍人员。

（二）确定城市维护建设税的计税依据

城市维护建设税的计税依据为纳税人实际缴纳的增值税、消费税。纳税人被查补"两税"时，应同时对其偷漏的城建税进行补税。

（1）对进口产品由海关代征的增值税、消费税不作为城市维护建设税的计税依据。

（2）对出口产品实行出口退还增值税、消费税的，不退还出口产品已缴纳的城市维护建设税。

（3）对纳税人因违反增值税、消费税有关税法而加收的滞纳金或罚款，不作为城市维护建设税的计税依据。但对纳税人因偷漏税而被查补的增值税、消费税，应作为城市维护建设税的计税依据征收城市维护建设税。

（4）纳税人减征或免征增值税、消费税的，同时也就减征或免征了城市维护建设税。

（三）确定城市维护建设税的税率

城市维护建设税采用比例税率。按纳税人所在地的不同，设置了三档地区差别比例税率，分别为：

（1）纳税人所在地为市区的，税率为7%。

（2）纳税人所在地为县城、镇的，税率为5%。

（3）纳税人所在地为不在市区、县城或镇的，税率为1%。

城建税的适用税率，应当按纳税人所在地的规定税率执行。但是对下列两种情况，可以按缴纳"两税"所在地的规定税率就地缴纳城建税：

（1）由受托方代收代缴、代扣代缴"两税"的单位和个人。

（2）流动经营等无固定纳税地点的单位和个人。

（四）计算城市维护建设税应纳税额

城市维护建设税的应纳税额是按纳税人实际缴纳的"两税"税额计算的，其计算公式为：

$$应纳税额=纳税人实际缴纳的增值税、消费税税额×适用税率$$

二、认识与计算教育费附加

教育费附加是对缴纳增值税、消费税的单位和个人，以其实际缴纳的"两税"税额为计算依据征收的一种专项附加费，是正税以外的政府行政收费。其目的是多渠道筹集教育经费，改善中小学办学条件，促进地方教育事业的发展，故具有专款专用的性质。

教育费附加对缴纳"两税"的单位和个人征收，以其实际缴纳的"两税"税额为计费依据，分别与"两税"同时缴纳。现行教育费附加的征收率为"两税"税额的3%。另外，地方税务局还征收地方教育费附加，各地的费率不同，一般为1%~2%。

对海关进口的商品征收的增值税、消费税，不征收教育费附加。对由于减免增值税、消费税而发生退税的，可同时退还已征收的教育费附加。但对出口产品退还增值税、消费税的，不退还已征的教育费附加。

【提示】根据《财政部 国家税务总局关于扩大有关政府性基金免征范围的通知》（财税〔2016〕12号）的规定：按月纳税的月销售额或营业额不超过10万元（按季度纳税的，季度销售额或营业额不超过30万元）的缴纳义务人，免征教育费附加、地方教育附加、水利建设基金。

以上所称销售额为不含增值税的销售额。应税行为有扣除项目适用增值税差额征收政策的，应以取得的全部价款和价外费用即未扣除之前（或称差额前）的销售额来确定是否可以享受该项优惠政策。

教育费附加的计算公式为：

$$应纳教育费附加=纳税人实际缴纳的增值税、消费税税额×征收率$$

三、申报缴纳城市维护建设税与教育费附加

（一）确定纳税地点与纳税期限

1.确定纳税义务发生时间

城市维护建设税和教育费附加以纳税人实际缴纳的"两税"为计税依据，分别与"两税"同时缴纳。也就是说，城市维护建设税和教育费附加的纳税义务发生时间基本上与"两税"纳税义务发生时间一致。

2.确定纳税地点

纳税人缴纳"两税"的地点就是该纳税人缴纳城市维护建设税税和教育费附加的地点。有特殊情况的，按下列原则和办法确定纳税地点：

（1）代扣代缴、代收代缴"两税"的单位和个人，同时也是城市维护建设税的代扣代缴、代收代缴义务人，其纳税地点为代扣代收地。

（2）对流动经营等无固定纳税地点的单位和个人，应随同"两税"在经营地按适用税率缴纳。

（3）实行汇总缴纳"两税"的纳税人，城市维护建设税在汇总地与"两税"同时缴纳。

3.确定纳税期限

城市维护建设税与教育费附加的纳税期限与"两税"的纳税期限一致，对增值税和消费税而言，分别为1日、3日、5日、10日、15日或者1个月，具体由税务机关根据纳税人应纳税额的大小分别核定；不能按期纳税的，可以按次纳税。

（二）纳税申报与缴纳

纳税人在申报"两税"的同时，填报城市维护建设税、教育费附加、地方教育附加税（费）申报表（见表7-8），在缴纳"两税"的同时，缴纳城市维护建设税与教育费附加。

四、筹划城市维护建设税与教育费附加

城市维护建设税以纳税人实际缴纳的增值税、消费税税额为计税依据，分别与"两税"同时缴纳。但城市维护建设税因纳税人所在地的不同，其适用的税率也不同，这就为纳税人提供了纳税筹划的空间。

增值税与消费税法规均规定，纳税人总机构与分支机构不在同一县（市）的，应当分别向各自所在地主管税务机关申报纳税。

比如，某市某土建工程公司欲承包某高速公路中某几段的工程，工程应纳增值税总额约为80万元。该工程绝大部分施工路段在远离市区的农村，离某县城较近。假如其把工程施工经理部（工程核算地）设置在市区，该工程总承包收入应纳的城建税为：80×7%=5.6（万元）；如果把工程施工经理部设置在县城，该工程总承包收入应纳的城建税为：80×5%=4（万元）；如果把工程施工经理部设置在农村，该工程总承包收入应纳的城建税为80×1%=0.8（万元）。因此，公司可以将工程施工经理部办公地点选择在离该工程施工路段相对中心位置较近的农村。虽然交通通讯等条件比不上市、镇，会增加各项办公费用支出，但仅城市维护建设税这一项，就比选择在市区节税4.8万元，也比选择在镇节税3.2万元。

工作任务实例7-5

锦华电子技术服务有限公司（企业相关资料见本项目工作任务实例7-1）2016年10月依法缴纳增值税35 000元。

要求：计算并申报其当月应纳城市维护建设税与教育费附加（本题忽略地方教育费附加）。

【工作流程】

第一步：分析经济业务，确定计税方法和计税依据

（1）城市维护建设税与教育费附加的计税依据为企业实际缴纳增值税税额。

（2）锦华公司位于市区，城市维护建设税按7%计算缴纳。

（3）教育费附加按3%计算缴纳。

第二步：计算城市维护建设税与教育费附加应纳税额

（1）城市维护建设税税额＝35 000×7%＝2 450（元）

（2）教育费附加税额＝35 000×3%＝1 050（元）

第三步：填制纳税申报表（见表7-8）

表7-8 **城市维护建设税、教育费附加、地方教育附加税（费）申报表**

税款所属期限：自2016年10月1日至2016年10月31日 填表日期：2016年11月6日

金额单位：元（列至角分）

纳税人识别号 3 3 0 1 1 2 2 3 3 4 4 5 5 9 3 3

纳税人信息	名称		锦华电子技术服务有限责任公司						☑单位　□个人		
	登记注册类型		有限责任公司				所属行业		生活服务		
	身份证件号码						联系方式		85665456		

税（费）种	增值税		消费税	合计	税率（征收率）	本期应纳税（费）额	本期减免税（费）额		本期已缴税（费）额	本期应补（退）税（费）额
	一般增值税	免抵税额					减免性质代码	减免额		
	1	2	3	4=1+2+3	5	6=5×4	7	8	9	10=6-8-9
城建税	35 000.00			35 000.00	7%	2 450.00	0		0.00	2 450.00
教育费附加	35 000.00			35 000.00	3%	1 050.00	0		0.00	1 050.00
地方教育附加										
……										
合计						3 500.00			0.00	3 500.00
纳税人声明										
纳税人签章		代理人身份证号								
受理人		受理税务机关签章								

本表一式两份，一份纳税人留存，一份税务机关留存。

【课堂能力训练】

某市某企业某年5月实际缴纳增值税300 000元，实际缴纳消费税100 000元，补缴上月少交增值税20 000元并被处以2 000元的罚款。

要求：

（1）分析该企业当月应纳城市维护建设税和教育费附加的计税依据。

（2）计算当月应纳城市维护建设税和教育费附加。

（3）如果该企业6月份搬迁至县城，则其适用的城市维护建设税税率为多少？

任务6　土地增值税计算申报与筹划 ▼

引导案例 ◄

某单位在某年底，计划出售其位于市郊的一栋原价为200万元的楼房，请相关机构对该楼房价格进行了重新评估，因处于新建地铁的附近，该楼房的评估价为380万元。

请问：该企业需要缴纳土地增值税吗？

引导案例解析

一、学习土地增值税基本知识

土地增值税是对有偿转让国有土地使用权、地上建筑物及其附着物（简称房地产）并取得收入的单位和个人就其转让房地产所取得的增值额征收的一种税。土地增值税在房地产的转让环节实行道道征税、按次征收，即每转让一次就征收一次土地增值税。征收土地增值税，可以减少土地和房地产投机行为，提高土地利用效率。

（一）确定土地增值税纳税人

土地增值税的纳税人是转让国有土地使用权、地上建筑物及其附着物（可简称"转让房地产"）并取得收入的单位和个人。

单位包括各类企业、事业单位、国家机关、社会团体及其他组织等。个人包括个体工商户和其他个人。外商投资企业、外国企业、外国驻华机构及海外华侨和外籍个人也包括在内。

（二）确定土地增值税征税对象和征税范围

土地增值税的征税对象是纳税人有偿转让国有土地使用权、地上建筑物及其附着物产权所取得的增值额。"增值额"为纳税人转让房地产的收入，减去税法规定准予扣除项目金额后的余额。

土地增值税具体征税范围规定如下：

（1）土地增值税只对转让国有土地使用权的行为征税，对转让非国有土地和出让国有土地的行为均不征税。

根据我国宪法及土地管理法规的规定，城市土地属国家所有，农村和城市郊区的土地属集体所有（法律规定属国家所有的除外）。故城市房地产转让属于土地增值税的征税范围；而农村集体所有的土地，根据有关法律不得自行转让，也就不成为土地增值税的征税范围。

（2）土地增值税既对转让土地使用权征税，也对转让地上建筑物和其他附着物的产权征税。"地上建筑物"是指建于地上的一切建筑物，包括地上、地下的各种附属设施。"附着物"是指附着于土地上的不能移动或一经移动即遭损坏的物品。

（3）土地增值税只对有偿转让的房地产征税，对以继承、赠与等方式无偿转让的房地产，则不予征税。

这里所说的赠与指以下情况：房产所有人、土地使用权所有人将房屋产权、土地使用权赠与直系亲属或承担直接赡养义务人；房产所有人、土地使用权所有人通过中国境内非营利的社会团体、国家机关将房屋产权、土地使用权赠与教育、民政和其他社会福利、公益事业。

【提示】土地使用权出让与转让不同。国有土地使用权出让是指国家以土地所有者的身份将土地使用权在一定年限内让与土地使用者，并由土地使用者向国家支付土地使用权出让金，这种行为涉及由政府垄断的土地一级市场，故不属于土地增值税的征税范围；而国有土地使用权的转让是指土地使用者通过出让等形式取得土地使用权后，将土地使用权再转让的行为，这是土地二级市场的交易行为，属于土地增值税的征税范围。

（三）确定土地增值税税率

土地增值税实行四级超率累进税率，见表7-9。

表7-9　　　　　　　　　　　　　　　　　　　土地增值税税率表

级数	增值额占扣除项目金额的比例	适用税率	速算扣除率
1	50%（含）以下	30%	0
2	50%~100%（含）	40%	5%
3	100%~200%（含）	50%	15%
4	200%以上	60%	35%

（四）了解土地增值税税收优惠

土地增值税的税收优惠有以下几方面：

（1）对建造普通标准住宅出售，增值额未超过扣除项目金额20%的，免征土地增值税；增值额超过扣除项目金额20%的，应就其全部增值额按规定计税。所谓普通标准住宅，是指按所在地一般民用住宅标准建造的居住用住宅，高级公寓、别墅、度假村等不属于普通标准住宅。

（2）因国家建设需要依法征用、收回的房地产，免征土地增值税。

（3）个人转让普通住房暂免征收土地增值税。个人转让非普通住房，居住满5年及以上的，免征土地增值税；居住满3年未满5年的，减半征收土地增值税；居住未满3年的，按规定征收土地增值税。

（4）对于一方出地，一方出资金，双方合作建房，建成后按比例分房自用的，暂免征收土地增值税；建成后转让的，应征收土地增值税。

（5）对于以房地产进行投资、联营的，投资、联营的一方以土地（房地产）作价入股进行投资或作为联营条件的，将房地产转让到所投资、联营的企业中时，暂免征收土地增值税；对投资、联营企业将上述房地产再转让的，应征收土地增值税。

（6）个人之间互换自有居住用房地产的，经当地税务机关核实，可以免征土地增值税。

（7）在企业兼并的情况下，对被兼并企业将房地产转让到兼并企业中的，暂免征收土地增值税。

二、计算土地增值税税额

（一）确定土地增值税计税依据

土地增值税以转让房地产取得的收入，减除法定扣除项目金额后的增值额作为计税依据。其计算公式为：

土地增值额=转让房地产取得的收入-扣除项目金额

1.确定应税收入

应税收入，是指纳税人转让房地产的全部价款及有关的经济收益，包括货币收入、实物收入和其他收入，但不含增值税。

（1）货币收入。货币收入是指纳税人转让房地产而取得的现金、银行存款、支票、银行本票、汇票等各种信用票据和国库券、金融债券、企业债券、股票等有价证券。

（2）实物收入。实物收入是指纳税人转让房地产而取得的各种实物形态的收入，如房屋、土地等不动产。

（3）其他收入。其他收入是指纳税人转让房地产而取得的无形资产收入或具有财产价值的权利。

2.确定扣除项目内容

扣除项目及其内容包括：

（1）取得土地使用权所支付的金额。

取得土地使用权所支付的金额包括纳税人为取得土地使用权所支付的地价款和按照国家统一规定缴纳的有关费用。具体包括：以出让方式取得土地使用权的，为支付的土地出让金；以行政划拨方式取得土地使用权的，为转让土地使用权时按规定补交的出让金；以转让方式得到土地使用权的，为支付的地价款。

（2）房地产开发成本。

房地产开发成本即开发土地和新建房及配套设施的成本，包括土地征用及拆迁补偿费、前期工程费、建筑安装工程费、基础设施费、公共设施配套费、开发间接费用。这些成本允许按实际发生额扣除。

（3）房地产开发费用。

房地产开发费用即开发土地和新建房及配套设施的费用，包括销售费用、管理费用、财务费用。房地产开发费用不按房地产开发项目实际发生的费用进行扣除，而是按以下办法进行扣除：

①财务费用中的利息支出能够按转让房地产项目计算分摊并提供金融机构证明的，利息支出允许据实扣除，但最高不能超过按商业银行同类同期贷款利率计算的金额。其他房地产开发费用，在按扣除项目（1）（2）两项规定计算的金额之和的5%以内计算扣除，即：

$$\frac{\text{允许扣除的}}{\text{房地产开发费用}} = \text{利息} + \left(\frac{\text{取得土地使用权}}{\text{所支付的金额}} + \frac{\text{房地产}}{\text{开发成本}} \right) \times 5\%\text{以内}$$

②凡利息支出不能按转让房地产项目计算分摊或不能提供金融机构证明的，房地产开发费用在按扣除项目（1）（2）两项规定计算的金额之和的10%以内计算扣除，即：

$$\frac{\text{允许扣除的}}{\text{房地产开发费用}} = \left(\frac{\text{取得土地使用权}}{\text{所支付的金额}} + \frac{\text{房地产}}{\text{开发成本}} \right) \times 10\%\text{以内}$$

上述计算扣除的具体比例，由各省、自治区、直辖市人民政府确定。

（4）旧房及建筑物的评估价格。

旧房及建筑物的评估价格是指在转让已使用的房屋及建筑物时，由政府批准设立的房地产评估机构评定的重置成本价乘以成新度折扣率后的价格。评估价格须经当地税务机关确认。

重置成本价是对旧房及建筑物按转让时的建材价格及人工费用计算建造同样标准的新房及建筑物所需花费的成本费用。成新度折扣率是按旧房的新旧程度作一定比例的折扣。

【提示】纳税人转让旧房及建筑物，凡不能取得评估价格，但能提供购房发票的，旧房及建筑物的评估价格，可按发票所载金额并从购买年度起至转让年度止每年加计5%计算扣除。

对于转让旧房及建筑物，既没有评估价格，又不能提供购房发票的，地方税务机关可以根据《中华人民共和国税收征收管理法》的规定，实行核定征收。

（5）与转让房地产有关的税金。

与转让房地产有关的税金，包括在转让房地产时缴纳的城市维护建设税、印花税。因转让房地产缴纳的教育费附加，也可视同税金予以扣除。

（6）其他扣除项目。

对从事房地产开发的纳税人，可按取得土地使用权所支付的金额与房地产开发成本之和加计20%扣除。其他纳税人不适用。

按《中华人民共和国土地增值税暂行条例》等规定的土地增值税扣除项目涉及的增值税进项税额，允许在销项税额中计算抵扣的，不计入扣除项目；不允许在销项税额中计算抵扣的，可以计入扣除项目。

（二）计算土地增值税应纳税额

土地增值税的方法和计算公式如下：

（1）计算房地产转让增值额。

$$增值额=转让收入-扣除项目金额$$

（2）计算增值率，并据其确定适用税率。

$$增值率=（增值额÷扣除项目金额）×100\%$$

（3）计算应纳税额。

$$应纳税额=\sum 每级距的土地增值额×适用税率$$

也可以采取以下公式：

$$应纳税额=增值额×适用税率-扣除项目金额×速算扣除系数$$

【做中学7-5】某市房地产公司（一般纳税人）某年度建设普通住宅楼进行销售，取得销售收入6 648万元。该公司选择按简易征收办法（5%征收率）缴纳增值税，开具了发票，并依法缴纳了有关税金。与该住宅楼开发相关的成本、费用有：取得土地使用权支付金额1 297.8万元、开发成本2 025万元。发生管理费用460万元、销售费用280万元、利息费用380万元（利息费用虽未超过同期银行贷款利率，但不能准确按项目计算分摊）。当地政府规定，其他房地产开发费用在计算土地增值税增值额时的扣除比例为9%。

要求：计算应纳土地增值税额（本题忽略契税、地方教育费附加）。

（1）销售收入=6 648÷（1+5%）=6 331.4286（万元）

（2）扣除项目如下：

①取得土地使用权所支付金额1 297.8万元。

②房地产开发成本2 025万元。

③房地产开发费用=（1 297.8+2 025）×9%=299.052（万元）

④与转让房地产有关的税金=6 331.4286×5%×（7%+3%）=31.6571（万元）

⑤房地产企业加计扣除=（1 297.8+2 025）×20%=664.56（万元）

允许扣除项目合计=1 297.8+2 025+299.052+31.6571+664.56= 4 318.0691（万元）

（3）增值额=6 331.4286- 4 318.0691=2 013.3595（万元）

（4）增值率=2 013.3595÷4 318.0691=46.63%，适用30%税率，速算扣除率为0。

（5）应纳土地增值税额=2 013.3595×30%=604.0079（万元）

【做中学7-6】某单位转让一幢旧房，取得收入945万元，按5%的征收率计算缴纳了增值税，并依法缴纳了有关税金。该房原账面价值为300万元，已累计计提折旧200万元，现经房地产评估机构评定的重置成本价为380万元，有6成新。旧房占地原来是行政划拨的，转让时，补交了土地出让金80万元。

要求：计算该单位转让旧房应纳的土地增值税税额。

（1）销售收入=945÷（1+5%）=900（万元）

（2）扣除项目如下：

①取得土地使用权所支付的金额为80万元。

②与转让房地产有关的税金=900×5%×（7%+3%）+900×0.5‰=4.95（万元）

③旧房及建筑物的评估价格=380×60%=228（万元）

允许扣除项目合计=80+4.95+228=312.95（万元）

（3）增值额=900-312.95=587.05（万元）

（4）增值率=587.05÷312.95×100%=188%，适用50%税率，速算扣除率为15%。

（5）应纳土地增值税税额=587.05×50%-312.95×15%=246.5825（万元）

三、申报缴纳土地增值税

（一）确定土地增值税纳税义务发生时间和纳税期限

纳税人应当自转让房地产合同签订之日起7日内向房地产所在地主管税务机关办理纳税申报，并在税务机关核定的期限内缴纳土地增值税。

（二）确定土地增值税纳税地点

土地增值税的纳税人应向房地产所在地主管税务机关办理纳税申报，并在税务机关核定的期限内纳税。"房地产所在地"，是指房地产的坐落地。纳税人转让的房地产坐落在两个或以上地区的，应按房地产所在地分别申报纳税。

（三）申报土地增值税

纳税人应向税务机关提交房屋及建筑物产权、土地使用权证书，土地转让、房产买卖合同，房地产评估报告及其他与转让房地产有关的资料，并按自身企业情况选择填写纳税申报表，见表7-10、表7-11（其余略）。

四、筹划土地增值税

（一）合理选择利息支出扣除法进行筹划

现行土地增值税相关法规中关于利息支出扣除项目的规定如下：

（1）财务费用中的利息支出，凡能够按转让房地产项目计算分摊，并提供金融机构证明的，允许据实扣除，但最高不能超过按商业银行同类同期贷款利率计算的金额；其他开发费用在按取得土地使用权所支付的金额及房地产开发成本之和的5%以内予以扣除。

（2）利息支出不能够按转让房地产项目计算分摊，或不能提供金融机构证明的，利息不单独扣除，三项费用在按取得土地使用权所支付的金额及房地产开发成本的10%以内计算扣除。

上述计算扣除的具体比例，由各省、自治区、直辖市人民政府确定。

所以纳税人应根据筹资方式的不同，充分比较两种计算方案，选择对自身有利的利息支出扣除法以达到纳税筹划的目的。

（二）利用税收优惠政策的筹划

按照现行土地增值税法的规定，对建造普通标准住宅出售，增值额未超过扣除项目金额20%的，免征土地增值税。而对个人拥有的普通住宅，对其转让暂免征收土地增值税；个人转让非普通住房，居住满5年及以上的，免征土地增值税；居住满3年未满5年的，减半征收土地增值税；居住不满3年的，全额征收土地增值税。因此纳税人建造普通标准住宅出售，在增值率略高于20%的情况下，应考虑增值额降低造成的收入减少和达到起征点而带来的土地增值税税额增加两项中哪项对企业更为不利。而对个人而言，如果需要转让的非普通住宅，居住已近3年或5年，则应在充分考虑房产价格变化趋势的前提下，尽量利用税收减免规定来减轻税收负担。

工作任务实例7-6

2016年7月8日，锦华电子技术服务有限公司（企业相关资料见本项目工作任务实例7-1）与另一家公司签订转让房地产合同，转让其位于所在市区凯旋路356号的一栋旧房屋，取得收入3 150万元，选择按简易征收办法缴纳增值税并开具了发票，依法缴纳了有关税金。据资料记载，这栋房屋购入时的取得发票时间为2011年3月5日，发票价格为2 500万元。经政府批准设立的房地产评估机构评定，其重置成本价为2 800万元，房屋成新率为70%；旧房转让时，补交了土地出让金100万元。

要求：计算并申报其应纳土地增值税（本题忽略契税、地方教育费附加及房地产评估费用）。

【工作流程】

第一步：确认计算土地增值税时允许扣除的项目金额

（1）需缴纳的有关税费：

销售收入=3 150÷（1+5%）=3 000（万元）

增值税应纳税额=3 000×5%=150（万元）

城市维护建设税应纳税额=150×7%=10.5（万元）

教育费附加应纳税额=150×3%=4.5（万元）

印花税应纳税额=3 000×0.5‰=1.5（万元）

可扣除的税费合计金额=10.5+4.5+1.5=16.5（万元）

（2）扣除项目合计=100+2 800×70%+16.5=2 076.5（万元）

第二步：计算增值额和增值率，并确定适用税率和速算扣除率

（1）增值额=3 000-2 076.5=923.5（万元）

（2）增值率=923.5÷2 076.5=44.47%

税率为30%，速算扣除率为0%。

第三步：计算应纳土地增值税税额

土地增值税应纳税额=923.5×30%=277.05（万元）

第四步：填制纳税申报表（见表7-10）

【课堂能力训练】

1.某市房地产开发公司转让写字楼一幢，取得转让收入5 250万元（含增值税），公司采用简易计税方法缴纳了增值税，并按税法规定缴纳了其他有关税费。该公司为取得土地使用权而支付的金额为500万元；投入房地产开发的成本为1 500万元；开发费用为400万元，其中计算分摊给这幢写字楼的利息支出为120万元（有金融机构证明），比按工商银行同类同期贷款利率计算的利息多10万元。公司所在地政府规定的其他开发费用的计算扣除比例为5%。

要求：计算该公司转让此写字楼应纳的土地增值税（不考虑契税和地方教育费附加）。

2.某公司转让一栋20世纪90年代初期建造的砖混结构的楼房，转让收入为1 722万元（含增值税），已按简易计税方法缴纳了增值税，并按规定缴纳了有关税费。该楼房原值为

1 000万元，已提折旧400万元。经房地产评估机构评定，该楼重置成本价为1 800万元，成新度折扣率为60%。

要求：计算该公司应纳的土地增值税。

表7-10 **土地增值税纳税申报表**

（从事房地产开发的纳税人清算适用）

税款所属时间：　年　月　日至　年　月　日　　填表日期：　年　月　日

金额单位：元（列至角分）；面积单位：平方米

纳税人识别号								
纳税人名称		项目名称		项目编号		项目地址		
所属行业		登记注册类型		纳税人地址		邮政编码		
开户银行		银行账号		主管部门		电话		
总可售面积				自用和出租面积				
已售面积		其中：普通住宅已售面积		其中：非普通住宅已售面积		其中：其他类型房地产已售面积		

项目	行次	普通住宅	金额 非普通住宅	其他类型房地产	合计
一、转让房地产收入总额（1=2+3+4）	1				
其中 货币收入	2				
实物收入及其他收入	3				
视同销售收入	4				
二、扣除项目金额合计（5=6+7+14+17+21+22）	5				
1.取得土地使用权所支付的金额	6				
2.房地产开发成本（7=8+9+10+11+12+13）	7				
其中 土地征用及拆迁补偿费	8				
前期工程费	9				
建筑安装工程费	10				
基础设施费	11				
公共配套设施费	12				
开发间接费用	13				
3.房地产开发费用（14=15+16）	14				
其中 利息支出	15				
其他房地产开发费用	16				
4.与转让房地产有关的税金等（17=18+19+20）	17				
其中 增值税	18				
城市维护建设税	19				
教育费附加	20				
5.财政部规定的其他扣除项目	21				
6.代收费用	22				
三、增值额（23=1-5）	23				
四、增值额与扣除项目金额之比（%）（24=23÷5）	24				
五、适用税率（%）	25				
六、速算扣除系数（%）	26				
七、应缴土地增值税税额（27=23×25-5×26）	27				
八、减免税额（28=30+32+34）	28				
其中 减免税（1） 减免性质代码（1）	29				
减免税额（1）	30				
减免税（2） 减免性质代码（2）	31				
减免税额（2）	32				
减免税（3） 减免性质代码（3）	33				
减免税额（3）	34				
九、已缴土地增值税税额	35				
十、应补（退）土地增值税税额（36=27-28-35）	36				

以下由纳税人填写：	
纳税人声明	此纳税申报表是根据《中华人民共和国土地增值税暂行条例》及其实施细则和国家有关税收规定填报的，是真实的、可靠的、完整的
纳税人签章	代理人签章　　　　　　　代理人身份证号

以下由税务机关填写：	
受理人	受理日期　　　年　月　日受理税务机关签章

本表一式两份，一份纳税人留存，一份税务机关留存。

表7-11

土地增值税纳税申报表

（非从事房地产开发的纳税人适用）

税款所属时间：2016年7月8日至2016年7月8日　　填表日期：2016年7月10日

金额单位：元（列至角分）；面积单位：平方米

纳税人识别号	3 3 0 1 1 2 2 3 3 4 4 5 5 6 6 7 8 9 3 3						
纳税人名称	锦华电子技术服务有限责任公司	项目名称			项目地址		
所属行业	生活服务	登记注册类型	有限责任公司	纳税人地址	××市开发区振华路185号	邮政编码	310006
开户银行	**市建设银行振华支行	银行账号	3456789000009	主管部门		电话	

项　目	行次	金　额
一、转让房地产收入总额（1＝2+3+4）	1	30 000 000.00
其中　货币收入	2	30 000 000.00
实物收入	3	
其他收入	4	
二、扣除项目金额合计 （1）5＝6+7+10+15 （2）5＝11+12+14+15	5	20 765 000.00
（1）提供评估价格　1.取得土地使用权所支付的金额	6	1 000 000.00
2.旧房及建筑物的评估价格（7＝8×9）	7	19 600 000.00
其中　旧房及建筑物的重置成本价	8	28 000 000.00
成新度折扣率	9	70%
3.评估费用	10	
（2）提供购房发票　1.购房发票金额	11	
2.发票加计扣除金额（12＝11×5%×13）	12	
其中：房产实际持有年数	13	
3.购房契税	14	
4.与转让房地产有关的税金等（15＝16+17+18+19）	15	165 000.00
其中　增值税	16	
城市维护建设税	17	105 000.00
印花税	18	15 000.00
教育费附加	19	45 000.00
三、增值额（20＝1-5）	20	9 235 000.00
四、增值额与扣除项目金额之比（%）（21＝20÷5）	21	44.47
五、适用税率（%）	22	30
六、速算扣除系数（%）	23	0
七、应缴土地增值税税额（24＝20×22-5×23）	24	2 770 500.00
八、减免税额（减免性质代码：＿＿＿＿＿＿）	25	
九、已缴土地增值税税额	26	
十、应补（退）土地增值税税额（27＝24-25-26）	27	2 770 500.00

以下由纳税人填写：

纳税人声明	此纳税申报表是根据《中华人民共和国土地增值税暂行条例》及其实施细则和国家有关税收规定填报的，是真实的、可靠的、完整的。		
纳税人签章		代理人签章	代理人身份证号

以下由税务机关填写：

受理人		受理日期	年　月　日	受理税务机关签章

任务7　契税计算申报与筹划

引导案例

某年7月，李某与韩某经商量，决定互换彼此的住房。李某的房产价值300万元，韩某的房产价值312万元，李某支付了差价。那么，他们两人是否应缴纳契税？如果需要缴纳，是双方都缴纳，还是某方单独缴纳？

引导案例解析

一、学习契税基本知识

契税是以所有权发生转移、变动的不动产为征税对象，向产权承受人征收的一种财产税。我国现行契税属于行为税，契税由财产承受人缴纳。契税具有调控房地产市场的作用。

（一）确定契税纳税人

契税纳税人是指在我国境内承受土地、房屋权属转移的单位和个人。

这里所指的"单位和个人"，包括企业单位、事业单位、国家机关、军事单位和社会团体以及其他组织和个体经营者及其他个人。所谓"承受"，是指以受让、购买、受赠、交换等方式取得土地、房屋权属的行为。

（二）确定契税征税对象和征税范围

契税以在我国境内转移土地、房屋权属的行为作为征税对象。具体征税范围包括：

1.国有土地使用权出让

国有土地使用权出让是指土地使用者向国家交付土地使用权出让费用，国家将国有土地使用权在一定年限内让予土地使用者的行为。

2.土地使用权转让

土地使用权转让包括出售、赠与和交换，是指土地使用者以出售、赠与、交换或者其他方式将土地使用权转移给其他单位和个人的行为。

3.房屋买卖

房屋买卖是指房屋所有者将其房屋出售，由承受者支付货币、实物、无形资产或者其他经济利益的行为。

4.房屋赠与

房屋赠与是指房屋所有者将其房屋无偿转让给受赠者的行为。

5.房屋交换

房屋交换是指房屋所有者之间相互交换房屋的行为。

【提示】土地、房屋权属以下列方式转移的，应视同土地使用权转让、房屋买卖或者房屋赠与征税：（1）以土地、房屋权属作价投资入股；（2）以土地、房屋权属抵债；（3）以获奖方式承受土地、房屋权属；（4）以预购方式或者预付集资建房方式承受土地、房屋权属。

土地、房屋权属未发生转移的，不征收契税。

（三）确定契税税率

为适应不同地区纳税人的负担水平和调控房地产交易的市场价格，契税采用3%～5%的幅度比例税率。具体税率由省、自治区、直辖市人民政府在规定的幅度内，按照本地区的实际情况确定，并报财政部和国家税务总局备案。

（四）契税税收优惠

有下列情形之一的，减征或者免征契税：

（1）国家机关、事业单位、社会团体、军事单位承受土地、房屋用于办公、教学、医院、科研和军事设施的，免征契税。

（2）城镇职工按规定第一次购买公有住房的，免征契税。这里所说的"城镇职工按规定第一次购买公有住房的"，是指经县以上人民政府批准，在国家规定标准面积以内购买的公有住房。城镇职工享受免征契税，仅限于第一次购买的公有住房。超过国家规定标准面积的部分，仍应按照规定缴纳契税。

（3）因不可抗力灭失住房而重新购买住房的，酌情准予减征或者免征契税。"不可抗力"是指自然灾害、战争等不能预见、不能避免，并不能克服的客观情况。

（4）土地、房屋被县级以上人民政府征用、占用后，重新承受土地、房屋权属的，是否减征或者免征契税，由省、自治区、直辖市人民政府确定。

（5）纳税人承受荒山、荒沟、荒丘、荒滩土地使用权，用于农、林、牧、渔业生产的，免征契税。

（6）依照我国有关法律规定以及我国缔结或参加的双边和多边条约或协定的规定应当予以免税的外国驻华使馆、领事馆、联合国驻华机构及其外交代表、领事官员和其他外交人员承受土地、房屋权属的，经外交部确认，可以免征契税。

（7）法定继承人继承土地、房屋权属的，不征契税；非法定继承人根据遗嘱承受土地、房屋权属的，属于赠与行为，应征契税。

（8）拆迁居民因拆迁购置新房，只就成交价格中相当于拆迁补偿款部分免征契税。

（9）自2016年2月22日起，对个人购买家庭唯一住房（家庭成员范围包括购房人、配偶以及未成年子女，下同），面积为90平方米及以下的，减按1%的税率征收契税；面积为90平方米以上的，减按1.5%的税率征收契税。

（10）自2016年2月22日起，对个人购买家庭第二套改善性住房，面积为90平方米及以下的，减按1%的税率征收契税；面积为90平方米以上的，减按2%的税率征收契税（北京市、上海市、广州市、深圳市暂不实施本项优惠）。家庭第二套改善性住房是指已拥有一套住房的家庭，购买的家庭第二套住房。

经批准减征、免征契税的纳税人改变有关土地、房屋的用途，不再属于减免税范围的，应当补缴已经减征、免征的税款。

二、计算契税税额

（一）确定契税计税依据

契税的计税依据是在土地、房屋权属转移时双方当事人签订的契约价格，不含增值税。按照土地、房屋权属转移的形式、定价方法的不同，契税的计税依据确定如下：

（1）国有土地使用权出让、土地使用权出售、房屋买卖，以成交价格为

关于调整房地产交易环节契税优惠政策的通知

计税依据。

（2）土地使用权赠与、房屋赠与，由征收机关参照土地使用权出售、房屋买卖的市场价格核定计税依据。

（3）土地使用权交换、房屋交换，其计税依据为所交换的土地使用权、房屋的价格的差额。土地使用权交换、房屋交换价格不相等的，由多交付货币、实物、无形资产或者其他经济利益的一方缴纳税款；交换价格相等的，免征契税。

（4）以划拨方式取得土地使用权的，经批准转让房地产时，应由房地产转让者补缴契税，其计税依据为补缴的土地使用权出让费用或者土地收益。

【提示】成交价格明显低于市场价格并且无正当理由的，或者所交换土地使用权、房屋的价格的差额明显不合理并且无正当理由的，由征收机关参照市场价格核定。

（二）计算契税应纳税额

契税应纳税额依照省、自治区、直辖市人民政府确定的适用税率和税法规定的计税依据计算征收。其计算公式为：

$$应纳税额 = 计税依据 \times 税率$$

【做中学7-7】某单位以500万元的成交价格（不含增值税）购进一套房产，当地规定契税税率为5%。

要求：计算该企业应纳契税税额。

应纳契税=5 000 000×5%=250 000（元）

三、申报缴纳契税

（一）确定契税纳税义务发生时间

契税的纳税义务发生时间，为纳税人土地、房屋权属转移合同签订的当天，或者纳税人取得其他具有土地、房屋权属转移合同性质凭证的当天。

（二）确定契税申报期限

纳税人应当自纳税义务发生之日起10日内，向土地、房屋所在地的契税征收机关办理纳税申报，并在契税征收机关核定的期限内缴纳税款。

（三）确定契税申报地点

纳税人发生契税纳税义务时，向土地、房屋所在地的税务机关申报纳税。

（四）申报契税

纳税人应按照条例的有关规定及时办理纳税申报，如实填写《契税纳税申报表》（见表7-12）。

四、筹划契税

（一）购入不动产分别核算的筹划

契税以在我国境内转移土地、房屋权属的行为作为征税对象，由于独立于房屋之外的建筑物、构筑物以及地面附着物不属于房屋的范畴，因此在转让时是不征收契税的。所以，纳税人在转让不动产时，如有水塔、酒窖菜窖、室外游泳池、砖瓦窑等不属于房屋的部分，应分别进行核算，以达到纳税筹划的目的。

（二）房屋交换的纳税筹划

由于现行契税相关法规规定，在房屋交换情况下，交换价格相等的，免征契税；交换价格不等的，由多交付货币的一方按房屋价格的差额缴纳税款。因此，在交换房屋不等价的情况下，尽量降低交换差价，也可以降低价格较高一方的契税税负。如由价格较低一方对房屋进行维修或者装修后等价或者低差价交换。当然这种筹划方法需在双方充分沟通，甚至由价格较高方对价格较低方作出其他让步的基础上进行。这就需要比较交换方案，作出最优选择。

工作任务实例7-7

2017年1月8日，锦华电子技术服务有限公司（企业相关资料见本项目工作任务实例7-1）购买光耀公司旧房屋一幢，面积为1 000平方米，契约价格为560万元（不含增值税）。

要求：假设当地契税税率为3%，计算锦华公司应交纳的契税并填制纳税申报表。

【工作流程】

第一步：确定锦华公司应纳契税计税依据

房屋买卖应由承受方缴纳契税，契税的计税依据是土地、房屋权属转移时双方当事人签订的契约价格。

第二步：计算锦华公司应纳契税税额

应纳契税税额=560×3%=16.8（万元）

第三步：填制申报表（见表7-12）

表7-12　　　　　　　　　　　　　**契税纳税申报表**

填表日期：2017年1月8日　　　　　　　　　　金额单位：元（列至角分）；面积单位：平方米

纳税人识别号 3 3 0 1 1 2 2 3 3 4 4 5 5 6 6 7 8 9 3 3

承受方信息	名称	锦华电子技术服务有限责任公司		☑单位　□个人	
	登记注册类型	有限责任公司	所属行业	生活服务	
	身份证件类型	身份证□　护照□　其他□_____	身份证件号码		
	联系人	陈胜利	联系方式	85665456	
转让方信息	名称	光耀公司		☑单位　□个人	
	纳税人识别号		登记注册类型	所属行业	********
	身份证件类型		身份证件号码	联系方式	
土地房屋权属转移信息	合同签订日期	2017.1.8	土地房屋坐落地址	**市**区**路**号	权属转移对象	************
	权属转移方式	土地转让	用途	经营用	家庭唯一普通住房	□90平米以上 □90平米及以下
	权属转移面积	1 000	成交价格	5 600 000.00	成交单价	
税款征收信息	评估价格		计税价格	5 600 000.00	税率	3%
	计征税额	168 000.00	减免性质代码	减免税额	应纳税额	168 000.00

以下由纳税人填写：

纳税人声明	此纳税申报表是根据《中华人民共和国契税暂行条例》和国家有关税收规定填报的，是真实的、可靠的、完整的		
纳税人签章		代理人签章	代理人身份证号

以下由税务机关填写：

受理人		受理日期	年 月 日	受理税务机关签章

【课堂能力训练】

1.A公司与B公司协商，同意对调办公大楼，A公司的办公大楼折价500万元，B公司的办公大楼折价800万元，A公司补差价300万元给B公司，双方签订了契约，当地规定的契税税率为5%（以上价格均含增值税，均适用11%的税率）。

请分析：

（1）A、B公司是否属于契税纳税人？

（2）计算该项业务的契税纳税人应缴纳多少契税。

2.A企业某年接受B企业以房产投资入股，市场价格为200万元；同年又以自有房产与C企业交换一处房产，C企业支付差价款200万元；另经政府批准取得一块土地，缴纳出让金50万元，当地规定的契税税率为5%（以上价格均不含增值税）。

请分析：

（1）A企业以上各业务是否应交契税？

（2）计算应纳契税税额。

任务8　其他税种综合计算与筹划 ▼

由于复合税制的关系，企业在进行任何生产经营活动时，其发生的应纳税行为或者产生的应纳税收入所涉及应缴纳的税种都不是完全独立的。不仅流转税与所得税如此，其他税种也是如此。因此企业管理者应在充分考虑企业具体情况和各税种的计算缴纳情况的前提下，具体情况具体分析，进行综合纳税筹划。同时，设计纳税筹划方案时，不能就税论税仅考量税收负担降低的情况，还应充分考虑采用筹划方案引起企业经济行为发生改变而导致的收入与成本、费用等变化的因素，综合考量筹划方案为企业带来的利益与损失，以及万一筹划失败所带来的税收风险。而企业特点各不一样，地区情况有区别，时间阶段有差异，纳税筹划的方案会有所不同，无法进行简单的比较，筹划方案也无法进行复制和模仿。只有认真学习税收法规、仔细领会税收政策、充分前瞻经济形势、灵活思考与细致比较计税方法，才能作出合理有效的纳税筹划方案。

工作任务实例7-8

荣晖公司，位于某工矿区，占地面积共25 000平米，与农村接壤毗邻，其中企业一般生产经营用地24 900平方米，自办医院、幼儿园占地分别为50平方米，荣辉公司没有分别进行核算。另有独立厂区，位于农村的仓库占地900平方米。按当地市政府的规定，城镇土地使用税每平方米年税额为7元，每年申报缴纳一次。

荣晖公司拥有两栋一样的砖混办公楼，建筑面积均为800平方米，价值均为400万元；一栋独立砖混小楼，建筑面积为100平方米，价值为50万元，自办医院、幼儿园设立于其中；一栋砖混厂房，建筑面积为1 000平方米，价值为300万元。2016年12月，出租其中一栋办公楼，当月签订合同当月交付，约定租期3年，年租金为80万元（不含增值税）。当地政府规定的计算房产余值的扣除比例为30%，房产税每年申报缴纳一次。

公司拥有车船情况如下：现存两辆货车，整备质量均为4.3吨。2016年8月购入一辆排气量为 2.5 升的小轿车。当地政府规定，排气量为 1.6 升以上至 2.0 升（含）的小汽车，税额为 480 元，2.0 升以上至 2.5 升（含）的，税额为 800 元；货车车船税年税额为 100 元/吨。

2016 年公司发生以下与印花税相关的其他业务：（1）领受商标注册证 1 件；（2）签订 10 份受托加工合同，合同记载收取加工费及部分材料费共计 1 200 万元，未分别记载加工费与材料费，假设荣晖公司提供的材料费为 200 万元；（3）签订 1 份借款合同，所载金额为 300 万元。

要求：请帮助荣晖公司进行其他税种筹划，并按最佳方案计算荣晖公司 2016 年应纳城镇土地使用税、房产税、车船税、印花税。

【工作流程】

1.进行地方税种综合纳税筹划

（1）在城镇土地使用税与房产税方面，城镇土地使用税与房产税仅对位于城镇的土地和房产征收，不对位于农村的土地和房产征收。而企业办学校、医院、托儿所、幼儿园，其用地、房产能与其他用地明确划分的，免于征收城镇土地使用税与房产税，因此，荣晖公司应将医院、幼儿园占地与生产用地分别核算，以减轻税收负担。

（2）在车船税方面，由于政策规定排气量为 1.6 升以上至 2.0 升（含）的小汽车，税额为 480 元，2.0 升以上至 2.5 升（含）的，税额为 800 元，因此，荣晖公司如将购入排气量 2.5 升的小轿车改为购入 2.0 排量的小轿车，可以达到减轻车船税税收负担的目的。

（3）在印花税方面，由于近期房产租金价格均处于上升趋势，荣晖公司应考虑在签订出租办公楼的合同时，将约定的租期由 3 年改为 1 年，这样既可降低印花税税额，也可为次年续租时适当提高租金作好准备（在该区域房产出租有利于出租方的情况下）。在签订 10 份受托加工合同时，由于加工合同与购销合同税率不同，应将材料费用 200 万元单独签订购销合同，以减轻印花税负担。

2.按筹划后的方案计算各地方税种应纳税额

（1）计算城镇土地使用税应纳税额

第一步：分析经济业务类型，并确定计税方法和计税依据

根据税法规定，企业按实际占地面积以每平方米年税额 7 元计算缴纳城镇土地使用税，位于农村的仓库不征税，企业自办医院、幼儿园占地能够与生产经营用地区分开，免税。

第二步：计算应纳城镇土地使用税

城镇土地使用税年应纳税额 =（25 000－100）×7=174 300（元）

（2）计算房产税应纳税额

第一步：分析经济业务类型，并确定计税方法和计税依据

根据税法规定，纳税人自己使用的办公楼和厂房按照房产余值缴纳房产税；出租房产自交付房产之次月起按照租金计征房产税，因此出租的房产 2016 年 12 月仍应从价计征房产税；位于农村的仓库不征税；企业自办医院、幼儿园占地能够与生产经营用地区分开的，免税。

第二步：计算应纳房产税

房产税年应纳税额 =（400×2+300）×（1－30%）×1.2%=9.24（万元）

（3）计算车船税应纳税额

第一步：分析经济业务，确定计税方法和计税依据

①货车车辆整备质量尾数不超过 0.5 吨的，按照 0.5 吨计算，故计税依据为 4.5 吨。

②购入车船税的纳税义务发生时间以购买车船的发票或其他证明文件所载日期的当月为准，故新购入的车船应从8月起计算车船税。

第二步：计算车船税应纳税额

①货车应缴纳的车船税税额=2×4.5×100=900（元）

②当年购入的小轿车应缴纳的车船税税额=1×800×5÷12=333（元）

车船税年应纳税额=900+333=1 233（元）

（4）计算印花应纳税额

第一步：分析经济业务，确定计税方法和计税依据

①企业领受商标注册证应按件贴花纳税，每件5元。

②企业签订加工承揽合同，按合同记载加工费金额0.5‰贴花。

③企业订立购销合同，按照购销金额的0.3‰贴花。

④企业签订借款合同，按借款金额的0.05‰贴花。

⑤企业签订财产租赁合同，应按合同记载租金金额1‰贴花。

第二步：计算印花税应纳税额

①领受商标注册证应缴纳印花税税额=1×5=5（元）

②加工承揽合同应缴纳印花税税额=10 000 000×0.5‰=5 000（元）

③购销合同应缴纳印花税税额=2 000 000×0.3‰=600（元）

④借款合同应缴纳印花税税额=3 000 000×0.05‰=150（元）

⑤财产租赁合同应缴纳印花税税额=800 000×1‰=800（元）

印花税年应纳税额=5+5 000+600+150+800=6 555（元）

【课堂能力训练】

希望公司为增值税一般纳税人，2016年部分涉税业务资料如下：

（1）办公楼、车间等房屋的原值为900万元，当地政府规定的扣除比例为30%，其中，出租临街房屋的房产原值为100万元，月租金收入为4万元（不含增值税）。

（2）拥有车辆情况为：大货车6辆，整备质量均为6吨，年税额为30元/吨；小货车3辆，整备质量为2吨，年税额为30元/吨；小轿车2辆，年税额为360元/辆。

（3）企业占用土地面积为20 000平方米，其中职工宿舍占地300平方米，职工休闲绿地300平方米，幼儿园占用100平方米。年税额为10元/平方米。

（4）本年度领受专利证1件；订立产品购销合同，所载金额为600万元；订立借款合同1份，所载金额为400万元；企业记载资金的账簿中，"实收资本""资本公积"账户金额没有增加数；其他营业账簿6本。以上金额均不含增值税。

要求：根据以上资料，计算该企业2016年度房产税、车船税、城镇土地使用税、印花税应纳税额并进行以上税种的纳税申报。

思考与练习

一、判断题

1.现行房产税的征税范围包括农村。　　　　　　　　　　　　　　　　　（　　）

2.房产税是按房产租金征收的一种税。　　　　　　　　　　　　　　　　（　　）

3.计征房产税时，计算转让房地产取得的收入中不含增值税。　　　　　（　　）

4.城镇土地使用税采取有幅度的差别税额，按大、中、小城市和县城、建制镇、工矿区分别确定每平方米城镇土地使用税年应纳税额。　　　　　　　　　　　　（　　）

5.凡在中华人民共和国境内拥有土地使用权的单位和个人，均应依法缴纳城镇土地使用税。　　　　　　　　　　　　　　　　　　　　　　　　　　　　　　　　（　　）

6.城镇土地使用税实行按年计算、分期缴纳的征收方法，具体纳税期限由省、自治区、直辖市人民政府确定。　　　　　　　　　　　　　　　　　　　　　　　　　（　　）

7.车船税的纳税人是车辆、船舶的使用人。　　　　　　　　　　　　　（　　）

8.车船税的征税范围不包括非机动车。　　　　　　　　　　　　　　　（　　）

9.车船税法对应税车船实行有幅度的定额税率。　　　　　　　　　　　（　　）

10.为方便纳税人缴纳车船税，提高税源控管水平，节约征纳双方的成本，由保险机构在办理机动车第三者责任强制保险业务时代收代缴机动车的车船税。　　　　　（　　）

11.凡是由两方或两方以上当事人共同书立的应税凭证，其当事人各方都是印花税的纳税人，应各自就其所持凭证的计税金额全额完税。　　　　　　　　　　　　（　　）

12.对于在国外书立、领受，但在国内使用的应税凭证，其纳税人是该凭证的使用人。　　　　　　　　　　　　　　　　　　　　　　　　　　　　　　　　　　（　　）

13.王某将自有的一间房屋出租给某单位使用，合同规定每月租金为1 500元，租期1年。王某在租房合同签订时按5元贴花注销后，纳税义务即告完成。　　　　　　（　　）

14.对已贴花的凭证，修改后所载金额增加的，其增加部分应当补贴印花税票；凡多贴印花税票的，可申请退税或抵用。　　　　　　　　　　　　　　　　　　　　（　　）

15.由受托方代收代缴消费税的，其应代收代缴的城市维护建设税应按委托方所在地的适用税率计算。　　　　　　　　　　　　　　　　　　　　　　　　　　　　（　　）

16.海关对进口产品代征的增值税、消费税，不征收城市维护建设税。　（　　）

17.纳税人违反增值税、消费税税法而加收的滞纳金和罚款，是税务机关对纳税人违法行为的经济制裁，不作为城市维护建设税的计税依据。　　　　　　　　　　（　　）

18.出口货物退还增值税和消费税时，不退还已缴纳的城市维护建设税。（　　）

19.位于市区的某企业在缴纳城市维护建设税时，适用5%的税率。　　（　　）

20.从事房地产开发的纳税人在计算土地增值税时，可以按转让项目开发成本和开发费用两项金额之和加计20%扣除。　　　　　　　　　　　　　　　　　　　　（　　）

21.土地增值税是对转让国有土地使用权的行为征税，对于转让非国有土地使用权和出让国有土地使用权的行为，视同转让国有土地使用权计征土地增值税。　　　（　　）

22.财务费用中的利息支出，凡能按转让房地产转让项目计算分摊并提供金融机构证明的，可据实扣除。　　　　　　　　　　　　　　　　　　　　　　　　　　　（　　）

23.旧房及建筑物的评估价格指在转让已使用的房屋及建筑物时，由政府批准设立的房地产评估机构评定的重置成本价乘以成新度折扣率后的价格。　　　　　　　（　　）

24.对房地产的抵押，在抵押期间不征收土地增值税，但对于以房地产抵债而发生房地产权属转让的，则应征收土地增值税。　　　　　　　　　　　　　　　　　（　　）

25.发生房屋产权买卖时，出售方应缴纳契税。　　　　　　　　　　　（　　）

26.因交换房屋而发生产权转移时，不论何种情况，均不征契税。   （   ）

27.国有土地使用权出让、土地使用权出售、房屋买卖，以市场价格作为完税价格。
                                                        （   ）

28.土地使用权的赠与和房屋的赠与不需要缴纳契税。   （   ）

29.城镇职工按规定购买公有住房，均免征契税。   （   ）

30.某公民购买福利彩票后，中奖得了一套三居室，因是获奖所得，他无须为此缴纳
房屋的契税。   （   ）

二、单项选择题

1.纳税人将房产出租的，依照房产租金收入计征房产税，税率为（   ）。

A.1.2%   B.12%   C.10%   D.30%

2.某企业某年1月1日的房产原值为3 000万元，4月1日将其中原值为1 000万元的临
街房出租给某连锁商店，月租金为5万元（不含增值税），3月底已交付使用。当地政府规
定允许按房产原值减除30%后的余值计税。该企业当年应缴纳房产税（   ）万元。

A.7.2   B.16.8   C.24.3   D.25.2

3.城镇土地使用税的计税依据是（   ）。

A.纳税人使用土地而产生的收益   B.纳税人因地理位置不同而产生的级差收入

C.纳税人出租场地而取得的租金收入   D.纳税人实际占用的土地面积

4.城镇土地使用税采用（   ）。

A.有幅度差别的比例税率   B.有幅度差别的定额税率

C.全国统一定额   D.税务机关确定的定额

5.某歌舞厅实际占用的土地面积为400平方米，经税务机关核定，该土地每平方米
年应纳税额为5元，税款分两期缴纳。该歌舞厅每期应缴纳的城镇土地使用税税额为
（   ）元。

A.167   B.500   C.1 000   D.2 000

6.城镇土地使用税的纳税办法是（   ）。

A.按日计算，按期缴纳   B.按季计算，按期缴纳

C.按年计算，分期缴纳   D.按年计算，按期缴纳

7.下列车船不需缴纳车船税的是（   ）。

A.乘用车   B.机动船   C.非机动车   D.非机动驳船

8.下列不属于车船税计税依据的是（   ）。

A.辆   B.整备质量   C.净吨位   D.载重吨位

9.甲公司与乙公司签订了一份购销合同，合同所载金额为6 000万元（不含增值税），
双方各执一份，印花税税率为0.3‰，则甲、乙公司各应缴纳的印花税为（   ）万元。

A.3.5   B.1.8   C.0.9   D.3.2

10.下列不属于印花税征税范围的是（   ）。

A.企业签订的融资租赁合同   B.企业领取的工商营业执照

C.企业签订的借款合同   D.企业填制的限额领料单

11.城市维护建设税的计税依据是（   ）。

A.增值税、消费税的计税依据   B.土地增值税的计税依据

C.纳税人实际缴纳的增值税、消费税税额

D.仅为纳税人实际缴纳的增值税税额

12.城市维护建设税纳税人所在地在县城、镇的，其适用的城市维护建设税税率为（　　）。

A.7%　　　　　　　　B.5%　　　　　　　　C.3%　　　　　　　　D.1%

13.下列各项中，属于土地增值税征税范围的是（　　）。

A.出让国有土地使用权　　　　　　　　B.房地产的出租

C.转让国有土地使用权　　　　　　　　D.房地产的抵押

14.土地增值税实行的税率是（　　）。

A.差别比例税率　　　　　　　　　　　B.四级超额累进税率

C.四级全率累进税率　　　　　　　　　D.四级超率累进税率

15.土地增值税的计税依据是（　　）。

A.转让房地产取得的收入额　　　　　　B.房地产开发总投资额

C.转让房地产取得的利润额　　　　　　D.转让房地产取得的增值额

16.纳税人建造普通标准住宅出售，增值额未超过扣除项目金额（　　）的，免征土地增值税。

A.10%　　　　　　　B.20%　　　　　　　C.30%　　　　　　　D.40%

17.土地增值税计算过程中，不准予按实际发生额扣除的项目是（　　）。

A.房地产开发成本　B.地价款　　　C.房地产开发费用　D.城建税税金

18.契税的纳税人是（　　）。

A.出典人　　　　　B.赠与人　　　　　C.出卖人　　　　　D.承受人

19.契税采用（　　）税率。

A.累进　　　　　　B.比例　　　　　　C.累退　　　　　　D.定额

20.土地使用权交换、房屋交换，若交换价格相等，则（　　）。

A.由交换双方各自缴纳契税　　　　　　B.由交换双方共同分担契税

C.免征契税　　　　　　　　　　　　　D.由双方协商一致确定纳税人

三、多项选择题

1.按照《房产税暂行条例》的有关规定，下列地区中属于房产税征收范围的有（　　）。

A.城市　　　　B.农村　　　　　C.县城、建制镇　　　D.工矿区

2.房产税的计税依据有（　　）。

A.房产原值　　　B.房产租金收入　　C.房产售价　　　D.房产余值

3.根据房产税法律制度的规定，下列有关房产税纳税人的表述中，正确的有（　　）。

A.产权属于国家所有的房屋，其经营管理单位为纳税人

B.产权属于集体所有的房屋，该集体单位为纳税人

C.产权属于个人所有的营业用的房屋，该个人为纳税人

D.产权出典的房屋，出典人为纳税人

4.下列房产应从价计征房产税的有（　　）。

A.出租的房产　　　　　　　　　　　B.投资收取固定收入的房产

C.融资租赁租入的房产　　　　　　　D.自用的房产

5.根据《城镇土地使用税暂行条例》的规定，下列地区中，征收土地使用税的有（　　）。

A.城市　　B.县城建制镇　　C.农村　　D.工矿区

6.下列有关车船税纳税人的说法正确的有（　　）。

A.车船税的纳税人是车辆、船舶的所有人

B.车船税的纳税人是车辆、船舶的管理人

C.应税车船的所有人或者管理人未缴纳车船税的，应由使用人代缴

D.车船税的纳税人是拥有车船的单位和个人

7.下列应税车船中，以“辆”为车船税计税依据的有（　　）。

A.客车　　B.货车　　C.机动船　　D.摩托车

8.下列应税车船中，以“整备质量”为车船税计税依据的有（　　）。

A.载货汽车　　B.商用客车　　C.挂车　　D.游艇

9.下列属于印花税纳税人的有（　　）。

A.购货合同的保证人　　B.在国外书立，在国内使用技术合同的单位

C.购货合同的当事人　　D.借款合同的双方当事人

10.属于每件征收5元印花税的权利许可证照的有（　　）。

A.商标注册证　　B.专利证　　C.土地使用证　　D.工商营业执照

11.印花税的征收方式有（　　）。

A.自行贴花　　B.汇贴或汇缴　　C.委托代征　　D.代扣代缴

12.印花税的征税对象包括（　　）。

A.合同或具有合同性质的凭证　　B.产权转移书据

C.营业账簿　　D.权利许可证照

13.某建筑公司与一单位签订建筑承包合同，总承包额为800万元，工期12个月，该建筑公司所持合同应纳印花税的处理为（　　）。

A.适用0.3‰比例税率　　B.应纳税额2 400元

C.可以采用汇贴方法缴纳　　D.完工时缴纳

14.纳税人的下列支出，不得作为城建税计税依据的有（　　）。

A.查补的“两税”税额　　B.偷漏“两税”被处的罚款支出

C.欠缴“两税”支付的滞纳金　　D.被查补的城建税税额

15.下列各项中，符合城市维护建设税规定的有（　　）。

A.缴纳增值税、消费税的企业都应缴纳城市维护建设税

B.“两税”实行先征后返方法而退库的，可以同时退还城市维护建设税

C.对出口产品退还增值税、消费税的，不退还城市维护建设税

D.海关对进口产品代征的增值税、消费税，不征收城市维护建设税

16.在计算房地产企业的土地增值税时，下列可以扣除的项目有（　　）。

A.取得土地使用权所支付的金额

B.房地产开发成本

C.按取得土地使用权所支付的金额与房地产开发成本的金额之和，加计20%的扣除

D.与转让房地产有关印花税

17.土地增值税纳税人在确定扣除项目金额时，可以扣除的与房地产转让有关的税金

有（　　　）。

A.增值税　　　　　　B.城市维护建设税　　C.印花税　　　　　　D.企业所得税

18.下列各项中，不征收土地增值税的有（　　　）。

A.国有土地使用权转让　　　　　　B.国有土地使用权出让

C.房地产的继承　　　　　　　　　D.房地产的出租

19.土地使用权的转让是指土地使用者以（　　　）的方式将土地使用权转移给其他单位和个人的行为。

A.赠与　　　　　　　B.交换　　　　　　C.出售　　　　　　D.承包

20.我国的契税法规定的征税对象有（　　　）。

A.国有土地使用权出让　　　　　　B.土地使用权的转让

C.房屋买卖　　　　　　　　　　　D.房屋交换

四、业务题

1.某县城一家企业某年5月12日将经营用的一栋房屋出租给另一家企业，即时交付，租期5年，每年租金为20万元（不含增值税）。该房产原值为100万元，当地政府规定的扣除比例为30%。

要求：计算该企业某年的房产税。

2.某市某购物中心实行统一核算，土地使用证上载明，该企业实际占用土地情况为：中心店占地面积为5 100平方米，一分店占地面积为3 200平方米，位于农村的仓储中心占地面积为8 700平方米，企业自办医院占地面积为360平方米。经税务机关确认，该企业所占用土地分别适用市政府确定的以下税额：中心店位于一等地段，每平方米年税额为7元；一分店和自办医院位于二等地段，每平方米年税额为5元；另外，该市政府规定，企业自办托儿所、幼儿园、医院、学校用地免征城镇土地使用税。

要求：计算该购物中心年应纳城镇土地使用税税额。

3.某企业某年拥有车辆情况如下：发动机汽缸排量为2.0升的乘用车5辆、整备质量为5吨的载货汽车10辆、整备质量为2.4吨的挂车2辆。该地方政府规定的车船税税率为：乘用车发动机汽缸排量为2.0升的900元/辆，载货汽车整备质量每吨50元。

要求：计算该企业该年度应纳车船税。

4.某企业某年度有关资料如下："实收资本"比上年增加200万元，"资本公积"比上年增加40万元；向银行借款100万元，借款合同上约定的年利率为6%；与A公司签订以货换货合同，本企业货物价值250万元，A公司货物价值300万元，该企业用银行存款补齐差额。以上金额均不含增值税。

要求：计算该企业该年度应纳印花税税额。

5.某市某房地产开发公司（一般纳税人）建造一幢普通标准住宅并销售，销售收入为1 500万元（不含增值税），支付的地价款为150万元，建造成本为470万元，该公司支付的银行借款利息为30万元（该借款同时用于其他工程且利息不能按房地产转让项目计算分摊），按简易计税法缴纳了增值税，该地方人民政府规定的房地产开发费用扣除比例为10%。

要求：计算该公司销售普通标准住宅应缴纳的土地增值税。

五、项目实训

绿波电器厂为增值税一般纳税人，注册资金600万元，为股份有限公司。于2015年3

月13日向××市工商行政管理局办理开业登记，3月16日取得"五证合一企业法人营业执照"，统一社会信用代码号为62098765987654321，经营期限为20年。

该公司主要从事机械制造；注册及经营地点：××市东山区山清路67号；邮编：210006；电话：65432190；企业网址：www.lvbo.com；法人代表王峻，身份证号码6200101980110255**，电话65432190；财务负责人赵巍，身份证号码6201101982051321**，电话65435678，手机13567678989，电子信箱 zhaowei@161.com；办税人员：肖青，身份证号码：6200101983010632**，电话6547894，手机13578642390，电子信箱 xiaoqing@161.com。职工人数：120人。开户银行：**市工商银行东山支行，账号67543290876，币种为人民币，此账号即为缴税账号。该企业执行企业会计制度。2016年部分涉税业务资料如下：

（1）办公楼、车间等房屋的原值为300万元，当地政府规定的扣除比例为30%，其中，出租临街的房屋的房产原值为50万元，月租金收入为2万元（不含增值税）。

（2）拥有车辆情况为：东风大货车8辆，整备质量均为5吨，年税额为30元/吨；春风小货车2辆，整备质量为2吨，年税额为30元/吨；小轿车3辆，年税额为360元/辆；客车1辆，35座，年税额为1 000元/辆。

（3）企业占用土地面积为10 000平方米，其中幼儿园占用150平方米。年税额为10元/平方米。

（4）本年度领受专利证两件；与某企业订立转移专用技术使用权转移书据1份，所载金额为100万元；订立产品购销合同，所载金额为200万元；订立借款合同1份，所载金额为400万元；企业记载资金的账簿中，"实收资本""资本公积"账户金额没有增加数；其他营业账簿10本。以上金额均不含增值税。

要求：根据以上资料，计算该企业2016年度房产税、车船税、城镇土地使用税、印花税应纳税额。

参考文献

［1］朱丹，方飞虎.税务会计实务［M］.2版.杭州：浙江大学出版社，2014.

［2］王荃.税费计算与申报［M］.北京：高等教育出版社，2014.

［3］王荃.企业纳税实务［M］.北京：高等教育出版社，2014.

［4］梁伟样.税务会计［M］.北京：高等教育出版社，2016.

［5］林松池.税务筹划［M］.北京：高等教育出版社，2014.

［6］梁文涛.纳税筹划［M］.北京：中国人民大学出版社，2016.

［7］奚卫华，徐伟.最新企业所得税纳税申报表填报技巧［M］.北京：中国人民大学出版社，2015.

［8］中国注册会计师协会.税法［M］.北京：经济科学出版社，2016.

［9］财政部会计评价中心.经济法基础［M］.北京：经济科学出版社，2016.